Lina Droste & Sebastian Nitschke

DIE WÜRDE DES MENSCHEN IST ABSCHIEBBAR

Einblicke in Geschichte, Bedingungen und Realitäten deutscher Abschiebehaft

edition assemblage

Die Würde des Menschen ist abschiebbar

Einblicke in Geschichte, Bedingungen und Realität deutscher Abschiebehaft

Lina Droste & Sebastian Nitschke

1. Auflage 2021 | 2. Auflage 2022
www.edition-assemblage.de
info@edition-assemblage.de

ISBN 978-3-96042-102-3
Lektorat: Luka Staab
Satz: Hannah C. Rosenblatt
Umschlag: Carina Büker
Druck: Interpress | printed in Hungary 2022

Die Würde des Menschen ist abschiebbar

Einblicke in Geschichte, Bedingungen und Realität deutscher Abschiebehaft

Lina Droste

Sebastian Nitschke

Für

Chergui, Mohamed, Mohammed, Johnny, Lamin, Romanus, Berhe, Ayoub, Endurance, Khalid, Khalil, Said, Azzeddine, Mohamed, Sid, Taner, Badreddine, Breek, Manni, Khiredin, Hamza, Elsayed, Useh, Hussen, Kamil, Farid, Isreal, Hadj, Jamal, Haydari, Constantin, Mohamed, Barrington, Ammanulah, Mosin, Nazaket, Pa, Shaghayegh, Mohammed, Amar, Mengsteab, Majid, Nada, Ahmed, Tabarak, Islam, Ajsa, Silja, Sherevan, Mohamed, Mamadou, Islam, Muhammad, Ilia, Roman, Musah, Lassine, Taha, Azmad, Adem, Rafa, Alex, Waseem, Mehdi, Aref, Mohammad, John, Issam, Guelord, Jan, Patrick, Arayik, Peter, Ibrahima und alle anderen Verdammten dieser Erde.

Inhalt

Vorwort von Frank Gockel

Wer liest dieses Buch?

Die Falschen.

Nein, liebe Leser*innenschaft, Ihr gehört nicht zu den Falschen, denn ihr lest dieses Buch. Ich vermute nämlich, dass die Leser*innen dieses Buches diejenigen sind, die sich bereits auf unterschiedliche Weise mit der Grausamkeit der Abschiebemaschinerie auseinandersetzen. Einige gehen in die Gefängnisse und besuchen die Inhaftierten hinter den Mauern, andere arbeiten juristisch zu den Themen. Viele versuchen bereits im Vorfeld Menschen ohne deutschen Pass vor der unmenschlichen Abschiebepolitik zu schützen. Andere machen politischen Druck durch Vorträge, auf den Straßen oder in den Parlamenten, einige arbeiten wissenschaftlich zu dem Thema. Ein paar ganz mutige Menschen befreien Abschiebegefangene oder sprengen die Mauern der Abschiebeknäste wie in Berlin-Grünau. Ein großer Teil von Euch wird dieses Buch aber einfach nur aus Interesse lesen, weil Ihr Euch mit der Unmenschlichkeit der Abschiebemaschinerie auseinandersetzen wollt. Euch allen sei mein tiefster Dank ausgesprochen. Ihr seid die Richtigen. Und doch seid ihr nicht diejenigen, die ich mir als Leser*innenschaft für dieses Buch wünsche. Dieses Buch sollten diejenigen lesen, die konkret in ihren Positionen die Verantwortung tragen. Es sind die Politiker*innen, die die Gesetze in den Landesparlamenten und im Bundesparlament gemacht haben und es sind die Politiker*innen, die dazu geschwiegen haben, weil sie genau wissen, dass sie, wenn sie an die Macht kommen, nichts ändern werden. Es sind die Mitarbeitenden im Bundesamt, die in ihren Entscheidungen über die Existenzen von Menschen entscheiden und es allzu oft vorziehen oder die Konsequenz in Kauf nehmen, Leben zu zerstören. Es sind die Mitarbeitenden in den Ausländerbehörden, die mit Duldungen Menschen Woche für Woche, Monat für Monat, Jahr für Jahr in Angstzuständen halten, um sie in Not und Elend, Folter und Tod abzuschieben. Es sind die Richter*innen, die ohne Hinzusehen den Haftanträgen der Ausländerbehörde vertrauen und ungeprüft unterzeichnen. Es sind die Polizist*innen, die die Menschen für die Ausländerbehörden fangen und nach der Abschiebehaft mit nicht selten brutaler Gewalt in die Flugzeuge zwingen. Es sind die Mitarbeitenden in den Gefängnissen, die die Gefangenen unmenschlich behandeln und es sind die Gefängnisleitungen, die ihr bestreben darauf ausrichten, den Gefangenen in ihrer noch kurzen Zeit in Deutschland das Leben zur Hölle zur machen.

Die zweite Gruppe, die dieses Buch lesen sollten und es nicht tun, sind die Menschen, die ohne Nachzudenken davon ausgehen, dass „die Regierung“ alles richtig mache. Die Menschen, die nicht bereit sind, hinter den Vorhang zu sehen, um einen Blick hinter die Abschiebemaschinerie zu werfen. Es sind aber auch die Menschen, die darüber hinaus den Hass der AfD, aber auch manch anderer Partei aufsaugen. Die es begrüßen, wenn die Gesetze gegen Geflüchtete härter werden, die wegsehen, wenn anderen Menschen Unrecht angetan wird oder noch schlimmer, die zusehen und dabei klatschen. Lesen sollten dieses Buch auch diejenigen, die das Ertrinken von Geflüchteten im Mittelmeer fordern, die andere Menschen durch die Straße jagen, verprügeln oder ihre Häuser anzünden.

Das Buch berichtet von einer Schattenwelt, die hinter hohen Mauern und Zäunen liegt. Die Abschottung hat dabei eine doppelte Funktion: Die Verantwortlichen werden ausführen, dass diese dafür sorgen, die Menschen in den Käfigen zu halten. Keine*r darf entkommen, koste es was es wolle. Und es kostet auch viel. Nicht selten geht beim Bau von Abschiebegefängnissen der größte Teil des Geldes in eben diese Mauern und Zäune, Videoüberwachung, Schließanlagen, besonders gesicherte Zellen, Isolierstationen, Sicherungsmaßnahmen. Zum Schluss fehlt das Geld dann für Selbstverständlichkeiten, wie z.B. unabhängige Sozialberatung und rechtliche Vertretung. Wer, wie z.B. im Abschiebegefängnis Büren zehntausende von Euro für Nato-Stacheldraht ausgibt, der beim Überklettern möglichst schlimme Verletzungen erzeugen soll, hat keine 100 € für einen W-LAN-Router, der den Gefangenen Zugang zur Außenwelt verschaffen würde. Allerdings kann man sich da durchaus fragen, ob es wirklich nur die fehlenden Mittel sind oder das ganze aus einem Kalkül heraus passiert.

Die andere Funktion von Zäunen und Mauern wird ungern von den Verantwortlichen genannt. Ihre Wichtigkeit dürfte aber kaum zu überschätzen sein. Die Mauern und Zäune verhindern den Blick nach innen, bilden einen undurchdringbaren Vorhang. Es ist nicht erwünscht, dass die Zivilgesellschaft hinsehen kann. Sie würde etwas sehen, das die ganze Maschinerie in ein Licht rücken würde, welches sie zumindest zum Wanken bringen könnte. Die Gefängnisdirektor*innen, wie z.B. Nicolas Rinösl oder Politiker*innen, wie der hessische Innenminister Peter Beuth reden oft vom „Normalen Leben minus Freiheit". Wie zynisch dieser Ausdruck ist, wird beim Blick hinter die Mauern schnell deutlich, doch dieser wird eben verwehrt. Dieses Buch hebt ein wenig den Vorhang, wirft einen kleinen Blick über die Mauern. Und obwohl es „nur" Fragmente aus der totalen Institution der Abschiebehaft darstellt, sind die Inhalte erschreckend und unfassbar. Die Autor*innen schreiben über etwas, was sich viele von uns nicht vorstellen können und doch ist es der Alltag in Deutschlands Abschiebegefängnissen.

Ich berate seit mehr als 25 Jahren Menschen hinter den Mauern der Abschiebehaft. Woche für Woche höre ich von den Gefangenen, was mit ihnen passiert. Berichte von aus meiner Sicht menschenverachtenden Vorfällen gehören leider fast jede Woche dazu. Kann man sich daran gewöhnen? Ich zumindest kann es nicht. Was mich aber am meisten schockiert, hat der ein oder die andere aus der Leser*innenschaft im vorhergehenden Abschnitt vielleicht überlesen. Es ist der wichtige Begriff „Alltag", es ist damit die Normalität. Die Autor*innen berichten über etwas, was regelmäßig vorkommt, berichten über Vorfälle, die sich so oder so ähnlich ständig wiederholen. Dieses ist gleich in zweierlei Richtungen schockierend: Jeder Alltag hat Abweichungen in beide Richtungen. Wie sieht die Welt hinter den Mauern aus, wenn von der Normalität der brutalen Wirklichkeit abgewichen wird und das Pendel nach oben ausschlägt? Es kommt z.B. vor, dass Gefangene davon berichten, dass sie geschlagen werden, dass sie sexualisierte Gewalt erfahren haben, dass sie versucht haben, sich selbst zu verletzten, sich umzubringen, um somit der Abschiebehaft oder der drohenden Abschiebung zu entfliehen. Einigen Menschen gelingt diese Art der letzten Flucht. Der Tod als letzter Ausweg aus der Unmenschlichkeit.

Das Buch beschreibt den Alltag in Abschiebehaft. Wie kann es sein, dass wir als Gesellschaft diese hinnehmen? Warum schreien wir nicht auf? Betrachtet man die letzten 25 Jahre im Bereich der Abschiebehaft, werden die Schreie gegen die Ungerechtigkeit immer leiser und ja, so manch ein*e Kritiker*in von damals ist verstummt oder wurde sogar aus meiner Sicht zu einem Teil des Problems, was ich hier an zwei Beispielen zeigen will: Der erste Mensch, der im Bürener Abschiebegefängnis ums Leben gekommen ist, war im Jahre 1999 Rachid Sbaai. Er starb durch eine Rauchvergiftung. Die Entstehung des Feuers wirft bis heute viele Fragen auf. Am Abend des Todes von Rachid haben sich viele Menschen vor dem Tor der Abschiebehaft versammelt und ihre Trauer und Wut über seinen Tod zum Ausdruck gebracht. Unter ihnen waren auch Vertreter*innen von zwei Parteien aus dem Landesparlament NRW, ein Mitglied des Stadtrates aus Büren, ein evangelischer Seelsorger, ein muslimischer Seelsorger, Mitarbeitende der Wohlfahrtsverbände und des Flüchtlingsrates NRW. Alle waren sich einig, dass so etwas nicht wieder vorkommen darf. Es wurde über den Vorfall breit im Landesparlament diskutiert, der Flüchtlingsrat NRW hat umfänglich darüber berichtet und es gab einen Gedenkgottesdienst für den Betroffenen, organisiert von der evangelischen Kirche. Aus diesem Vorfall hat das System der Abschiebehaft gelernt. Nicht etwa in der Form, dass es keine Toten mehr geben darf, sondern dass es keine Proteste dagegen geben darf. Man fing an, Teile der Zivilgesellschaft in das System einzubetten. So beschloss 2015 der Landtag NRW einen Beirat zur Abschiebehaft in Büren zu installieren, in dem die Fraktionen aus dem Landtag, die Kirchen und die muslimischen Verbände, der Stadtrat aus Büren, die Wohlfahrtsverbände und der Flüchtlingsrat NRW integriert wurden.

2018 starb wieder ein Mensch in Büren. Alle Mitglieder des Beirates wussten es, jedoch schwieg der Beirat, so dass es der Abschiebemaschinerie beinahe geglückt wäre, diesen Tod zu vertuschen. (Ein Dank sei an die mutige Person gerichtet, die so aufrecht war, sich dennoch an mich zu wenden.) Einige Tage nach dem Tod gab es eine Mahnwache. Unter ihnen waren keine

Vertreter*innen von den Parteien im Landtag NRW, kein Mitglied des Stadtrates aus Büren, kein*e Seelsorger*innen, keine Mitarbeitenden der Wohlfahrtsverbände, und der Flüchtlingsrat NRW war auch nicht vor Ort vertreten. Die Mauer des Schweigens war groß. Erst nach Tagen konnte ich die Partnerin des Betroffenen und seine Freund*innen ausfindig machen und sie über den traurigen Vorfall informieren. Niemand anderes sprach mit ihnen, ein Gottesdienst fand nicht statt. Später teilte der Petitionsausschuss uns gegenüber mit, dass wir keine Rechte hätten, etwas über Verstorbene in der Haft zu erfahren. Ob danach noch weitere Menschen gestorben sind? Die Abschiebehaft wird es den Fraktionen aus dem Landtag, den beiden christlichen Kirchen und den muslimischen Verbänden, dem Stadtrat aus Büren, den Wohlfahrtsverbänden und dem Flüchtlingsrat NRW mitteilen und sie werden dazu schweigen.

Mir sei noch ein zweites, kurzes Beispiel erlaubt: Wer in Abschiebehaft genommen wird, muss dies selbst bezahlen. Zwar besitzen die meisten Gefangenen kein Geld, sollte aber etwas bei der Inhaftierung vorhanden sein, wird dieses gepfändet. Mehrere Jahre lang wurde von den Gefangenen in Büren auch ein Beitrag für beide christlichen Kirchen und Kosten für eine Beratung durch ein Mitglied eines Wohlfahrtsverbandes erhoben, die nicht stattgefunden hat. Es ist nachweisbar, dass dieses Geld gezahlt wurde, wohin es aber letztendlich verschwunden ist, bleibt unklar. Weder die Landesregierung NRW noch die beiden christlichen Kirchen waren an einer Aufklärung interessiert.

Die so eingebetteten Organisationen haben sich dadurch von Kritiker*innen der Abschiebehaft zu einem Teil des Problems gewandelt. Sie mögen grundsätzlich noch eine kritische Haltung haben, aber sie werden zukünftig schweigen.

Es bleiben somit vor Ort nur noch wenige kritische Akteur*innen übrig. Menschen, die Abschiebehaft selbst erfahren haben und damit an die Öffentlichkeit treten, so wie Oumar Mamabarkindo in diesem Buch und die Initiativen und Vereine, welche sich nicht mundtot machen lassen und die Gefangenen besuchen. Durch die Berichte von den Gefangenen können sie noch Zeugnis darüber ablegen, was hinter den Mauern tatsächlich passiert. Die Abschiebehaftanstalten setzen daher viel daran, diesen Gruppen das Leben schwer zu machen. In vielen Bundesländern gibt es keinen geregelten Zugang zu den Gefängnissen. Dort wo ein Zugang möglich ist, fehlt es der Beratung an üblichen Mitteln, wie z.B. Telefon, Internetzugang Büroinfrastruktur, Dolmetscher*innen und so weiter. Wenn so etwas in einigen wenigen Haftanstalten existent ist, wird es wieder zurückgenommen. Die Arbeit von unabhängigen Beratungsstrukturen in der Haft ist in vielen Bundesländern zunehmenden Restriktionen ausgesetzt, die ihr Handeln teilweise unmöglich machen. Dies sei an einem Beispiel der Abschiebehaft in Büren deutlich gemacht: Der Verein Hilfe für Menschen in Abschiebehaft Büren e.V. arbeitet rein ehrenamtlich, so dass die Mitglieder auf die Beratungszeit in den Abendstunden angewiesen sind. Diese wurden nach und nach von Besuchsmöglichkeiten bis 22 Uhr auf 19 Uhr zurückgeschraubt.

Durch die Corona-Pandemie wurden die Zugangsmöglichkeiten für die Vereinsmitglieder praktisch unmöglich. Eine Beratungstätigkeit vor Ort, wenn auch stark eingeschränkt, musste vom Verein in einem Vergleich gerichtlich erstritten werden. Wie sich dieses weiterentwickeln wird, bleibt offen. Es ist davon auszugehen, dass auch nach der Pandemie der Zugang weiter erschwert bleibt. Der Möglichkeit zur Internetnutzung an Gefängniscomputern wurde mit dem Verweis auf ein freies WLAN verboten, das nie eingerichtet wurde. Der Verein betrieb über 20 Jahre einen Kopierer in dem Gefängnis, dieses wurde ihm untersagt mit dem Hinweis, dass man einen Computer und einen Scanner mitbringen könne, wohl wissend, dass es hierfür keine Steckdosen gibt. Ein Schrank, in dem der Verein Wörterbücher, Informationsmaterial für Gefangene und Büromaterial gelagert hatte, konnte nach Renovierungsarbeiten nicht mehr aufgestellt werden, weil in dem mehrere zehntausend Quadratmeter großen Gefängnis kein Platz mehr sei. So versucht die Gefängnisleitung, alle Schritte zu unternehmen, um die letzten verbleibenden, unabhängigen Akteur*innen aus dem Bereich zu vertreiben. Keine*r soll mehr eine Einsicht hinter die Mauern bekommen können.

Umso wichtiger ist dieses Buch. Es bezeugt was hinter den Mauern der Abschiebehaft passiert. Es ist in dieser Form einzigartig und es besteht die Gefahr, dass es das auch bleiben wird. Die Mauern der Gefängnisse werden undurchdringbar werden, sodass für unabhängige Wissenschaftler*innen keine Möglichkeit mehr besteht, einen Einblick zu erhalten. Ja, es gibt bereits einige, wenige Bücher zum Thema Abschiebehaft, aber alle Bücher, die ich kenne und die sich dem Gebiet wissenschaftlich nähern, machen dieses aus einer juristischen Perspektive. So wichtig und richtig dieses Buch ist, so kann es doch nur einen Anstoß geben, einen Anstoß für weitere wissenschaftliche Untersuchungen. Daher sollte dieses Buch auch als ein Appell gesehen werden, ein Appell, sich weiter mit dem Thema zu beschäftigen. Viele, zu viele Fragen müssen noch tiefer untersucht werden. Was passiert mit der Psyche eines Menschen, der in Abschiebehaft genommen wird? Gibt es Möglichkeiten von Gefangenen, sich effektiv gegen Missstände zu wehren? Warum wird Abschiebehaft von der Gesellschaft in dieser Form akzeptiert? Was macht die Arbeit in der Abschiebehaft mit den Angestellten? Gibt es Alternativen zur Abschiebehaft? Wie wirken sich Verschärfungen/Erleichterungen der Haftbedingungen auf die Haftsituation aus? Wann und wie ist die Abschiebehaft entstanden? Warum sprechen sich gesellschaftliche Akteur*innen, wie z.B. die Kirchen nicht eindeutig gegen Abschiebehaft aus? Dieses sind nur einige von mehreren tausend Fragen, die ich gerne der Wissenschaft zum Zwecke der Beantwortung stellen möchte. Und so schließt sich allmählich der Bogen dieses Vorwortes und wir sind wieder bei dir, liebe Leser*innenschaft, angekommen. Vielleicht bekommt die eine oder der andere ja auch Lust, sich dem Thema zu nähern. Hausarbeiten, Bachelorarbeiten, Masterarbeiten, Promotionen, wissenschaftliche Aufsätze in

Zeitschriften, Bücher oder einfach nur ein Reader zu dem Thema sind aktuell wichtiger denn je. Daher soll dieses Buch auch ein Appell sein, euch mit dem Thema noch weiter und intensiver auseinanderzusetzen, als ihr es bereits jetzt tut. In den Zeiten, in denen die Abschiebehaftplätze mehr werden und die Bereitschaft der Gesellschaft hinzusehen geringer wird, sind wir alle umso mehr gefragt unsere Blicke zu schärfen.

Ich habe am Anfang des Vorwortes gesagt: „Wer liest dieses Buch? – Die Falschen". Ich habe danach aufgezählt, wer dieses Buch eigentlich lesen sollte und es vermutlich nicht tut. Ich will aber, dass alle es lesen, und daher habe ich eine Bitte: Wenn ihr zu den Menschen zählt, die Bücher nach dem Lesen weitergeben, schickt es mir zu[1]. Oder wenn ihr ein wenig mehr Geld verdient, kauft ein zweites Buch und sendet eines an mich. Ich werde es den Anstaltsleitungen, den Richter*innen, den Politiker*innen, den Ausländerbehörden, den Mitarbeiter*innen der Polizei und allen anderen schicken, die es unbedingt lesen sollten. Als Dank erhältst du von mir einen Brief, in dem ich dir schildere, warum gerade diese Person das Buch „verdient" hat.

Zum Schluss bleibt mir nur noch eines zu sagen: Lieber Oumar, liebe Lina, lieber Sebastian, tausendfachen Dank für dieses Buch. Ihr seid einfach großartig...

Frank Gockel

1 Frank Gockel, Remmighauser Str. 47, 32760 Detmold

I Prolog: Was ist Abschiebehaft[2]?

(Nitschke & Droste)

Es ist ein sonniger, aber windiger Herbsttag. Ein Wetter, für das es nie die richtige Kleidung gibt – ein Hin und Her zwischen zu warm und zu kalt. Die Kinder machen sich über so etwas keine Gedanken. Wenn sie draußen sind, toben sie los, rufen laut und erfreuen sich an der Bewegung. Maczko und Emilka sind auch solche Kinder. Sie rennen hintereinander her, verstecken sich vor einander oder kebbeln sich. Oft sehe ich wie Emilka Maczko jagt, ihn nach einer Weile fängt und ihn dann mit einem zufriedenen und gerechten Gesichtsausdruck fest am Arm haltend in das Zelt aus Bastholz führt. Ich frage sie dann was sie da tue. „Ich bin Polizei. Er ist im Gefängnis!", wird mir die Antwort entgegen geschmettert. „Und warum?", frage ich. „Weil er ist böse!" - „Was hat er denn gemacht?" - „Er hat böse gemacht!". Quod erat demonstrandum.[3]

Dieses Buch handelt von Gefängnissen – von Abschiebegefängnissen. Die Institution Gefängnis ist historisch gesehen sehr jung und doch ist sie schon so tief im Bewusstsein einer*s Einzelnen verankert, dass sich kaum ein Mensch eine Welt ohne sie vorstellen kann. Kindern wird von klein auf das Schema „Gute Polizei/Böse Verbrecher" vermittelt, was nur sehr selten im Laufe der Sozialisation korrigiert wird. Gefängnisse kennen alle und die meisten „wissen", dass dort die „Bösen", die „böses" getan haben, eingesperrt werden. Was die meisten Menschen nicht wissen, ist, dass zum Beispiel in Deutschland rund 7 000 Menschen jährlich im Gefängnis sitzen, weil sie keinen akzeptierten Fahrschein in öffentlichen Verkehrsmitteln vorweisen konnten (Lörzer 2018). Ebenso dürfte nur ähnlich wenigen Menschen bewusst sein, dass Personen[4] nicht wegen einer strafrechtlichen Verurteilung in Abschiebegefängnissen inhaftiert werden, sondern einzig aus dem Grund sie aus dem Land zu schaffen und diesen Vorgang zu erleichtern.

Mit dem vorliegenden Buch möchten wir diesen Vorgang politisch und wissenschaftlich analysieren. Im Rahmen unseres politischen Aktivismus gegen die Abschiebegefängnisse in Darmstadt und Büren entstanden die folgenden Texte. Im Prolog wird zunächst die historische Entwicklung der Institutionen „Abschiebung", „Gefängnis" sowie ihrer Synthese „Abschiebegefängnis" bis zum heutigen Status Quo mit seinem derzeitigen rechtlichen

---

2 Abschiebehaft wird im gesetzlichen Kontext Abschiebungshaft genannt. Wir nutzen den Begriff Abschiebehaft, da dieser in Initiativen und Gruppen, die sich gegen Abschiebehaft einsetzen, gängig ist.

3 Lateinische Redewendung: „Was zu beweisen war."

4 Zur geschlechtersensiblen Sprache: Vorrangig versuchen wir die binäre Unterteilung von Geschlecht zu umgehen. Dabei nutzen wir vorwiegend das * um alle Menschen jeglicher Identität zu inkludieren. An manchen Stellen ist es in diesem Buch dennoch notwendig die binären Kategorien männlich und weiblich zu verwenden, werden diese Fälle jedoch entsprechend kontextualisieren.

Rahmen nachgezeichnet. Die Abschnitte II und III behandeln die Perspektiven von Inhaftierten der Abschiebehafteinrichtung Darmstadt-Eberstadt auf ihre Flucht- bzw. Migrationsgeschichten, Ausschlusserfahrungen in Deutschland und der Lebensbedingungen in der Haft. Abschnitt IV analysiert vermittelt durch Gerichtsakten die institutionelle Ordnung der Abschiebehaft. Dabei wird das Zusammenspiel von Polizei, Ausländerbehörde und Gericht in den Blick genommen. Abschnitt V ist von Oumar Mamabarkindo verfasst, der 2021 für drei Wochen – davon zwei Wochen in Isolationshaft – im Abschiebegefängnis Büren inhaftiert wurde. Er schildert seine Erlebnisse von der Verhaftung während eines Termins bei der Ausländerbehörde, von der Haft an sich und der Isolationshaft bis nach seiner Entlassung. Abschnitt VI widmet sich schließlich dem gesteigerten Repressionsinstrument der Isolationshaft im Abschiebegefängnis Büren. Im besten Fall soll das Buch Antworten auf die Fragen geben: Was ist und war Abschiebehaft? Wer ist davon betroffen? Wie verläuft der institutionelle Prozess der Abschiebehaft?

Danken möchten wir allen Menschen, die mit uns über ihre Erfahrungen/Erlebnisse aus der Abschiebehaft gesprochen haben und uns erlaubten diese der Öffentlichkeit zugänglich zu machen. Euch ist dieses Buch gewidmet. Auf dass es irgendwann eine Welt gibt, in der Bücher wie dieses nicht mehr geschrieben werden müssen.

Ebenso danken wollen wir selbstverständlich allen Menschen, die alltäglich mit uns gegen Abschiebegefängnisse oder andere Unterdrückungs-/Ungerechtigkeits-Institutionen und Mechanismen kämpfen. Insbesondere danken wir dabei unseren Genoss*innen von „Community for all“ in Darmstadt und „Hilfe für Menschen in Abschiebehaft Büren e.V.“.

1. Von Abschiebungen und Gefängnissen

Zunächst soll die Geschichte der Abschiebehaft und auch die Geschichte des Gefängnisses als Strafvollzug skizziert werden. Abschiebehaft wird zwar juristisch als Verwaltungshaft und nicht als Strafhaft bezeichnet, wodurch eine Vermischung als unzulässig erscheint. Doch schon die Kritische Kriminologie und Rusche/Kirchheimer konstatieren in den 1930ern:

> *„Strafe als solche gibt es nicht. Es gibt nur konkrete Systeme des Strafvollzugs. […] Jede Produktionsweise tendiert dazu Bestrafungsmethoden zu ersinnen, welche mit ihren Produktionsverhältnissen übereinstimmen“ (Rusche/Kirchheimer 1974: S.12).*

Ebenso wie die Strafe ist auch die Straftat nichts Natürliches, schon immer Dagewesenes. Kriminalität stellt auch keine Eigenschaft dar,

„die einem Verhalten originär und inhärent zukommt, sondern nur auf Grund eines Urteils, das von außen an es herangetragen wird, und zwar durch Bewertungen der Gesellschaft oder der sozialen Gruppen, der der Täter als Mitglied angehört" (Sack 1973: S.131).

Kriminalität, Strafe und auch Abschiebehaft sind gesellschaftliche Produkte. Abschiebehaft hat den Zweck, die Abschiebung zu erleichtern. Dazu werden Menschen, die abgeschoben werden sollen, in Gefängnisse gesperrt. Um nun die Geschichte und Entwicklung der Abschiebehaft nachzuzeichnen, ist es nötig auch ihre Bestandteile Abschiebung und Gefängnis historisch darzustellen. Dies soll hier zuerst geschehen, bevor die nun mehr als 100-jährige Geschichte der Abschiebehaft in den Blick genommen wird.

Geschichte der Abschiebung

Bis in die Moderne und der damit einhergehenden Gründung von Nationalstaaten sowie der Etablierung des Gefängnissystems, war in Europa vor allem die ‚inländische'[5] Bevölkerung von Abschiebungen betroffen. In der Antike wurde die „Verbannung" als Strafe angewandt. Betroffen waren in der Regel Menschen, die aus politischen Gründen gegen das herrschende Regime opponierten. Sie wurden meist auf Inseln des Mittelmeeres verbracht (Oulios 2013: S.152).

Im Mittelalter entwickelte sich der „Stadtverweis" als massenhaft angewandte Sanktion. Der Stadtverweis weitete sich bis zum 15. Jahrhundert zum „Landesverweis" aus, wodurch sich das Territorium der Ausweisung auf das jeweils gesamte Fürstentum ausdehnte. Der Verweis wurde als Strafe für Menschen verhängt, die für schuldig des Aufruhrs, notorischen Ehebruchs, Diebstahls, Totschlags oder der Fälschung befunden wurden (ebd.: S.153). Durch die Einrichtung des Zuchthaussystems im 18. Jahrhundert entwickelte sich der Landesverweis von der Regel zur Ausnahme. Mit der Errichtung des Gefängnissystems und der Nationalstaaten wurde der Landesverweis für die Menschen, die zur eigenen Bevölkerung gezählt wurden, ad acta gelegt. Er galt fortan nur noch für ‚Ausländer*innen' (ebd.: S.155).

Mit der Kolonisierung weiter Teile der Erde durch europäische Regime entstand eine weitere Form bzw. Funktion der Abschiebung. Kolonialstaaten deportierten Menschen als Strafe in die Kolonien. Dort wurden sie faktisch

5 Wir verwenden in dieser Arbeit einfache Anführungszeichen als Mittel zur Abgrenzung von rassifizierenden und diskriminierenden Begriffen, um somit eine kritische Distanz zu diesen Begriffen und den damit verbundenen Konzepten zu schaffen. Die Begriffe werden in den dieser Arbeit zugrunde liegenden Materialien verwendet. Unsere kritische Haltung begründet sich in einer postkolonialen, rassismus- und machtkritischen, sowie Critical Whiteness-Perspektive. Doppelte Anführungszeichen nutzen wir hingegen als Mittel als Hervorhebung von theoretischen Konzepten und zum Zitieren.

versklavt und zur Arbeit gezwungen. Deutsche Behörden schickten Verurteilte während des 16. und 17. Jahrhunderts auf ausländische Galeeren. Während des 18. Jahrhunderts wurden sie als Sklav*innen nach Nordamerika gebracht (Rusche/Kirchheimer 1974: S.175). Frankreich deportierte Verurteilte von 1701 bis 1722 nach New Orleans und ab 1854 nach Guyana. Endgültig abgeschafft wurde diese Praxis in Frankreich erst 1937 (ebd.: S.172ff). Großbritannien deportierte seine Verurteilten zunächst in die nordamerikanischen Kolonien. Nach der amerikanischen Revolution war dies nicht mehr möglich und die Deportationen wurden nun nach Australien durchgeführt (ebd.: S.159).

Neben dem Stadt-/Landesverweis und den Deportationen in Kolonien für Verurteilte entwickelte sich im Europa des Mittelalters mit den sogenannten ‚Bettelschüben' noch eine weitere Form der Abschiebung. Im Mittelalter wurden umherwandernde Menschen ohne festen Wohnsitz für ein paar Tage von den Dorfgemeinschaften aus christlicher Nächstenliebe versorgt. 1530 wurde dann das Betteln von ‚Fremden' im Heiligen Römischen Reich Deutscher Nation durch die Reichspolizeiordnung verboten. Als ‚Fremde' wurden hier alle Menschen angesehen, die nicht an dem jeweiligen Ort geboren wurden. Nur der Geburtsort war fortan zuständig für die Versorgung der Armen. Bettelnde wurden nicht nur ausgewiesen, sondern teilweise bis in ihre Geburtsorte deportiert. Diese Praxis gab es in Europa mancherorts bis Ende des 19. Jahrhunderts (Oulios 2013: S.156f).

Ab dann wurden nur noch ‚Ausländer*innen' abgeschoben. Auch dabei gab es einen deutlichen Klassencharakter. Abgeschoben wurden vor allem arme Menschen, die zuvor wegen ‚Landstreicherei und Bettelei' im Gefängnis saßen. Bis 1899 konnte die Polizei im deutschen Reich dies ohne Gerichtsbeschluss tun. Danach war das nur noch möglich bei polnischen Saisonarbeiter*innen, sogenannten ‚Vagabunden', Sinti*ze und Rom*nja. Hier bekam die Institution Abschiebung neben ihrem Klassencharakter und nationalistischem Charakter auch deutliche rassistische Implikationen (ebd.: S.159). Der Status der ständigen Abschiebbarkeit führt zu höherer Ausbeutbarkeit. Die polnischen Saisonarbeiter*innen sollten von Frühling bis Herbst in Deutschland arbeiten und im Winter ausreisen. Wenn sie streikten oder sich anders politisch betätigten, konnten sie ohne rechtliche Hürden schon vorher abgeschoben werden. Diese Politik aus dem Kaiserreich setzte sich in der Weimarer Republik fort. Ausweisungsgründe für ‚Ausländer*innen' waren unter anderem: Sie haben sich ‚lästig', ‚unliebsam' und ‚unerwünscht' gemacht. So konnten weiterhin arme und politisch aktive Menschen ohne weiteres abgeschoben werden (ebd.: S.165f).

Nach den Revolutionen und Aufständen im 18. und 19. Jahrhundert in Europa und den USA entstanden unterschiedliche politische Systeme, die die Themen Flucht und Abschiebung unterschiedlich behandelten. Während die USA und Großbritannien faktisch alle politisch Verfolgten aus den gescheiterten Revolutionen und Aufständen aufnahmen, schlossen Preußen, Österreich und Russland gegenseitig Auslieferungsverträge. Diese zielten vor allem auf die Verfolgung von polnischen Revolutionär*innen ab. Frankreich und Belgien verankerten 1830 erstmals rechtlich das politische Asyl. Es stellte jedoch weiterhin eher eine Gnade des Staates dar als einen wirklichen Rechtsanspruch. Geflüchteten wurde auferlegt sich „still" zu verhalten und sich nicht politisch zu betätigen. Anderenfalls konnte ihnen das Asyl wieder entzogen werden (ebd.: S.162f).

Geschichte des Gefängnisses als Strafvollzug

Das Gefängnis als Institution des Strafvollzugs ist ein Produkt der Moderne. Ende des 18. Jahrhunderts begannen in Europa und den USA Diskussionen zur Reformierung des Strafsystems. Körperstrafen sollten durch „körperlose" Strafen ersetzt werden (Foucault 2013: S.14). Im Mittelalter stellten zunächst Bußen und Geldstrafen den bevorzugten Strafvollzug dar. Diejenigen, die die Geldstrafen nicht bezahlen konnten, wurden ersatzweise mit Körperstrafen[6] belegt (Rusche/Kirchheimer 1973: S.15ff). Ab dem Spätmittelalter mit der Herausbildung Kapitalistischer Strukturen nehmen grausame Körperstrafen gegen Arme zu. Besonders hart wurden Diebstahl und andere Eigentumsdelikte bestraft. Angehörige höherer Klassen wurden implizit und explizit von extremen Strafen ausgenommen. Die Strafen wurden nicht nach Art der Tat/des Verhaltens verhängt, sondern ob jemand von den Strafinstanzen als ‚ehrbar' oder nicht angesehen wurde. In der Praxis wurden Arme in der Regel als ‚nicht ehrbar' und ökonomisch besser stehende Menschen als ‚ehrbar' etikettiert (ebd. S.23ff).

In der Zeit des Merkantilismus ab dem 16. Jahrhundert traten zu den bisherigen Strafen die Galeerensklaverei und Zwangsarbeit als Möglichkeit die Arbeitskraft der Gefangenen auszubeuten, sowie Deportationen (siehe 2.1) hinzu (ebd. S.36). Gefängnisse gab es in dieser Zeit zwar auch, doch diese hatten nicht die Funktion der Strafe. Sie sollten die Personen lediglich bis zum Prozess und der eigentlichen Strafe festhalten (ebd. S.89).

Arbeitskraft bekam in dieser Zeit eine immer größere Rolle im Regierungshandeln. Ab Ende des 16. Jahrhunderts entstanden die ersten Arbeits- und Zuchthäuser. In ihnen wurden Arme, Bettelnde und Sexarbeiter*innen zur Arbeit gezwungen (ebd. S.61). Theoretisch wurde zwar zwischen diesen Einrichtungen unterschieden, praktisch hatten sie aber dieselbe Funktion. Sie sollten arme Menschen an eine Manufaktur konzentrieren und sie dort bei Versorgung lediglich des physischen Existenzminimums zur Arbeit zwingen (ebd. S.91).

---

6 Einen ähnlichen Klassencharakter haben die heutigen Ersatzfreiheitsstrafen, wenn Personen Geldstrafen nicht bezahlen können. Ich verweise auf das eingangs erwähnte Beispiel der fahrscheinlosen Menschen.

Mit dem Zeitalter der Aufklärung kam eine Bewegung zur Bekämpfung der Willkür der Strafgerichte auf (ebd. S.104). Der Bürgerlichen Gesellschaft war weniger an der Strenge der Kriminaljustiz, sondern an derer Zuverlässigkeit und Allumfasstheit gelegen (ebd. S.111). Durch präzise Formulierung des Tatbestandes in Gesetzen (Code Penal 1810, Bayrisches Strafgesetzbuch 1813) sollte eine Trennung von Justiz und Moral erfolgen. Formaljuristische Begriffe der Schuld sollten die strafbare Handlung anstelle der beschuldigten Person in den Mittelpunkt stellen. Ebenso sollte die genaue Bestimmung der Strafmaße in der Theorie auf jedes einzelne Mitglied der Bevölkerung angewandt werden können. In der Praxis wurde trotz des Geredes von Gleichheit, die unterschiedliche Bestrafung verschiedener Klassenangehöriger bei gleichen Vergehen beibehalten (ebd. S.139f).

Exkurs: Klassengesellschaft, Ausbeutung, Kapitalismus

Auf den vorangegangenen Seiten ist immer wieder vom Begriff der Klassen die Rede. Damit dieser Begriff nicht im Ungefähren bleibt, soll er hier in einem kleinen Exkurs erläutert werden.

Maßgeblich geprägt wurde er von Karl Marx. Der Begriff erlangte für seine Theorie und Praxis zentrale Bedeutung obwohl sich bei Marx keine zusammenhängende Abhandlung über ihn finden lässt (Fetscher 1976: S.55). Zu Beginn des Kommunistischen Manifestes schreibt Marx:

> *„Die Geschichte aller bisherigen Gesellschaft ist die Geschichte von Klassenkämpfen. Freier und Sklave, Patrizier und Plebejer, Baron und Leibeigener, Zunftbürger und Gesell, kurz, Unterdrücker und Unterdrückte standen in stetem Gegensatz zueinander, führten einen ununterbrochenen, bald versteckten, bald offenen Kampf, einen Kampf, der jedesmal mit einer revolutionären Umgestaltung der ganzen Gesellschaft endete oder mit dem gemeinsamen Untergang der kämpfenden Klassen" (MEW 4: S.462).*

Mitglieder einer gemeinsamen Klasse haben demnach eine gleiche oder ähnliche gesellschaftlich-soziale und wirtschaftliche Stellung inne. Die konkreten Erscheinungsformen der Klassen ändern sich zwar je nach historischer Periode, doch die Unterscheidung zwischen unterdrückenden und unterdrückten Klassen bleibt. Im Nachgang der doppelten Revolution im 18. Jahrhundert (Hobsbawm 2004: S.10) – Industrielle Revolution in England und die Bürgerliche Revolution in Frankreich – entstand die Bürgerlich-Kapitalistische Gesellschaft. Mit ihr verschwanden die alten Klassen des Feudalsystems oder gingen in den neuen Klassen auf. Die alte Ständegesellschaft (Klerus, Adel, Bürgertum, Bauernstand) bestand aus sozialen Gruppierungen mit eigenen rechtlichen, sozialen und kulturellen Normen, deren Zusammenhalt auf Gemeinsamkeit in Abstammung, Beruf, Besitz oder Bildung fußte. Die Stellungen und die mit ihr einhergehenden Privilegien bzw. Unterdrückungen wurden ererbt. In der Bürgerlich-Kapitalistischen Gesellschaft hingegen zählt als erstes die Stellung im Produktionsprozess.[7]

Die Industrielle Revolution entfachte eine immense Produktivitätssteigerung. Große Teile der Landbevölkerung konnten sich durch ihre Arbeit nicht mehr ernähren, da ihre (handwerkliche) Arbeit nicht konkurrenzfähig mit der industriellen Produktion war. Diese ehemaligen Landarbeiter*innen zogen in die Städte um eine Stelle als Lohnarbeiter*in in einer Fabrik oder einem Haushalt von reichen Bürger*innen anzunehmen. Diese Arbeiter*innen nannte Marx „doppelt frei".

> *„Zur Verwandlung von Geld in Kapital muss der Geldbesitzer also den freien Arbeiter auf dem Warenmarkt vorfinden, frei in dem Doppelsinn, dass er als freie Person über seine Arbeitskraft als seine Ware verfügt, dass er andrerseits andre Waren nicht zu verkaufen hat, los und ledig, frei ist von allen zur Verwirklichung seiner Arbeitskraft nötigen Sachen" (MEW 23: S. 183).*

Die Bürgerliche Revolution befreite sie von dem Zwang, für eine*n Adlige*n zu arbeiten. Da sie aber auch frei von Produktionsmitteln waren (im Gegensatz zu den Kapitalist*innen), waren sie gezwungen ihre Arbeitskraft zu verkaufen, um zu überleben.

Die Produktivitätssteigerung hatte ein Bevölkerungswachstum und ein Überangebot an Arbeitskraft zur Folge, wodurch die Löhne von den Inhaber*innen der Produktionsmittel so niedrig gehalten wurden, dass ein Großteil der arbeitenden Bevölkerung verelendete (ebd.: S.349). Die Verelendung wiederum wurde von den herrschenden Klassen nicht als Folge des Fabriksystems und der Kapitalistischen Produktionsweise angesehen, sondern moralisch auf die Verelendeten selbst geschoben. Der arbeitenden Bevölkerung ginge es so schlecht, weil sie sich zu sehr dem Alkohol, Glücksspiel und der Prostitution hingäben. Zusätzlich und zuvorderst bekämen sie aber schlicht zu viele Kinder. Emblematisch für dieses Denken steht der Pfarrer Thomas Malthus im Jahr 1798:

> *„Ein Mensch, der in einer schon occupierten Welt geboren wird, wenn seine Familie nicht die Mittel hat, ihn zu ernähren, und wenn die Gesellschaft seine Arbeit nicht nötig hat, dieser Mensch hat nicht das mindeste Recht, irgend einen Teil von Nahrung zu verlangen, und er ist wirklich zu viel auf der Erde. Bei*

---

7 Diese zwei Gesellschaftsformationen sind selbstverständlich nicht sauber voneinander zu trennen. Auch die Mitgliedschaft eines Standes ging einher mit einer bestimmten Stellung im Produktionsprozess. In der Bürgerlichen Gesellschaft herrscht zwar ihrem Selbstverständnis nach rechtliche Gleichheit ohne Privilegien für eine bestimmte Gruppe, doch nur ein flüchtiger Blick zum Beispiel ins Aufenthaltsrecht straft dies Lügen.

dem großen Gastmahle der Natur ist durchaus kein Gedecke für ihn gelegt. Die Natur gebietet ihm abzutreten, und sie säumt nicht, selbst diesen Befehl zur Ausführung zu bringen" (zitiert nach Koenen 2017: S.258)."

Eine Empfehlung daraus war, Kinder – gerade in Waisenhäusern – verhungern zu lassen (ebd.).

Angehörige der unteren Klassen waren somit neben ihrer schlechten ökonomischen Stellung auch diversen Stigmatisierungen ausgesetzt. Wer sich in den Augen der Herrschenden und den Instanzen der sozialen Kontrolle unliebsam machte, wurde eingesperrt oder abgeschoben.

Für das Strafsystem der Gefängnisse, Arbeits- und Zuchthäuser aus der Zeit des Merkantilismus bedeutete die Industrielle Revolution einen Bedeutungsverlust bis hin zu ihrer Einstellung. Durch die Industrialisierung ließ sich aus nicht-maschineller Arbeit der Gefangenen keine Profite mehr erzielen (Rusche/Kirchheimer 1973: S.152). Die dadurch entstehende Beschäftigungslosigkeit der Gefangenen im Gefängnis öffnete die Tür für die Reformer. Funktionen der Repression und Abschreckung der Strafe vor allem für Angehörige der unteren Klassen standen nun im Vordergrund. Die Haftstrafe wurde zur hauptsächlichen Bestrafungsart. Während zu Beginn des 19. Jahrhunderts die Zustände in den Gefängnissen und Zuchthäusern meist besser waren als der Zustand als Lohnarbeitende in Freiheit, verschlechterten sie sich bis zur Mitte des Jahrhunderts so sehr, dass Gefangene eine um ca. 30 Jahre kürzere Lebenserwartung hatten. Dies wurde zum einen dadurch erreicht, dass ihnen nur das absolute Existenzminimum gewährt wurde und zum anderen, dass die Gefängnisarbeit sich zu einer Foltermethode entwickelte, die außer der Strafe keinen Zweck erfüllte (ebd. S.143ff).

Ab 1846, nach dem internationalen Gefängniskongress in Frankreich, wurde in Deutschland, Frankreich, Belgien und den Niederlanden die Einzelhaft eingeführt. Diese wurde zunächst von den Quäkern in den USA erdacht, damit die Gefangenen wieder zu Gott fänden. In Europa galt sie hingegen durch das Gefühl der völligen Abhängigkeit und Hilflosigkeit als schlimmste Qual. Die Gefängnisstrafe sollte so grausam sein, dass sich sogar verhungernde Menschen vor ihr fürchten sollten (ebd. S. 178ff).

Mit der Hebung des Lebensstandards der unteren Klassen ab Mitte/Ende des 19. Jahrhunderts sank die erhobene Kriminalitätsrate. In diesen Zeitraum fallen weitere Reformen des Gefängnissystems. Die Prinzipien der Verhältnismäßigkeit der Strafen – also verfeinerte Methoden – sowie der Unabhängigkeit der Richter wurden eingeführt. Ebenso wurden die Gefängnisdirektoren nun zu Angestellten des Staates, wodurch sie ein gesichertes Einkommen hatten und das ökonomische Interesse an der Ausbeutbarkeit der Arbeitskraft Gefangener zurückging[8]. Dies zusammengenommen führte zu einem Rückgang sowohl der Anzahl als auch der Härte der Strafen (ebd.: S.193ff).

Die Organisation innerhalb des Gefängnisses kreiste sich nun mehr um die Disziplinierung der Gefangenen. Durch „pädagogische" Methoden und Maßnahmen wie Ermutigungen, kleine Belohnungen und Privilegierungen rückten repressivere Maßnahmen wie die Drohungen von Körperstrafen in den Hintergrund (ebd.: S.216).

Während des Ersten Weltkrieges wurden Gefangene wieder zur Zwangsarbeit benutzt und in der Kriegsproduktion eingesetzt. Gefangene, die als wehrtauglich angesehen wurden, konnten mit Strafnachlass rechnen, um sie umgehend als Soldaten einzusetzen. Nach Kriegsende war die ökonomische Situation von hoher Arbeitslosigkeit, fallenden Löhnen und der Verarmung der Mittelklasse gekennzeichnet. In dieser Zeit steigt auch die Zahl der registrierten Straftaten, insbesondere der Eigentumsdelikte wie Diebstähle, Überfälle, Betrugsfälle, Fälschungen, sowie der verhängten Strafen (ebd.: S.224ff).

Auf die Darstellung der Entwicklung des Strafvollzugs nach der Weimarer Republik wird hier verzichtet, da in dieser Epoche die Einrichtung der Institution Abschiebehaft fällt und im folgenden Abschnitt dargestellt wird.

Geschichte der Abschiebehaft

Fort Prinz Karl in Ingolstadt: 1920 das erste Abschiebegefängnis Deutschlands. Quelle: Wikipedia, CC BY-SA 3.0

Bereits im Mittelalter und in der frühen Neuzeit soll es Abschiebehaft gegeben haben, jedoch ideologisch weniger aufgeladen und eher vereinzelt angewandt (Abschiebehaftgruppe Leipzig 2001). Dies änderte sich in der Weimarer Republik mit ideologisch geprägten und zahlreich angewandten Praktiken der Grenzschließungen, Ausweisungen, Abschiebungen und Internierungen. In den Freistaaten Bayern und Preußen wurde die Grundlage für die heutige Praxis der Abschiebehaft geschaffen.

Während des Ersten Weltkrieges benötigte die deutsche Wirtschaft Arbeitskräfte, um ihre Produktion zu stützen. Im Zuge dessen wurden ‚ausländische' Arbeitskräfte angeworben bzw. zwangsweise nach

8 Das derzeitige System der privat betriebenen Gefängnisse in den USA hingegen lebt von diesem Interesse. In manchen Bundesstaaten sind die Gefangenen gezwungen zu arbeiten – teilweise sogar ohne jeden Lohn. Die Inhaftierungsrate bezogen auf die Gesamtbevölkerung ist in den USA die höchste der Welt, ebenso die Profitrate der Betreiber (Oliver 2019; Wacquant 2013).

Deutschland verschleppt, darunter viele Jüd*innen aus Osteuropa. Parallel dazu entzündete sich seit dem Kriegsbeginn 1914 an der ‚Ostjudenfrage'[9] eine Diskussion über die deutsche ‚Fremdenpolitik' (Heid 1995: 193).

Im Freistaat Bayern wurden Jüd*innen vorsätzlich – jedoch unzutreffend – für die Revolution der Bayrischen Rätebewegung im April 1919 verantwortlich gemacht. Dies war gedacht als präventives Mittel zur Aufstandsbekämpfung und wurde als Grund für ihre Ausweisungen und Internierungen propagiert (Walter 1999: 54f.; Heid 1995: 222).[10] Am 25. Mai 1919 trat im Freistaat Bayern durch das Innenministerium die Bekanntmachung über Aufenthalts- und Zuzugsbeschränkungen in Kraft und bildete die gesetzliche Grundlage für eine „aktive Fremdenkontrolle" (Walter 1999: 55ff). Ihre Kernpunkte waren die Erfassung, Registrierung und Überwachung aller ‚Ausländer*innen' und die mögliche Ausweisung oder Aufenthaltsbeschränkung zur „Erhaltung der öffentlichen Sicherheit" (Ministerium für Militärische Angelegenheiten 1919). Die Vollzugsanordnung des Innenministeriums vom 5. Juni 1919 verpflichtete die bayerischen Polizeidirektionen,

> *„mit dem Mittel der zwangsweisen Abschiebung vorzugehen, wenn die Weggewiesenen der Anordnung nicht freiwillig Folge leisteten oder unbefugt wieder zurückkehrten. Im Übrigen stand es der Polizeidirektion frei, den Weggewiesenen vorläufig zu internieren, wenn sie die Verschubung [sic] nicht durchführen konnte" (Kommandantur der Landeshauptstadt München 1919: 8f.).*

Zunächst wurde für die Internierungen das Kriegsgefangenenlager Puchheim (bei München) angedacht (ebd.). Da dies aber voll belegt war mit russischen Kriegsgefangenen, wurden Menschen zur Sicherstellung ihrer Abschiebung stattdessen vorübergehend in verschiedenen Gefängnissen der Amts- und Landgerichte interniert (Walter 1999: 71). 1920 wurde in der Weimarer Republik das erste Abschiebegefängnis in Ingolstadt/Bayern errichtet. Hier wurden nicht nur jüdische Personen, sondern auch andere Personen, die von den Bayerischen Ausweisungsbestimmungen betroffen waren, Tage bis Monate bis zu ihrer Abschiebung inhaftiert (Walter 1999: 57, 70f.).

In Preußen sind bereits 1918 Internierungen mehrerer jüdischer Arbeiter*innen aus Polen in Polizei- und Militärgewahrsam in Rummelsburg (Berlin) mit wöchentlichen Abschiebungen dokumentiert, zu denen die rechtlichen

---

9 Der antisemitische Begriff ‚Ostjude' wurde zu dieser Zeit als Abgrenzung zu ‚deutschen Juden' verwendet. Er bezog sich auf Jüd*innen, die Nachkommen von deutschen Jüd*innen waren, die aus Angst vor Pogromen Mitte des 14. Jahrhunderts nach Polen geflohen waren (Wippermann 1999: 24).

10 Zudem wurden ‚Fremdenkontrollen' mit der Meinung verteidigt, dass zum Erhalt der öffentlichen Ordnung, auch bzgl. antisemitischer Stimmungen aus der Bevölkerung und der Sorge vor Straßengewalt, bürokratisch durchgegriffen werden müsse (Walter 1999: 57).

Grundlagen fehlten (Heid 1995: 212). Eigentlich galt Preußens Ausweisungspolitik zunächst jedoch als ‚humaner' im Vergleich zu Bayern. Da, nach Standpunkt des Auswärtigen Amtes, Deutschland nicht wieder als inhuman dastehen sollte, wurde weniger Gebrauch von Ausweisungsbefugnissen gemacht (Heid 1995: 215; Oltmer 2005: 254). So ordnete der preußische Innenminister Heine in seinem Erlass vom 1. November 1919 zunächst die Duldung von ‚ostjüdischen' Arbeiter*innen an, wenn sie für die deutsche Wirtschaft nützlich waren (Heid 1995: 313). Zugleich wurde jedoch alles dafür unternommen, die Grenze zu Polen dicht zu machen (ebd.: 215f.). 1920 wendete sich der Diskurs. „Zur Beruhigung der Kreise [...], die der Auffassung waren, daß [sic] nichts Energisches gegen die Ostjuden [sic] getan würde" (ebd.: 202), wurden Internierungen in den Ministerialerlassen vom 1. Juni und 17. November 1920 gesetzlich untermauert (ebd.). Im selben Jahr wurden ‚Ostjuden', die aus verschiedenen Gründen (z.B. ungeklärte Staatsangehörigkeit) nicht ausgewiesen werden konnten, in Abschiebelagern festgehalten.[11] Die Internierung verfolgte die Ziele,

> *„Ostjuden [sic] »zunächst unschädlich« zu machen, die Wohnungsnot einzudämmen, neuen unerlaubten Zuzug »abzuschrecken«, sie zur Auswanderung »geeigneter« zu machen und sie schließlich für einen »Massenabschub« bereitzuhalten" (Auswärtiges Amt 1920 zit. n. Heid 1995: 217).*

Während die Abschiebegefängnisse aus finanziellen Gründen bis 1924 geschlossen wurden, hatte die Weimarer Republik durch ihre antisemitischen Erlasse und Verordnungen den Grundstein für die heutige Abschiebehaft gelegt (Heid 1995: 211).

Im Nationalsozialismus nahm die gesetzliche Verankerung des Antisemitismus mit den sogenannten ‚Nürnberger Rassegesetzen' vom 15. September 1935 neue und härtere Formen an. Sie bildeten die legislative Grundlage für ‚Rassentrennung' und Judenverfolgung und versuchte Jüd*innen zur ‚freiwilligen' Ausreise zu drängen (Hemker 2005: 91). Abschiebehaft wurde drei Jahre später durch die Ausländerpolizeiverordnung vom 22. August 1938 (Abk.: APVO) in § 7 Abs. 5 aufgenommen:

> *„Zur Sicherung der Abschiebung kann der Ausländer [sic] in Abschiebehaft genommen werden" (§ 7 APVO idF. v. 22.08.1938 Abs. 5).*

11 1920 wurden in Preußen 282 Jüd*innen verhaftet und in das Lager Wünsdorf gebracht, in dem sie grobe Misshandlungen erlitten. 1921 wurden in Stargard (Pommern) und Cottbus-Sielow weitere Abschiebegefängnisse (genannt: Konzentrationslager) errichtet (Wippermann 1999: 24). Außerdem wurden Abschiebegefängnisse in Kassel, Hamburg, Frankfurt/Main, Frankfurt/Oder, Quedlinburg (Sachsen), Königsmoor, Eydtkuhnen (Ostpreußen) dokumentiert. (AG Weimar/Berlin 2000: 17f. / Heid 1995: 218)

Die freie Formulierung ließ dabei viel Spielraum für Willkür. Zwei Monate später am 28./29. Oktober 1938 wurde dieser Paragraf in der sogenannten ‚Polenaktion' angewendet (ebd.). Reinhard Heydrich (Chef der NS-Sicherheitspolizei) und Heinrich Himmler (Reichsführer SS) ordneten die Ausweisung aller Jüd*innen polnischer Staatsangehörigkeit an. 17 000 Menschen wurden zwei Tage inhaftiert und dann mit Zügen nach Polen abgeschoben. Die polnische Regierung erließ kurz zuvor eine Regelung nach der Pol*innen, die sich länger als fünf Jahre ununterbrochen im Ausland aufgehalten und dadurch „die Verbindung zum polnischen Staat verloren" hätten, automatisch ihre Staatsbürgerschaft verloren. Diese Regelung zielte vor allem darauf ab, die jüdische Bevölkerung mit polnischem Pass aus Deutschland an der Wiedereinreise nach Polen zu hindern. Die vom NS-Regime Deportierten wurden nicht in die polnische Gesellschaft aufgenommen. Tausende mussten im Grenzgebiet teilweise bis zum nächsten Sommer kampieren. Die Massendeportationen vom Oktober 1938 können noch vor der Reichspogromnacht vom 9. November 1938 als Auftakt der Vertreibung, Vernichtung und Auslöschung der jüdischen Bevölkerung durch die Nazis angesehen werden (Loew 2014: S.161f).

Nach der Reichspogromnacht führten die Inhaftierungen von Jüd*innen und anderen Minderheiten später nur bedingt zu Abschiebungen. Vielmehr dienten sie der Verschleppung in Konzentrationslager und der systematischen Tötung von zahlreichen Menschen (El-Tayeb 1999: 167).

Von 1945 bis 1990 wurde Abschiebehaft in Deutschland kaum angewendet. Es gab auch keine speziellen Gefängnisse für sie. Zu erwähnen für diese Periode ist aber, dass 1951 die Ausländerpolizeiverordnung in der Fassung der Nazis von 1938 komplett übernommen wurde:

> *„Bei der Übernahme 1951 beriefen sich die PolitikerInnen auf das formalrechtliche korrekte Zustandekommen der Verordnung, die auch nicht vom nationalsozialistischen Geist durchzogen sei. Passagen wie »wichtige Belange des Reichs und der Volksgemeinschaft« seien in der modernen Zeit als »erhebliche Belange der BRD« zu interpretieren - denn der alte Wortlaut blieb ja erhalten" (Abschiebehaftgruppe Leipzig 2001).*

1965 wird die Ausländerpolizeiverordnung vom Ausländergesetz abgelöst. Der § 7 Ausländerpolizeiverordnung wird zum § 16 Ausländergesetz. Ergänzt wird, dass die Abschiebehaft bis zu sechs Monaten angeordnet und bis zur Gesamtdauer von einem Jahr verlängert werden kann (ebd.).

‚Anti-Asyl-Kampagne' und Renaissance der Abschiebehaft

Zur Zeit des Wiederaufbaus nach dem verlorenen Zweiten Weltkrieg warb Deutschland vermehrt ‚Gastarbeiter*innen' an und Abschiebehaft stand nicht im Fokus der öffentlichen Diskussion (Herbert 2001: 223ff). Mit dem abnehmendem Wirtschaftsboom und der Frage um den langfristigen Aufenthalt als auch des Nachzuges der Familien der ,Gastarbeiter*innen' wendete sich die politische Diskussion und es wurde 1973 ein Anwerbestopp beschlossen (Herbert 2001: 228).

Ein Jahr zuvor, 1972, begann bereits der Diskurs über vermeintlichen ,Missbrauch des Asylrechts'. Trotz niedriger Antragszahlen forcierten die Bundesländer Berlin und Bayern ihn, um den deutschen Arbeitsmarkt und die deutsche Gesellschaft vor Geflüchteten abzuschotten. 1976 erfolgte durch die SPD/FDP geführte Bundesregierung die erste Gesetzesverschärfung. Die Ausländer- und Grenzbehörden konnten von nun an bereits an der Grenze sogenannte ,Vorprüfungen' vornehmen, aus ihrer Sicht ,offensichtlich unbegründete Fälle' ablehnen und die Menschen zurückschieben. Bei dieser einen Verschärfung blieb es nicht. 1980 wurde Visumzwang bei den wichtigsten Asylherkunftsländern Afghanistan, Äthiopien, Sri Lanka, dem Iran, der Türkei, Bangladesch und Indien eingeführt. Im selben Jahr sollte auch die soziale Situation mittels zentraler Sammellagerunterbringung so verschlechtert werden, dass sie aus Sicht der Bundesregierung für Asylsuchende „nicht attraktiv sein kann". Zusätzlich wurde ein einjähriges Arbeitsverbot verhängt und die so notwendige Sozialhilfe in Form von Sachleistungen vergeben. 1982 wurde die Neuordnung des Asylverfahrensgesetzes (AsylVfG) verabschiedet. Die verschiedenen restriktiven Maßnahmen aus den einzelnen Bundesländern wurden zu bundesweit einheitlichen Regelungen erhoben. Das Sachleistungsprinzip und die Unterbringung in Sammellagern waren nun bundesdeutscher Standard. Ende der 1980er mussten etwa 300 000 Menschen in deutschen Sammellagern leben. Zusätzlich wurde das Arbeitsverbot auf zwei Jahre erweitert und die Residenzpflicht eingeführt. Asylsuchende durften nun die zugewiesenen Kommunen nicht mehr ohne Erlaubnis der Ausländerbehörden verlassen. Menschen, die bei ihrer eigenen Abschiebung nicht kooperierten, konnte die Sozialhilfe um 20-30 % gekürzt werden. Trotz Arbeitsverbot wurde die Möglichkeit geschaffen, die Arbeitskraft von Asylsuchenden auszubeuten. Eingeführt wurde die ,gemeinnützige zusätzliche Arbeit (gzA)' in kommunalen und gemeinnützigen Bereichen für ca. 1 DM/Stunde (Pieper 2008: S.50ff). Trotz dieser rassistischen und sozial ausschließenden Maßnahmen verringerte sich die Zahl der Asylsuchenden und anderer Migrant*innen nicht. Krieg, politische Verfolgung und Armut gab es weiterhin in der Welt, weshalb Menschen fliehen mussten. Ab 1985 verschärfte sich der rassistische Diskurs in Deutschland zur ,Anti-Asyl-Kampagne'. Da die vorherigen repressiven Maßnahmen nicht ,erfolgreich' genug in der Abschottung waren, forderten CDU/CSU von nun an die Abschaffung des Grundrechts auf Asyl. Das rassistische Klima verbreitete sich, sodass immer mehr Gewalttaten aus der Bevölkerung gegen als nicht-deutsch identifizierte Menschen verübt wurden. 1980 kam es in Hamburg zum ersten öffentlich diskutierten Brandanschlag auf ein Wohnheim für Geflüchtete durch eine bekannte Rechtsextremistische

Gruppe bei dem die Bewohner Đỗ Anh Lân und Nguyễn Ngọc Châu starben. Die Täter*innen wurden später zu 13 Jahren bzw. lebenslanger Haft verurteilt. 1986 zählte die Polizei bereits 60 ‚ausländerfeindliche' Aktionen – auch mehrere Brandanschläge. Diese waren seitdem kontinuierlicher Bestandteil der politischen Landschaft in Deutschland. Im Gegensatz zum ersten Brandanschlag wurden die Täter*innen mit äußerst milden Urteilen versehen. Die gerichtliche Argumentation baute hierbei auf den verbreiteten Diskurs auf, dass Brandanschläge auf Unterkünfte für Asylsuchende und andere Migrant*innen zwar gesetzeswidrig, aber wegen der öffentlichen Debatte eine nachvollziehbare Ausführung des ‚Volkswillens' seien (ebd.: S.62ff).

1990 wurde unter anderem im Abschiebehaftparagrafen der Passus eingefügt, der „begründete Verdacht", dass die betroffene Person „sich der Abschiebung entziehen will", reicht aus, um Abschiebehaft anzuordnen. Des Weiteren wurde die mögliche Haftdauer auf 18 Monate ausgedehnt (Abschiebehaftgruppe Leipzig 2000). Der Bundestagswahlkampf 1990 war trotz des Endes der DDR und ihrer Übernahme durch die BRD vor allem von der ‚Anti-Asyl-Kampagne' der Unionsparteien geprägt. Auch nach der gewonnenen Wahl führten sie die Kampagne fort und nahmen vor allem die SPD ins Visier. Für eine Grundgesetzänderung brauchte es sowohl im Bundestag als auch im Bundesrat eine Zweidrittelmehrheit. Die Gewalt rund um die Kampagne machte auch weiterhin nicht vor Morden halt. Von 1990 bis 1992 wurden bei über 1900 gewalttätigen Anschlägen 17 Menschen ermordet und 453 zum Teil schwer verletzt. Im Jahr der faktischen Abschaffung des Grundrechts auf Asylrechts 1993 erreichten die Anschläge einen Höhepunkt. Allein im Mai 1993 wurden 33 Brandanschläge gezählt. Im Juni 1993 waren es sogar 76 (Pieper 2008: S.67ff).

Im selben Jahr wurde als Reaktion auf diese Gewalttaten von CDU/CSU, FDP und SPD der sogenannte ‚Asylkompromiss' beschlossen. In ihm wurden die Rechte von Geflüchteten massiv beschnitten. Es wurde das Prinzip der ‚sicheren Drittstaaten' und der ‚sicheren Herkunftsstaaten', das Flughafenverfahren und das Asylbewerberleistungsgesetz eingeführt (ebd.: S.74ff).

Das Prinzip der ‚sicheren Drittstaaten' machte es möglich, Asylsuchende allein deshalb abzulehnen, weil sie auf ihrer Flucht bereits einen nach der Definition der deutschen Bundesregierung ‚sicheren' Staat durchquert hatten. Diese Regelung fand später als Dublin-Verordnung ihren Weg in das EU-Recht und schaffte in Deutschland das Recht auf Asyl nach Art. 16a GG faktisch ab. Beim Prinzip der sogenannten ‚sicheren Herkunftsstaaten[12]' ging die Regierung sogar noch weiter und deklarierte Staaten, aus denen Menschen fliehen, als ‚sicher' um ihnen in Deutschland Schutz zu verweigern.

12 Stand Januar 2020 sind Bosnien-Herzegowina, Mazedonien, Serbien, Montenegro, Albanien, Kosovo, Ghana und Senegal als ‚sicherer Herkunftsstaaten' definiert. Von der Bundesregierung sind des Weiteren Marokko, Algerien, Tunesien und Georgien geplant. Dies scheiterte bisher an der fehlenden Zustimmung im Bundesrat.

Im ebenfalls neu eingeführten Flughafenverfahren wurden Menschen, die ohne Ausweispapiere oder aus den als ‚sicher' deklarierten Staaten einreisten und Asyl suchten, innerhalb von zwei Tagen in einem beschleunigten Verfahren abgefertigt, um sie schnellstmöglich wieder abschieben zu können.

Des Weiteren wurde das Asylbewerberleistungsgesetz eingeführt. Die Leistungsgewährung erfolgte nun außerhalb der Sozialhilfe. Dies hatte eine deutliche Leistungsabsenkung, das Sachleistungsprinzip, schlechtere medizinische Versorgung und Einweisung in meist schwer erreichbare Lager zur Folge.

Dem ‚Asylkompromiss' lag das Ziel zu Grunde, die Lebensbedingungen der um Schutz suchenden Menschen in Deutschland so schlecht wie möglich zu gestalten, damit diese möglichst von allein Deutschland wieder verließen. Wer nicht ‚freiwillig' ausreiste, sollte abgeschoben werden. Um Abschiebungen effizienter und in höherer Zahl durchzuführen, wurde – neben den oben beschriebenen Maßnahmen – die Abschiebehaft im selben Jahr entstaubt und den Ausländerbehörden als Druck- und Gewaltmittel an die Hand gegeben. Es wurden sogenannte zwingende Haftgründe eingeführt: 1) unerlaubte Einreise; 2) Umzug, ohne der Ausländerbehörde dies mitzuteilen; 3) Nichterscheinen zu einem Abschiebungstermin; 4) sonstiges „sich der Abschiebung Entziehen"; 5) begründeter Verdacht, sich der Abschiebung entziehen zu wollen. Zwingend bedeutete, dass die Anordnung der Abschiebehaft nicht mehr nur Ermessenssache der zuständigen Behörden war, sondern unter den bestimmten Umständen zwingend angeordnet werden musste.

Neben den Änderungen in den asyl- und aufenthaltsrechtlich relevanten Gesetzen wurde mit dem Bau von Abschiebegefängnissen begonnen. Vorreiter war das von SPD/GRÜNE regierte Nordrhein-Westfalen (Abschiebehaftgruppe Leipzig 2000). Dort gab es die ersten, die größten und die meisten Abschiebegefängnisse. Innerhalb eines Jahres wurden dort allein sieben Abschiebegefängnisse mit 600 Haftplätzen errichtet. 1994 kam die bis heute bestehende JVA Büren[13] mit noch einmal 600 Haftplätzen hinzu (Müller 1994: S.7). Die bundesweite Zahl der Abschiebegefangenen stieg bis Mitte der 1990er sprunghaft an bis sie am Ende des Jahrzehnts wieder etwas sank (1992: 700; 1993: 2.600; 1994: 2.800; 1996: 1.900; 1997: 2.300) (Abschiebehaftgruppe Leipzig 2000). Hauptherkunftsländer der Inhaftierten waren 1994 Polen, Rumänien, Jugoslawien und die Türkei. Die Dauer der Haftzeit betrug nach Angaben des Bundesjustizministeriums durchschnittlich ca. 4 bis 5 Wochen. Die durchschnittliche Haftzeit besagte aber nichts über einzelne Fälle oder auch einzelne Gruppen aus. Mit Polen und Rumänien hatte Deutschland Übernahmeabkommen geschlossen, sodass Menschen dieser Staatsangehörigkeit schnell Passersatzpapiere ausgestellt bekamen und in der Regel innerhalb weniger Tage abgeschoben wurden. Menschen aus Indien, Pakistan und den ehemaligen

13 Heuer in Orwellscher Manier „Unterbringungseinrichtung für Ausreisepflichtige (UfA)" genannt, ist es mit 175 Haftplätzen das größte und älteste Abschiebegefängnis Deutschlands.

Sowjetrepubliken wurden oft 6 bis 7 Monate inhaftiert. Marokkanische und liberianische Staatsangehörige mussten sogar mit einer Haftzeit von 11 bis 12 Monaten rechnen (Müller 1994: S.10f).

In vielen Punkten erfüllte Abschiebehaft nicht einmal die Minimalstandards deutscher Justizvollzugsanstalten. Die Inhaftierten konnten in der Regel für eine Stunde im Monat Besuch empfangen. Hofgang wurde täglich eine Stunde gewährt. Die einzelnen Zellen wurden mit 2 bis 6 Personen belegt (ebd.: S.8). Unabhängige Beratung war staatlicherseits nicht vorgesehen, sodass nur ein kleiner Teil der Inhaftierten von ehrenamtlichen Initiativen an den jeweiligen Standorten unabhängig unterstützt werden konnte (ebd.: S.16). Eine Pflichtverteidigung wie im Strafrecht wurde den Betroffen ebenso nicht zur Seite gestellt (PSZ 1995: S.12). 1994 urteilte das Verwaltungsgericht Berlin, dass Inhaftierte eines Abschiebegefängnisses einen Anspruch auf 80 DM Taschengeld im Monat haben. Trotzdem gab es auch danach noch viele Fälle in denen die Inhaftierten nur zwischen 0 und 46 DM ausbezahlt bekamen und die zuständigen Behörden darauf vertrauten, dass die Betroffenen mangels Kenntnis der Rechtslage und mangels unabhängiger (Rechts-)Beratung nicht klagen würden (ebd.: S.22). Sonstiges Geld, dass sie besaßen, wurde von der zuständigen Ausländerbehörde eingezogen, da den Betroffenen die Kosten der Abschiebung selbst auferlegt wurden und noch immer werden (ebd.: S.36). Statt mit Sozialarbeiter*innen und Psycholog*innen wurde versucht durch Fernsehapparate in jeder Zelle und Arreststrafen (Isolationshaft) die Inhaftierten zu befrieden und zu disziplinieren (Bürendemovorbereitungsgruppe 2000). Inhaftiert wurden vor allem erwachsene männlich gelesene Personen. Es gab und gibt aber auch immer wieder Fälle von Minderjährigen in Abschiebehaft. Ca. 10% der Inhaftierten waren weiblich gelesene Menschen (PSZ 1995: S.12f). Zu weiteren Geschlechtern sind keine Studien bekannt. Jedoch gibt es Berichte über die Inhaftierung von Menschen, die sich nicht als cis Mann oder cis Frau identifizieren.[14]

Wie auch schon im 19. Jahrhundert stieg in den 1990er Jahren mit der Abschiebbarkeit der Grad der Ausbeutbarkeit. Viele Unternehmen stellten illegalisierte Arbeiter*innen für einen Niedrigstlohn ein. Kam es zu polizeilichen Razzien mussten die Unternehmen meist nur eine Geldstrafe von 1.500 DM zahlen. Gegen die Arbeiter*innen wurde hingegen Abschiebehaft mit anschließender Abschiebung verhängt. Manche Unternehmen zeigten sich sogar selbst an, wenn der Arbeitsauftrag – z.B. die Ernte – erledigt war, sodass sie den Lohn einbehielten und nur die im Vergleich geringere Geldstrafe zahlen mussten. Die Arbeiter*innen erhielten keinerlei Unterstützung. Selbst die Gewerkschaften unterstützten die Razzien aus rassistischen Motiven um

14 So berichtet beispielsweise „Community for all" über die Inhaftierung einer Transfrau im Abschiebegefängnis Darmstadt: www.fr.de/rhein-main/hessen-transfrau-maennern-inhaftiert-13603355.amp.html

die deutschen Arbeiter*innen „vor der ausländischen Konkurrenz zu schützen" (Jugendclub Courage Köln e.V. 1997: S.34ff).

1997 wurde die Möglichkeit der Freilassung aus der Abschiebehaft nach Stellung eines Asylerstantrages abgeschafft (Anti-Rassistische AG/Müller 2019: S.17). Ab 1998 wurden – wieder maßgeblich von SPD/GRÜNEN-Landesregierungen in Nordrhein-Westfalen und Niedersachsen initiiert – zunächst in Minden, Braunschweig und Oldenburg neuartige Abschiebelager errichtet. Diese wurden später Vorbild auch für andere Bundesländer. Sie wurden als Modellprojekte zum Experimentierfeld zur Forcierung der ‚freiwilligen Ausreise' installiert. Mit dem 2005 neu eingeführten Aufenthaltsgesetz wurden sie zu einer rechtsstaatlich abgesicherten Möglichkeit der Bundesländer, unerwünschte Migrant*innen zur ‚freiwilligen Ausreise' unter (psychischen) Druck zu setzen (Pieper 2008: S.80f). Das bayrische Staatsministerium erläuterte 2002 die Zielrichtung der neuen Abschiebelager – ‚Ausreiseeinrichtungen' genannt – folgendermaßen:

> *„Ausreiseeinrichtungen sind kein Ersatz für Abschiebehaft. Wenn bei bestehender Abschiebungsmöglichkeit die Gefahr des Entziehens aufgrund tatsächlicher Anhaltspunkte besteht, lassen sich Anträge auf Abschiebehaft nicht vermeiden. Allerdings kann die rückkehrorientierte Betreuung in der Ausreiseeinrichtung dazu führen, dass sich Ausreisepflichtige mit der fehlenden Aufenthaltsperspektive abfinden und nicht versuchen, sich der Abschiebung zu entziehen. Insoweit könnte die Ausreiseeinrichtung einen Beitrag zum Rückgang der Abschiebehaft leisten. [...] Die regelmäßigen Befragungen stellen mit das Kernstück des neuen Konzeptes dar. Sie sollen regelmäßig jede Woche durchgeführt werden. Hierfür werden, soweit wie möglich Angestellte mit spezifischen Fremdsprachenkenntnissen eingestellt, hilfsweise ist auf Dolmetscher zurückzugreifen. Die Mitarbeiter sind auf ihre Aufgabe vorzubereiten und zu schulen. Die Anhörer sollen (schrittweise) auch Verwaltungsaufgaben erfüllen. Ziel der Betreuung [ist die] Verdeutlichung, dass keine Aufenthaltsperspektive in Deutschland besteht und es keine Alternative zur Ausreise gibt. [Ebenso die] psychologische Begleitung dieser Erkenntnis [und die] Förderung der Bereitschaft des Ausländers, sich mit einer Rückkehr in sein Heimatland auseinander zu setzen" (Bayerisches Staatsministerium des Inneren 2002: S.7).*

Das Ziel, die Abschiebezahlen zu erhöhen, konnte durch die Abschiebelager nicht erreicht werden. Ein Ergebnis war aber, dass sie fast die Hälfte der eingewiesenen Migrant*innen in die Illegalität drängten (Pieper 2008: S.82).

2000 und 2005 kam es zu den nächsten größeren Änderungen in den asyl- und aufenthaltsrechtlich relevanten Gesetzen. Zunächst wurde die Einbürgerung von Migrant*innen erleichtert. Konnten sie acht Jahre einen rechtmäßigen Aufenthalt und ökonomische Unabhängigkeit vorweisen, war es ihnen nun möglich, einen deutschen Pass zu bekommen. Ehepartner*innen von Deutschen konnten diesen bereits nach drei Jahren bekommen. 2005 wurden die diversen Aufenthaltstitel überarbeitet und teilweise zusammengefasst. Ebenso wurde nach jahrelangen Protesten von Flüchtlingsorganisationen im Rahmen der Umsetzung von EU-Bestimmungen nichtstaatliche und geschlechtsspezifische Verfolgung als Anerkennungsgrund eingeführt. Das zuvor sogenannte „Kleine Asyl" nach der Genfer Flüchtlingskonvention (GFK) wurde mit einer Anerkennung nach dem Grundgesetz gleichgestellt – mit einer restriktiven Einschränkung. Die Aufenthaltserlaubnis wurde von da an zunächst für drei Jahre erteilt. Danach wurde geprüft, ob die Verfolgungssituation im Herkunftsland weiterhin bestehe. Fiel sie aus Sicht der Ausländerbehörden weg, wurde die Aufenthaltserlaubnis entzogen und eine Duldung mit dem dazugehörigen Maß an sozialem Ausschluss erteilt. Andere Restriktionen im neuen Gesetzespaket trafen vor allem Menschen mit ungesichertem Aufenthaltstitel. Der Aufenthalt ohne Papiere und eine vermeintliche oder tatsächliche Nichtkooperation bei der eigenen Abschiebung wurden als Straftatbestände eingeführt. Sie konnten mit bis zu einem Jahr Freiheitsstrafe oder Geldstrafe belegt werden. Ebenso wurde die Hilfe bei einer irregulären Einreise als Straftatbestand eingeführt und konnte mit bis zu fünf Jahren Haft oder Geldstrafen belegt werden (ebd.: S.76ff).

> *„Die Neufassung des Staatsbürgerschaftsrechts und des »Zuwanderungsgesetzes« ist einer der typischen bundesdeutschen Kompromisse. Die langsame und schrittweise Anerkennung der bereits langjährig ökonomisch Integrierten wird mit weiteren Restriktionen gegenüber den Flüchtlingen, Geduldeten und Unerwünschten »erkauft«" (ebd.: S.79).*

2010 wurde die EU-Rückführungsrichtlinie gültig. Sie sah einen gesicherten Zugang für Nichtregierungsorganisationen zu Abschiebegefängnissen vor. Ebenso durften Abschiebegefangene nicht mehr mit Strafgefangenen zusammen inhaftiert werden. Deutschland verstieß bis 2014 regelmäßig gegen diese Vorgabe. Allein in Nordrhein-Westfalen wurden nach der EU-Rückführungsrichtlinie über 5.000 Menschen rechtswidrig inhaftiert (Anti-Rassistische AG/ Müller 2019: S.17).

Ende 2014 war die Zahl der Abschiebegefangene in Deutschland nach zwei folgenreichen Gerichtsurteilen rapide gesunken. Zum einen untersagte der Europäische Gerichtshof endgültig, Abschiebehaft in Justizvollzugsanstalten (JVA) zu vollziehen (Küpper 2014). Im zweiten Urteil entschied der Bundesgerichtshof, dass gegen Asylsuchende, die in einen anderen EU-Staat abgeschoben werden sollen, nicht pauschal wegen angeblicher ‚Fluchtgefahr' Abschiebehaft verhängt werden dürfe (BMI 2014). Auf das letztere Urteil reagierte die Bundesregierung im Sommer 2015 mit der Verabschiedung eines Gesetzespakets, in dem u.a.

Kriterien für die oben genannte ‚Fluchtgefahr' festgelegt wurden. Des Weiteren wurde der Ausreisegewahrsam eingeführt. Hierbei kann eine ausreisepflichtige Person ohne die oben genannten Haftgründe für bis zu zehn Tage inhaftiert werden. Auf das erste Gerichtsurteil (Trennungsgebot von Abschiebehaft und JVA) wurde mit dem Beschluss der Ministerpräsident*innen und der Bundeskanzlerin vom 9. Februar 2017 (Bundeskanzlerin und Regierungschef*innen der Länder 2017: S.5) mit der Einrichtung mehrerer Abschiebegefängnisse auf Länderebene reagiert. Mittlerweile gibt es 14 solcher Gefängnisse in Deutschland. Vier weitere sind geplant (Andrae 2019: S.22). Sie sind Maßnahmen zur Befolgung des 2015 aufgestellten Imperativs des damaligen Bundesinnenministers Thomas de Maizière:

> *„Ein zentrales Anliegen aller staatlichen Stellen muss es sein, das erhebliche Vollzugsdefizit in der Aufenthaltsbeendigung abzubauen" (de Maizière 2015).*

2. Was ist Rassismus?

Nach dieser kurzen Geschichte der Abschiebungen, der Gefängnisse, der Abschiebegefängnisse und weiterer Sondergesetze für Menschen ohne deutsche Staatsangehörigkeit, stellt sich die Frage: Warum? Wie so oft ist diese Frage nicht erschöpfend in einem Kapitel oder einem Buch zu klären, aber als eine große Triebfeder muss die Ideologie des Rassismus angesehen werden.

Im Folgenden werden die theoretischen Überlegungen zur Schlechterstellung von „Migrationsanderen" nach Paul Mecheril und Claus Melter erläutert. Hierbei wird zunächst auf die Definitionen von Rassismus und im Anschluss spezifischer auf Institutionellen Rassismus eingegangen. Nach der Theorie folgt ein Abriss über den Status quo von rassistischen und autoritaristischen Einstellungen in Deutschland.

Mecheril und Melter verstehen Rassismus als eine Praxis der Unterscheidung von Menschen anhand von ‚Rasse'-Konstruktionen, welche der Legitimation von Ungleichbehandlung dient. Der Begriff der ‚Rasse'-Konstruktion bzw. racialisation bezogen auf Robert Miles (1992) versteht ‚Rasse' nicht als Gegebenheit, sondern als „historisch spezifische Praxis sozialer Unterscheidungen [...] um Gruppen macht- und gewaltvoll zu unterscheiden" (Mecheril/Melter 2010: 151). Die zentrale Referenz rassistischer Diskurse in Europa seien (wenn auch nicht ausschließlich) der Kolonialismus und damit einhergehende Bilder biologischer Minderwertigkeit. Da die Praxis der Unterscheidungen von ‚Rassen' historisch von „insbesondere administrativen und politischen Interessen und Auseinandersetzungen abhängig ist“ (Mecheril/Melter 2010: 151), ist der ‚Rasse‘-Begriff laut den Autor*innen als Herrschaftsinstrument zu verstehen (ebd.: 151, 155, 156). Mecheril und Melter beziehen sich weiterhin auf Étienne Balibar, der den Begriff des Kultur-Rassismus/Neo-Rassismus und das neue Verständnis des postkolonialen Rassismus prägt. Kultur-Rassismus rückt ab vom Bild der „Andersartigkeit“ durch biologische Vererbung hin zu einer angeblichen Unaufhebbarkeit kultureller Differenzen. Postkoloniale Ansätze identifizieren somit den „Rassismus ohne [‚]Rassen[‘]“, also eine Herrschaftspraxis, die rassistisch wirksam ist, ohne explizit auf das [‚]Rasse[‘]-Konzept zurückgreifen zu müssen“ (Mecheril/Melter 2010: 152). Hierbei greifen die rassistischen Praktiken auf Ordnungsvorstellungen zurück, die zwischen äußerem Erscheinen von Menschen, ihrem ‚Wesen‘/ ihrer ‚Identität‘ und Territorien einen engen Zusammenhang herstellen. Rassismus bedient sich somit biologisch-genetischer als auch natio-ethno-kulturell-territorialer Zugehörigkeitskonstruktionen. Menschen werden anhand dieser Zugehörigkeitszuschreibungen als „anders“ konstruiert, wobei „den Anderen“ negative Eigenschaften zugeschrieben und für „das Eigene“ positive Eigenschaften beansprucht werden. Das Herrschaftsinstrument des Rassismus sichert somit „dem Eigenen“ den privilegierten Platz in der Gesellschaft. (ebd.: 154ff.) Vereindeutigungspraktiken des Rassismus sind laut Mecheril und Melter zudem strukturell mit der Logik von Nationalstaaten verwandt, da letztere ihre Ordnung durch die „Vereindeutigung von Zugehörigkeitsverhältnissen“ (ebd.: 160) aufrechterhalten. Die Unterscheidung zwischen Zugehörigen und Nicht-Zugehörigen ist somit konstitutiv für die nationalstaatliche Ordnung (ebd.: 161). Als Zielscheibe des Rassismus gelte folglich der als kollektiv konstruierte Körper: Eine Person wird als Teil eines Kollektivs imaginiert, dem ein natio-ethno-kulturelles ‚Wesen‘ zugesprochen wird. Anhand rassistischer Vorstellungen wird diesem ‚Wesen‘ eine Minderwertigkeit zugewiesen, welches als Legitimation dafür gilt, dass die Person mit weniger Rechten ausgestattet wird (ebd.: 153). Als rassistische Praktiken gelten sowohl offensichtliche als auch – und vor allem – subtile und durch gesellschaftliche Deutungsmuster gedeckte Praktiken (ebd.: 163f.).

Was ist Institutioneller Rassismus?

Heinemann und Mecheril (2016) verstehen Institutionellen Rassismus als

> *„Perspektive, die auf der Grundlage natio-ethno-kultureller Zugehörigkeitskonstruktionen wirkendes, ausgrenzendes und benachteiligendes Handeln sowie Ausgrenzungs- und Benachteiligungsstrukturen von Organisationen (durch Gesetze, Erlasse, Verordnungen und Zugangsregeln sowie Arbeitsweisen,*

*Verfahrensregelungen und Prozessabläufe) oder von Mitarbeiter[*inne]n der Organisationen im Rahmen der Organisation, erkennbar, problematisierbar und untersuchbar macht" (S. 51).*

Grundlegend dafür stellt Ute Osterkamp (1997) heraus, dass rassistisches Denken und Handeln kein individuelles Phänomen im Sinne von persönlichen Einstellungen, sondern eine gesellschaftlich institutionalisierte Struktur zur Herrschaftssicherung sind. Institutioneller Rassismus als Analyseperspektive betont dabei die Bedeutung gesellschaftlicher und sozialer Kontexte von Herrschaftsverhältnissen und stellt einen gesellschaftsanalytisch-historisch informierten Blick in den Vordergrund (Osterkamp 1997: 95ff.). Heinemann und Mecheril heben dabei hervor, dass Institutionen ethnisierte Unterscheidungsoptionen nutzen, wenn diese systemerhaltend sind (ebd.: 47). Jäger und Jäger identifizieren Institutionellen Rassismus als eine Form von Rassismus, der auf der Ebene administrativen und staatlichen Handelns auf der Grundlage von Gesetzen, Verordnungen, etc. auftritt. Sie erachten die Analysekategorie des Institutionellen Rassismus gerade deshalb als hilfreich und notwendig, da sich durch Verfassung und Recht autorisiertes Handeln gegen Kritik immunisiere, indem der in Gesetzen und Politik vertretene Rassismus eine scheinbar unangreifbare Gültigkeit aufweist (Jäger/Jäger 2007: 102ff.). Auch Heinemann und Mecheril stellen heraus, dass „diskursive Legitimität der Benachteiligung identifizierter Anderer [...] aufgrund selbstverständlich erscheinender Macht- und Herrschaftsverhältnisse" (Heinemann/Mecheril 2016: 48) entsteht und gilt, sodass die Benachteiligungen gesellschaftlich „allseitig «verständlich» und [...] erfolgreich und wirksam kommunizierbar" sind (ebd.). Betont werden soll hier allerdings noch, dass die Identifizierung von Institutionellem Rassismus individuelle Diskriminierung nicht aufhebt. Vielmehr wird nur die Seite der institutionalisierten Ungleichbehandlungen betrachtet, während interaktive und persönliche Diskriminierungen bzw. Rassifizierungen in der Realität noch hinzukommen. Die Realität der Ungleichbehandlung wird durch die Brille der Analysekategorie des Institutionellen Rassismus somit im Grunde „halbiert" (ebd.: 48). [15]

Rassistische und autoritaristische Einstellungen in Deutschland

Hassverbrechen gegen Geflüchtete und Migrant*innen haben in Deutschland seit 2014 stark zugenommen. Laut der „Chronik flüchtlingsfeindlicher Vorfälle" der Amadeu-Antonio-Stiftung und des Magazins Stern wurde 2016

15 Heinemann und Mecheril verhandeln das Verhältnis der Begriffe *Institutionelle Diskriminierung, strukturelle Diskriminierung* und *Institutioneller Rassismus* und verdeutlichen die Relevanz einer rassismuskritischen Perspektive in der Auseinandersetzung mit deutschen Institutionen. Mehr zur Analyseperspektive des Institutionellen Rassismus in: Heinemann/Mecheril 2016: 45 – 55.

ein Höhepunkt erreicht. Demnach wurden 3768 Angriffe auf Asylsuchende und ihre Unterkünfte verübt (2018: 1434). Davon waren 595 tätliche Übergriffe auf Asylsuchende (2018: 310), 115 Brandanschläge auf Unterkünfte und 3058 sonstige Angriffe auf Unterkünfte wie zum Beispiel Stein-/Böllerwürfe, Schüsse, rechte Schmierereien (2018: 1116). 440 Asylsuchende wurden dabei verletzt (2018: 92) (Amadeu-Antonio-Stiftung/Stern 2019).

In die Chronik wurden nur Vorfälle aufgenommen, in denen bestätigt wurde, dass die betroffenen Personen Geflüchtete waren. Das „Ausmaß an rassistisch motivierten Angriffen (unabhängig vom Status der Betroffenen) ist jedoch um ein Vielfaches höher" (ebd.). So gibt es in der Bevölkerung z.B. gegenüber Rom*nja rassistische Ressentiments unabhängig davon, ob sie vor Diskriminierungen und der damit einhergehenden überdurchschnittlichen Armut aus dem Kosovo fliehen oder als EU-Bürger*innen aus Rumänien oder Bulgarien von der europäischen Freizügigkeit Gebrauch machen.

Seit 2002 wird die Autoritarismus-Studie der Universität Leipzig erhoben. Untersucht werden Einstellungen zu rechtsextremen und antidemokratischen Positionen (Im Sinne einer autoritären Mentalität). Auch sie kommt zu dem Ergebnis, das die Feindschaft gegenüber „Migrationsanderen" seit 2014 stark zunimmt. 24,1 % der Interviewten hatten 2018 eine manifest ausländerfeindliche Einstellung (2014: 18,7 %) (Decker/Brähler 2018: S.83). Manifest bedeutet, dass ausländerfeindlichen Aussagen „überwiegend oder voll und ganz" zugestimmt wurden. Hinzu käme aber noch ein ungefähr genauso großer Anteil von Menschen mit latent ausländerfeindlicher Einstellung, die diesen Aussagen „teils" zustimmten. Werden die Ergebnisse für Feindschaft gegenüber bestimmten Gruppen betrachtet (Asylsuchende, Muslima/Muslimen, Sinti*ze/Rom*nja), ergibt sich noch ein deutlicheres Bild. Die Vorbehalte gegen Asylbewerber*innen sind am stärksten, gefolgt von denen gegen Sinti*ze/Rom*nja und schließlich Muslima*Muslimen die jedoch noch immer eine Ablehnung durch die Hälfte der Bevölkerung erfahren.

Im Hintergrund steht einerseits, dass die abgewerteten Gruppen als kulturelle, sicherheitspolitische oder ökonomische Bedrohung imaginiert werden; andererseits die Gelegenheit, diese Gruppen als Blitzableiter fungieren zu lassen, durch den „eigene und aus anderen Ursachen erwachsene" Aggressionen kanalisiert werden. Während die Abwertungsbereitschaft gegenüber Migrant*innen „von vielen Befragten nur latent geäußert wurde (ein Drittel antwortete mit „teils/teils"), bricht sie sich gegenüber konkreten, als schwächer imaginierten Gruppen offen Bahn" (ebd.: S.106). 79,1 % (2014: 76 %) der Befragten stimmten der Aussage zu „Bei der Prüfung von Asylanträgen sollte der Staat nicht großzügig sein". 61,5 % (2014: 55,3 %) stimmten der Aussage zu „Die meisten Asylbewerber fürchten nicht wirklich in ihren Heimatländern verfolgt zu werden" (ebd.: S.105f).

Gemessen wurde auch eine erhöhte feindliche Stimmung gegenüber

Muslima/Muslimen. 44,1 % (2014: 36,6%) der Befragten waren der Meinung, „Muslimen sollte die Zuwanderung nach Deutschland untersagt werden". 55,8 % (2014: 43%) der Befragten stimmten der Aussage zu, „Durch die vielen Muslime hier fühle ich mich manchmal wie ein Fremder im eigenen Land" (ebd.: S.102). Auch der Antiziganismus steigt seit 2014. 60,4 % (2014: 55,9 %) der Befragten stimmten der Aussage zu „Sinti und Roma neigen zu Kriminalität". 56 % (2014: 55, 3 %) stimmten der Aussage zu „Ich hätte Probleme, wenn sich Sinti und Roma in meiner Gegend aufhalten". 49,2 % (2014: 47,1 %) der Befragten waren der Meinung „Sinti und Roma sollten aus den Innenstädten verbannt werden" (ebd: S.103f).

Die einzelnen Zahlen von verschiedenen Studien aus verschiedenen Zeiten unterscheiden sich. Einstellungen lassen sich nicht auf eine genaue Zahl festlegen. Die kontinuierliche Erhebung zeigt aber, dass die Empfänglichkeit für die Ideologie der Ungleichwertigkeit weiterhin sehr häufig in der deutschen Bevölkerung vorhanden ist. Zurückzuführen sei dies laut der Leipziger Studie auf die Durchsetzung des ökonomischen Primats als sekundärer Autorität:

> *„Das bundesdeutsche Wirtschaftswunder der Nachkriegsjahre legitimierte die junge Demokratie durch eine starke Ökonomie und schuf gleichzeitig »als narzisstische Plombe« Ersatz für verlorene Größe [...]. Nun wird sichtbar, dass die Ökonomie mehr als eine Plombenfunktion hat. Die Identifikation mit dieser Autorität gestattet dem Einzelnen die Teilhabe an ihrer Größe und Stärke. Die Zunahme der Abwertung bestimmter Gruppen ist nicht nur eine Verschiebung auf ein anderes Objekt. Im Ressentiment gegen bestimmte Gruppen selbst unter besten Bedingungen zeigt sich eine autoritäre Dynamik, wird ein sekundärer Autoritarismus erkennbar. Was landläufig als »Ökonomisierung« kritisiert wird, ist faktisch die Durchsetzung des Primats einer sekundären Autorität. Die Unterwerfung unter eine Autorität – ob personell oder sekundär – hat stets eine psychische Wirkung. Auch die sekundäre Autorität setzt sich auf Kosten individueller Lebensentwürfe und Wünsche durch, was nicht ohne Aggressionen bei denen, die sich dieser Rationalität unterwerfen, abläuft. Zur autoritären Dynamik gehört, dass sich die Aggressionen nicht gegen die Autorität selbst richten, sondern gegen andere Objekte" (Brähler/Decker/Kiess 2014: S.36).*

2010 veröffentlichte Thilo Sarrazin sein Buch „Deutschland schafft sich ab". Es entfachte eine breite gesellschaftliche Debatte, in der seine rassistischen Thesen auf viel Anklang stießen. 2013 gründete sich die Partei „Alternative für Deutschland" (AfD). Vordergründig trat sie zunächst als „Anti-Euro-Partei" auf, doch auch schon zu Beginn versammelten sich diverse rechtsextreme Strömungen in ihr, die nun auch deutlich öffentlich zu Tage treten. Geprägt wurde sie unter anderem von der 2014 gegründeten rechtsextremen Bewegung „Patriotische Europäer gegen die Islamisierung des Abendlandes" (PEGIDA).

Die AfD präsentiert sich seitdem auch als parlamentarischer Verbündeter von PEGIDA und deren Sympathisant*innen (Häusler/Roeser 2015: S.147). In ihrem Grundsatzprogramm fordern sie unter anderem einen „auch unter Einsatz der Bundeswehr" erhöhten Grenzschutz (AfD 2016: S.27). Die EU-Außengrenzen sollen vollständig geschlossen werden und Einrichtungen in Nordafrika geschaffen werden, in denen die Asylanträge von schutzsuchenden Menschen bearbeitet werden sollen. Nur bei positivem Ausgang des Antrags soll die Einreise in die EU gewährt werden (ebd.: S.59). Die AfD fordert mehr Abschiebungen (ebd.: S.61). Im Programm wird von der ‚Ideologie des Multikulturalismus' gesprochen, dem sich die AfD mit einer ‚deutschen Leitkultur' entgegenstellen möchte (ebd.: S.47). Dementsprechend heißt es auch, „der Islam gehört nicht zu Deutschland. In seiner Ausbreitung und in der Präsenz einer ständig wachsenden Zahl von Muslimen sieht die AfD eine große Gefahr für unseren Staat, unsere Gesellschaft und unsere Werteordnung" (ebd.: S.49).

Die in diesem kurzen einführenden Kapitel zu Rassismus behandelten Wirkmächte und politischen Stimmungen sind die gesellschaftliche Grundlage für die im Weiteren dargelegten Analysen der Praxis „Abschiebehaft".

3. Rechtlicher Rahmen: Abschiebehaft im Aufenthaltsgesetz

Abschiebehaft ist – formal-rechtlich gesehen – eine reine Verwaltungsmaßnahme. Menschen, die in Abschiebehaft genommen werden, werden dies nicht, weil sie eine Straftat begangen haben. Abschiebehaft dient einzig der Sicherung oder Vorbereitung der Abschiebung von ausreisepflichtigen Ausländer*innen und darf – wieder formal-rechtlich gesehen – nicht als Strafmaßnahme verhängt werden. Beantragt wird sie von den Ausländerbehörden oder der Bundespolizei bei den zuständigen Amtsgerichten, die dann über die Anträge entscheiden (Selders 2013: S.16).

Spätestens seit dem sogenannten „Sommer der Migration" im Jahr 2015 ist das Thema Flucht/Asyl wieder alltäglicher Bestandteil der Politik. Ein ‚Asylpaket' jagte das nächste. Das erste Gesetzespaket mit dem Namen „Gesetz zur Neubestimmung des Bleiberechts und der Aufenthaltsbeendigung" vom 31.07.2015 brachte – neben dem Ziel, die Anzahl der Abschiebungen zu erhöhen – noch für bestimmte Gruppen mit Duldungsstatus Verbesserungen mit sich. Die später beschlossenen Gesetzespakete setzten ausschließlich auf Repressionen, Disziplinierungen und sonstige Verschlechterungen der sozialen Lage von Asylsuchenden. Durch das im Sommer 2019 beschlossene sogenannte „Geordnete-Rückkehr-Gesetz"[16] wurde die Abschiebehaft noch stärker ausgeweitet.

16 Auch dies ist eher ein treffender Name im Orwellschen Newspeak. Antirassistische Gruppen und NGOs bezeichnen es treffender als „Hau-ab-Gesetz".

Haftgründe

Die Haftgründe für Abschiebehaft lassen sich in den §§ 2, 15, 62, 62b AufenthG sowie im Art. 28 Dublin-III-Verordnung finden. Sie ist unterteilt in Ausreisegewahrsam, Vorbereitungs-, Sicherungs-, Zurückweisungs- und Mitwirkungshaft.

Zurückweisungshaft wird nach § 15 Abs. 5[17] angeordnet, wenn die betroffene Person an der Landesgrenze nach § 15 Abs. 2 zurückgewiesen werden soll, dies aber noch nicht unmittelbar vollzogen werden kann.

Vorbereitungshaft wird nach § 62 Abs. 2 angeordnet, wenn über die Ausweisung oder Abschiebungsanordnung der betroffenen Person „nicht sofort entschieden werden kann und die Abschiebung ohne die Inhaftnahme wesentlich erschwert oder vereitelt würde".

Mitwirkungshaft wird nach § 62 Abs. 6 für bis zu 14 Tagen angeordnet. Sie dient dazu, die betroffene Person dazu zu zwingen, bei den Vertretungen des Staates, dessen Staatsangehörigkeit sie nach Meinung der Behörden vermutlich besitzt, „persönlich zu erscheinen, oder eine ärztliche Untersuchung zur Feststellung [ihrer] Reisefähigkeit durchführen zu lassen".

Sicherungshaft wird nach § 62 Abs. 3 S.1 angeordnet. Sie ist die häufigste Form der Abschiebehaft. Auch gegen die Menschen, der im IV. Teil (Ausschlussinstitution. Von Akten und Gerichten) untersuchten Akten, wurde Sicherungshaft verhängt.

> *„Ein Ausländer ist zur Sicherung der Abschiebung auf richterliche Anordnung in Haft zu nehmen (Sicherungshaft), wenn*
> *1. Fluchtgefahr besteht,*
> *2. der Ausländer auf Grund einer unerlaubten Einreise vollziehbar ausreisepflichtig ist oder*
> *3. eine Abschiebungsanordnung nach § 58a ergangen ist, diese aber nicht unmittelbar vollzogen werden kann."*

‚Fluchtgefahr' wird von den Inhaftierungsbehörden in Abs. 3a „widerleglich vermutet" (also so lange als wahr angenommen, bis es einen Gegenbeweis gibt) wenn,

> *„1. der Ausländer [...] über seine Identität täuscht oder in einer für ein*

17 Fehlt im Folgenden die Gesetzesbezeichnung, ist immer das Aufenthaltsgesetz (AufenthG) gemeint.

Abschiebungshindernis erheblichen Weise und in zeitlichem Zusammenhang mit der Abschiebung getäuscht hat und die Angabe nicht selbst berichtigt hat, insbesondere durch Unterdrückung oder Vernichtung von Identitäts- oder Reisedokumenten oder das Vorgeben einer falschen Identität,
2. der Ausländer unentschuldigt zur Durchführung einer Anhörung oder ärztlichen Untersuchung [...] nicht an dem von der Ausländerbehörde angegebenen Ort angetroffen wurde [...]
3. die Ausreisefrist abgelaufen ist und der Ausländer seinen Aufenthaltsort trotz Hinweises auf die Anzeigepflicht gewechselt hat, ohne der zuständigen Behörde eine Anschrift anzugeben, unter der er erreichbar ist,
4. der Ausländer sich [...] im Bundesgebiet aufhält und er keine Betretenserlaubnis [...] besitzt,
5. der Ausländer sich bereits in der Vergangenheit der Abschiebung entzogen hat oder
6. der Ausländer ausdrücklich erklärt hat, dass er sich der Abschiebung entziehen will."

Abs. 3b definiert konkrete Anhaltspunkte für ‚Fluchtgefahr'. Punkt 1 ist dabei identisch wie im vorherigen Absatz.

„2. der Ausländer hat zu seiner unerlaubten Einreise erhebliche Geldbeträge, insbesondere an einen Dritten [...], aufgewandt, die nach den Umständen derart maßgeblich sind, dass daraus geschlossen werden kann, dass er die Abschiebung verhindern wird, damit die Aufwendungen nicht vergeblich waren,
3. von dem Ausländer geht eine erhebliche Gefahr für Leib und Leben Dritter oder bedeutende Rechtsgüter der inneren Sicherheit aus,
4. der Ausländer ist wiederholt wegen vorsätzlicher Straftaten rechtskräftig zu mindestens einer Freiheitsstrafe verurteilt worden,
5. der Ausländer hat die Passbeschaffungspflicht [...] nicht erfüllt oder der Ausländer hat andere [...] gesetzlichen Mitwirkungshandlungen zur Feststellung der Identität [...] verweigert oder unterlassen [...]
6. der Ausländer hat nach Ablauf der Ausreisefrist wiederholt gegen eine Pflicht nach [...] verstoßen oder eine zur Sicherung und Durchsetzung der Ausreisepflicht verhängte Auflage [...] nicht erfüllt,
7. der Ausländer, der erlaubt eingereist und vollziehbar ausreisepflichtig geworden ist, ist dem behördlichen Zugriff entzogen, weil er keinen Aufenthaltsort hat, an dem er sich überwiegend aufhält."

Die Sicherungshaft kann bis zu sechs Monaten verhängt werden. Konnte die Abschiebung nicht vollzogen werden und wird dies von den Behörden der betroffenen Person angelastet, kann sie um zwölf Monate auf insgesamt 18 Monate verlängert werden (Abs.4). Die Sicherungshaft wird juristisch allerdings unzulässig, wenn gerichtlich festgestellt wird, dass die Abschiebung nicht innerhalb der nächsten drei Monate durchgeführt werden kann und dies nicht der betroffenen Person angelastet wird (Abs. 3).

Ausreisegewahrsam wird nach § 62b für bis zu zehn Tage angeordnet, wenn

> *„1. die Ausreisefrist abgelaufen ist [...]*
> *2. feststeht, dass die Abschiebung innerhalb dieser Frist durchgeführt werden kann und*
> *3. der Ausländer ein Verhalten gezeigt hat, das erwarten lässt, dass er die Abschiebung erschweren oder vereiteln wird. Das wird vermutet, wenn er*
> *a) seine gesetzlichen Mitwirkungspflichten verletzt hat,*
> *b) über seine Identität oder Staatsangehörigkeit getäuscht hat,*
> *c) wegen einer im Bundesgebiet begangenen vorsätzlichen Straftat verurteilt wurde [. . .],*
> *d) die Frist zur Ausreise um mehr als 30 Tage überschritten hat".*

Verfahren vor Gericht

Durch die stetige Erweiterung der Haftgründe kann theoretisch jede „ausreisepflichtige" Person in Abschiebehaft genommen werden. Über den Haftantrag muss aber zunächst vom zuständigen Amtsgericht entschieden werden. Dabei sind verschiedene gesetzlich verankerte Verfahrensregelungen zu beachten.

Neben der Begründung muss der Haftantrag auch die Personalien, den gewöhnlichen Aufenthalt und die ‚Verlassenspflicht' (d.h., dass keine staatlich verliehene Aufenthaltserlaubnis vorliegt) der betroffenen Person enthalten. Ebenso muss die antragstellende Behörde die allgemeine Erforderlichkeit und die erforderliche Dauer der Freiheitsentziehung, Voraussetzungen und Durchführbarkeit der Abschiebung darlegen (§ 417 FamFG). Im Haftantrag sind alle Personen, die als Beteiligte in Betracht kommen und alle Urkunden, auf die Bezug genommen wird, aufzuführen (§ 23 FamFG).

Verfahrensbeteiligte können neben der betroffenen Person (§ 7 FamFG) und der antragstellenden Behörde noch eine*n Verfahrenspfleger*in, Ehegatt*in, Lebenspartner*in, Eltern, Kinder oder eine von der betroffenen Person ernannte Person des Vertrauens (§ 418 FamFG) sein. Voraussetzung für die Beteiligung einer Person des Vertrauens ist,

> *„dass ein Interesse des Betroffenen an der Beteiligung der genannten Person besteht. Das Interesse des Betroffenen ist nicht objektiv, sondern aus seiner Sicht zu beurteilen; seine Wünsche und Belange hat das Gericht zu berücksichtigen. [. . .] Der Betroffene kann eine oder mehrere natürliche Personen (nicht Organisationen oder Institutionen) als Vertrauensperson benennen, ohne*

dazu verpflichtet zu sein. Die Benennung einer Person mit natürlichem Willen genügt" (Schulte-Bunert/Weinreich 2016: S.1677f).

Versteht die betroffene Person nicht ausreichend genug deutsch, so muss ihr der Haftantrag vor Verfahrensbeginn mündlich in eine ihr verständlichen Sprache übersetzt werden.

Nach der Anhörung beschließt das Amtsgericht über den Sachverhalt. Der Beschluss muss die Bezeichnung aller Verfahrensbeteiligten, die Beschlussformel, eine Begründung, das Datum der Bekanntgabe und die Rechtsbehelfsbelehrung enthalten (§ 38 FamFG). Er muss ebenso die Bezeichnung der Freiheitsentziehung und den Zeitpunkt an dem sie endet enthalten (§ 421 FamFG). Der Beschluss sowie das Anhörungsprotokoll müssen der betroffenen Person ausgehändigt und bei Bedarf übersetzt werden.

Gegen den Beschluss kann von allen Verfahrensbeteiligten innerhalb eines Monats Beschwerde eingelegt werden (§ 429 FamFG). Der Beschwerde kann zunächst dasselbe Amtsgericht „abhelfen" (d.h. der Beschwerde Recht geben), was in der Regel nicht geschieht. Über sie entschieden wird dann vom zuständigen Landgericht. Gegen den Beschluss des Landgerichts kann innerhalb eines Monats Rechtsbeschwerde beim Bundesgerichtshof (BGH) gestellt werden. Diese kann allerdings nur von einer*m beim BGH zugelassenen Rechtsanwält*in eingelegt werden (§ 78 Abs. 1 ZPO). Ist eine Beschwerdefrist abgelaufen, kann trotzdem zu jeder Zeit ein Haftaufhebungsantrag nach § 426 FamFG gestellt werden. Mit ihm beginnt allerdings wieder ein neuer Rechtszug beim zuständigen Amtsgericht.

Die Beschwerdegerichte haben neben den beschriebenen Regelungen auch zu prüfen, ob das Beschleunigungsgebot nach Art. 2 und 104 GG von allen beteiligten Behörden eingehalten wurde. Freiheit ist eines der höchsten Rechtsgüter in Deutschland. Deshalb sind die Behörden verpflichtet schnell und ohne schuldhafte Verzögerung zu arbeiten. Die Inhaftierung ist auf die kürzest mögliche Dauer zu beschränken. Längere Haftzeiten verursacht durch z.B. Personalmangel bei einer Behörde könnten demnach zur Aufhebung eines Haftbeschlusses führen.

Daneben kann zusätzlich ein Feststellungsantrag nach § 62 FamFG gestellt werden. Dabei kann die betroffene Person auch nach der Entlassung aus der Haft (z.B. durch die Abschiebung) feststellen lassen, dass sie zu Unrecht inhaftiert wurde. Wird diesim Nachhinein von einer höheren Instanz festgestellt, kann die betroffene Person zum einen Schadensersatz nach Art. 5 EMRK einklagen, zum anderen werden ihr nicht mehr die Kosten der Abschiebehaft angerechnet. Ist eine Person abgeschoben, kann der deutsche Staat in der Regel die Kosten nicht mehr einziehen. Die Forderungen bleiben aber bestehen und können bei einem späteren Versuch einen Aufenthaltstitel (z.B. durch Ehe oder Arbeit) zu bekommen, wieder erhoben werden. So wirken sie als faktische Einreisesperre.

Vollzug der Abschiebehaft

Der Europäische Gerichtshof untersagte 2010 zum ersten Mal und 2014 endgültig, Abschiebegefangene mit Strafgefangenen in denselben Gefängnissen zu inhaftieren. Von 2015 bis zum Sommer 2019 besagte deshalb § 62a Abs. 1 S. 1: „Die Abschiebungshaft wird grundsätzlich in speziellen Hafteinrichtungen vollzogen". Mit Inkrafttreten des „Hau-ab-Gesetzes" wurde dieser Satz gestrichen und durch den folgenden ersetzt: „Abschiebungsgefangene sind getrennt von Strafgefangenen unterzubringen". Ziel dieser Neuerung ist es, die Kapazitäten der Abschiebehaft enorm zu erhöhen, indem Abschiebegefangene nicht mehr allein in „speziellen Hafteinrichtungen" – also Gefängnisse, in denen ausschließlich Abschiebehaft vollzogen wird – inhaftiert werden können. Sie sollen auch wieder in jeder JVA inhaftiert werden können.

Grundsätzlich können auch Minderjährige und Familien in Abschiebehaft genommen werden. Es wird keine Gruppe ausgenommen (§ 62 Abs. 1).

Den Abschiebungsgefangenen wird nach § 62a Abs. 2 gestattet, mit Rechtsvertreter*innen, Familienangehörigen, den zuständigen Konsularen und einschlägig tätigen Hilfs- und Unterstützungsorganisationen Kontakt aufzunehmen.

Ausreisegewahrsam wird nach § 62b Abs. 2 im Transitbereich eines Flughafens oder in einem Gebäude vollzogen, das sich in der Nähe eines Flughafens oder der Landesgrenze befindet.

Genauere Vollzugsbedingungen regeln Landesgesetze zur Abschiebehaft. Sind diese im jeweiligen Landtag noch nicht verabschiedet worden, gelten die Landesgesetze zum Strafvollzug. Weitere Vollzugsbedingungen werden in den jeweiligen Hausordnungen geregelt. So wurde zum Beispiel seit März 2017 der Zugang von NGOs zu Inhaftierten im Abschiebegefängnis Büren vermehrt eingeschränkt und behindert. Gefangene müssen sich in Listen eintragen und lange Wartezeiten in Kauf nehmen, um mit Unterstützer*innen zu sprechen (HfMiA 2019).

II Portraits aus dem Abschiebegefängnis Darmstadt-Eberstadt

(Nitschke & Community for all)

Die folgenden Texte und Bilder entstanden im Jahr 2019, einem Jubiläumsjahr. Dieses Jubiläum war allerdings kein Grund zum Feiern, sondern zum Protestieren. Zum einhundertsten Mal jährte sich die Einrichtung der Institution Abschiebehaft in Deutschland. Zu diesem Anlass initiierten verschiedene Unterstützungsgruppen die Kampagne „100-Jahre-Abschiebehaft".[18] Neben einer bundesweiten Demo in Büren und Paderborn fanden in vielen Städten diverse Veranstaltungen zum Thema Abschiebehaft statt. In Darmstadt entstand unter anderem die Ausstellung „Break the Isolation - Portraits aus dem Abschiebegefängnis". In ihr werden die Geschichten von Personen im hessischen Abschiebegefängnis Darmstadt-Eberstadt sichtbar gemacht.

Auf den 2014 vom Europäischen Gerichtshof (EuGH) getroffenen Beschluss des Trennungsgebots von Abschiebehaft und Justizvollzugsanstalten (JVA) reagierte Deutschland mit der Einrichtung mehrerer Abschiebegefängnisse auf Länderebene. Auch in Hessen wurde im März 2018 die Abschiebehafteinrichtung (AHE) Darmstadt-Eberstadt eröffnet. Bis zum EuGH-Urteil vollzog Hessen Abschiebehaft in der JVA Frankfurt-Preungesheim. Anschließend bis zur Eröffnung der AHE sicherte sich die hessische Landesregierung ein Abschiebehaftkontingent im rheinland-pfälzischen Abschiebegefängnis in Ingelheim.

Die AHE Darmstadt-Eberstadt ist ausschließlich für Männer vorgesehen und hat seit dem 01.02.2021 80 Haftplätze. Eröffnet wurde sie mit 20 Haftplätzen. Am 18.12.2017 wurde hierzu das entsprechende „Gesetz über den Vollzug ausländerrechtlicher Freiheitsentziehungsmaßnahmen (VaFG)" im Hessischen Landtag verabschiedet. Einzig die Fraktion DIE LINKE hat sich prinzipiell gegen Abschiebehaft ausgesprochen. Die anderen Fraktionen waren sich einig, dass diese notwendig sei, um das „erhebliche Vollzugsdefizit in der Aufenthaltsbeendigung abzubauen", wie es der damalige Bundesinnenminister Thomas de Maizière 2015 formulierte. Der Grundsatz sei dabei, dass die Haft Ultima Ratio sei und vorrangig auf sogenannte freiwillige Ausreisen gesetzt werde. Wer doch inhaftiert wird, dem solle nach der hessischen Landesregierung ein „normales Leben minus Freiheit" ermöglicht werden (Deutscher Anwaltverein 2017: S.41). Mit Bekanntgabe der Einrichtung eines Abschiebegefängnisses in Darmstadt gründete sich 2017 das Bündnis „Community for all! - Solidarische Gemeinschaften statt Abschiebegefängnis". Aus ihm bildete sich mit der tatsächlichen Eröffnung eine praktische Unterstützungsgruppe heraus. Es wurde Kontakt mit Inhaftierten hergestellt, Haftbesuche organisiert und rechtliche und politische Unterstützung angeboten.

---

18 Weitere Informationen unter: www.100-jahre-abschiebehaft.de

Im Kontext dieser politischen Arbeit sind die folgenden drei Teile (II Portraits aus dem Abschiebegefängnis Darmstadt-Eberstadt; III „Normales Leben minus Freiheit". Perspektiven von Inhaftierten auf Abschiebehaft; IV Ausschlussinstitution. Von Akten und Gerichten) ursprünglich entstanden. Nummer Zwei und Drei waren dabei eine Seminararbeit und die Masterarbeit meines Studiums der Sozialen Arbeit an der Evangelischen Hochschule Darmstadt (dazu später mehr).

Einige Wochen vor der geplanten Ausstellungseröffnung fragten wir jeden Inhaftierten, den wir besuchten, ob er Teil der Ausstellung sein möchte. Zusätzlich versuchten wir ehemalige Inhaftierte per Telefon zu kontaktieren, um ihnen dieselbe Frage zu stellen. So waren zwei der nachfolgend zu sehenden Personen im Sommer 2018 und die anderen fünf Personen im Frühling 2019 in der AHE inhaftiert gewesen.

Portraitiert wurden die Inhaftierten von der Darmstädter Künstlerin Paulina Stulin[19]. Personen, die portraitiert werden sollten, schickten uns per Handy Fotos, von denen Paulina die Portraits anfertigte. Die dazugehörigen Texte wurden mit einer Ausnahme von den Besucher*innen der Inhaftierten verfasst. Die Ausnahme ist ein Protestbrief, den ein Inhaftierter auf seinem Handy getippt hat und den „Community for all" an Pressevertreter*innen weiterleitete.

Dieses Kunstprojekt soll eine Möglichkeit sein, den Betroffenen, die durch die Abschottung und Isolation im Abschiebegefängnis unsichtbar und unhörbar gemacht werden, wieder ein Gesicht und eine Stimme zu geben. Die Geschichten zu den Portraits handeln von politischer Verfolgung, Ausschluss und Gefängniserfahrungen.

Im Anschluss an die Kampagne wurde die Ausstellung noch in mehreren hessischen Städten gezeigt. Bei Interesse kann sie weiterhin (bundesweit) unter der E-Mail-Adresse www.pia-hessendarmstadt@riseup.net gebucht werden. Die Begleitbroschüre kann ebenfalls per E-Mail bestellt werden oder als PDF von der Homepage des Hessischen Flüchtlingsrates heruntergeladen werden.

19 Weitere Informationen unter: www.paulinastulin.de

Mohamed C., 38 Jahre
geboren in Midar/Marokko
inhaftiert vom 17.10.2018 bis zum 12.11.2018 – 26 Tage

Mohamed ist Mitglied der Protestbewegung Hirak Rif. Sie entstand im Oktober 2016 im nordmarokkanischen Al-Hoceima nach dem Tod des Fischers Mouhcine Fikri. Sein Fischfang wurde von lokalen Beamten in eine Müllpresse geworfen. Beim Versuch seinen Fischfang zu retten, kam Mouhcine Fikri zu Tode.

In der nordmarokkanischen Rif-Region leben überwiegend Berber*innen. An dem Tod Fikris entzündete sich die Wut eines Großteils der ansässigen Bevölkerung, die unter struktureller Diskriminierung und Unterdrückung leidet. In Al-Hoceima und den umliegenden Orten fanden daraufhin nahezu täglich Demonstrationen mit tausenden Teilnehmer*innen statt. Sie forderten eine konsequente Aufklärung des Todes Fikris und eine Anklage der Verantwortlichen, den Bau eines Krankenhauses und einer Universität, ein Ende der Korruption im Staatswesen und die Demilitarisierung der Rif-Region. Die Proteste verliefen stets gewaltlos seitens der Protestierenden. Doch das marokkanische Regime um den König Mohammed Ben Al-Hassan, der seit 1999 als Alleinherrscher regiert, ging nicht auf die Forderungen ein, zerschlug die Demonstrationen und nahm Hunderte fest. Im Anschluss wurden 53 Personen – auch Journalist*innen – zu Haftstrafen zwischen einem und 20 Jahren verurteilt.

Hirak Rif demonstriert auch in Frankfurt, Düsseldorf, Den Haag und Brüssel, um auch der europäischen Bevölkerung klar zu machen, dass Marokko kein sicheres Land, sondern eine unterdrückende Diktatur ist. Die EU und Deutschland beschwichtigen bzw. ignorieren die Proteste. Ihnen liegt mehr an der Partnerschaft mit dem marokkanischen Regime, das ihnen Rohstoffe liefert, ein Abnehmer ihrer Waren ist und hilft Migrationsbewegungen vom afrikanischen Kontinent nach Europa zu bekämpfen. Statt in Deutschland politisches Asyl zu bekommen, sollte Mohamed nach Marokko abgeschoben werden und wurde in der AHE Darmstadt inhaftiert.

> *„Mein Asyl ist abgelehnt. Sie sagen Marokko ist ein stabiles Land. Marokko ist ein Phosphatland und hat Fischerei, deswegen ist es stabil. Sie schreiben das alles in der Ablehnung. Aber wem gehört das Phosphat? Das gehört alles dem König. In Marokko hat einer mal gesagt: »Wir brauchen ein Krankenhaus.« Er hat 20 Jahre Haft bekommen. […] Wir sind aus dem Norden, dem Volk der Berber. Man kann da nicht die Wahrheit sagen. Es gibt viele Sachen, aber Menschenrechte gibt es da nicht. […] Sie sagen, Marokko ist stabil, aber warum gehen dann alle weg nach Spanien, Frankreich, Deutschland, USA? Warum sollte ich nach Europa gehen, wenn es in Marokko gut ist?"*

Aufgrund einer Beschwerde vor dem Landgericht Darmstadt wurde Mohamed aus der Haft entlassen und lebt nun wieder in Frankfurt.

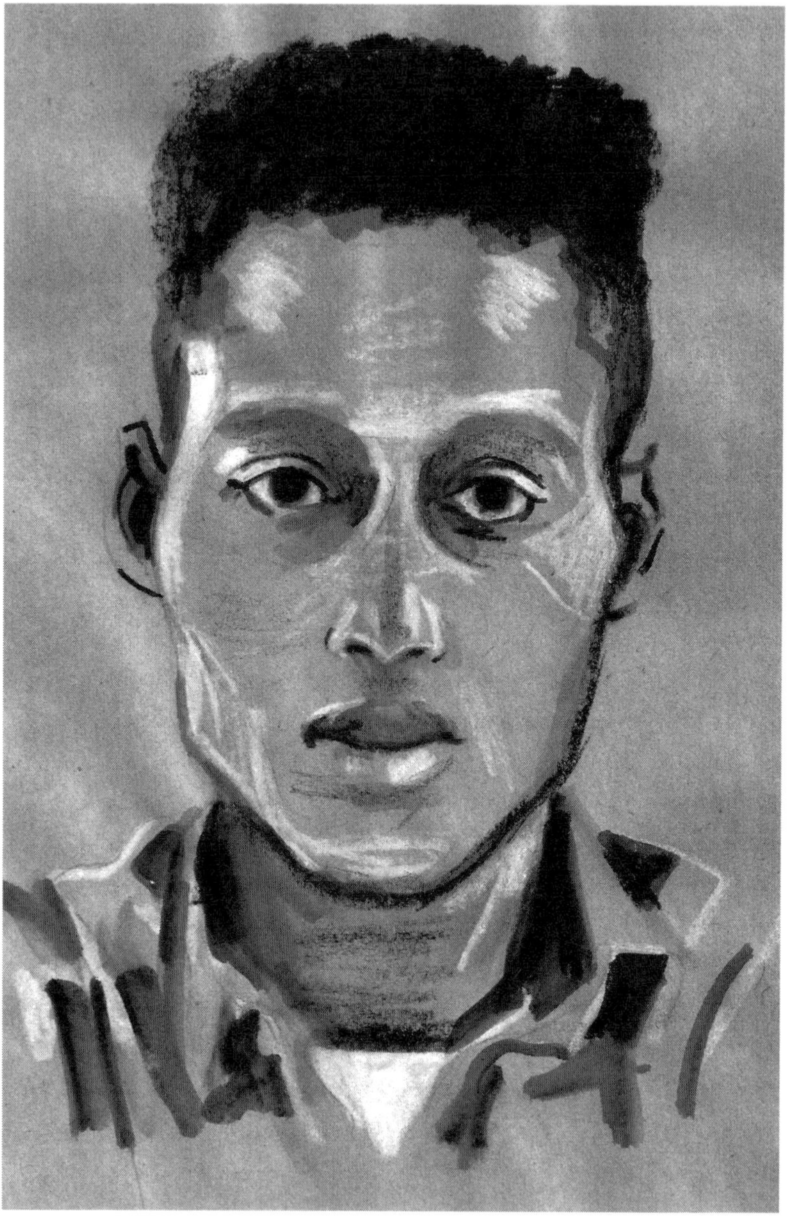

Khadar A. M., 32 Jahre
geboren in Mogadischu/Somalia
inhaftiert vom 04.03.2019 bis zum 13.05.2019 – 71 Tage

Khadar ist seit 2015 in Deutschland. Zuvor befand er sich zwei Jahre in Italien. Dorthin soll er nun abgeschoben werden, obwohl mittlerweile sein Lebensmittelpunkt in Deutschland ist. In Italien leben die meisten Geflüchteten unter prekären Bedingungen in großen Lagern oder auf der Straße. Sie haben nur sehr schwierigen Zugang zu medizinischer Versorgung. Im Oktober 2018 wurde zudem der humanitäre Schutzstatus durch das Salvini-Dekret abgeschafft. Das heißt, er wird weder Unterkunft noch medizinische Hilfe, noch Sozialleistungen bekommen.

In Deutschland hat er so gut es ging Deutsch gelernt. Khadar arbeitete als Bauhelfer und ehrenamtlich im Umsonstladen in Friedberg. Zudem unterstützte er Freund*innen und Bekannte bei handwerklichen Arbeiten. Khadar lebte sich in Friedberg gut ein und zeichnete sich durch Hilfsbereitschaft und großes Engagement in seiner Gemeinschaftsunterkunft aus. Nachdem ihm seine Arbeitserlaubnis entzogen wurde, erledigte er in der Gemeinschaftsunterkunft viele Tätigkeiten unentgeltlich. Durch das Arbeitsverbot musste er auch einige Arbeitsangebote ablehnen.

Nachdem Khadar für einen Identitätsnachweis mehrmals in Berlin bei der somalischen Botschaft war, wurde ihm seitens der Polizei eine baldige Ausstellung einer Arbeitserlaubnis durch die Ausländerbehörde in Aussicht gestellt. Das ist allerdings bis heute nicht erfolgt.

Für den Lebensunterhalt seiner islamisch verheirateten Frau und ihrer zwei Kinder wäre Khadar gerne aufgekommen. Eine standesamtliche Hochzeit, die dann auch vom deutschen Staat anerkannt ist, ist ihnen nicht möglich, da ihre Papiere nicht anerkannt werden. Stressbedingt brachte seine Frau einen Tag nach seiner Inhaftierung ihr zweites Kind zur Welt. Auch für den zweijährigen Sohn seiner Frau ist Khadar eine Vaterfigur geworden, obwohl er nicht der leibliche Vater ist.

Khadar wurde am 04.03.2019 früh morgens gegen 6 Uhr aus seiner Gemeinschaftsunterkunft in Friedberg von der Polizei abgeholt. Die Beamt*innen brachten ihn direkt zum Flughafen Frankfurt, von wo er nach Italien abgeschoben werden sollte. Da Khadar wiederholt äußerte, nicht nach Italien fliegen zu wollen, verweigerte der Pilot seine Mitnahme. Die Beamt*innen nahmen ihn in Gewahrsam und er kam in Abschiebehaft.

Am 13.05.2019 wurde Khadar nach Italien abgeschoben.

Johnny D., 42 Jahre
geboren in Kinshasa/DR Kongo
inhaftiert vom 20.03.2019 bis zum 26.03.2019 – 6 Tage

2003 ist Johnny mit seiner Familie nach den sogenannten Kongokriegen (1996 bis 97 und 1998 bis 2003) aus der DR Kongo nach Kapstadt/Südafrika geflohen, wo sie einen Schutzstatus als politisch Verfolgte bekommen haben. Diese Kriege, in denen sich der Diktator Mobutu Sese Seko und verschiedene oppositionelle Gruppen gegenüberstanden, hatten schwerwiegende sozioökonomische Auswirkungen auf das Land. Wirtschaft und Sozialsysteme, die bereits vor dem Krieg am Boden lagen, brachen völlig zusammen, ganze Landstriche wurden weitgehend entvölkert. Die Zahl der Opfer ist unbekannt. Schätzungen gehen von mehr als drei Millionen indirekter Kriegsopfer aus. Johnnys Vater engagierte sich in der Opposition. Er und Johnnys Mutter wurden getötet. Verfolgt wurde daraufhin die gesamte Familie.

In Kapstadt konnte er sich mit seiner Frau und seinen mittlerweile vier Kindern ein neues Leben aufbauen. 2018 kam er allerdings in einen Konflikt mit Mitgliedern einer Bande, die ihn umbringen wollten. Weder Polizei noch eine andere Institution halfen ihm. Da sein Leben in Gefahr war, ist er von Kapstadt per Flugzeug nach Frankfurt geflohen. Anstatt dem Schutzsuchenden Schutz zu gewähren, wurde er von den deutschen Behörden drei Monate im Abschiebegefängnis des Transitbereichs am Flughafen Frankfurt gefangen gehalten. Sein Asylantrag wurde im Schnellverfahren abgelehnt ohne, dass auf Dokumente aus Südafrika, die seine Verfolgung belegen, gewartet wurde. In Kapstadt brachen die Bandenmitglieder derweil in Johnnys Haus ein. Sie bedrohten seine Töchter und seine im siebten Monat schwangere Frau, woraufhin sie eine Frühgeburt erlitt und das Baby kurz darauf im Krankenhaus verstarb. Als Johnny davon hörte, wollte er sich umbringen.

Vom Frankfurter Abschiebegefängnis sollte Johnny zwei Mal in die DR Kongo abgeschoben werden. Die Behörden ignorierten schlicht, dass er international als politischer Flüchtling anerkannt wurde und somit unter keinen Umständen in das Land, in dem er verfolgt wurde und wo ihm weitere Verfolgung droht, abgeschoben werden darf.

Die erste Abschiebung scheiterte, da Johnny im Flugzeug auf seine unrechtmäßige Abschiebung aufmerksam machte und der Pilot sich daraufhin weigerte, sich an der Abschiebung zu beteiligen. Der zweite Abschiebeversuch erfolgte mit Polizeibegleitung:

> *„Ich wurde wie ein Schwerverbrecher abgeführt. Sie haben mir Handschellen und Fußfesseln angelegt. Ich konnte mich nur in Trippelschritten bewegen. Über meinen Kopf haben sie einen schwarzen Sack gestülpt, sodass ich nichts mehr sehen konnte."*

Das Flugzeug hob ab und landete in Casablanca/Marokko. Doch das Anschlussflugzeug nach Kinshasa/DR Kongo wurde verpasst und Johnny wurde wieder nach Frankfurt geflogen. Aufgrund der Beschwerde gegen die Inhaftierung in Frankfurt, wurde Johnny auf Anweisung des Gerichts freigelassen. Er kam zunächst nach Gießen und dann nach Bad Karlshafen in eine Unterkunft für Asylsuchende. Mit Hilfe seiner Anwältin versuchte er vor Gericht eine Anerkennung auf Asyl zu bekommen. Er lebte sich dort ein, fand neue Freund*innen und besuchte jeden Tag einen Deutsch-Kurs.

Er organisierte weitere Dokumente aus Südafrika für sein Gerichtsverfahren. Für den 09.04.2019 war ein weiterer Termin mit seiner Anwältin vereinbart, um die neuen Dokumente zu besprechen. Doch wieder wurde er eines Morgens ohne Ankündigung, ohne Strafanzeige, ohne dass er irgendetwas getan hätte, von der Polizei festgenommen und zum Amtsgericht Kassel/Hofgeismar gebracht, wo er zu Abschiebehaft verurteilt wurde. Selbst vor Gericht hielten es die deutschen Behörden nicht für nötig, ihm den Haftantrag der Ausländerbehörde zu überreichen. Es wurde ihm keine Chance gegeben, nachzuvollziehen warum er vor Gericht stand. Vom Amtsgericht aus wurde er direkt in die Abschiebehafteinrichtung Darmstadt-Eberstadt gebracht.

> *„Ich hätte das nicht gedacht, dass es so etwas in Deutschland gibt. Ich habe noch nie etwas Schlimmes getan. Ich war noch nie im Gefängnis. Nur hier in Deutschland. In Südafrika kommt man in so ein Gefängnis nur wenn man ein schweres Verbrechen begangen hat. Ich will hier einfach nur so schnell wie möglich raus.“*

Am 26.03.2019 wurde Jonny in die DR Kongo abgeschoben.

Mittlerweile befindet er sich wieder bei seiner Familie in Südafrika. Am 06.05.2019 entschied das Landgericht Darmstadt, dass die Haft unzulässig war. Johnny versucht nun Schadensersatz für die Inhaftierung zu bekommen.

Adem K., 34 Jahre
geboren in Alzenau/Deutschland
inhaftiert vom 31.05.2018 bis zum 01.09.2018 – 93 Tage

„Sehr geehrte Damen und Herren,

es geht um die Zustände der Abschiebehaft Darmstadt. Ich bin seit neun Tagen in der Abschiebehaft. Es ist eine reine Verwaltungsangelegenheit, keine Strafsache. Ich bin aktenkundiger Herzpatient, der jeden Tag sieben Tabletten zu sich nimmt. Meine Herzpumpfunktion ist bei 28 Prozent. Laut den Ärzten habe ich eine Lebensdauer zwischen neun und 13 Jahren. Ich bin 1984 geboren in Alzenau. Die Ernährung ist eine Katastrophe. Man bekommt morgens Brot, mittags um 12 Uhr warmes Dampfessen und abends Brot. In der Einkaufsliste gibt es nur Salzgebäck und Süßgebäck. Eine Spalte mit deutschen Zeitschriften, die aber hier in der Abschiebehaft null Sinn ergeben, da es selten vorkommt, dass einer wie ich hier seine Verwaltungssache abwartet, der die deutsche Sprache beherrscht. Es gibt kein Obst und Gemüse. Keinen Quark oder Brotaufstrich. 70 Prozent der in Gewahrsam gebrachten Menschen sind muslimischer Abstammung. Jeder achtet auf koscher (helal) Fleisch. Es gibt keine Möglichkeit koscher helal Fleisch zu kaufen beim Einkauf oder von der Einrichtung. Wir sind gezwungen, wegen unserem Glauben, uns als vegetarisch eintragen zu lassen, damit wir unseren Glauben mit dem besten Willen weiterführen können.

Wir sind in vier Wohngruppen eingeteilt. Jede Wohngruppe besteht aus fünf Menschen. Es gibt zwei Gemeinschafts-WCs und eine Dusche. Der Flur ist 17 Schritte lang. Das ist unser Aufenthaltsort, wenn wir uns mal bewegen wollen. Fünf Menschen mit unterschiedlichen Kulturen, die in einem Gang, der 17 Schritte lang ist, auf und ab laufen. Von jedem die Laune ist bedrückt, da das Essen nicht passt und keiner einkaufen kann, um sich gesund zu ernähren. Es gibt, wenn es passt von den Bediensteten (Polizei oder Justizbeamt*innen), einmal am Tag eine Freistunde (Hofgang). Es kommen auch Tage vor, wo es keine Freistunde gibt. Es heißt „entweder Freistunde oder Freizeit“. Also das heißt, wir dürfen entweder eine Stunde in den Freizeitraum wo es ein Tischtennis und ein Tischfußball gibt und eine Gemeinschaftsküche (die aber nichts bringt da es kein Essen gibt, was man kaufen kann) oder wir dürfen eine Stunde in den abgesperrten Hof. Das war's. Ansonsten heißt es, sich 23 Stunden lang in seinen Wohngruppen aufzuhalten. Es gibt per Antrag die Möglichkeit, dass zwei Inhaftierte für 20 Mann kochen dürfen. Das läuft per Antrag und dazu muss es wieder erst passen, dass genug Personal vorhanden ist. Ich bin nun seit neun Tagen hier und es gab aufgrund meines Antrages ein Kochen, wo ein Mitinhaftierter und ich für zwanzig Mann gekocht haben. Die Menschen waren so dankbar und hatten alle ein Lächeln im Gesicht. Man sieht es den Leuten an, dass dieses Essensproblem sie fertig macht. Dass die Entziehung der Freiheit den Umständen entsprechend den Menschen kaputt macht. Wenn es vernünftiges Essen, genauso wie häufigeres gemeinsames Kochen, genauso wie eine erweiterte Einkaufsliste, genauso wie mehr Freizeit wie Sportaktivitäten gibt, wäre das Verhältnis viel lockerer. Die Menschen, die hier auf ihre

Abschiebung oder Entlassung in Deutschland warten, haben alle eine lange Reise hinter sich mit vielen Qualen und Verlusten. Mit enormen Kosten. Das sind Menschen, die keine Straftat begangen haben, sondern die Chance nutzen wollen, ein besseres Leben zu führen. Das ist das Recht für jeden Menschen auf diesem Planeten. Egal welcher Herkunft. Wenn man ihn hier schlimmer behandelt als einen Strafgefangenen, ist es nicht verwunderlich, dass es nur zu mehr Problemen kommt. Von einem Strafgefangenen besteht mehr Gefahr als von einem Verwaltungsakt. Es muss FAIR ablaufen und nicht nach Strafvollzug mit solchen Maßnahmen auf Grund von zu wenig Personal oder Erklärungen, dass gewisse Gegenstände als Waffe benutzt werden können, die man deswegen nicht im Einkauf anbieten darf. Eine Thunfischdose wird abgelehnt, weil es heißt, dass man das als Wurfmaterial benutzen kann. Aber es wird vergessen, dass es keine Straftäter sind, die hier sozusagen warten, sondern ein Verwaltungsakt.

Wir, die Insassen der Abschiebehaft, bitten um Ihr Verständnis. Wir bitten um Ihre Aufmerksamkeit, um zu beweisen, dass dieses Objekt gescheitert ist. Es macht alle hier fertig. Die, die sich auf ihre Art beschweren, weil sie nicht die deutsche Sprache beherrschen, bekommen Schlaftabletten und Beruhigungstabletten. Bis zu drei Stück am Tag. Jeden Tag. Mein Aufenthalt in dieser Anstalt wurde bis zum 27.07.2018 verordnet. Das sind zwei Monate. Die Erklärung, dass hier die Menschen nach zwei Wochen weg sind, ist lächerlich. Kein Mensch, der keine Straftat begangen hat, darf einen Tag so behandelt werden ohne richtige Ernährung, ohne Freizeit und Ablenkung, ohne Beschäftigung.

Bitte helfen Sie uns. Nach mir werden noch viel mehr Menschen kommen, die eventuell auch starke Erkrankungen haben. Keiner hat das verdient.
Hochachtungsvoll
Adem K.
geboren in Deutschland, abschiebepflichtig in die Türkei.“

(Brief aus dem Abschiebegefängnis vom 09.06.2018)
Adem wurde am 01.09.2018 in die Türkei abgeschoben.

Freedom M., 22 Jahre
geboren in Adin Zmat/Eritrea
inhaftiert vom 06.04.2019 bis zum 03.05.2019 - 27 Tage

Freedom stammt aus Eritrea. Dort ging er zur Schule. Nach Abschluss der Schulzeit sollte er für viele Jahre für die eritreische Armee verpflichtet werden, wie üblich in der Diktatur Eritrea. Ein Verweigern hätte mehrere Jahre Gefängnis zur Folge gehabt. Und Gefängnis in Eritrea bedeutet nahezu immer auch Folter. Somit entschloss sich Freedom, aus seinem Heimatland zu fliehen. Über den Sudan gelangte er nach Libyen, wo er zwei Jahre in einem großen Flüchtlingscamp verbringen musste. Dieses durfte er nicht verlassen. Er war dort regelmäßig schweren Misshandlungen ausgesetzt. Schließlich konnte er in einem überfüllten Boot nach Italien übersetzen. Beim Verlassen des Bootes wurden direkt am Strand durch die italienischen Polizist*innen die Fingerabdrücke aller Geflüchteten aufgenommen und registriert. Somit ist seitdem Italien für Freedom und seine Mitpassagier*innen zuständig, obwohl Freedom in Italien niemals Asyl beantragte. Er gelangte über Italien, Frankreich und Belgien nach Deutschland, wo er im März 2018 einen Asylantrag stellte. Dieser wurde abgelehnt und Freedom wurde in einem Heim für Geflüchtete in Kassel untergebracht. Seine Sozialleistungen wurden monatlich gekürzt, von anfangs 280 auf zuletzt 90 Euro monatlich.

Zudem musste Freedom Anfang jeden Monats seinen Aufenthalt auf der Ausländerbehörde Kassel verlängern. Als er hier am 5. April dieses Jahres wie üblich zur Verlängerung seiner Duldung im Büro einer Beamtin vorstellig wurde, dauerte es keine Minute bis Polizist*innen dort auftauchten. Sie nahmen Freedom fest und brachten ihn zum Flughafen Frankfurt, von wo aus er nach Italien abgeschoben werden sollte. Freedom gelang es, erfolgreich zum Ausdruck zu bringen, nicht mitfliegen zu wollen, woraufhin er für eine Nacht in Polizeigewahrsam in Frankfurt genommen wurde. Am nächsten Morgen wurde er dann dem Amtsgericht Frankfurt am Main vorgeführt, wo seine Haft im Abschiebegefängnis Darmstadt beschlossen wurde. Hier ist Freedom seitdem inhaftiert. Er klagt darüber, dass ihm dort Medikamente ausgehändigt werden, ohne weitere Erklärungen. Er leidet an Schlafstörungen und Migräne, die sich seit seiner Inhaftierung deutlich verstärkt haben.

Freedom wurde am 03.05.2019 nach Italien abgeschoben.

Lamin B., 28 Jahre
geboren in Annaba/Algerien
inhaftiert vom 12.04.2019 bis zum 02.05.2019 - 22 Tage

Lamin beteiligte sich 2011, im Zuge des arabischen Frühlings in seiner Heimatstadt Annaba, an den Protesten gegen das Regime um den damaligen Präsidenten Abd al-Aziz Bouteflika. Zwar gibt sich Algerien eine demokratische Fassade mit Wahlen und Parteienpluralismus, die eigentlichen Machthaber sitzen aber in der Militärführung. Diese Clique teilt sich den aus Erdgas und Erdöl entstandenen Reichtum untereinander auf, während der Großteil der Bevölkerung in Armut lebt. Zusätzlich werden das Versammlungsrecht und die Pressefreiheit eingeschränkt, was sogar zu „Schutzhaft" von Demonstrierenden führt. Im Zuge von vermeintlicher oder tatsächlicher Terrorismusbekämpfung kommt es zum Einsatz von Foltermethoden.

Ähnlich wie die Demonstrationen von 2019, die das Ende der Präsidentschaft Bouteflikas bedeuteten, gingen auch 2011 die Demonstrationen vor allem von jungen Menschen aus den großen Städten Algier, Oran, Constantine und Annaba aus. Motive der Proteste waren die wirtschaftliche Lage der Jugend und ihre schlechten Zukunftsperspektiven sowie die autokratischen und korrupten Strukturen des sich jahrelang an der Macht befindlichen Regimes. Eine der zentralen Forderungen der Opposition, die Aufhebung des seit 1992 geltenden Ausnahmezustandes, wurde zwar am 24.02.2011 durch die algerische Regierung erfüllt, jedoch wurden viele Demonstrationen gewaltsam von der Polizei zerschlagen. Fünf Menschen wurden dabei getötet, über 800 verletzt und rund 1000 verhaftet. Auch Lamin wurde verhaftet und zu fünf Jahren Haft, sowie zu einer Geldstrafe von 200 000 Dinar (ca. 10.000 €) verurteilt.

Vor der Vollstreckung des Urteils konnte er zunächst nach Tunesien fliehen. Zwei Freunde von ihm wurden zu jeweils zehn Jahren Haft verurteilt und sitzen noch immer im Gefängnis in Algerien. Lamin ist daraufhin über das Mittelmeer nach Italien weiter geflohen. In einem kleinen Boot harrte er mit anderen Menschen drei Tage ohne Trinkwasser aus. In Italien musste er von diesen lebensbedrohlichen Strapazen zunächst zehn Tage in einem Krankenhaus genesen. Von Italien aus ist er nach Deutschland gegangen, um hier politisches Asyl zu beantragen. Doch die deutschen Behörden verwehrten es ihm und wollen ihn wieder nach Algerien abschieben. Vor dem Gefängnis in Algerien geflohen, ist er nun von der deutschen Polizei in der Abschiebehafteinrichtung Darmstadt inhaftiert worden.

Am 02.05.2019 wurde Lamin nach Algerien abgeschoben.

Merhawi T. M., 27 Jahre
geboren in Mebred/Eritrea
inhaftiert vom 10.04.2019 bis zum 10.05.2019 – 31 Tage

Merhawi floh 2011 aus Eritrea, ohne seitdem irgendwo auch nur die geringste Möglichkeit erhalten zu haben, sich ein gutes, lebenswertes Leben aufzubauen. Schlecht behandelt wird er seitdem überall, sagt er. Mittlerweile ist sein Leben von Hoffnungslosigkeit geprägt. Seine Geschichte begann 2010 in seiner Heimat Mebred, in Eritrea. Das Militär holte ihn aus der Schule, um ihn dem Militärdienst zuzuführen. Er weigerte sich, kam ins Gefängnis. Mehrmals versuchte er dem Gefängnis zu entfliehen. Nach seiner ersten gescheiterten Flucht wurde er einen ganzen Tag lang im Gefängnis gefesselt und verprügelt. Auch ein zweiter Fluchtversuch aus dem Gefängnis mit dem Ziel Äthiopien scheiterte. Insgesamt war er ein halbes Jahr unter verheerenden Umständen in Eritrea inhaftiert. Beim dritten Versuch gelang ihm schließlich die Flucht nach Äthiopien. Ein Jahr später wurden dort die Lebensumstände auch schlechter. Um nach Europa zu kommen, führte ihn sein Weg über Libyen. Dort war er ein halbes Jahr in einem gefängnisartigen Camp für Geflüchtete inhaftiert. Hier wurden er und seine Mitgefangenen regelmäßig misshandelt und erhielten kaum Essen und Trinken. Er und viele andere Menschen mussten die meiste Zeit zusammengepfercht in einem großen Raum sitzen. Wer sich hinlegte, wurde erschossen. Es gelang ihm, auch aus diesem Camp zu fliehen. Nach zwei weiteren Monaten in Libyen, konnte er die Überfahrt nach Italien antreten. Hierbei verloren sehr viele seiner Mitreisenden ihr Leben im Mittelmeer.
In Italien angekommen hatte er weder Schlafplatz noch Geld. Nach einem Monat reiste er weiter nach Deutschland. Merhawi ist 2013 von Italien nach Deutschland gekommen, um hier Asyl zu beantragen. Die Ausländerbehörde lehnte seinen Antrag ab, woraufhin er 2014 erstmals nach Italien abgeschoben wurde. Nach einem Jahr des Lebens auf der Straße, ständig bedroht von gewalttätigen Übergriffen bis hin zu Vergewaltigungen, verließ er Italien in Richtung Schweiz, wo er sich ein halbes Jahr aufhielt. Von dort ging er wiederum nach Deutschland, um einen Asylfolgeantrag zu stellen. Auch dieser wurde abgelehnt.

Seitdem sind zwei weitere Abschiebeversuche nach Italien gescheitert. Zuletzt am zehnten April unter intensiver Sicherheitsbegleitung durch die Bundespolizei. Laut Haftbeschluss habe sich Merhawi hierbei so stark gewehrt und selbst verletzt (trotz Hand- und Fußfesseln), dass die Bundespolizei die Abschiebung abbrechen musste. Er habe unter anderem seine Lippe aufgebissen, um die Beamt*innen mit seinem Blut bespucken zu können. Laut Merhawi selbst, haben die Polizist*innen ihn sehr grob und brutal angefasst, ihn unter anderem so sehr am Hals gewürgt, dass er erbrechen musste. Daraufhin habe ihm ein Polizist mit der Faust auf den Mund geschlagen. Seine Lippe platzte auf und blutete stark. Seine Version der Vorkommnisse durfte er vor Gericht nicht schildern.

Nun wurde Merhawi am 10.05.2019 erneut nach Italien abgeschoben.

Weder in Eritrea, noch in Äthiopien, Libyen, Italien oder Deutschland hat Merhawi in den letzten 9 Jahren das gefunden, weshalb er seine Heimat verließ: Ein normales Leben in Freiheit und die Möglichkeit, in die Schule zu gehen.

Am 19.05.2019 reiste Merhawi erneut nach Deutschland und stellte hier einen neuen Asylantrag.

III „Normales Leben minus Freiheit". Perspektiven von Inhaftierten auf Abschiebehaft

(Nitschke)

Das folgende Kapitel entstand in seiner ursprünglichen Version Ende 2018. Im Mai 2018 begann die Gruppe „Community for all" die Inhaftierten der AHE zu besuchen (siehe II Portraits aus dem Abschiebegefängnis Darmstadt-Eberstadt). Zeitgleich stand in meinem Studium der Sozialen Arbeit das Forschungsmodul an, in dem Nutzer*innen oder Klient*innen Sozialer Arbeit interviewt werden sollten. Ich entschied mich, meine politische Arbeit mit der Wissenschaft zu verknüpfen und Besuche im Abschiebegefängnis mit Zustimmung der Betroffenen in Interviewform zu rekonstruieren. Die Interviews wurden innerhalb der ersten sieben Monate des Bestehens der AHE geführt. Dadurch spiegeln sie in manchen Aspekten nur eine zeitlich begrenzte Realität wider. Interne Regeln, Personal und Ausstattung änderten sich in der Anfangszeit sehr viel schneller und häufiger als nach zweijährigem Bestehen. Ebenso dauerte es eine Zeit, bis sich in unserer politischen Unterstützungsarbeit eine gewisse Routine entwickelte. Jede Person verhält sich anders und stellt andere Fragen beim 50. Besuch als beim allerersten. Auch können mittlerweile viele Dinge vorab per Telefon geklärt werden. Andere Aspekte der Interviews hingegen scheinen traurigerweise raum- und zeitlos zu sein.

1. Abschiebehaft als sozialer Ausschluss

Die Abschiebehafteinrichtung Darmstadt-Eberstadt im Sommer 2020 mit Justizvollzugsanstalt Darmstadt im Hintergrund. Foto: Sebastian Nitschke

In den Interviews soll die Alltagsperspektive der Inhaftierten dargestellt werden. Diese soll der gesellschaftlich hegemonialen Perspektive auf das Leben in der AHE, ihrer gesellschaftlichen Funktion und den Gründen, weshalb Menschen in ihr inhaftiert werden, gegenübergestellt werden. Ebenso soll die Gefangenenperspektive auf gemachte Erfahrungen des sozialen Ausschlusses während ihres Aufenthalts in Deutschland vor der Inhaftierung herausgearbeitet werden. Die subjektiven Deutungen und Empfindungen der betroffenen Gefangenen sollen im Verhältnis zu objektiv beschreibbaren Strukturmerkmalen der Institution Abschiebegefängnis analysiert werden (Flick 1998: S.66).

2009 hat Vicky Täubig mit der Theorie der „organisierten Desintegration" einen Ansatz der sozialen Ausschließung von Geflüchteten vorgelegt.

> *„Organisierte Desintegration steht für das asyl- und aufenthaltsrechtliche Strukturgeflecht, das für Asylbewerber und Geduldete als Angehörige einer bürokratischen Kategorie hergestellt wird" (Täubig 2009: S.58).*

Anhand der Teilhabebereiche Arbeit und Unterbringung[20] (Anhorn 2008: S.37) soll dieses asyl- und aufenthaltsrechtliche Strukturgeflecht in einem Teil der Interviewauswertung analysiert werden. Dies betrifft die Lebenssituation der Interviewten vor deren Inhaftierung.

In einem anderen Teil der Analyse wird das Leben nach Inhaftierung in der AHE in den Blick genommen. Dazu wird die Theorie der „totalen Institutionen" nach Erving Goffman (1957) herangezogen, die er nach Beobachtungen als vermeintlicher Angestellter in einer Psychiatrie in Washington D.C. entwickelte. In dieser Forschungsarbeit wird angenommen, dass auch die AHE als totale Institution beschrieben werden kann. In ihr herrscht für die Insassen, anders als in der modernen Bürgerlichen Gesellschaft üblich, keine Trennung zwischen Schlaf, Freizeit und Arbeit (Goffman 1981: S.17).

Methodik: Narrationen durch Aktionsethnologie

Mit der Umsetzung dieser Forschungsziele sind methodische Herausforderungen verbunden. Die Forschung soll weder ausschließlich als öffentliches Sprachrohr der Inhaftierten oder als schlichte symbolische Bestätigung ihrer Perspektiven dienen, noch soll sie als nützliche Anleiterin für die Praxis verdinglicht werden. Für Ellen Bareis und Helga Cremer-Schäfer stehen dazu Forschungswerkzeuge im Zentrum,

> *„die versuchen die Praktiken der Leute zum Sprechen zu bringen, diese Praktiken, Narrationen und Legitimationen in ihrer Interaktivität, Situiertheit und notwendigen Widersprüchlichkeit zu verstehen, die Erhebungssituation selbst als gesellschaftliche Situation zu begreifen und in der Auswertung/Interpretation nicht besserwisserisch zu argumentieren (weder im Sinne einer Wissenschaft, die mehr weiß noch im Sinne eines falschen Bewusstseins)" (Bareis/Cremer-Schäfer 2012: S.154).*

20 Nach Anhorn ist neben Arbeit und Unterbringung die Familie ebenso ein zentraler Teilhabebereich, an dem der Grad sozialer Ausschließung analysiert werden soll. In den vorliegenden Interviews wurde das Thema Familie allerdings eher am Rande erwähnt. Dementsprechend wurde es in der Analyse auch nicht intensiv behandelt.

Als Forschungsmethode wurden Qualitative Interviews und die Narrationsanalyse gewählt. Nach Fritz Schütze ist für die Narrationsanalyse wesentlich, dass den Interviews Themen mit narrativer Generierungskraft zu Grunde liegen. Es müsse sich eine längere, in sich geschlossene narrative Darstellung entwickeln können, in der ein sozialer Prozess kontinuierlich zum Ausdruck gebracht wird (Schütze 1983: S.286). Die Narrationsanalyse sollte allerdings nicht nur auf das Gesagte der Interviewten fokussieren, sondern auch auf das Setting des Interviews.

Für die Sichtbarmachung und Analyse von Macht- und Konfliktverhältnissen in Forschungsprozessen der Sozialen Arbeit schlagen Elke Schimpf und Johannes Stehr die Kategorie des Arbeitsbündnisses vor. Dazu sollen die folgenden drei Analyse-Ebenen verwendet werden: 1. Die (nicht thematisierten) Selbstverständlichkeiten, von denen beim Forschen ausgegangen wird. 2. Die Forschungssituation als soziale Interaktion. 3. Die Positionierung der Forschenden gegenüber der Praxis (sowohl gegenüber den Professionellen als auch den Adressat*innen bzw. Nutzer*innen) (Schimpf/Stehr 2012: S.110).

Wer in einem Abschiebegefängnis (Feld-)Forschung betreiben möchte, steht vor allem vor drei Barrieren: räumliche (Zugang zum Gefängnis), kulturelle (Sprache) und soziale (Regeln, Gefängnispersonal). Um Zutritt zu bekommen und Interviews mit Inhaftierten zu führen, bestehen zwei Möglichkeiten. Wie in einer JVA, ist es auch in einem Abschiebegefängnis nicht möglich, einfach nach Lust und Laune hereinzuspazieren. Es braucht zunächst einen Door-Opener (Haufe 2002: S.74ff). Zum einen hat besteht die Möglichkeit bei der Einrichtungs-Leitung (Schimpf/Stehr 2012: S.120) anzufragen, ob es möglich sei, für eine Forschung Zutritt zu bekommen. Wer allerdings diesen Weg wählt und Zugang erhält, geht ein Arbeitsbündnis mit der Gefängnisleitung ein. Diese könnte bestimmte Arbeitsaufträge oder Zielvereinbarungen implizit oder explizit an die Forschung stellen. Das Interesse der Gefängnisleitung ist es, die AHE in der Öffentlichkeit als einen Ort darzustellen, der sowohl den Inhaftierten während ihrer Inhaftierung ein weitgehend ‚normales Leben' ermöglicht (Buschschlüter 2018) und gleichzeitig als Institution, die das „erhebliche Vollzugsdefizit in der Aufenthaltsbeendigung abbaut". Nach Innen ist ihr vornehmliches Interesse, dass die alltäglichen Abläufe reibungslos funktionieren und die Inhaftierten möglichst widerstandslos ihrer Abschiebung entgegensehen. Diese Interessen stehen im Gegensatz zu denen der Inhaftierten. Sie wollen in der Regel nicht abgeschoben werden und finden das Leben in der AHE alles andere als ‚normal' (siehe III 5. Haftbedingungen – Alltag in einer totalen Institution). Beim Weg über die Gefängnisleitung, besteht die Gefahr, dass die*der Forscher*in vom Interviewten nicht als „neutral" betrachtet wird, sondern als (assoziiertes) Mitglied des Abschiebegefängnisses. Einem solchen Mitglied würde vermutlich als erstes mit Skepsis begegnet werden. Die Inhaftierten könnten befürchten, dass ihre Antworten weitergeleitet und ihnen daraus negative Konsequenzen im weiteren Gefängnisaufenthalt erwachsen würden.

Der andere Weg wäre zu versuchen direkten Kontakt zu den Inhaftierten aufzunehmen und sie so für ein Interview zu gewinnen. Die Inhaftierten dürfen allerdings nur einmal in der Woche für eine Stunde Besuch empfangen[21]. Vermutlich würden zunächst nicht viele von ihnen diese Stunde „opfern" für eine*n Forscher*in, den sie nie zuvor gesehen haben. Weder bei der Durchführung des Interviews noch bei der Auswertung darf außer Acht gelassen werden, wer in der Interviewsituation aufeinandertrifft. Befragte in der AHE wurden bereits vorher im Rahmen der Inhaftierung und meist zusätzlich im Rahmen des Asylverfahrens institutionell nach ihrem Leben in Deutschland bzw. nach ihrer Migrationsgeschichte befragt (Thielen 2009: S.4). Auch Inhaftierte, die sich für ein Interview bereit erklären würden, könnten den*die Forscher*in als irgendeine*n weitere*n Vertreter*in des Staates ansehen. Sie könnten ebenfalls skeptisch und verschlossen sein, aufgrund schlechter Erfahrungen bei der Anhörung, weil der behördliche Blick weder unvoreingenommen noch wohlwollend ist (ebd.: S.5).

Der Kontakt zu den Inhaftierten wurde letztlich über eine Gruppe von ehrenamtlich und politisch engagierten Menschen, in der auch ich Mitglied bin, hergestellt. Die Gruppe hat sich im Zuge der Eröffnung der AHE zusammengefunden. Ihre Ziele sind die Unterstützung der Inhaftierten v.a. in ihrem juristischen Verfahren und die kritische Dokumentation der AHE. Die Arbeit dieser Gruppe zielt nicht darauf ab, die AHE zu reformieren oder „humaner" zu gestalten, sondern darauf, dass sie im besten Falle ersatzlos geschlossen wird.

Somit wurde die (politische) Unterstützung mit der Forschung verknüpft. Dieser Ansatz entspricht der Aktionsethnologie, die von der Beteiligung der Forschenden am sozialen Prozess der nicht-Forschenden ausgeht.

> *„Ziel von Aktionsforschung ist es, Forschung in einen gesellschaftlichen Handlungszusammenhang zu stellen. In der Alltagspraxis auftretende gesellschaftliche, ökonomische, ökologische oder politische Probleme werden aufgegriffen, um gemeinsam mit einem überschaubaren Personenkreis Betroffener sowohl zu forschen, als auch nach Lösungsmöglichkeiten zu suchen. Alle Prozesse – von der Artikulierung des Problems über seine Analyse, die Suche nach Mitteln zur Problemlösung, deren eventuelle Verwerfung, die wiederaufgenommene Suche nach anderen Möglichkeiten sowie die verschiedenen Realisierungen und deren ständiger Rückbezug auf die jeweilige Problemstellung – sind ineinandergreifende Teile eines von Wissenschaftlern und ihren Partnern gemeinsam getragenen und gestalteten Forschungs- und Handlungsprozess. Die Dialektische*

21 Die Angabe stammt von einem Wärter der AHE und wurde von mehreren Inhaftierten zum Zeitpunkt der Interviews bestätigt. Zu einem späteren Zeitpunkt war es den Inhaftierten möglich, öfter als eine Stunde in der Woche Besuch zu empfangen.
§ 12 VaFG nennt kein festgelegtes Stundenkontingent für Besuche. Nach § 34 Hessisches Strafvollzugsgesetz (HstVollzG) soll Gefangenen in hessischen Gefängnissen für mindestens eine Stunde im Monat privater Besuch ermöglicht werden.

Beziehung von Theorie und Praxis wird hergestellt (und verdeutlicht), da Analysen und Handlungsorientierungen im Verlauf des Forschungsprozesses das Forschungsfeld aufgrund bewusster Eingriffe (von Seiten der Beteiligten) verändern, wobei die Veränderung selbst wieder Gegenstand der Forschung ist" (Amborn 1993: S.133).

Auch das Projekttutorium Abschiebehaft der Humboldt-Universität Berlin, das von Oktober 2000 bis Oktober 2001 im Abschiebegewahrsam Berlin-Köpenick geforscht hat, reflektiert in ihrer Arbeit:

> *„Die Notsituation der Flüchtlinge einerseits und unser Forschungsinteresse andererseits war unserer Meinung nach nur dann zu vereinbaren, wenn neben Interviews zu Forschungszwecken zusätzlich eine Auseinandersetzung mit den Betroffenen geführt wird, die auf die Verbesserung ihrer Situation ausgerichtet ist, sprich bestenfalls zur Freilassung der Häftlinge führt! Eine solche Art des Forschungsansatzes entspricht dem Konzept der Aktionsethnologie. Diese Denkrichtung geht davon aus, dass die wissenschaftliche Untersuchung wie auch die Suche nach Möglichkeiten zur Lösung alltäglicher Probleme ständig untrennbar miteinander verbunden sind" (Haufe 2002: S.84).*

Die Inhaftierten können in ihrem Gerichtsverfahren eine beliebige Person als sogenannte „Person des Vertrauens" (Art. 104 Abs. 4 GG i.V.m. § 7 Abs. 3 FamFG i.V.m. § 418 Abs. 3 Nr.2 FamFG) benennen. Diese kann dann als Beteiligte des Abschiebehaft-Verfahrens Akteneinsicht nehmen, Anträge stellen und Beschwerden einlegen. Sie muss ebenfalls vor Gericht angehört werden und ihr müssen alle Beschlüsse zugesandt werden. Mit dem rechtlichen Spezialwissen (ebd.: S.79) ist es möglich, Fehler im Verfahren zu finden und eine begründete Beschwerde gegen den Haftbeschluss des jeweiligen Amtsgerichts einzulegen (§ 58 FamFG).

Durch das glaubhafte Engagieren für ihre Freilassung, konnte das Vertrauen der Inhaftierten gewonnen werden. Dazu trug auch bei, dass in manchen Fällen zu Verwandten oder befreundeten Personen Kontakt aufgenommen wurde, um bestimmte Dinge zu klären. Nicht selten erhielten die Inhaftierten von jenen oder von anderen Inhaftierten eine Rückmeldung über unsere Anliegen.

Zusätzlich waren wir dadurch, dass über die Besuchsstruktur und per Handy Kontakt zu den Inhaftierten aufgenommen wurde, sichtbar nicht Teil des Abschiebegefängnisses. Zusammenfassend ließe sich sagen: Nur mit dem Prinzip des aktiven Teilnehmens konnte die Sicht der Inhaftierten auf ihre Haftsituation erfasst werden (ebd.: S.86).

In den Interviews wurden vier Themenkomplexe besprochen: 1) Gründe für die Migration 2) Soziale Ausschlusserfahrungen während des Aufenthalts in Deutschland 3) Prozess der Inhaftierung 4) Haftbedingungen/Alltag in der AHE.

Auf mögliche Verfahrensfehler zielte vor allem der dritte Teil ab. In der Regel wurden diese Fragen zu Beginn des Besuchs gestellt, da es das Hauptanliegen sowohl der Gruppe als auch des Inhaftierten war. Wenn dieser Gerichtsdokumente (v.a. Haftantrag und Haftbeschluss) zum Besuch mitbrachte, nahm das Durchschauen dieser einige Zeit in Anspruch. Aus den Dokumenten konnten sich wiederum Fragen ergeben, die wichtig für die Beschwerde waren. In diesem Sinne kann jeder Besuch zunächst als ein rechtsanwaltliches oder sozialarbeiterisches Beratungsgespräch gedeutet werden (Thielen 2009: S.9).

Aus der Forschungsperspektive waren vor allem die Fragenkomplexe 2 und 4 von besonderem Interesse. Hier sollten die Perspektiven der Inhaftierten auf Erfahrungen des sozialen Ausschlusses während ihres Aufenthalts in Deutschland und die Lebensbedingungen in der AHE erfragt werden. Der Fragekomplex 1 nach den Gründen für die ursprüngliche Migration war in den Vorüberlegungen optional. Aus Erfahrung sind viele Geschichten über Konflikte und Ausschlusserfahrungen von Geflüchteten und anderen Migrant*innen in Deutschland mit den Gründen der Migration und den mit ihnen verbundenen Hoffnungen verknüpft. Dieses Thema wurde aber nur aktiv besprochen, wenn alle anderen Themen erfragt wurden und die Besuchszeit noch nicht vorüber war. Auch wurde es respektiert, wenn die Inhaftierten über bestimmte Themen nicht ausführlicher reden wollten. Es wurde vermieden zu sehr „nachzubohren“.

Für die Analyse des Arbeitsbündnisses wird die Forschungssituation als soziale Interaktion gefasst.

> *„Dabei ist der soziale Ort, an dem die Forschungsinteraktion stattfindet, von strukturierender Bedeutung […]. Die Produktion von Erkenntnis und Wissen in Forschungsprozessen muss in Zusammenhang mit der jeweiligen Situation, den »Prozeduren« und »Umständen«, unter denen diese entstehen, analysiert werden (Schimpf/Stehr 2012: S.111).*

Bei qualitativen Interviews ist darauf zu achten, dass das Setting des Interviews für die Interviewten möglichst angenehm gestaltet wird, sodass die Chance erhöht wird, dass sie auch über ihnen „unangenehme Geschichten“ erzählen. In der AHE konnte auf das Setting weder vom Forscher noch von den Interviewten in irgendeiner Form Einfluss genommen werden. Jeder Besuch findet in demselben kargen Besuchszimmer, nach derselben Prozedur statt.

Die Interviewten befinden sich in einer akuten Notsituation: Gefangen genommen und kurz vor der Abschiebung. Mängel an Ausführlichkeit sind dem Forschungsgegenstand geschuldet. Ausführlichere Interviews mit gezielteren Nachfragen könnten mit Personen geführt werden, die – ohne abgeschoben worden zu sein – aus der Abschiebehaft entlassen wurden (z.B. Schwarz 2002: S.12ff).

Ebenfalls den Forschungsbedingungen geschuldet sind Unwahrheiten oder Ungenauigkeiten der Inhaftierten. Diese haben oft eine Schutzfunktion, da sie schon oft erlebten, dass Behörden und Justiz ihre Fälle nicht neutral behandelten. Des Weiteren darf auch die Sprachbarriere nicht unterschätzt werden (Haufe 2002: S.82). Zwei der Interviews wurden mit einem Dolmetscher durchgeführt. Dies hat zum einen mehr Zeit in Anspruch genommen. Zum anderen können dabei leicht Übersetzungsfehler unterlaufen. Die Übersetzer waren ebenfalls ehrenamtlich tätig und keine professionell ausgebildeten Dolmetscher.

Zunächst gab es keine Spezifizierung der Auswahlkriterien der Interviewpartner. Einzig ihre momentane Inhaftierung war entscheidend. Nachdem aus Zufall meine ersten acht Besuche im Gefängnis ausschließlich mit Menschen algerischer oder marokkanischer Staatsbürgerschaft stattgefunden hatten, entschied ich mich für die letzten beiden Interviews ebenfalls Menschen dieser Staatsangehörigkeit zu wählen. Dadurch konnte für die Forschungsfrage der ursprünglichen Gründe der Migration eine bessere Vergleichbarkeit der Ergebnisse hergestellt werden.

Beim Besuch in der AHE ist es untersagt, Diktiergeräte oder Handys mitzubringen, womit es nicht möglich war, die Interviews aufzuzeichnen. Die Antworten der Inhaftierten wurden von allen Besuchenden handschriftlich notiert und zeitnah nach dem Besuch in Interviewform rekonstruiert. Dabei konnte nicht jedes Detail der Antworten mitaufgenommen werden. Ebenso konnte wegen der fehlenden Aufzeichnungsmöglichkeit semantische und grammatikalische Fehler nicht mitberücksichtigt werden.

Zugang zum Forschungsfeld: Kontaktaufnahme zu den Inhaftierten

In der AHE ist es den Inhaftierten erlaubt, ein Handy zu benutzen. Kameras werden allerdings versiegelt (§ 14 VaFG). Per Handy wurde mit jedem Inhaftierten, der wollte, ein Besuch organisiert. Dabei muss der Inhaftierte beim Gefängnispersonal einen Besuchsantrag für die entsprechenden Besuchenden mit dem gewünschten Zeitpunkt stellen. Je nach Belegung des Besuchsraumes und der Personalsituation in der AHE wird der Besuch zum gewünschten Zeitpunkt stattgegeben oder auf ein anderes Zeitfenster gelegt (Angaben vom AHE-Personal). Besuchsdauer ist auf eine Stunde festgelegt. Die Inhaftierten dürfen für nur jeweils eine Stunde in der Woche Besuch empfangen.

Beim Einlass werden die Ausweise eingezogen. Des Weiteren müssen bis auf Schreibutensilien alle Sachen in einen Spind eingesperrt werden. Anschließend erfolgt eine Leibesvisitation auf verbotene Gegenstände. Ist nichts zu beanstanden, führt der Weg in das Besuchszimmer, wo die inhaftierte Person entweder schon wartet oder kurz darauf hineingeführt wird.

Die Interviews wurden in einem Zeitraum von vier Monaten (Juni bis Oktober 2018) durchgeführt.

Besuch 1

Der Kontakt zum Inhaftierten ist über einen anderen Inhaftierten, der ein paar Tage zuvor von anderen Personen der Ehrenamtsgruppe besucht wurde, hergestellt worden. Wir besuchten den Betroffenen mit drei Personen der Ehrenamtsgruppe. Für uns alle war es der erste Besuch im Abschiebegefängnis. Dementsprechend waren wir angespannt und nervös.

Der Inhaftierte war ein 34-jähriger Berber[22] aus Marokko. Er lebt mit Unterbrechungen seit 1997 in Deutschland. Er spricht fließend Deutsch, wodurch keine Übersetzung notwendig war. Zum Zeitpunkt des Interviews war er seit 16 Tagen im Gefängnis. Seine Abschiebung nach Marokko sollte 43 Tage später stattfinden. Während des Besuchs wirkte er gefasst. Er sprach ruhig. Wenn es um die Situation im Gefängnis ging, sprach er auch ausführlich. Er erzählte von den Zimmern, in denen die Inhaftierten untergebracht sind, vom Aufbau der Trakte, vom Essen, von der Schließzeit und dem Hofgang. In einem Großteil der Erzählung schilderte er Gewaltanwendung des AHE-Personals und der Verhängung von Isolationshaft. Fragen zu seiner Situation vor dem Gefängnis beantwortete er eher allgemein und verschränkte dabei öfter die Arme. Er kam als 13-Jähriger allein nach Deutschland. Er wurde schon einmal nach Marokko abgeschoben und war in der Folge in verschiedenen europäischen Staaten aufhältig, bekam aber nie eine Chance auf einen dauerhaften Aufenthalt. Diese Fragen kamen erst am Ende des Besuchs zur Sprache und wurden dann durch einen Beamten unterbrochen, der hereinkam und mitteilte, dass die Besuchszeit zu Ende sei.

Besuch 2

Der Kontakt zum Inhaftierten ist über einen anderen Inhaftierten, der ein paar Wochen zuvor von mir und anderen Personen der Ehrenamtsgruppe besucht wurde, hergestellt worden. Wir besuchten den Betroffenen mit zwei Personen der Ehrenamtsgruppe und einem Dolmetscher fürs Arabische. Für meine Begleiterin von der Ehrenamtsgruppe war es der erste Besuch im Gefängnis. Für mich war es bereits der fünfte. Auch der Dolmetscher hatte schon bei vorherigen Besuchen für uns übersetzt. Zu Beginn verzögerte sich der Besuch, da die Wärter*innen meinten, dass der Aufenthaltstitel des Dolmetschers nicht ausreichen würde, um Zugang zum Gefängnis zu bekommen (wie schon bei einem vorherigen Besuch). Die ersten Wärter*innen ließen uns vor dem Zaun

22 Historisch betrachtet ist „Berber“ eine Fremdbezeichnung. Deshalb lehnen viele betroffene Menschen diesen Begriff ab und benennen sich stattdessen in ihrer indigenen Sprache als „Imazighen“ (Freie) (Akli Haddadou 2000: S.13f). Die Interviewten bezeichneten sich hingegen durchgängig selbst als Berber, weshalb der Begriff auch hier verwendet wird.

stehen und holten immer mehr höherrangige Kolleg*innen. Sie sagten immer wieder, dass der Aufenthaltstitel kein Pass sei. Keine JVA akzeptiere das, weshalb es in der AHE auch nicht gehen könne. Nach einigen Diskussionen durften wir doch alle herein.

Der Inhaftierte war ein 22-jähriger Marokkaner. Er lebte seit 2016 in Deutschland. Zum Zeitpunkt des Interviews war er seit vier Tagen im Gefängnis. Seine Abschiebung nach Marokko sollte 33 Tage später stattfinden. Während des Besuchs wirkte er sehr apathisch. Von sich aus erzählte er nichts. Auf Fragen antwortete er in der Regel sehr kurz, oftmals nicht mal in einem vollständigen Satz. Seine Stimme war leise und gedrückt. Auch die Körperhaltung wirkte sehr niedergeschlagen. Während des gesamten Besuchs vermied er jeden Augenkontakt. Da er auch keine Gerichtsdokumente hatte, konnten wir keine gezielten Fragen zu seiner Inhaftierung stellen. Es wirkte so, als ob er Fragen zu seiner Situation vor der Inhaftierung überhaupt nicht beantworten wollte. Insgesamt kam nie ein wirklicher Gesprächsfluss zustande. Bei diesem Interview ließe sich eine Abweichung zu den Arbeitsbündnissen mit den anderen Interviewten feststellen. Es wirkte, als wolle er eigentlich nicht von uns besucht werden. Es wirkte eher, als ob er sich dazu gedrängt fühlte. Möglicherweise wurde ihm von dem Inhaftierten, der zuvor besucht und über den der Kontakt aufgebaut wurde, aufgetragen, dass er sich auch von uns besuchen und unterstützen lassen sollte.

Anders als zu seinem juristischen Fall beantwortete er Fragen zu den Bedingungen im Gefängnis in einem größeren Ausmaß, sodass aus dem Gespräch ein Tagesablauf rekonstruiert werden kann. Nach ca. 50 Minuten wurde uns mitgeteilt, dass die Besuchszeit abgelaufen sei. Die verlorene Zeit durch die Verzögerungen vor dem Besuch wurde nicht hinten drangehangen.

Besuch 3

Der Kontakt zum Inhaftierten ist über einen anderen Inhaftierten hergestellt worden. Wir wollten den Betroffenen mit zwei Personen der Ehrenamtsgruppe und einem Dolmetscher fürs Arabische besuchen. Der Besuch wurde jedoch von der Gefängnisleitung kurzfristig um eine Stunde vorverlegt. Dies wurde mir mitgeteilt, als ich von mir aus im Gefängnis angerufen hatte um zu fragen, ob der Besuch wie geplant stattfinden kann. Durch die Vorverlegung konnte der Dolmetscher nicht mitkommen.

Der Inhaftierte war ein 29-jähriger Berber aus Marokko. Er lebt mit Unterbrechung seit 2017 in Deutschland. Durch die Vorverlegung musste das Gespräch auf Deutsch stattfinden. Unser Gesprächspartner hatte während seines Aufenthaltes in Deutschland schon so viele Sprachkenntnisse (ca. B1) gesammelt, dass dies möglich war, jedoch mit Einschränkungen. Zum

Zeitpunkt des Interviews war er seit 43 Tagen im Gefängnis. Seine Abschiebung nach Marokko sollte fünf Tage später stattfinden. Während des Besuchs wirkte er aufgeregt. Er erzählte sehr viel, ohne dass wir viel nachfragen mussten. Je nachdem worüber er redete, steigerte sich seine Aufregung zu Empörung. Er schilderte sehr detailliert die Stationen, die er nach der Ablehnung seines Asylantrages gegangen ist. Er hat sehr viel Initiative gezeigt beim Lernen der deutschen Sprache und beim Versuch eine Ausbildung anzufangen oder sein Studium, dass er in Marokko begonnen hat, in Deutschland fortzuführen. Dabei wies er immer wieder auf die Steine hin, die ihm durch die Gesetze und die Behörden in den Weg gelegt wurden. Als er in Deutschland keine Chance mehr für sich sah, beschloss er, in die Niederlande auszureisen, was allerdings mit einer Dublin-Abschiebung zurück nach Deutschland und der Inhaftierung im Abschiebegefängnis in Darmstadt endete. Fragen zum Haftalltag beantwortete er weniger ausführlich. Es wirkte so, als ob er jeden Gedanken an das Gefängnis verdrängen möchte, was die Aussage, er stelle sich immer vor woanders zu sein (I3: Z. 234f) bestätigt. Fragen zu seiner Inhaftierung hat er hingegen sehr bereitwillig beantwortet. Er brachte auch alle seine Papiere mit zum Besuch und wir durften sie alle zum Aufsetzen der Beschwerde mitnehmen. Er sprach uns mehrfach seine Dankbarkeit für die Unterstützung aus. Nach ca. einer Stunde war die Besuchszeit vorbei.

Besuch 4

Der Kontakt zum Inhaftierten ist über einen anderen Inhaftierten hergestellt worden. Wir besuchten den Betroffenen mit zwei Personen der Ehrenamtsgruppe und einem Dolmetscher fürs Arabische. Der Besuch verzögerte sich um ca. 20 Minuten. Eine Wärterin sagte, der Inhaftierte sei noch in der Freistunde.

Der Inhaftierte war ein 23-jähriger Algerier. Er lebt seit 2017 in Deutschland. Zum Zeitpunkt des Interviews war er seit 30 Tagen im Gefängnis. Seine Abschiebung nach Österreich im Rahmen des Dublin-Verfahrens sollte 17 Tage später stattfinden. Während des Besuchs wirkte er gefasst, teilweise sogar gelassen. Er schilderte ausführlich bestimmte Probleme mit deutschen Behörden. Viele Dinge, die die Polizei, die Ausländerbehörde oder das Sozialamt taten, verstand er nicht. Nach einer Auseinandersetzung mit einem anderen Mann, wurde er zu einer Geldstrafe von 1000 € verurteilt. Da er sie nicht bezahlen konnte, wurde die Strafe in 100 Tage Ersatzhaft umgewandelt. Er betonte, dass er noch nie etwas Schlimmes getan habe. Über den Vorfall, der zur Verurteilung geführt hat, wollte er aber nicht ausführlich sprechen. In den Papieren, die er uns zeigte, war von einer Verurteilung wegen schwerer Körperverletzung in vermindert schuldfähigem Zustand die Rede. Möglicherweise konnte er sich nicht mehr gut daran erinnern. Ebenso war auffällig, dass er deutlich jeden Besuch von ihm nahestehenden Personen ablehnte. Er begründete dies damit, dass sie keine Probleme wegen ihres Aufenthaltsstatus bekommen sollten. Weiter wollte er es nicht ausführen und verschränkte dabei seine Arme. Fragen zum Haftalltag und der aktuellen Situation im Gefängnis beantwortete er bereitwillig. Bei einigen Fragen lachte er zunächst auf, bevor er antwortete. Es wirkte teilweise so, als ob er verwundert über diese Fragen sei, da er dachte die Antworten seien klar. Nach ca. einer Stunde war die Besuchszeit vorbei und wir mussten gehen.

Besuch 5

Der Kontakt zum Inhaftierten ist über einen anderen Inhaftierten hergestellt worden. Wir besuchten den Betroffenen mit zwei Personen der Ehrenamtsgruppe.

Der Inhaftierte war ein 38-jähriger Berber aus Marokko. Er lebt mit Unterbrechungen seit 2001 in Deutschland. Er spricht fließend Deutsch, sodass keine Übersetzung notwendig war. Zum Zeitpunkt des Interviews war er seit acht Tagen im Gefängnis. Seine Abschiebung nach Marokko sollte 34 Tage später stattfinden. Während des Besuchs wirkte er gefasst. Er antwortete auf alle Fragen bereitwillig und ausführlich und brachte auch selbst Themen ins Gespräch ein. Er investierte viel Energie und auch Geld, um eine Chance auf dauerhaften Aufenthalt zu bekommen. Er hatte sowohl für sein Asylverfahren als auch für den Sorgerechtsfall seiner Kinder jeweils einen Anwalt engagiert. Ebenso war er sehr dankbar für unsere Unterstützung und zeigte uns auch alle seine Papiere. Neben den Aspekten, die wichtig für seine juristischen Fälle sind, erzählte er viel über Bedingungen in der Haft v.a. über den Umgang der Wärter*innen und die Arbeit der Sozialarbeiterinnen. Diesbezüglich stellte er Vergleiche mit seinen Aufenthalten in anderen Hafteinrichtungen an. Am Ende des Gesprächs ging er von sich aus auf die Situation in Marokko ein und gibt Gründe an warum viele Menschen Marokko verlassen. Nach ca. einer Stunde war die Besuchszeit vorbei und wir mussten gehen.

2. Postkoloniale Perspektive auf Migration

Die Interviewten nannten alle zunächst ökonomische Gründe für ihre Migration. Bei zwei weiteren kamen fehlende Freiheit/politische Rechte und Rassismus bzw. strukturelle Diskriminierung als Angehörige einer ethnischen Minderheit hinzu.

I1[23] ist als 13-Jähriger allein nach F[24] ausgewandert. Er ist gezielt nach F gegangen, weil es in seinem Heimatdorf auch Ausgewanderte gab, die nach F gegangen sind und

23 Mit I1, I2 usw. ist der erste, zweite usw. Interviewpartner gemeint.

24 Ortsnamen werden mit einem Buchstaben anonymisiert.

„zum Urlaub immer zurückgekommen [sind]. Sie haben von F erzählt und dass man dort arbeiten und Geld verdienen kann. Ich habe es ja auch an ihnen gesehen, dass sie Geld verdient haben. Daran was sie jetzt für Sachen hatten. Deswegen wollte ich auch nach F" (I1: Z.174ff).

Auch als er 2011 wieder nach Marokko abgeschoben wurde, verließ er umgehend wieder das Land.

„Ich hatte aber nichts in Marokko. Was sollte ich dort machen? Ich bin dann wieder weggegangen. Ich habe überall in Europa gelebt. Wenn ich irgendwo arbeiten konnte, war ich da. Spanien, Belgien, Schweiz, Österreich, Norwegen." (ebd.: Z.181ff)

I2 äußerte sich nicht explizit zu Gründen seiner Migration, erzählte aber, dass er in Marokko keine Ausbildung gemacht hat und ausschließlich verschiedene Hilfstätigkeiten verrichten konnte. Es war sein expliziter Wunsch in Deutschland eine Ausbildung zu beginnen (I2: Z.82ff). Somit ist auch bei ihm davon auszugehen, dass ökonomische Gründe für seine Migration eine Rolle spielten.

I4 erwähnte nur in einer kurzen Passage, dass viele seiner Familienangehörigen verteilt in Europa leben und er in Algerien wegen fehlender Arbeit nichts machen könne (I4: Z.166f).

I3 und I5 äußerten sich ausführlicher zu der Frage ihrer Migration. Sie nannten dabei nicht nur ökonomische Gründe, sondern auch politische. In diesen Aussagen zeigt sich, dass aus Sicht der Interviewten die ökonomische Situation nicht von der politischen zu trennen ist.

„In Marokko war es schlecht. Ich bin Angehöriger der Berber. Die anderen sehen auf uns herab und diskriminieren uns. Bei uns in der Region gibt es eine Universität. An der habe ich studiert, aber wenn ich dann woanders Arbeit suche und sie sehen ich habe an dieser Uni studiert, bekomme ich keine Arbeit. Bei uns in der Region gibt es keine Arbeit für mich. Der Staat und die Polizei machen nichts dagegen. Sie sind selbst alle korrupt. Ich wurde zwei Mal mit Pistolen überfallen und ausgeraubt. Die Polizei macht dagegen nichts. Auch wenn man weiß, wer die Verbrecher sind und es Zeugen gibt, schickt die Polizei einen weg. Es gibt auch keine politische Freiheit. Wenn man gegen die Korruption, die Politiker und die Polizei protestiert, kommt man sofort ins Gefängnis. Aber die wirklichen Verbrecher lassen sie laufen." (I3: Z.179ff)

„Mein Asyl ist abgelehnt. Sie sagen, Marokko ist ein stabiles Land. Marokko ist ein Phosphatland und hat Fischerei, deswegen ist es stabil. Sie schreiben das alles in der Ablehnung. Aber wem gehört das Phosphat? Das gehört alles dem König. In Marokko hat einer mal gesagt: »Wir brauchen ein Krankenhaus.«

Er hat 20 Jahre Haft bekommen. Was da passiert, ist schlimmer als in Somalia und Afghanistan. Wir sind aus dem Norden, dem Volk der Berber. Man kann da nicht die Wahrheit sagen. Es gibt viele Sachen, aber Menschenrechte gibt es da nicht. Der König sagt, er hat viel gemacht. Ja, gut in Tanger und Marrakesch für die Touristen. Aber was ist mit dem Volk? Es geht immer um Gold und Ressourcen, aber das Volk ist wichtig. Es geht um das Volk. Marokko ist stabil. Phosphat und so, aber es geht ums Volk. Katastrophe. Endstation. […] Sie schreiben die Gründe für die Abschiebung seien, weil Marokko Phosphat hat. Gehört das Phosphat dem Volk oder der Firma vom König? Sie sagen Marokko ist stabil, aber warum gehen dann alle weg nach Spanien, Frankreich, Deutschland, USA. Warum sollte ich nach Europa gehen, wenn es in Marokko gut ist?" (I5: Z.200ff)

In der Analyse sind hier drei Ebenen zu betrachten. Neben den explizit geäußerten menschenrechtlichen und ökonomischen Komponenten ist es auch wichtig, die sich historisch entwickelten internationalen Verstrickungen Marokkos anzuschauen.

Im November 2018 scheiterte abermals ein Versuch der Bundesregierung, Marokko und Algerien (Neben Tunesien und Georgien) als sogenannte sichere Herkunftsstaaten einzustufen (Quast 2018) und somit eine umfassende rechtliche Schlechterstellung für Asylsuchende aus diesen Ländern zu bewirken[25]. Im Gesetzentwurf wird zwar behauptet:

„Nach sorgfältiger Prüfung ist sie [die Bundesregierung] zu dem Ergebnis gekommen, dass in den genannten Staaten gewährleistet erscheint, dass dort weder politische Verfolgung noch Folter oder unmenschliche und erniedrigende Behandlung oder Bestrafung noch Bedrohung in Folge willkürlicher Gewalt im Rahmen eines internationalen innerstaatlichen bewaffneten Konfliktes stattfindet" (zitiert nach Pro Asyl 2016: S.4).

Eine derartige Prüfung liegt aber weder im Gesetzentwurf noch in einem gesonderten Bericht vor. Es werden lediglich die Menschenrechtsabkommen aufgelistet, die die einzelnen Staaten ratifiziert haben. Die Umsetzung dieser Abkommen wird aber nicht geprüft und aus den im Gesetzentwurf selbst erwähnten Menschenrechtsverletzungen keine entsprechenden Schlussfolgerungen gezogen (ebd.). Die Staatsform Marokkos ist die Monarchie, in der Mohammed Ben Al-Hassan seit 1999 als Alleinherrscher regiert. Wie I3 und I5 berichten auch diverse Menschenrechtsorganisationen darüber, dass kritische Äußerungen zu König und Monarchie (aber auch zum Islam oder zum Konflikt

25 Das Konzept der sicheren Herkunftsländer an sich steht im Widerspruch zum individuellen Recht und Prüfung auf Asyl. Es dient zur Abschreckung und möchte schlechte Bedingungen schaffen (Pro Asyl 2016: S.2f).

in der Westsahara) kriminalisiert und mit Haftstrafen belegt werden. Friedlicher Protest wird gewaltsam aufgelöst. Anti-Terror-Gesetze werden genutzt, um journalistische Arbeit einzuschränken oder ganz zu verbieten. Ebenso wird Folter eingesetzt und Todesstrafen verhängt (ebd.: S.5ff). Ebenso wie I5 berichtet der „Weltspiegel" 2017 von Inhaftierungen bei Protesten gegen Korruption und für den Bau von z.B. einem Krankenhaus oder einer Universität in Nordmarokko, der Region mit hohem berberischen Bevölkerungsanteil (Schaaf 2017). In diesem Bericht lassen sich auch die journalistischen Einschränkungen plastisch nachvollziehen.

Die Sicht der Interviewten steht hier zusammen mit einigen NGOs und Journalist*innen im Gegensatz zur Sicht der Bundesregierung. Welche Gründe kann es für diese Diskrepanz geben? Spätestens seit dem Jahr 2015, indem ca. 890 000 Menschen nach Deutschland migrierten, um Asyl zu suchen, ist das Thema Asyl allgegenwärtig in der Politik. Schon in der Hochphase der sogenannten „Willkommenskultur" wurde durch die Bundesregierung die erste Asylrechtsverschärfung durchgesetzt. Weitere folgten in rascher Folge. Ebenso folgten vermehrt Brandanschläge auf Asylunterkünfte und andere tägliche Gewalttaten gegen Asylsuchende (Amadeo-Antonio-Stiftung 2018). Statt zu fragen wie Asylsuchende gegen (rassistische) Gewalttaten geschützt werden können, wurden sie selbst von immer mehr Menschen als diffuses Sicherheitsrisiko wahrgenommen. Die Figur des kriminellen Ausländers, der sich nicht integrieren will und nur die deutschen Sozialsysteme ausnutzt, wurde wiederbelebt, wie Margarete Jäger und Regina Wamper in der Studie „Von der Willkommenskultur zur Notstandsstimmung. Der Fluchtdiskurs in deutschen Medien 2015 und 2016" des Duisburger Instituts für Sprach- und Sozialforschung herausarbeiteten.

> *„Der Flucht- und Migrationsdiskurs von 2015 ist durchzogen von der Konstatierung bzw. Befürchtung von denormalen Zuständen: Steigende Migration bedinge Kriminalität, höhere soziale Ungleichheit, Rassismus und auch die Terrorgefahr in Deutschland steige. Die Anwesenheit von Geflüchteten gefährde die nationale Einheit, so werden existenzielle Bedrohungen konstruiert. Der Fluchtdiskurs ist ein Krisendiskurs - Flüchtlinge werden durchgängig als Last bewertet und die mit Flucht zusammenhängenden staatlichen und gesellschaftlichen Notwendigkeiten werden problematisiert und teils als existenzielle Gefahr für den Fortbestand der deutschen Gesellschaft und den deutschen Staat vermittelt. Nur in wenigen Kommentaren wird zwar auch die Nützlichkeit von Migration betont oder aber »nur« der Kontrollverlust des Staates und nicht die Anwesenheit der Geflüchteten als Problem dargestellt, diese Positionen nehmen aber ab dem Herbst 2015 ab. Dann nämlich verschränkt sich der Fluchtdiskurs mit dem Sozialdiskurs. Es wird von zunehmender sozialer Ungleichheit gesprochen und von Nachteilen der prekarisierten und armen deutschen Bevölkerung. [...]*

Auch verschränkt sich der Flucht- mit dem Geschlechterdiskurs und es findet eine Ethnisierung von Sexismus statt, wenn davon ausgegangen wird, dass Geflüchtete Geschlechtergerechtigkeit erst lernen müssten, während die deutsche Gesellschaft als geschlechtergleichberechtigt dargestellt wird – eine irrige Annahme. In der Diskursverschränkung mit dem Kriminalitäts- und Terrorismusdiskurs wird eine existenzielle Bedrohung durch Geflüchtete vermittelt. Diese Bedrohungsszenarien werden auch kollektivsymbolisch unterlegt. So werden – analog zu den 1990er Jahren – Flüchtlinge als subjektlose Masse dargestellt, die von »Außen« ins »Innere« dringt. Sie werden mit Bildern von Strömen, Fluten und Wellen als Naturkatastrophen konnotiert und mit Bildern der Krankheit als unmittelbare Gefahr konstruiert – während das Innen, das »Wir« als bedrohter Körper, als offenes Haus oder kenterndes Boot beschrieben wird. Solche massiven Bedrohungsszenarien, mit denen die Flucht und Flüchtlinge denormalisiert werden, sind dazu geeignet, Vorbehalte und Rassismus hervorzubringen. Dass vor diesem Hintergrund »die Stimmung kippt«, zumal die Leitmedien monatelang danach fragen, wann die Stimmung kippen und prognostizieren, dass die »Stimmung kippen wird«, ist quasi aufgelegt" (Jäger/Wamper 2017: S.111f).

Der öffentliche politische Diskurs behandelt seither fast ausschließlich die Frage nach der Begrenzung von Migration, wie das oben bereits erwähnte Zitat des damaligen Bundesinnenministers Thomas de Maizière exemplarisch zeigt. Sicherheit und Unsicherheit sind meist soziale Konstruktionen, die politischen Konjunkturen folgen (Steinhilper 2016: S.21). Das Asylrecht und seine Auslegung verändern sich ständig. Die Veränderung findet aber nicht wegen veränderten Situationen in den Herkunftsländern statt, sondern wegen innenpolitischer Erwägungen. Die Liste der sogenannten ‚sicheren Herkunftsländer' begann 1993 mit Senegal, Ghana und Gambia (1995 wieder von der Liste genommen). 2014 und 2015 kamen Bosnien-Herzegowina, Mazedonien, Serbien, Albanien, Kosovo und Montenegro hinzu als die Migration (besonders von Rom*nja) aus diesen Ländern hoch war. Noch offensichtlicher für den Versuch Migration zu begrenzen – unabhängig von der Lage des Herkunftslandes – ist das Beispiel Afghanistan. 2015 begann Bundesinnenminister Thomas de Maizière Abschiebungen dorthin zu forcieren[26] und zu legitimieren:

„Afghanistan steht im laufenden Monat und auch im Verlauf des ganzen Jahres inzwischen auf Platz zwei der Liste der Herkunftsländer. Das ist inakzeptabel" (dpa 2015).

Seit der Kölner Silvesternacht 2015/16 sind auch Menschen (diskursiv vor allem männlich gelesene Menschen; rechtlich gesehen unabhängig vom Geschlecht)

26 Von Dezember 2016 bis Dezember 2018 wurden insgesamt 439 Menschen in 19 Charterflügen nach Kabul abgeschoben (Fish in Water Films 2018).

aus den nordafrikanischen Staaten Marokko, Algerien und Tunesien im Fokus von migrationsbegrenzenden bzw. abschiebungsfördernden Maßnahmen gerückt.

> *„Die Täter werden als »nordafrikanische Banden«“ identifiziert, »die mit Drogengeschäften und Raubzügen [Köln] seit 2014 heimsuchen«“. (Meyer, EXPRESS, 04.01.2016) Hier liegt zum einen die Implikation vor, dass alle Täter, deren Zahl teilweise auf bis zu 1000 Menschen geschätzt wird, nordafrikanischer Abstammung seien, obwohl entsprechende Papiere nur bei zwei Menschen gefunden wurden. Diese Verschränkung des Einwanderungsdiskurses mit dem Kriminalitätsdiskurs ist aber durchaus üblich, wie Jäger et al. in einer Untersuchung des deutschen Mediendiskurses über Straftaten herausstellen: »„Ausländer werden häufig mit sogenannter Organisierter Kriminalität in Verbindung gebracht, die sich in Deutschland ausbreite«“ (Jäger, M. u.a., 1998, 163)“ (Jäger/Wamper 2017: S.149)“.*

Die ohnehin niedrige Anerkennungsquote auf Asyl aus diesen Ländern soll so noch weiter gesenkt und Rechte dieser Menschen eingeschränkt werden, um sie schneller abschieben zu können[27]. Hierzu gehört neben dem Ignorieren oder Leugnen von politischer Verfolgung wie im oben zitierten Gesetzentwurf auch die diskursive Trennung von Politik und Ökonomie.

1956 wird Marokko von der Kolonialmacht Frankreich in die Unabhängigkeit ‚entlassen'. Dieser Schritt folgte nicht aus der Einsicht, dass die Kolonialisierung ein schwer in Worte fassendes mörderisches Verbrechen war, sondern aus der Mischung verschiedener Faktoren: aufflammende Aufstände der Lokalbevölkerung, der verlorene Kolonialkrieg Frankreichs in Vietnam 1954, internationaler Druck (u.a. von den USA) und der wachsenden Unzufriedenheit der Bevölkerung in Frankreich selbst mit der Kolonialpolitik (Michel 2000: S.158ff). Die politische Unabhängigkeit war aber nicht verbunden mit einer ökonomischen. Die marokkanische Ökonomie war jahrelang ausschließlich auf die wirtschaftlichen Bedürfnisse der Kolonialmächte Frankreich und Spanien ausgerichtet. Für den Aufbau einer Ökonomie, die die Grundbedürfnisse der eigenen Bevölkerung befriedigen kann, brauchte es einen großen Umfang an Geld und Know-how. In den Zeiten des Kalten Krieges wollten die USA nicht riskieren, dass die Sowjetunion ihr Einflussgebiet erweitern konnte und stellte zusammen mit Frankreich Kredite zur Verfügung und bauten Fabriken, sicherten sich aber gleichzeitig die Rechte zur Ausbeutung der Rohstoffe Marokkos (ebd.: S.167ff). Rohstoffe (Erdöl, Erdgas, Mineralien etc.) kann niemand selbst

---

27 Schon in den 1990er Jahren wurde durch europäische Restriktionen der Migration aus den Maghreb-Staaten ein Großteil dieser illegalisiert. Die Restriktionen führten dabei allerdings nicht zur Senkung der Migration, sondern machten sie lediglich schwieriger, teurer und gefährlicher (Natter 2016: 8ff).

produzieren und sind somit meist die einzigen Möglichkeiten für Länder des globalen Südens an Devisen zu kommen mit denen sie ihre Auslandsschulden begleichen können. Durch das System der Kreditvergabe mit gleichzeitigem Ausbeutungsrecht der natürlichen Ressourcen wurden die ehemaligen Kolonien in neue (ökonomische) Abhängigkeitsverhältnisse getrieben[28].

1995-2002 wurde die ökonomische Abhängigkeit Marokkos von Frankreich erneuert und erweitert. Im sogenannten Barcelona-Prozess wurden verschiedene Assoziierungsverträge zwischen der EU und Staaten südlich des Mittelmeeres zur Herausbildung einer Freihandelszone, die letztlich 2008 als Mittelmeerunion an den Start ging. Dabei wurden diese Staaten auf die neoliberale Wirtschaftsform getrimmt. Durch Privatisierungen und den Wegfall von Schutzzöllen, konnte die (ohnehin nicht sehr große) heimische Industrie nicht im Konkurrenzkampf mit den europäischen Firmen bestehen und wurde ruiniert (Schmid 2011: S.198ff). Erklärungen gesellschaftliche Liberalisierungen in den despotisch regierten Ländern zu erwirken oder Menschenrechte zu stärken, waren im Barcelona-Prozess nur in den allgemeinen Dokumenten zu finden. In den konkreten (Finanzierungs-)Programmen ging es hingegen nur um strukturelle Anpassungsmaßnahmen, Wirtschafts- und Haushaltsreformen. Es waren keine Instrumente vorgesehen, bei denen Finanzhilfen wegen z.B. Menschenrechtsverletzungen gestoppt oder gekürzt würden. Der Akzent lag auf politischer Stabilität im Sinne von Investitionssicherheit zu Lasten von demokratischen Prinzipien (Bensedrine/Mestiri 2005: S.30ff). Die Diktaturen nutzen die Finanzhilfe für den Ausbau ihrer Klientelwirtschaft und das Unterzeichnen von Menschenrechtsabkommen als demokratisches Feigenblatt (ebd.: S.34, 167f). In keines dieser Abkommen oder Programme wurden zivilgesellschaftliche Organisationen, die wirklich an einer demokratischen Entwicklung interessiert sind, einbezogen. Sie wurden entweder bei ersten Problemen eingestellt oder nach den Wünschen der Diktatoren ausgerichtet (ebd.: S.182ff). Die EU gibt die Wirtschaftsstrukturen vor, dafür behalten die anderen Staaten die ‚Souveränität' mit ihrer Bevölkerung nach Belieben umzugehen und jede demokratische Reform abzulehnen (ebd.: S.193). So hat die Mittelmeerunion von kritischen Initiativen den Namen „Union der Diktatoren" erhalten (Schmid 2011: S.201).

Die kontinuierliche postkoloniale Abhängigkeit spielte in den offiziellen Stellungnahmen der Regierungen keine Rolle. Im Gegenteil betrieb der damalige französische Präsident Nicolas Sarkozy Geschichtsrevisionismus und versuchte Frankreichs Kolonialgeschichte als positiv darzustellen wie zum Beispiel in einer Rede im senegalesischen Dakar vor Vertreter*innen verschiedener afrikanischer Staaten anlässlich der Verhandlungen zur lancierten Mittelmeerunion (ebd.: S.179ff).

28 Für eine detaillierte postkoloniale Analyse Algeriens siehe Schmid 2005: Algerien. Frontstaat im globalen Krieg?

„Er [Der Kolonisator] hat genommen, aber ich möchte voller Respekt sagen, dass er auch gegeben hat. Er hat Brücken, Straßen, Krankenhäuser, Gesundheitsstationen, Schulen errichtet. Er hat jungfräuliche Landstriche fruchtbar gemacht, er hat seine Mühe, seine Arbeit, sein Wissen gegeben. Ich möchte es an dieser Stelle sagen, nicht alle colons (Kolonisten, Siedler) waren Diebe, nicht alle colons waren Ausbeuter. Es gab schlechte Männer unter ihnen, aber es gab auch Männer guten Willens unter ihnen, Männer, die glaubten, das Gute zu tun. (…) Aber die Kolonisierung war ein Fehler, der durch die Verbitterung und das Leiden jener bezahlt wurde, die geglaubt hatten, alles zu geben und die nicht verstanden, warum man ihnen so viel Vorwürfe machte" (Sarkozy, 26.07.2007 zitiert nach Schmid 2011: S.182)

Es blieb nicht nur bei der rhetorischen Revision, sondern mündete in der Verabschiedung eines Gesetzespakets zur Rehabilitierung der Kolonialgeschichte im Jahre 2005 (ebd.: S.182f).

Hier ist zu sehen, dass es unzulässig ist, die Ökonomie strikt von der Politik zu trennen. I5 berichtet, dass sein Asylgesuch mit der Begründung abgelehnt wurde, Marokko sei stabil und hätte hohe Fisch- und Phosphatvorkommen, sodass dort auch Arbeit gefunden werden könnte. Laut Weltbank liegen die Arbeitslosigkeit bei 10,2 % und die Jugendarbeitslosigkeit bei 26 % (Weltbank 2018 nach LIPortal 2018). I5 insistiert hier aber mehrfach, dass es nicht einfach ausreiche, dass ein Staat Bodenschätze hat, wenn die Gewinne aus ihnen hauptsächlich auf die Konten des Königs fließen, womit er die bereits erwähnte Klientelwirtschaft betreibt. Er fragt immer wieder rhetorisch: „Was ist mit dem Volk?" Er sagt es ginge immer nur (in der Politik?) um Ressourcen, aber nie um die Bedürfnisse der Bevölkerung. Wenn die Bevölkerung für den Bau eines Krankenhauses oder einer Universität demonstriert, werden diese Demonstrationen gewaltsam aufgelöst und deren vermeintlichen Führungspersonen mit hohen Haftstrafen belegt. I5 beklagt ganz explizit den Mangel an Menschenrechten in Marokko und vor allem in der Berberregion. Er meint, die Situation dort wäre schlimmer als in Somalia oder Afghanistan. Die Aussage mag auf den ersten Blick Verwunderung auslösen, immerhin sind Somalia und Afghanistan zwei Länder, die von einem jahrelangen und immer noch währenden Bürgerkrieg gebeutelt sind. Vielleicht ist die Aussage aber dahingehend zu interpretieren, dass es in diesen beiden Ländern keine funktionierende Staatsmacht gebe, die Demonstrierende unterdrückt und verhaftet, wie es in Marokko der Fall ist.

Auch I3 beklagt einen Mangel an politischer Freiheit und die Praxis des Inhaftierens von Protestierenden. Darüber hinaus schilderte er wie er zweimal Opfer eines bewaffneten Raubüberfalls wurde und die Polizei trotz Zeug*innen ihn wegschickte ohne Ermittlungen anzustellen. Er beschreibt einen Teufelskreis. Eine Person wird Opfer von Gewalt. Die Polizei hilft ihr nicht, weil sie korrupt ist. Wird gegen die Korruption in Polizei und Politik protestiert erfolgen Verhaftungen.

Hier lohnt sich auch ein Blick auf den gesellschaftlichen Diskurs im Westen bezogen auf die arabischen Staaten. Jahrelang wurde das rassistische Bild gezeichnet, ‚die Araber' seien einfach nicht fähig zur Demokratie, deshalb würden sie unter der Herrschaft von Despoten leben.

> *„**Die Araber sind unfähig zur Demokratie!** Dieses hartnäckige Vorurteil wird landauf, landab von wohlmeinenden Eliten verbreitet, von Linken wie Rechten ebenso wie von den think tanks, die im Auftrag westlicher Regierungen nachdenken. Diesen angeblichen Geburtsfehler führen manche sehr geschickt auf kulturelle Besonderheiten der Araber zurück, die sie vermeintlich aufgeklärte Despoten bevorzugen lassen. Andere sehen den Grund für dieses Handicap darin, dass die Araber die universellen Menschenrechte erst spät entdeckt hätten. Deshalb werde es noch einige Zeit dauern, bis sie sich dem großen Zug der zivilisierten Nationen anschließen könnten. Und wieder andere sagen ganz unverblümt, dass Demokratie in der arabischen Welt eine Bedrohung für die westlichen Demokratien darstellen würde, wie die Feindseligkeit beweise, die die Menschen in der arabischen Welt gegenüber den Vereinigten Staaten, den autorisierten Repräsentanten der Demokratie, an den Tag legten. Darum sollten sie lieber unter dem Joch ihrer Diktatoren bleiben, die sie immerhin zu bändigen wüssten" (Bensedrine/Mestiri 2005: S.10).*

Dieser Diskurs hat geholfen, dass die enge Zusammenarbeit der eigenen westlichen Staaten mit diesen Despoten verschleiert wurde. Der Westen wusch sich moralisch rein. Wehrten sich aber große Teile der arabischen Bevölkerung gegen ihre Despoten, wurden sie vom Westen im Stich gelassen. Waffen und Aufstandsbekämpfungsmaterial wurde in großem Umfang vom Westen an Diktatoren verkauft. Noch zu Beginn des Arabischen Frühlings versuchte Frankreich Aufstandsbekämpfungsmaterial an Diktator[29] Ben Ali nach Tunesien zu schicken (Schmid 2011: S.207). Sahen die Menschen als einzigen Ausweg aus dem Teufelskreis ihrer Länder – wie I3 und I5 ihn beschrieben – die Migration nach Europa, wurden sie als ‚Wirtschaftsflüchtlinge' diffamiert. Sie müssten sich mehr anstrengen und ihr Land aufbauen, anstatt nach Europa zu kommen. Ihnen wurde unterstellt, sie wollen in Europa einzig auf Kosten der Sozialsysteme leben.

---

29 Dass dies kein Einzelfall zwischen einem demokratisch verfassten Staat und einer Diktatur gewesen ist, ist allgemein bekannt. Für eine erschöpfende Darstellung aller Beispiele ist hier kein Platz. Leider stören sich nicht allzu viele Leute an diesem Umstand.

„Geflüchtete aus […] afrikanischen Staaten, die sich nicht im Krieg befinden, [werden] als »Wirtschaftsflüchtlinge« abgewertet. Die dortigen Zustände werden […] nicht als Fluchtgrund anerkannt. Ihnen wird unterstellt, das deutsche Sozialsystem auszunutzen, und es wird ihre Abschiebung gefordert. Auch findet hier häufig eine Verknüpfung mit Kriminalität statt. All dies ist dazu geeignet, in Teilen der Bevölkerung »Ängste« um den eigenen Lebensstandard zu erzeugen. Die Einteilung in asylberechtigte und negativ-konnotierte Geflüchtete aus anderen Krisengebieten, stellt eine Legitimationsgrundlage dafür dar, dass nicht alle Menschen in Deutschland bleiben könnten. Diskriminierung und Verfolgung als Fluchtgrund gelten […] nur für Geflüchtete aus Kriegsgebieten" (Jäger/Wamper 2017: S.127).

Neben der Verschleierung der internationalen politischen Zusammenhänge, konnte so die Verantwortung moralisch auf die geflüchteten Subjekte geschoben werden. ‚Wenn sie sich nur anstrengen würden, wäre es in ihrem Land auch lebenswert.' Gleichzeitig war es die Legitimierung dafür, die Rechte für diese Menschen auch in Deutschland und Europa einzuschränken. Im Sinne einer autoritären Erziehung wurden ihnen die Leistungen gekürzt, um ihnen klarzumachen, dass sie nicht ‚faul rumliegen könnten' und am besten von alleine wieder zurückgehen sollten.

Nach dieser Analyse könnte noch gefragt werden, warum kein Interviewter die ökonomischen Abhängigkeiten ihrer Herkunftsländer zum Westen thematisierte. Die bereits erwähnte knappe Zeit kann eine Rolle gespielt haben, aber auch, dass danach nicht explizit gefragt wurde. Die Perspektiven der Betroffenen auf dieses Themenfeld herauszuarbeiten, könnte Ziel einer anschließenden Forschung sein.

3. Soziale Ausschlusserfahrungen in Deutschland

Zwei der Inhaftierten leben schon längere Zeit in Deutschland (I1 mit Unterbrechungen seit 1997; I5 mit Unterbrechungen seit 2001). Die anderen drei sind erst seit relativ kurzer Zeit in Deutschland gewesen (I3 und I4 seit 2017; I2 seit 2016). Die letztgenannten stellten nach ihrer Einreise einen Asylantrag. Dadurch sind ihre Geschichten geprägt vom Verwaltungssystem der asylrelevanten Gesetze. I5 reist zunächst über ein Touristenvisum nach Deutschland ein. Zu einem späteren Zeitpunkt stellte auch er einen Asylantrag. Auch die von I1 geschilderten Probleme lassen sich auf rechtliche Schlechterstellung zurückführen. I1 und I5 berichten aber auch über gescheiterte Beziehungen und Kontaktverlust zu ihren in Deutschland geborenen Kindern.

Bei I1 kam das Thema erst am Ende des Besuches zur Sprache. Dementsprechend wurde es nur kurz behandelt und auch durch einen Wärter beendet, der mitteilte, die Besuchszeit sei zu Ende. I1 ist im Alter von 13 Jahren allein nach Deutschland gegangen. Er antwortete bei diesem Thema nur sehr knapp. Dabei verschränkte er die Arme. Auch auf die Frage nach seiner Jugend in Deutschland antwortete er knapp und mit derselben Körperhaltung

> *„Vor der Abschiebung [2011] saß ich in O in Haft. Ich hatte hier keine Schule. Keine Chance bekommen. Dann bin ich in die falschen Freundeskreise gekommen und saß immer mal wieder im Gefängnis." (I1: Z.185f)*

Diese kurze Passage kann als das Genre der sogenannten „traurigen Geschichten" gelesen werden. Er konstruiert ein Bild seines Lebenslaufes – bestehend aus Vergangenheit, Gegenwart und Zukunft – der ihn in seine trostlose Lage gebracht hat (Goffman 1981: S.149). I1 beschreibt eine Spirale, die ihn von einer fehlenden Schulbildung über falsche Freundeskreise ins Gefängnis brachte. Im Interview wurde nicht klar, warum er in Deutschland nicht zur Schule gegangen ist. Hat er sich irgendwann an eine Behörde gewendet? Falls ja – wurde ihm dort die Hilfe verweigert? Oder lebte er dauerhaft ohne gültigen Aufenthaltstitel in Deutschland? Hat er versucht eine (legale) Arbeit aufzunehmen? Wurde sie ihm durch eine fehlende Arbeitserlaubnis wegen seiner marokkanischen Staatsbürgerschaft verwehrt?

Auch I2 äußerte sich nicht ausführlich zu dem Thema. Er erzählte nur, dass sein Asylantrag abgelehnt wurde und dass er keine Arbeitserlaubnis bekam.

> *„Ich darf in Deutschland keine Ausbildung machen. Ich war beim Arbeitsamt und habe gefragt nach Arbeit und Ausbildung. Sie haben gesagt: »Nein, du darfst nicht. Du hast keine Arbeitserlaubnis«." (I2: Z.82ff)*

Der Zugang zum Arbeitsmarkt hängt grundsätzlich vom Aufenthaltsstatus ab. Geflüchteten mit einer Aufenthaltsgestattung nach § 55 AsylG (wird im Zeitraum nach der Stellung des Asylantrages bis zu seiner Entscheidung ausgestellt) ist es nach drei Monaten erlaubt eine Beschäftigung aufzunehmen, sofern sie nicht mehr in einer Erstaufnahmeeinrichtung untergebracht sind. Personen mit einer Duldung (vorübergehende Aussetzung der Abschiebung; wird nach einem negativen Asylbescheid ausgestellt), die einen Pass vorlegen können, ist es sofort erlaubt eine Beschäftigung aufzunehmen (§ 60a AufenthG). Bei diesen beiden Gruppen muss die Bundesagentur für Arbeit lediglich eine Beschäftigungsbedingungsprüfung durchführen, was bedeutet, dass die*der Arbeitgeber*in nachzuweisen hat, dass die Stellenbewerber*innen nicht zu schlechteren Bedingungen (z.B. in Bezug auf Arbeitszeit oder Verdienst) beschäftigt werden als vergleichbare Arbeitnehmer*innen mit deutschem Pass (§ 36 Abs.3 BeschV).

Vor dem Inkrafttreten des Integrationsgesetzes am 06.08.2016 mussten alle Personen mit einer Aufenthaltsgestattung und einer Duldung vor der Aufnahme einer Beschäftigung die sogenannte ‚Vorrangprüfung' abwarten. Dies bedeutet, dass die Bundesagentur für Arbeit prüfte, ob

> *„für die Beschäftigung deutscher Arbeitnehmer sowie Ausländer, die diesen hinsichtlich der Arbeitsaufnahme rechtlich gleichgestellt sind oder andere Ausländer, die nach dem Recht der Europäischen Union einen Anspruch auf vorrangigen Zugang zum Arbeitsmarkt haben, nicht zur Verfügung stehen" (ehem. § 9 Abs.2 S.1 Nr.1b AufenthG).*

Die Vorrangprüfung entfiel erst nach 15 Monaten. Durch das Integrationsgesetz wurde die Vorrangprüfung in 133 der 156 Arbeitsagenturbezirken für drei Jahre ausgesetzt. Seit dem 06.08.2019 ist sie dauerhaft aus dem Gesetz gestrichen worden.

Geduldete, die keinen Pass vorlegen können und deren Asylantrag nach dem 31.08.2015 gestellt worden ist, ist eine Beschäftigung verboten (§ 60a Abs.6 Nr.2 AufenthG). Sie ist ebenso verboten für Menschen aus den sogenannten ‚sicheren Herkunftsländern' (§ 60a Abs.6 Nr.3 AufenthG).

Auch I3 berichtet von enormen Schwierigkeiten bzw. der Unmöglichkeit für ihn einen Fuß auf den ersten Arbeitsmarkt in Deutschland zu bekommen. Seine Geschichte zeigt allerdings noch mehr Facetten des Asylverfahrens als nur eine fehlende Arbeitserlaubnis. Er berichtet zunächst über die Stellung des Asylantrags.

> *„Im Sommer 2017 habe ich in G einen Asylantrag gestellt und dann dort in dem Camp gelebt. Zwei Wochen später hatte ich das Interview beim BAMF. Es lief schlecht. Nach einer Woche habe ich Post mit der Ablehnung bekommen. Das Datum des Briefs war nur einen Tag nach dem Interview. Wie können sie innerhalb eines Tages entscheiden? Das ging so schnell. Die können das gar nicht richtig überprüft haben. Die Ablehnung war ausführlich auf Deutsch geschrieben, aber nur zu einem kleinen Teil auf Arabisch übersetzt. Es waren nur sehr wenige Paragrafen auf Arabisch. Das Deutsche konnte ich nicht verstehen und auf Arabisch stand nur, dass mein Antrag abgelehnt wurde. Nicht warum. Ich habe dann innerhalb einer Woche Klage eingereicht, aber es gab keinerlei Unterstützung oder Beratung im Camp in G und das Eilverfahren wurde abgelehnt." (I3: Z.35ff)*

I3 empört sich darüber, dass das BAMF (Bundesamt für Migration und Flüchtlinge) innerhalb eines Tages seinen Asylantrag ablehnt hat. Er zweifelt, dass das BAMF seine vorgetragenen Gründe richtig geprüft hat. Zusätzlich zur inhaltlichen Entscheidung äußert er Unmut darüber, dass der Bescheid keine angemessene Übersetzung enthielt. Wenn eine Person nicht weiß, weshalb ein Antrag abgelehnt wurde, kann sie keine konkrete und detaillierte Beschwerde gegen die Ablehnung einlegen. Er klagte zwar, doch die Klage wurde abgelehnt. Er erwähnte nicht warum. Seit 2015 wurden von der Bundesregierung diverse Maßnahmen beschlossen, um die Bedingungen der Asylsuchenden im Asylverfahren zu verschlechtern. Da I3 anscheinend nur eine Klagefrist von einer Woche hatte und sein Eilverfahren nach eigenen Angaben abgelehnt wurde, ist sein Asylantrag wahrscheinlich als ‚offensichtlich unbegründet' abgelehnt worden (§ 74 AsylG Abs.1). Mit dieser Entscheidung muss zusätzlich beim Verwaltungsgericht die Anordnung der aufschiebenden Wirkung der Klage gegen den Vollzug der Abschiebung beantragt werden. Das Verwaltungsgericht entscheidet dies in einem Eilverfahren. Weist das Verwaltungsgericht die Klage als ‚offensichtlich unzulässig' oder ‚offensichtlich unbegründet' ab, stehen keine weiteren Rechtsmittel zur Verfügung (§ 78 AsylG). ‚Offensichtlich unbegründet' abgelehnt werden vor allem Asylsuchende aus den sogenannten ‚sicheren Herkunftsländern', auf deren Liste wie oben erwähnt nach dem Willen der Bundesregierung auch Marokko und Algerien stehen sollten (aber es noch nicht tun). Neben schlechteren Klagebedingungen, wird dort auch die Beweislast umgedreht. Das bedeutet, dass nicht das BAMF beweisen muss, weshalb die Voraussetzungen für die Anerkennung nicht erfüllt sind. Stattdessen wird von Beginn an davon ausgegangen, dass kein zulässiger Grund für die Antragstellung vorläge. Dabei müssen die Asylsuchenden im besonderen Maße beweiskräftig darlegen, warum sie doch politisch verfolgt würden oder warum es sonstige Gründe für die Gewährung eines Schutzstatus geben sollte. Als ‚Offensichtlich unbegründet' können aber auch Angehörige anderer Staaten abgelehnt werden. Nach § 30 Abs. 3. Nr. 1 AsylG ist dies z.B. möglich, wenn das BAMF das Vorbringen in wesentlichen Punkten als unsubstantiiert oder in sich widersprüchlich ansieht. Über diese Regelung ließe sich durch eine einfache Dienstanweisung vom Innenministerium an das BAMF große Gruppen Asylsuchender schlechter stellen, um deren Asylverfahren schneller zu beschließen (vgl. Drummer 2018). Dann ist die gesetzlich verankerte Definition als ‚sicheres Herkunftsland' juristisch gar nicht mehr entscheidend. Diese dient eher der nachträglichen Legitimation in der Öffentlichkeit.

Eine weitere Barriere im Klageverfahren ist das Fehlen anwaltlicher Vertretung oder auch nur einer Beratung. Wie I3 berichtet, ist es üblich, dass nicht der gesamte Asylbescheid in eine den Asylsuchenden verständliche Sprache übersetzt wird, sondern lediglich wenige Auszüge v.a. die Beschlussformel (Flüchtlingseigenschaft, subsidiärer Schutz, Ablehnung etc.). Eine Person kann sich nur angemessen verteidigen, wenn sie über genügend Kenntnisse der deutschen Sprache und der asylrelevanten Gesetze besitzt. Da diese Kombination wohl nie unter Asylsuchenden zu finden ist, braucht es eine anwaltliche Vertretung. Auch I3 wollte sich auf Empfehlung einer Beratungsstelle einen Anwalt nehmen.

„Aber ich habe nur 112 € Taschengeld im Monat bekommen. Ich rauche und brauchte Geld für Handykarten. Ich hatte auch keine andere Unterstützung von Verwandten oder Bekannten. Das Geld hat nicht gereicht für einen Anwalt. Dann habe ich von einem Anwalt P gehört, der geringere Raten nimmt als andere Anwälte. Er hatte aber erst keine Zeit. Nach 10 Tagen habe ich einen Termin bekommen. Ich habe ihm meine Papiere mit der Ausreisepflicht gezeigt und er sagte: »Sorry, da kann man nichts machen«." (I3: Z.50ff)

Auch mit diesem großen Aufwand einen Anwalt zu suchen, der niedrige Ratenzahlung akzeptiert, das Sparen für diese Raten (nach dem Gebührenrecht steht dem Anwalt ein Honorar von 900 € je Asylfall zu) und der Geduld erst nach 10 Tagen einen Termin zu bekommen, konnte I3 seine Lage nicht verbessern. Er zeigt weiterhin Initiative, informierte sich eigenständig, lernte deutsch und versuchte über den Weg der Ausbildung eine Duldung zu erlangen (I3: Z.60ff). Doch genauso wie I2 verweigerten die Behörden auch I3 die Aufnahme einer Ausbildung.

„Ich wollte mich dann bei der Agentur für Arbeit für eine Ausbildung anmelden. Dort habe ich auch einen Termin bekommen, aber der Mitarbeiter erklärte mir, dass ich keine Arbeitserlaubnis habe. Daraufhin habe ich wegen der Arbeitserlaubnis beim BAMF nachgefragt. Die meinten sie würden mir einen Brief schicken. Nach sechs Monaten habe ich aber immer noch keine Rückmeldung vom BAMF bekommen." (I3: Z.71ff)

Neben der rechtlichen Diskriminierung durch das Arbeitsverbot, zeigt diese Passage wie schon bei der Ablehnung des Asylbescheides Enttäuschung über die Arbeitsweise der Behörden. I3 sucht selbständig die Agentur für Arbeit auf und fragt selbst beim BAMF wegen der Arbeitserlaubnis nach. Er versucht die rechtlich vorgegebenen Verfahrensweisen einzuhalten, erfährt aber, dass die andere Seite (das BAMF) sich nicht an die gegebenen Versprechungen hält.

„Im Februar habe ich aber dann den Transfer bekommen. Ich habe gefragt, warum ich einen Transfer bekomme. In G wusste ich jetzt, wo alles ist. Ich konnte zur Diakonie und in die Bücherei gehen und hätte an der Uni den B1-Kurs besuchen können. Sie meinten, dass ich erst nach dem Transfer eine Ausbildung machen kann." (I3: Z.91ff)

Nach einem weiteren Transfer und keiner weiteren Erwähnung einer möglichen Ausbildung seitens der Behörden, sieht er hinter seinen Erfahrungen nicht mehr unverständliche Einzelentscheidungen, die er versucht mit mehr Engagement auszugleichen.

„Kurz danach wurde ich nochmal umverteilt. Diesmal in ein Dorf bei W. Das Sozialamt und die Ausländerbehörde waren über eine Stunde entfernt. Ich musste mir immer ein Busticket kaufen, das 10 € gekostet hat. Im ersten Monat habe ich nur 124 € bekommen. Wie soll ich dann zum Sozialamt oder zur Ausländerbehörde kommen? Das Sozialamt hat mir nicht das ganze Geld überwiesen. Das ist Diskriminierung. Ich habe immer versucht die Sprache zu lernen, mich zu integrieren, habe Dokumente [Er zeigt uns eine Mappe mit einigen Dokumenten u.a. seinen Uniabschluss und die Übersetzung] auf eigene Kosten übersetzten lassen und Kontakt zur Uni W und Uni in G aufgenommen." (I3: Z.98ff)

Er sieht dahinter eine systematische Diskriminierung, in der er keine Chance bekommt, sich zu beweisen. Das wenige zur Verfügung gestellte Geld, reicht nicht um regelmäßige Termine bei den Ämtern wahrzunehmen, wenn die betroffene Person in eine ländliche Kommune verteilt wird. Die ganze Praxis der Verteilung ist für ihn nicht ersichtlich. Es wird nicht erklärt, warum er jetzt einer anderen Kommune zugewiesen wird und warum genau in diese Kommune. Mit dem Versprechen nach dem Transfer eine Ausbildung zu starten zu können, wurde er nur ruhiggestellt.

Die Zuständigkeit eines Bundeslandes und einer Kommune wird nach einem System von Aufnahmequoten (Königsteiner Schlüssel) und nach dem Herkunftsland der antragsstellenden Person ermittelt (Wendel 2014: S.9). Asylsuchende sind zunächst „verpflichtet, bis zu sechs Wochen, längstens jedoch bis zu sechs Monaten, in der für ihre Aufnahme zuständigen Aufnahmeeinrichtung zu wohnen" (§ 47 AsylG)[30]. Sie haben bei ihrer Umverteilung in andere Städte, auch bundesländerübergreifend, kein Mitspracherecht. Es bedarf „keiner Begründung" oder einer „Anhörung des Ausländers" (§ 50 Abs. 4 S. 3 und 4 AsylG). Es wird nicht berücksichtigt, dass eventuell schon Familienangehörige oder Freund*innen in einer bestimmten Stadt wohnen oder, dass es migrantische Communities gibt, die ein sich Einfinden in die neue Gesellschaft erleichtern würden. Einzig die Kernfamilie, also Eheleute mit ihren minderjährigen Kindern, haben rechtlichen Anspruch darauf zusammen zu wohnen (§ 46 Abs. 3 S.2 AsylG). In dem Zeitraum zwischen Ablauf der Zeit in der Erstaufnahmeeinrichtung und Abschluss des Asylverfahrens ist es in der Regel vorgesehen, dass Asylsuchende in einer Sammelunterkunft untergebracht werden (§ 60 Abs. 2 S.1 Nr.1 AsylG). Dabei wird ebenso einzig die Einheit der Kernfamilie berücksichtigt. Hier wird deutlich, dass Geflüchtete lediglich als Objekte der Verwaltung angesehen werden. Die verschiedenen Stufen ihrer Unterbringung richten „sich allein nach verwaltungsorganisatorischen

30 Menschen aus den sogenannten sicheren Herkunftsländern sind sogar verpflichtet während des gesamten Asylverfahrens und bei negativem Ausgang bis zu ihrer Abschiebung oder Ausreise in ihr zu wohnen (§ 47 Abs. 1a AsylG).

Erfordernissen, die sich am föderalen Verwaltungsaufbau der Bundesrepublik orientieren" (ebd.). Die nach I3 bereits erfolgte Integration in G, die Möglichkeit dort weiter und intensiver Deutsch lernen zu können, hat keine Rolle bei der Wohnortszuteilung gespielt.

Die Situation von I3 mündet in einer versuchten Abschiebung nach Marokko, die wegen Abwesenheit nicht stattfinden konnte. Daraufhin reiste er selbständig in die Niederlande aus.

> *„Viele wurden abgeschoben. Ich habe gesehen, dass es hier in Deutschland keine Chance für mich gibt. Ich habe viel gelernt, mich gut integriert, zur Uni gegangen, meine Dokumente und mein Diplom übersetzen lassen, nach einer Ausbildung gesucht. Und trotzdem soll ich abgeschoben werden. Sie haben mir keine Chance gegeben. Ich habe mich dann über die Möglichkeit der freiwilligen Ausreise informiert. Ich wollte in die Niederlande und mir wurde gesagt, dass dies gehen würde." (I3: Z.135ff)*

Die Geschichte von I3 könnte in einer modernen Variante eines Kafka-Romans verarbeitet werden. I3 arbeitet wie viele Protagonisten von Kafka gegen eine undurchsichtige Struktur von Beamtenschaft und Verwaltung an. Nie wird er hinreichend über seine Situation und seine Möglichkeiten aufgeklärt. Nie legt die Verwaltungsstruktur ihr eigenes Handeln und ihre Ziele offen. I3 hat zu Beginn noch Vertrauen in die Strukturen. Schließlich ist er aus einer Diktatur geflohen in ein Land mit politischer Freiheit. Auch wenn er die Regeln aus Mangel an Aufklärung nicht durchschaut, versucht er sich ihnen anzupassen. Er informiert sich selbst und versucht neue Wege für ein Bleiberecht zu finden. Doch anstatt eine Verbesserung seiner Lage zu erwirken, rutscht er weiter in die Logik des Systems, das von Anfang an die Abschiebung nach Marokko bzw. die Ausschließung aus der gesamten europäischen Gesellschaft zum Ziel hatte. Mit der Ausreise in die Niederlande, versucht er den Fängen des deutschen Asylsystems zu entkommen. Doch das ist über die Dublin-III-Verordnung innerhalb der EU verzahnt.

> *„In Holland konnte ich auch nicht bleiben. Sie haben mir gesagt ich muss wieder nach Deutschland wegen Dublin [EU-Verordnung]. Da habe ich resigniert und gedacht ich kann nichts dagegen machen. Am 02.07.2018 wurde ich dann nach Amsterdam zum Flughafen gebracht und von dort nach Frankfurt geflogen. Von Frankfurt aus wurde ich direkt von der Polizei ins Abschiebegefängnis nach Darmstadt gebracht." (I3: Z.161ff)*

Jemand musste ihn verleumdet haben, denn, ohne dass er etwas Böses getan hätte, wurde er eines Tages verhaftet.

Auch I4 beklagt die rechtliche Diskriminierung durch die Behörden.

> *„Ich war in Deutschland oft im Sozialamt und habe immer gesagt: »Ich möchte Arbeit, Schule, Ausbildung, deutsch lernen. Aber keine Chance« (I4: Z.167f).*

Wie I3 erzählt er zusätzlich von diversen Situationen in denen er nicht hinreichend über seine Situation und seine Möglichkeiten aufgeklärt und stattdessen als Verwaltungsobjekt behandelt wurde.

> *„Ich war zuerst im Sozialamt B. Dann habe ich aber einen Transfer in eine kleine Stadt bekommen. Sie haben mir vorher nichts gesagt. Keine Adresse. Keinen Namen. Später wurde gesagt, es habe einen Wasserschaden in der Wohnung in der alten Stadt gegeben. In der neuen Stadt war ich auch im Sozialamt. Aber die waren auch nicht hilfreich." (I4: Z.169ff)*

Wegen eines Konfliktes zwischen I4 und einem anderen Bewohner in der Erstaufnahmeeinrichtung, wurde die Polizei herbeigeholt. Diese nahm ihm 160 € ab. Offensichtlich wurde ihm nicht hinreichend erklärt, weshalb dies geschah (vielleicht wurde kein*e Dolmetscher*in herangezogen). I4 dachte, dies sei eine Geldstrafe gewesen und der Streitfall somit erledigt. Später wurde er allerdings wegen dieses Vorfalles verhaftet.

> *„B: Ich war in L. im Gefängnis für 3 Monate und wurde dann direkt nach Darmstadt gebracht. […] Das war wegen des Streites mit dem Iraker haben sie gesagt. Aber das war geklärt. Ich war überrascht. Ich dachte ich habe die 160 € Strafe bezahlt und alles ist gut. Ja, ich war am 30.07. bei einem Richter und es gab auch einen Dolmetscher.*
> *[Wir schauen die Papiere durch und sehen, dass er zu einer 1000 € Geldstrafe verurteilt wurde. Da er dies nicht bezahlen konnte wurde diese in 100 Tage Ersatzhaft umgewandelt]*
> *A: Du hättest 1000 € bezahlen müssen. Weil du diese nicht hattest, haben sie dich ersatzweise 100 Tage in Haft genommen. Hat dir das niemand erklärt vor Gericht? Hat der Dolmetscher das übersetzt?*
> *B: Der Dolmetscher hat mir das auch gesagt. Aber die Polizei hat doch schon 160 € von mir genommen. Wie soll ich dann nochmal 1000 € bezahlen. Ich arbeite im Fitnesscenter und bekomme 180 € im Monat." (I4: Z.55ff)*

Auch hier drehte sich die Spirale aus rechtlicher Diskriminierung und fehlender Aufklärung. Aufgrund der Weigerung der Behörden I4 eine Ausbildung oder sonstige Schulbildung zu gewähren, konnte er nur einer geringfügigen Beschäftigung nachgehen, die ihm 180 € im Monat einbrachte. Er konnte somit nicht die Geldstrafe von 1000 € begleichen. Ebenso konnte er sich nicht adäquat vor Gericht verteidigen, weil er kein Wissen über das juristische Verfahren hatte und sich wegen des geringfügigen Einkommens auch keine anwaltliche Vertretung leisten konnte.

> *„Das Sozialamt hat mir einen Zettel mit Anwälten gegeben. [...] Aber ich habe kein Geld. Ich kann sie nicht bezahlen, deshalb habe ich keinen." (I4: Z.87f)*

Wie I3 ist auch I4 in Kontakt mit der Dublin-III-Verordnung gekommen. Er wurde zum Zeitpunkt unseres Besuchs bereits einmal nach Österreich abgeschoben.

> *„Am 18.05.2018 wurde ich nach Österreich, nach S. abgeschoben. In Österreich war ich aber nur zehn Tage. Ich habe dort kein Asyl bekommen und musste auf der Straße schlafen. Das Sozialamt hat mir nichts gegeben und gesagt: »Zurück nach Deutschland!«. Dann bin ich wieder nach Deutschland gegangen und war in M." (I4: Z.40ff)*

Nach der Ersatzhaftstrafe in der JVA L. wurde I4 ohne Unterbrechung in der AHE Darmstadt weiter inhaftiert, um ihn ein zweites Mal nach Österreich abzuschieben.

> *„Sie haben mich direkt zu Gericht nach Darmstadt gebracht. Der Richter hat gesagt: »Du bleibst hier 20 Tage«. Bis zum 10. Oktober sollte ich hierbleiben. Am 10. Oktober hatte ich meine Sachen gepackt, aber dann hieß es: »Nein, heute doch keine Abschiebung.« Zwei Tage später am 12. Oktober sollte ich wieder meine Sachen packen. Draußen am Auto wurde mir gesagt: »In sechs Stunden sind wir in Österreich.« Wir sind losgefahren, aber auf dem Weg gab es ein Telefonat und es hieß, Österreich akzeptiere die Abschiebung nicht und wir sind wieder zurückgefahren." (I4: Z.78ff)*

Auch hier sollte er schlicht als Objekt des Verwaltungshandelns von Deutschland nach Österreich geschoben werden. Weder von den deutschen noch von den österreichischen Behörden wurde er über die Uneinigkeit zwischen ihnen informiert. Warum bekam er nach der ersten Abschiebung in Österreich keine Unterstützung? Warum musste die zweite Abschiebung zweimal abgebrochen werden, weil Österreich das Aufnahmegesuch von Deutschland nicht akzeptierte? So wie das innerstaatlich deutsche Verteilungssystem (s.o.) Asylsuchende oft von A nach B schickt, so ist auch die gesamte EU bzw. der Schengen-Raum ein Verschiebe-Bahnhof indem Asylsuchende von A nach B und von B nach A abgeschoben werden (Mayntz 2018).

I5 schildert ebenfalls eine Situation in der die involvierten Behörden ihn nicht hinreichend über seine Situation aufgeklärt haben bzw. sogar keine Skrupel hatten, ihn wissentlich falsch zu informieren.

> *„In der JVA in D. haben sie mir einen Tag vor meiner Haftentlassung gesagt: »Morgen kommst du frei!« Ich wurde dann entlassen, aber noch vor Ort festgenommen und zur Anhörung beim Haftrichter gebracht. Danach wurde ich hier hin nach Darmstadt gebracht." (I5: Z.108ff)*

Hier ist deutlich zu sehen, dass die Behörden vor allem ein Interesse an einem reibungslosen Ablauf ihrer Verwaltungsmaßnahmen haben. Wahrung der Rechte der Betroffenen sind dabei störend. Rechtlich vorgesehen ist, dass sobald der Ausländerbehörde klar ist, dass sie jemanden in Abschiebehaft nehmen will und dieser erreichbar ist, ihm der Haftantrag auszuhändigen ist. Nur mit dem Haftantrag und einer gewissen Vorlaufzeit lässt sich ein Verfahren nach den rechtsstaatlichen Prinzipien bestreiten. Es kann eher nach kompetenten Anwält*innen auf diesem Gebiet gesucht werden. Es können ebenso eher Wege gefunden werden diese zu bezahlen. Es kann sich eher sonstige Beratung oder Unterstützung gesucht werden. Somit würden die Chancen erhöht das Gerichtsverfahren zu gewinnen und der Abschiebehaft zu entgehen.

Ein weiteres Beispiel ist das sogenannte Überbrückungsgeld, das Strafgefangene sich durch Arbeit in der JVA erwirtschaften können und für die Anfangszeit nach der Entlassung vorgesehen ist. Nur durch Protest und Beschwerde konnte I5 sein Recht geltend machen.

> *„Dort [JVA] konnte ich Überbrückungsgeld haben – bis zu 4000 €. Hier [AHE Darmstadt] haben sie gesagt: »Das ist kein Überbrückungsgeld. Das ist privates Geld.« Und sie wollten es mir wegnehmen und damit die Abschiebung bezahlen. Dagegen habe ich mich beschwert. Jetzt darf ich es doch behalten." (I5: Z.120ff)*

4. Prozess(e) der Inhaftierung

Der Inhaftierungsprozess ist wichtig beim Einlegen einer Beschwerde. Neben inhaltlichen Fehlern im Haftantrag, können auch Verfahrensfehler zur Aufhebung des Haftbeschlusses führen. Für die Unterstützung der Inhaftierten in ihrem Gerichtsverfahren sind diese Fragen also von besonderer Wichtigkeit. Da wir als Unterstützungsgruppe auch erst mit zunehmender Erfahrung gelernt haben, welche Fragen für das Gericht relevant sind und welche nicht, fokussieren die späteren Interviews mehr auf dieses Thema als die anfänglichen.

I1 wurde zum Beispiel nicht explizit beim Besuch gefragt, unter welchen Umständen er verhaftet wurde. Später konnte bei Gericht in seine Akte Einsicht genommen werden. Hier soll aber nicht die Schilderung der Behörden dargestellt werden. Neben der Schilderung der Inhaftierung, sind für die Beschwerde vor allem der Haftantrag der Ausländerbehörde und der Haftbeschluss des Amtsgerichts wichtig. Schon vor dem Besuch teilen wir den Inhaftierten mit, dass sie alle – aber vor allem diese – Papiere zum Besuch mitbringen sollen. Wenn sie dies tun, versuchen wir während des Besuchs diese zu lesen (durchschnittlich insgesamt ca. acht Seiten) und je nach Inhalt entsprechende Fragen zu stellen, die für die Beschwerde relevant sein könnten.

I1 hatte seine Papiere zuvor aus Wut zerrissen. Er war resigniert und dachte er brauche sie nicht mehr (I1: Z.42f). Ob es bei der Gefängnisleitung oder der Sozialarbeiterin eine Kopie gäbe, wusste er nicht. Ihm sei dazu nichts gesagt worden (I1: Z.45ff). Die Haftbedingungen im Einzelnen werden im nächsten Kapitel behandelt, aber hier ist bereits ein Thema zu sehen, das bereits im vorherigen Kapitel bei mehreren Inhaftierten vorkam: Fehlende Aufklärung über die eigene Situation und weitere Handlungsmöglichkeiten. I1 hatte auch keine*n Anwält*in. Anders als im Strafprozess, gibt es bei Abschiebehaft keine*n Pflichtverteidiger*in. Dies ist ein weiterer Faktor, warum die meisten Inhaftierten im Abschiebegefängnis keine Chance haben, ihr Verfahren angemessen und erfolgversprechend zu bestreiten[31].

I2 hatte zwar einen Anwalt, der auch einen Haftaufhebungsantrag gestellt hat, dieser stammte aber noch aus dem Asylverfahren und kannte sich im Abschiebehaftrecht nicht aus. Dementsprechend war sein Antrag ohne Begründung und wurde abgelehnt. I2 gab ihm seine Papiere und hatte im Gefängnis keine Kopie[32].

Wie im vorangegangenen Kapitel bereits beschrieben, hatte I3 keine anwaltliche Vertretung für das Asylverfahren. Nach der Inhaftierung zieht er es wieder in Betracht jemanden zu engagieren.

> *„Ich habe mich dann aber dagegen entschieden einen Anwalt zu nehmen. Die Ausländerbehörde hat mein ganzes Geld genommen – 200 €. Der Anwalt wollte 300 oder 500 € Anzahlung und hatte sowieso keine Zeit. Mein Freund wollte einen Kredit für mich aufnehmen. Aber ich habe dann gesagt, dass ich keinen Anwalt haben will." (I3: Z.218ff)*

---

31 Wir legten für I1 Beschwerde ein. Diese wurde zwar abgelehnt, aber aus uns nicht klaren Gründen konnte die Ausländerbehörde ihn nicht abschieben, sodass er entlassen wurde.

32 Wir legten ebenfalls Beschwerde ein, aber dadurch, dass das Gericht uns nicht die Akte geschickt hat, war auch unsere Beschwerde „leer" und wurde abgelehnt. Der Betroffene wurde aus der AHE nach Marokko abgeschoben.

Nach den zuvor gemachten Erfahrungen, hat I3 resigniert. Mit der Inhaftierung wurde ihm sein letztes Geld für die Verrechnung der Abschiebungskosten (§ 66 Abs. 1 AufenthG) abgenommen. Somit konnte er nicht sein eigenes Geld für diesen Anwalt einsetzen. Da er keine Aussicht auf Erfolg sah, lehnte er es ab Geld von einem Freund anzunehmen.

Verhaftet wurde er direkt am Flughafen nach der erfolgten Dublin-Abschiebung aus den Niederlanden. Haftantrag und Haftbeschluss brachte er zum Besuch mit. Dadurch konnten wir eine begründete Beschwerde schreiben und einreichen. Da der Besuch erst fünf Tage vor der geplanten Abschiebung stattfand, hat das Gericht nicht vorher entschieden. Die Abschiebung nach Marokko fand wie geplant statt. Die Rechtsmitteleinlegung hat in diesem Bereich keine aufschiebende Wirkung. Das Gericht entschied erst zwei Jahre später mit einer Ablehnung der Beschwerde.

Die Inhaftierung von I4 erfolgte direkt aus der JVA, in der er die Ersatzhaftstrafe absaß. Wie auch I1 und I3 hatte er kein Geld um sich eine*n Anwält*in zu leisten (I4: Z.88) und somit sein Verfahren adäquat bestreiten zu können. Bei ihm lagen sowohl der Haftbeschluss als auch der Haftantrag vor. Wir legten Beschwerde ein und forderten komplette Akteneinsicht an. Person des Vertrauens wurde nicht zugelassen, Akteneinsicht verwehrt, die Begründung für die Beschwerde nicht zugelassen und die Beschwerde insgesamt letztlich abgelehnt. I4 wurde nach Österreich abgeschoben.

Die Inhaftierung von I5 nach der Täuschung durch die Behörden, wurde bereits im vorherigen Abschnitt beschrieben. Auch er hatte keine anwaltliche Vertretung für die Abschiebehaft (I5: Z.103). Bei ihm lag nur der Haftbeschluss, nicht aber der Haftantrag vor. Wir legten Beschwerde ein, die stattgegeben wurde, woraufhin er aus der Haft entlassen wurde.

5. Haftbedingungen – Alltag in einer totalen Institution

Der vierte Themenkomplex, der in den Interviews abgefragt wurde, war der nach den Haftbedingungen. Zur Reflexion der von den Inhaftierten beschriebenen Haftbedingungen soll die Theorie der „totalen Institutionen" nach Erving Goffman (1957) dienen. Anders als in der modernen Bürgerlichen Gesellschaft üblich, herrscht in totalen Institutionen keine Trennung zwischen Schlaf, Freizeit und Arbeit.

> *„1. Alle Angelegenheiten des Lebens finden an ein und derselben Stelle, unter ein und derselben Autorität statt. 2. Die Mitglieder der Institution führen alle Phasen ihrer täglichen Arbeit in unmittelbarer Gemeinschaft einer großen Gruppe von Schicksalsgenossen aus, wobei allen die gleiche Behandlung zuteil wird und alle die gleiche Tätigkeit gemeinsam verrichten müssen. 3. Alle Phasen*

des Arbeitstages sind exakt geplant, eine geht zu einem vorher bestimmten Zeitpunkt in die nächste über, und die ganze Folge der Tätigkeiten wird von oben durch ein System expliziter formaler Regeln und durch einen Stab von Funktionären vorgeschrieben. 4. Die verschiedenen erzwungenen Tätigkeiten werden in einem einzigen rationalen Plan vereinigt, der angeblich dazu dient, die offiziellen Ziele der Institution zu erreichen." (Goffman 1981: S.17)

Zunächst soll hier der herkömmliche Tagesablauf und die Raumstruktur der AHE aus den Interviews rekonstruiert werden.

Nach der Inhaftierung in die AHE wird dem Inhaftierten eine Zelle zugewiesen. Es ist kein offizielles Eingangs-Gespräch vorgesehen, indem alle Abläufe, Rechte und Pflichten dargelegt werden. Wenn die Inhaftierten etwas wissen möchten, müssen sie eine*n der diensthabenden Wärter*innen darauf ansprechen (I3: Z.212f). Die Zellen sind ca. 6 m² groß. Es gibt keine Gittertür. Die Türen sind aus Holz und ohne Fenster (I1: Z.70f). Zurzeit gibt es 20 Haftplätze. Die Zellen verteilen sich zu je fünf auf einer Seite eines Flures und über zwei Etagen (I1: Z.75f). Die Zellen sind die meiste Zeit des Tages aufgeschlossen. Die Bewegungsfreiheit beschränkt sich allerdings auf den Flur, auf dem außer Reden nichts erlaubt ist (I1: Z.65f). Außer den herkömmlichen Zellen verfügt die AHE auch über eine Isolationszelle (auch „Bunker" genannt), in der die Inhaftierten von den Wärter*innen als Strafe verlegt werden können (I1: Z.120). Jeden Mittwoch um ca. 9 Uhr kommt eine Ärztin in die AHE (I1: Z.94). Zu Beginn der Haftzeit werden alle Inhaftierten untersucht (I2: Z.165). Allerdings konnte keiner der Inhaftierten den Namen der Ärztin nennen. Ebenso hat niemand ein Papier oder einen anderen Beleg über die Untersuchung oder eine Behandlung bekommen (I2: Z.169; I3: Z.206). Besuch darf einmal in der Woche für jeweils eine Stunde empfangen werden. In der AHE sind zwei Sozialarbeiterinnen für jeweils 40 und vier Wochenstunden Arbeitszeit beschäftigt. Deren genauen Arbeitsauftrag konnten wir bisher nicht in Erfahrung bringen. Bis in den August (fünf Monate nach Eröffnung der AHE) wusste fast keiner der von uns Besuchten von der Existenz dieser Sozialarbeiterinnen (I2: Z.176). Die Inhaftierten dürfen in der AHE ihr Handy benutzen. Kameras werden allerdings versiegelt. Guthaben muss selbst bezahlt werden (§ 14 VaFG). Für diejenigen, denen kein Handy zur Verfügung steht, gibt es keine sonstige Möglichkeit zu telefonieren (I5: Z.124). Es gibt eine Einkaufsliste, von der für 20 € in der Woche verschiedene Nahrungsmittel, Zigaretten oder Zeitschriften (ausschließlich in deutscher Sprache) gekauft werden können (I3: Z.232; I5: Z.165).

Ungefähr um 9 Uhr (Zeiten variieren) morgens (I2: Z.189) bekommen alle Inhaftierten auf ihren Zellen eine Plastiktüte für das Frühstück ausgehändigt mit Brot, Käse und portionierten Aufstrichen in kleinen Plastikverpackungen (I2: Z.193). In der AHE gibt es keine Kantine (I2: Z.222). Gegessen wird in den Zellen (I2: Z.197). Mit der Ausgabe fragen die Wärter*innen ob die Inhaftierten nach draußen zum Hofgang möchten (I2: Z.201). Wer dies nicht möchte, bleibt in der Zelle bzw. auf seinem Gang. Der Hofgang endet nach einer Stunde (I2: Z.205). Bei Hitze können sich die Inhaftierten auf dem Hof in den Schatten zurückziehen (I2: Z.213). Mittags gibt es die einzige warme Mahlzeit am Tag. Das Essen wird auch in die Zellen gebracht und dort gegessen (I2: Z.217). Die Inhaftierten müssen nicht in ihrer eigenen Zelle allein essen, sondern können auch zusammen mit den Inhaftierten ihrer Abteilung essen. Gleichzeitig mit dem Mittagessen (I2: Z.222) erhalten sie für das Abendessen[33] die gleiche Plastiktüte wie für das Frühstück (I2: Z.228). In den Zellen gibt es jeweils einen Kühlschrank, in dem die Sachen bis abends gekühlt werden können (I2: Z.234). Ungefähr um 15 Uhr (kann ebenfalls variieren) werden die Inhaftierten von einer*m Wärter*in gefragt, ob sie in den Freizeitraum wollen (I2: Z.244). Auch der Freizeitraum steht in der Regel nur eine Stunde zur Verfügung. Es kam aber auch schon vor, dass er bis zu zwei Stunden genutzt werden konnte (I2: Z.249). Warum die Zeiten variieren, ist für die Inhaftierten nicht ersichtlich gewesen (I2: Z.253). Des Weiteren gibt es keine fixen Punkte im Haftalltag. In der AHE ist es auch nicht möglich zu arbeiten und dadurch Geld zu verdienen, wie es in der JVA möglich ist (I5: Z.120).

Mit dem Eintritt in die totale Institution werden dem Insassen viele Rechte aberkannt. Von nun an braucht es für vieles die Autorisierung des Personals (Goffman 1981: S.80). Nach der öffentlichen Vorgabe soll den Inhaftierten zwar ein ‚normales Leben minus Freiheit‘ (Deutscher Anwaltverein 2017: S.41) gewährt werden. Doch die entzogene Freiheit beschränkt sich nicht nur darauf, dass sie das mit Zäunen und Stacheldraht umgebene Gelände der AHE nicht verlassen können. Sie haben nur minimal mehr Bewegungsfreiheit als Strafgefangene. Sie können nicht so oft Besuch empfangen, wie sie wollen. Nicht nur, dass er zeitlich stark reglementiert ist, er findet gezwungenermaßen immer in demselben vorgesehen Besuchszimmer statt. Dies ist ein Zimmer mit niedriger Decke und vergittertem Fenster zum Hof. Ausgestattet ist er lediglich mit einem Tisch und vier Stühlen. An der Decke hängt eine Überwachungskamera. Manchmal lässt das diensthabende Personal die Tür auf und hält sich unmittelbar in Hörweite auf dem Flur auf. Der Besuch darf nicht in den eigenen Zellen oder irgendwo anders auf dem Gelände empfangen werden. Der Inhaftierte kann somit nicht einmal minimal den Rahmen des Besuchs gestalten. Als I4 während des Besuchs gefragt wurde, ob er auch von anderen Leuten besucht wurde und ob wir irgendwem Bescheid geben sollen, dass er inhaftiert wurde, antwortete er:

33 Bei einem späteren Besuch eines anderen Inhaftierten, der nicht transkribiert wurde, teilte dieser mit, dass nur einmal mittags Essensausgabe gibt. Dort bekommen die Inhaftierten das warme Mittagessen und die oben beschriebene Plastiktüte für sowohl das Abendessen als auch das Frühstück des darauffolgenden Tages. Ob dies eine geänderte Praxis ist oder es sich beim Besuch von I2 um einen Übersetzungs- bzw. Kommunikationsfehler handelte, ist nicht rekonstruierbar, für die Forschung aber irrelevant.

„Nein, ihr braucht niemandem Bescheid sagen. Ich habe hier ein Handy. Alle wissen, dass ich hier bin. Besucht hat mich keiner. Sie wollten mich besuchen, aber ich wollte das nicht. Ich wollte nicht, dass sie Probleme bekommen, wenn sie hierherkommen. Sie haben nur eine Duldung. Meine Freunde aus Frankfurt wollten mich besuchen und sagten: »Was brauchst du? Wir bringen dir Zigaretten, Essen oder sonst was!« Ich habe gesagt: »Nein, danke ich brauche nichts.« [macht eine abwehrende Geste] Ich brauche nur Freiheit. Nur Freiheit.“ (I4: Z.159ff)

I4 lehnt jeden Besuch von ihm nahestehenden Personen ab. Zunächst tut er dies aus Sorge, dass sie Probleme wegen ihres Aufenthaltsstatus bekommen könnten und eventuell ebenso inhaftiert werden. Gleichzeitig lehnt er es aber auch ab, dass sie ihm Sachen vorbeibringen oder schicken. Er lehnt damit auch die vorgegebenen Regeln der AHE ab. Ohne Freiheit ist alles wertlos. Dies kann Ausdruck eines kompromisslosen Standpunktes gegenüber den Regeln und der Deutungsweise der AHE sein (Goffman 1981: S.66). Mehrere Fragen zur Haft beantwortet er mit klar ablehnender Haltung, die sich nicht nur im Gesagten, sondern auch in der Gestik und Mimik widerspiegeln.

„A: Vielleicht kannst du uns noch erzählen, wie dein Alltag hier im Gefängnis ist? [Er schaut ein wenig verwundert. Vielleicht hat er die Frage nicht verstanden oder er denkt es sei klar wie der Alltag im Gefängnis ist und die Frage somit überflüssig] Wie ist zum Beispiel das Essen?
B: [Er lacht] Scheiße! [deutsch im Original]“ (I4: Z.105ff).
„A: Was machst du den ganzen Tag im Gefängnis?
B: [Er lacht wieder] Schlafen. Den ganzen Tag schlafen. Man kann hier nichts machen. Manchmal ein bisschen Sport. Meistens habe ich auch Kopfschmerzen und liege nur im Bett“ (I4: Z.151ff).

Ebenso kann sich in der Ablehnung des Besuchs der Wunsch zeigen, dass die Freunde nicht sehen sollen, wie er zum Beispiel vom Wachpersonal herein- oder abgeführt wird oder ihn in sonstiger Weise in seiner Autonomie/Freiheit beschnitten und beraubt zu sehen.

Neben der Besuchssituation sind auch der Hofgang und die Nutzung des Freizeitraumes stark reglementiert. Die Reglementierung beschränkt sich nicht nur auf Zeitpunkt und Dauer. Diese Tätigkeiten können nur in Gruppen von Mitinhaftierten verrichtet werden (Goffman 1981: S.48). Diese ‚Angebote zur Freizeitgestaltung‘ sind derart gering, dass unisono jeder Inhaftierte auf die Frage wie es in der AHE sei und was er den ganzen Tag über täte, sagte, er könne dort nichts machen und jeder Tag sei von Langeweile geprägt.

„Scheiße ist es hier. […] Man kann sich auch nichts aussuchen. […] Wir können auf den Flur gehen. Auf dem Flur dürfen wir aber nichts machen. Nur miteinander reden" (I1: Z.59ff).

„Schlecht. […] Es ist sehr langweilig hier. Wir sitzen den ganzen Tag zusammen und sprechen nur (I2: Z.130ff). […] Die Tage sind sehr langweilig. Man sitzt nur und spricht zusammen. Etwas anderes kann man nicht machen." (I2: Z.259f)

„Im Gefängnis geht es ganz schlecht (I3: Z.196). […] Man kann nicht so viel machen. Meistens liege ich im Bett oder gehe auf dem Gang spazieren. Ich versuche positiv zu denken. Ich stelle mir immer vor ich sei woanders" (I3: Z.233ff).

„Scheiße (I4: Z.105ff). […] Schlafen. Den ganzen Tag schlafen. Man kann hier nichts machen. Manchmal ein bisschen Sport. Meistens habe ich auch Kopfschmerzen und liege nur im Bett" (I4: Z.151ff).

„Hier ist es ganz schlecht. […] Im Gefängnis in D. war es besser (I5: Z.114ff). […] Ja...nichts. Morgens sind wir eine Stunde draußen. Sonst bin ich immer nur in der Zelle. Manchmal duschen. Und die sagen, hier sei keine Haft" (I5: Z.169f).

Ein deutliches Votum. Niemand meint, es könne während des Aufenthalts in der AHE auch nur ansatzweise ein ‚normales Leben' geführt werden. Jeder Moment in der AHE ist reglementiert. Die Inhaftierten empfinden alles was sie tun als „nichts". Reden und Schlafen sind die häufigsten Coping-Strategien um die Zeit schneller herumzubekommen, was auch ein typisches Merkmal für Insassen einer totalen Institution ist (Goffman 1981: S.71).

Besonders interessant ist die Aussage von I5. Hier wie auch an mehreren Stellen vergleicht er die AHE mit seinen Erfahrungen, die er in einer JVA gemacht hat. Bis auf den Punkt Rassismus „gewinnt" die JVA den Vergleich.

„A: Warum war es dort [JVA] besser?
B: Arbeit. Hier gibt es keine Arbeit. Dort konnte ich Überbrückungsgeld haben – bis zu 4000 €. Hier haben sie gesagt. Das ist kein Überbrückungsgeld. Das ist privates Geld und sie wollten es mir wegnehmen und damit die Abschiebung bezahlen. Dagegen habe ich mich beschwert. Jetzt darf ich es doch behalten. In D. konnte man telefonieren. Wenn du hier kein Handy hast, kannst du nicht telefonieren. In der JVA gibt es Seelsorger und Sozialarbeiter. In der JVA in D. gab es aber auch viel Rassismus. Die Ausländer werden immer schlechter behandelt. Ich habe mich auch mal beschwert wegen Rassismus in Bezug auf

Menschenrechte. Die haben meinen Brief aber einfach nicht weitergeleitet.
A: Wie ist es hier in Darmstadt? Hast du hier auch Rassismus von den Wärtern erlebt?
B: Nein. Hier habe ich bisher keinen Rassismus erlebt. Hier sind die ruhig" (I5: Z.118ff).

Arbeit ist für ihn das erste Unterscheidungsmerkmal. Die Möglichkeit zu arbeiten und Geld zu verdienen, soll die Inhaftierten auf das Leben nach der Entlassung vorbereiten und ihnen einen „guten Start" ermöglichen. Es ist Teil des ca. 200 Jahre alten Resozialisierungsziels (Foucault 2013: S.347) der Institution Gefängnis. Das Geld ist demnach in der JVA rechtlich geschützt (§ 52 JVollzGB III). Im Umgang mit diesem Geld zeigen sich die unterschiedlichen Ziele der Einrichtungen. In der AHE gibt es kein Interesse an dem Leben der Inhaftierten nach der Entlassung. Sie sollen nicht wieder in die Gesellschaft eingegliedert werden, sondern im Gegenteil durch die Abschiebung total ausgeschlossen werden. In dieser Logik kann dann auch das Überbrückungsgeld zur Mitfinanzierung der Abschiebungskosten eingezogen werden.

Neben der JVA vergleicht er die AHE auch mit dem Abschiebegefängnis in I., indem das Essen besser gewesen sei (I5: Z.160f).

Neben den räumlichen Strukturen und den Reglementierungen im Tagesablauf, ist es wichtig, den Umgang des Personals mit den Inhaftierten zu analysieren, um die Haftbedingungen zu beschreiben. Nach Goffman ist die Arbeit in einer totalen Institution eine in einem moralischen Klima.

„Das Personal ist der Feindschaft und den Forderungen der Insassen ausgesetzt, und umgekehrt ist es verpflichtet, den Insassen die rationale Perspektive, die die Anstalt vertritt, zu vermitteln" (Goffman 1981: S.86).

Häufig zeigt sich mit der Anstellung eine automatische Identifizierung der Angestellten mit der Institution und ihren Deutungsmustern. Die Inhaftierten wären nicht inhaftiert, wenn sie nicht die ‚Sozialsysteme missbraucht' hätten oder in sonstiger Weise sich einen Aufenthalt in Deutschland verwirkt hätten (vgl. Jäger/Wamper 2017: S.127) und ausreisepflichtig wären. Für die Einordnung der Beschreibungen des Personals von den Inhaftierten soll dies an dieser Stelle reichen. Für eine weitergehende Analyse bezogen auf die AHE müssten deren Angestellte in einer anderen Forschung interviewt werden.

Im ersten Interview, welches kurz nach der Eröffnung der AHE stattfand, beschreibt I1 den Umgang des Personals mit den Inhaftierten als sehr gewaltvoll.

„Hier ist viel Gewalt. Wenn jemand abgeschoben werden soll, ist immer viel los. Manche schreien und wehren sich. Sie wollen nicht abgeschoben werden. Wenn sie sich bei Abschiebungen wehren, werden sie geschlagen. Und werden mit

Pfefferspray besprüht. Oder bekommen die Schlagstöcke zu spüren. […] Wenn jemand abgeschoben wird, werden die Türen von den anderen abgeschlossen. Sie wollen nicht, dass jemand eingreift und es Chaos gibt. Trotzdem hört man immer die Abschiebung der anderen. Man hört die Schreie, wenn jemand geschlagen wird. Einmal hat sich einer so stark gewährt, dass sie immer mehr Polizisten holen mussten. Dann waren da 18 Personen, um ihn ins Auto zu bringen und abzuschieben. Viele haben Angst vor dem Heimatland. Umso näher die Abschiebung rückt, desto mehr steigt die Angst und Aggressivität. Es ist wie als würde man auf die Todesstrafe warten" (I1: Z.102ff).

I1 betont, dass dies kein Einzelfall gewesen ist.

„Nein. Auch im Alltag. Es gibt den Bunker. Wenn es mit einem Stress gibt, kommt der dort rein. Das ist eine Isolationszelle. […] Weil sie sich beschweren, weil sie laut sind. Aggressiv. [Pause] Aber es ist so: Es ist ganz normal, dass man hier aggressiv wird. Die Wärter haben keine Geduld und erklären nichts. Die meisten Leute, die hier reinkommen, können auch kein Deutsch. Die können dann nicht ruhig und genau erklären, was sie wollen. Meistens beschweren sie sich wegen des Essens. Es ist zu wenig und schmeckt nicht. Und wenn du auf deine Religion achtest, kriegst du kein richtiges Essen. Du musst dann vegetarisch bestellen ohne Fleisch. Das Essen ist dann zu wenig. Wenn sie sich dann beschweren, werden sie geschlagen und in den Bunker gesteckt" (I1: Z.120ff)

Hier wird eine Looping-Situation beschrieben (Goffman 1981: S.43). Durch das Essen, die Ungeduld der Wärter*innen und den mangelnden Erklärungen für ihre Handlungen (auch ausgelöst durch Sprachbarrieren), werden Konflikte ausgelöst. Nichtbeachtung der Beschwerden, lösen lautere Beschwerden und von den Wärter*innen als aggressiv gedeutetes Verhalten aus. Das „aggressive Verhalten" wird daraufhin als Legitimation für Gewaltanwendung und Isolationshaft hergenommen.

I1 kann von niemandem der Angestellten berichten, der*die versuchte, die Situation zu beruhigen. Unter den 18 Angestellten waren nicht nur Wärter*innen dabei.

„Der Arzt war dabei als er geschlagen wurde. Und ein Beamter war auch betrunken. […] Wir anderen haben das gesehen. [...] Man hat auch die Schreie gehört und alle sind gerannt und waren aufgeregt. Drei Beamte haben ihm von vorne auf die Knie geschlagen und mit Pfefferspray gesprüht, obwohl ihn schon zwei andere Beamte im Griff hatten. Er hat mir das auch später erzählt, dass einer von den Wärtern stark nach Alkohol gerochen hat" (I1: Z.143ff).

Hier wird eine Beziehung von Personal zu Inhaftierten beschrieben, die einzig auf offener Gehorsamspflicht der letzteren gegenüber ersteren beruht. Wer nicht gehorcht wird unmittelbar und sichtbar (bzw. hörbar) mit körperlicher Gewalt zu Gehorsam gezwungen (Goffman 1981: S.27). Je nach Ziel der totalen Institution werden die angewendete Gewalt bzw. die angewendeten Erzwingungsmaßnahmen mit unterschiedlichen Begründungen legitimiert. Im obigen Fall kann davon ausgegangen werden, dass eine Erklärung lauten würde: Wenn sich Inhaftierte gegen ihre Abschiebung wehren und daraufhin kein Zwang angewendet würde, wäre der Zweck der Einrichtung verfehlt. Im Falle des Beamten, der betrunken gewesen sein soll, würde es sich allerdings um eine starke Verletzung der Dienstpflichten handeln. Es könnte nicht mehr von Gewalt aus einem rationalisierten Grund gesprochen werden, sondern von Gewalt und Demütigung um ihrer selbst willen (ebd.: S.52).

Die in diesem Interview beschriebenen Szenen spielten sich kurz nach der Eröffnung der Einrichtung ab. In den späteren Interviews wird nicht mehr von alltäglicher und systematischer Gewaltanwendung berichtet. Der Umgang sei „normal" (I2: Z.151), „respektvoll" (I4: Z.114) oder „ruhig" (I5: Z.132). Dass es gerade in der Anfangszeit zur beschriebenen Gewalt vorkam, kann zum einen mit unklaren Dienstanweisungen und allgemeinen Unklarheiten zusammenhängen, kann aber auch auf eine Haltung der Angestellten hindeuten, die häufig in totalen Institutionen vorkommt.

> *„Ein wichtiger Bestandteil der in vielen totalen Institutionen geltenden Theorie über das Wesen des Menschen ist der Glaube, dass der Insasse sich hinterher leichter führen lasse, wenn er gleich bei der Einlieferung dazu gebracht werde, dem Personal tiefste Ehrerbietung zu erweisen – dass also dieser Gehorsam gegenüber den ersten Forderungen seinen Widerstand oder seinen Geist breche" (ebd.: S.92).*

Am 19.06.2018 gab es von dem politischen Bündnis „Community for all" öffentliche Anschuldigungen der systematischen Gewaltanwendung von AHE-Angestellten gegenüber den Inhaftierten (Community for all 2018). Die Leitung der AHE dementierte die Vorwürfe bzw. stellte sie als verkürzt dar (Polizeipräsidium Südhessen 2018). Möglicherweise hat auch diese Form der öffentlichen Kontrolle die Gewalt um ihrer selbst willen reduziert. Trotz verminderter Gewalt scheint es in vielen Punkten immer noch keine klaren Dienstanweisungen bzw. Hausregeln zu geben.

> *„Es gibt aber keine Regeln hier. Wenn man etwas fragt sagen manche ja, die anderen sagen nein" (I5: Z.174f).*
> *„Nein. So ein Gespräch [Einführungsgespräch über Abläufe und Regeln] gab es nicht. Ich wurde einfach ins Gefängnis und in meine Zelle gebracht. Wenn ich etwas will, muss ich immer mit einem Wärter sprechen" (I3: Z.212f).*

Neben den Wärter*innen sind zwei Sozialarbeiterinnen in der AHE eingestellt. Zu Beginn wusste fast keiner der Inhaftierten von der Existenz dieser (I1: Z.48; I2: Z.176). I3 war der erste, der uns mitteilte, dass eine Sozialarbeiterin ihm helfen konnte.

> *„Ja, ich habe vier Mal mit der Sozialarbeiterin Frau H gesprochen. Wie oft sie im Gefängnis ist, weiß ich nicht. Sie war sehr nett und hat meine Dokumente an den Anwalt weitergeleitet. […] Einmal hat die Sozialarbeiterin auch nach dem Namen der Organisation gefragt, die öfter Leute in der Haft besucht. Ich sagte, dass ich das nicht weiß" (I3: Z.217).*

Neben der hilfreichen Dienstleistung der Weiterleitung seiner Dokumente, fragte sie auch nach unserer Ehrenamtsgruppe. Ob dies aus reinem Interesse bestand oder sie sich so mit der Institution identifiziert, dass sie es als Aufgabe ansah nachzuforschen, wer von außen einen unautorisierten Blick in das Innere der AHE wirft, ist nicht rekonstruierbar. Dies soll einer anderen Forschung (über die Perspektiven des Personals) vorbehalten bleiben.

Im Gegensatz zu I3 hat I5 zu beiden Sozialarbeiterinnen Kontakt gehabt. Seine Beurteilungen fallen unterschiedlich aus.

> *„Bei der einen war ich für Beratung. Die hilft gut. Die kommt von außen, ist aber nur selten da. Die andere, die von drinnen kommt ist nicht gut. Die ist komisch. […] Zum Beispiel. Da war ein Marokkaner und sie sagte, er habe sie beleidigt. Jetzt sagt sie, er darf nicht mehr zu ihr kommen. Ich weiß nicht was da war, aber wenn er sie beleidigt hat, dann muss sie das anzeigen und Polizei holen oder so. Aber nicht dann einfach sagen: »Der darf jetzt nicht mehr zu mir kommen.« Das ist... das ist...[Er sucht nach einem Wort] […] Ja, das ist kindisch. […] [S]ie hilft nicht. Sie sagt: »Das nicht, das nicht, das nicht. Du wirst sowieso abgeschoben und so weiter.« Das Gericht entscheidet, aber sie benimmt sich wie eine Richterin und entscheidet selbst. Die andere Sozialarbeiterin von draußen ist besser" (I5: Z.136ff).*

Während die eine Sozialarbeiterin als hilfreich bewertet wird, wird der anderen vorgeworfen willkürlich zu entscheiden, wem sie hilft und wem nicht. I5 meint, dass wenn es einen Konflikt, wie zum Beispiel eine Beleidigung gibt, dies mit der Polizei zu regeln sei. Hier übernimmt er die gesellschaftlich vorherrschende Auffassung, dass die Polizei eine unabhängige Instanz sei, die Konflikte gerecht zu lösen weiß. Anstatt eine solche Instanz anzurufen, hebt sich die Sozialarbeiterin in den Augen von I5 in den Stand einer Richterin und verurteilt den Betroffenen zu Verlust der Beratungsmöglichkeit. Michel Foucault sieht darin keine unrechtmäßige Machtaneignung der Sozialarbeiterin, sondern eine Ausdifferenzierung der Tätigkeit des Urteilens und eine Streuung der urteilenden Personen seit Beginn der modernen Gesellschaft.

„Empfinden die Richter immer mehr Unbehagen beim Verurteilen um des Verurteilens willen, so hat sich doch anderseits die Tätigkeit des Urteilens in dem Maße vervielfältigt, in welchem sich die Normierungsgewalt gestreut hat. Getragen von der Allgegenwart der Disziplinaranlagen und der Kerkerapparate, ist sie zu einer der Hauptfunktionen unserer Gesellschaft geworden. Die Normalitätsrichter sind überall anzutreffen. Wir leben in der Gesellschaft des Richter-Professors, des Richter-Arztes, des Richter-Pädagogen, des Richter-Sozialarbeiter; sie alle arbeiten für das Reich des Normativen; ihm unterwirft ein jeder an dem Platz, an dem er steht, den Körper, die Gesten, die Verhaltensweisen, die Fähigkeiten, die Leistungen" (Foucault 2013: S.392f).

6. Epilog

Die vorliegenden Forschungsergebnisse legen an mehreren Stellen Diskrepanzen zwischen den Perspektiven der Interviewten und denen der beteiligten Behörden oder von derzeit gesellschaftlich hegemonialen Deutungsmustern offen. Anders als es die Bundesregierung zum Beispiel tut, legen die Interviewten dar, dass aus ihrer Sicht Marokko kein sicheres Land ist, da dort mit politischer Verfolgung bei Protest gegen die herrschenden Normen gerechnet werden muss. Das Asylgesuch erweist sich aus Sicht der Interviewten nicht als gewissenhafte Einzelfallprüfung, sondern als Spielball politischen Kalküls. Die asyl- und aufenthaltsrechtlichen Bestimmungen erweisen sich nicht als gesetzlicher Rahmen für ein Ankommen und Einleben in die neue Gesellschaft, sondern als Strukturgeflecht organisierter Desintegration. Ebenso und schlussendlich zeigen die Forschungsergebnisse die Diskrepanz zwischen dem für die Abschiebehaft von der hessischen Landesregierung ausgerufenem Credo ‚normales Leben minus Freiheit' und der Schilderung der Inhaftierten, die das Leben in der AHE nicht annähernd als ‚normal' bezeichnen und es für sie schlicht Haft in einem Gefängnis bedeutet, ohne dass dem eine strafrechtliche Verurteilung vorausging.

Die staatlich organisierte Desintegration befördert die Unsichtbarmachung dieser Perspektiven und stärkt den Status Quo der Gesellschaft. Die derzeitige Einrichtung der Gesellschaft, ihre Herrschafts- und Machtstrukturen werden nicht angetastet. In den öffentlichen Diskursen wird „Integration" stets als individuelle Anstrengung verhandelt (Kober 2017: S.26). Gesetze und Verfahrensweisen, die diese erschweren oder sogar verunmöglichen, werden nicht benannt.

Soziale Arbeit, die eine weit verbreitete Akteurin im asyl- und aufenthaltsrechtlichen Strukturgeflecht ist, positioniert sich in der Regel nicht politisch. Stattdessen übernimmt sie unreflektiert und/oder aus ökonomischen Zwängen staatliche Aufträge und Deutungsmuster. Gleichzeitig stellt sie sich als neutrale „helfende" Instanz dar, womit auch sie Herrschafts- und Machtverhältnisse verschleiert. Ihre eigenen Verstrickungen in ihnen reflektiert sie nicht.

Für ein Projekt der Kritischen Alltagsforschung in einem Abschiebegefängnis ist es sinnvoll, das Abschiebegefängnis als Teil der organisierten Desintegration von Geflüchteten und anderen Migrant*innen zu sehen. Abschiebehaft ist ein mögliches Instrument der Ausländerbehörden, die Desintegration zum kompletten sozialen Ausschluss durch Abschiebung zu steigern. In dem Sinne kann Abschiebehaft ohne das sonstige Strukturgeflecht der asyl- und aufenthaltsrechtlichen Bestimmungen nicht adäquat analysiert werden.

Für die konkrete Forschung in Abschiebegefängnissen erscheint es sinnvoll, sich nicht allein auf Qualitative Interviews und die Narrationsanalyse zu beschränken. Die beschriebenen Forschungsbedingungen führen dazu, dass sich eher selten längere, in sich geschlossene narrative Darstellungen entwickeln, in der ein sozialer Prozess kontinuierlich zum Ausdruck gebracht wird, wie es Fritz Schütze fordert (Schütze 1983: S.286). Nichtsdestotrotz lassen sich auch aus kürzeren episodischen narrativen Darstellungen Perspektiven der Interviewten herausarbeiten. Dieses Forschungsinstrument ließe sich mit Methoden der Ethnologie fruchtbar vereinen. Das hieße im vorliegenden Fall das Abschiebegefängnis in seiner ganzen politischen und gesellschaftlichen Dimension zu analysieren: Rechtliche Rahmenbedingungen der Inhaftierten vor und nach Inhaftierung, öffentliche politische Diskurse zur Thematik Flucht und Asyl sowie die räumliche und personelle Struktur und Organisation des Abschiebegefängnisses.

IV Ausschlussinstitution – Von Akten und Gerichten

(Nitschke)

Der folgende Text entstand ursprünglich Ende 2019 als meine Masterarbeit. Im Rahmen bundesweiter Vernetzungsarbeit ist „Community for all" auch mit dem Verein „Hilfe für Menschen in Abschiebehaft Büren e.V." (HfMiA) in Kontakt gekommen. Frank Gockel arbeitet dort seit 1995 ehrenamtlich. Dieser Verein unterstützt seit der Eröffnung des Abschiebegefängnisses im westfälischen Büren 1994 die Inhaftierten juristisch, sozial und politisch. Kennengelernt habe ich ihn 2018 als auch in Darmstadt ein Abschiebegefängnis eröffnet wurde. Er wurde von „Community for all" mehrfach als Referent eingeladen, um über seine Erfahrungen in der politischen Unterstützungsarbeit zu berichten. Dabei erfuhr ich auch über sein Archiv und, dass er schon länger auf der Suche nach Personen sei, die sein gesammeltes Material wissenschaftlich aufarbeiten. So entstand die Idee, meine Abschlussarbeit auf Grundlage dieses Archivs zu schreiben. Im Sommer 2019 besuchte ich ihn daraufhin für insgesamt neun Tage und arbeitete mich in das Archivmaterial ein. Dieses enthält u.a. Gerichtsakten, Zeitungsartikel, Berichte von den Gefangenen, Korrespondenzen mit Behörden von den Gefangenen und von HfMiA, Dokumente zu politischem Protest, Reader und Analysen. Beim Durchschauen und Kopieren wurde mir freie Hand gewährt. Die Bedingungen, die Frank Gockel stellte, waren zum einen sicherzustellen, dass über die Menschen, die inhaftiert waren, nur anonymisiert geschrieben wird und zum anderen, eine Kopie der fertigen Arbeit zu erhalten. Sein Interesse besteht in der wissenschaftlichen Aufarbeitung des Abschiebegefängnisses in Büren.

Zehn Gerichtsakten von Fällen aus der Abschiebehaft im westfälischen Büren untersuchte ich mit Theorie und Methodik der Kritischen Sozialen Arbeit und der Kritischen Kriminologie. Chronologisch soll so der Weg von der Festnahme, über die Gerichtsverhandlung und schließlich zum Beschwerdeverfahren rekonstruiert werden. Die Akten dienen als Schlüssel zur Erschließung der institutionellen Ordnung Abschiebehaft und deren Ausschlussmechanismen.

1. Die Akte als Schlüssel zur institutionellen Ordnung

Der Hauptteil des empirischen Materials dieser Arbeit besteht aus zehn Aktensätzen. Einziges Auswahlkriterium war, dass die Akten Dokumente von mehreren behördlichen und gerichtlichen Instanzen enthielten. Dadurch liegen Haftanträge der Ausländerbehörden/Bundespolizei, Anhörungsprotokolle, Gerichtsbeschlüsse, Beschwerden und weitere Texte, die zwischen den Behörden und Beteiligten ausgetauscht wurden, vor. Waren die Akten dick genug, wurden sie nach dem Zufallsprinzip aus dem Schrank gezogen. Die Akten sollen als

Schlüssel zur ethnographischen Erschließung der institutionellen Ordnung (Nadai 2012: S.151) Abschiebehaft dienen. Die einzelnen Texte der Akten koordinieren Handeln der beteiligten Akteur*innen und erzeugen bzw. transportieren institutionelle Diskurse (ebd.). Der Text an sich ist zunächst statisch und stellt allein noch kein Handeln dar. Wird er aber von realen Personen in einem institutionellen Rahmen mit entsprechenden (geteilten) Regeln und Normen gelesen, erlangt er eine entscheidende Bedeutung. Die Leser*innen aktivieren den Text mit ihren anschließenden Handlungen. Die Ethnologin Dorothy E. Smith nennt es „text-reader conversation".

> *„1. It enables us to recognize the reading of a particular text as something that is being done in a particular local setting by a particular person.*
> *2. It proposes that the reader, engaged in a text-reader conversation, plays two parts: first, she or he activates the text and, in activating it, becomes the text's agent; second, she or he responds to it in whatever way is relevant to her or his work.*
> *3. It makes it possible for us to see the text, activated by a reader, as participating and playing a part in organizing definite sequences of action" (Smith 2005: S.120).*

Die Akten dienen in diesem Sinne nicht als Berichte über Abweichung/‚Anormalität', sondern als Dokumente der Interventionstätigkeit der staatlichen Autoritäten. Sie dokumentieren die Entscheidung der „Verwalter" und stellen sie als ‚rechtmäßige und richtige' Reaktion auf die Natur des Eingriffstatbestandes dar (Cremer-Schäfer 2012: S.140). In den Texten wird von Personen mit staatlicher Definitionsmacht verhandelt, warum eine andere Person in Abschiebehaft genommen werden müsse. Diese Zuschreibungsprozesse sollen mit Hilfe der Etikettierungstheorie analysiert werden. Im Blick genommen werden die Personen/Akteur*innen, die die Macht haben ihrer Definition, in der Handlungen anderer als kriminell/gesetzeswidrig bestimmt sind, Geltung zu verschaffen (Peters 2012: S.221). Abschiebehaft wird von der Legislative vor allem in Fällen vorgesehen, in denen in der Vergangenheit die Abschiebung der betroffenen Person nicht gelungen ist und dies die ‚Schuld' der betroffenen Person gewesen sei. Hierdurch werden andere vermeintliche oder tatsächliche Verhaltensweisen in den Blick genommen als im Strafrecht, wie zum Beispiel das (nächtliche) Fernbleiben von der zugewiesenen Unterkunft. Diese vermeintlichen oder tatsächlichen Verhaltensweisen führen nicht natürlicherweise zu Sanktionen, sondern erst durch die Etikettierung staatlicher Akteur*innen als Gesetzesbruch.

> *„Ich meine vielmehr, daß gesellschaftliche Gruppen abweichendes Verhalten dadurch schaffen, daß sie Regeln aufstellen, deren Verletzung abweichendes*

Verhalten konstituiert, und daß sie diese Regeln auf bestimmte Menschen anwenden, die sie zu Außenseitern abstempeln. Von diesem Standpunkt aus ist abweichendes Verhalten keine Qualität der Handlung, die eine Person begeht, sondern vielmehr eine Konsequenz der Anwendung von Regeln durch andere und der Sanktion gegenüber einem »Missetäter«. Der Mensch mit abweichendem Verhalten ist ein Mensch, auf den diese Bezeichnung erfolgreich angewandt worden ist; abweichendes Verhalten ist Verhalten, das Menschen so bezeichnen" (Becker 1981: S.8).

Neben den Etikettierungen sollen auch Verfahrensfehler in den Blick genommen werden. Wie der Rechtsanwalt Peter Fahlbusch berichtet, sind selbst nach gängigem Recht rund 50 % der Inhaftierungen rechtswidrig und werden bei einer entsprechenden Beschwerde von höheren gerichtlichen Instanzen aufgehoben (Fahlbusch 2019).

Obwohl Abschiebehaft offiziell nicht als Strafhaft bezeichnet wird, wird hier die These vertreten, dass dort sehr ähnliche Kriminalisierungsprozesse ablaufen. Nicht ein bestimmtes Verhalten führt zu Abschiebehaft, nicht ein bestimmtes Verhalten ist kriminell. Kriminalität wird durch die Organe strafrechtlicher Organe konstruiert (Smaus 1998: S.15). Ebenso wird bestimmtes tatsächliches oder vermeintliches Verhalten von sogenannten Ausreisepflichtigen kriminalisiert, um sie inhaftieren zu können.

Exkurs: Kritische Kriminologie

Bevor die Forschungsergebnisse vorgestellt werden, soll hier noch ein kurzer theoretischer Exkurs zur Kritischen Kriminologie erfolgen. Diese Theorie war handlungsleitend für die Forschung. Sie grenzt sich von den kriminologischen Theorien ab, die zurzeit mehrheitlich an den Universitäten gelehrt wird und die dadurch auch den öffentlichen politischen Diskurs über Kriminalität und abweichendes Verhalten bestimmen. Diese Theorien werden im Folgenden traditionelle Kriminologie genannt.

Die Kritische Kriminologie sieht Kriminalität als soziales Konstrukt. Kriminalität ist nicht als ein objektiv gegebener Sachverhalt – wie die traditionelle Kriminologie es tut – zu verstehen, sondern als das Resultat von Definitions-, Etikettierungs- und Zuschreibungsprozessen für diverse Handlungen (Sack 2002: S.30f).

Die Kritische Kriminologie nimmt diese Prozesse zum Ausgangspunkt ihrer Analyse. Analysiert wird die Genese der Strafgesetze und anderer Normen. In einem zweiten Schritt werden die Akteur*innen, die diese Normen anwenden, analysiert. Instanzen der sozialen Kontrolle (Medien, Schule, Soziale Arbeit, Polizei, Staatsanwaltschaft, Gerichte, Gefängnisse) stellen mit ihrer Definitionsmacht – vermittelt über den gesellschaftlichen Diskurs – das hegemoniale Bild von Kriminalität und Strafe her. In diesem Bild sind Vorstellungen darüber enthalten, welche Charaktere oder sozialen Gruppen besonders zur Kriminalität neigen würden. Diese „Risikogruppen“ werden zum bevorzugten Gegenstand der selektiven Sozialkontrolle (Sack 1973: S.131f). Die traditionelle Kriminologie hingegen beschäftigt sich nicht mit Kriminalisierungsprozessen. Sie geht nicht von einer sozialen Konstruktion aus, sondern betrachtet Kriminalität als ein objektives von den strafrechtlichen Instanzen feststellbares Phänomen. Sie versucht Erklärungen zu finden, warum ein bestimmtes Individuum ‚kriminell geworden ist‘. Dies wird an bestimmten Merkmalen oder sozialen Bedingungen (Psyche, schlechte Erziehung, Armut etc.) festgemacht (Sack 2002: S.32ff). Die Abweichung wird dabei als pathologischer, nicht normaler Zustand begriffen. Traditionelle Kriminologie versucht durch ‚Behandlung‘ der Ursachen Kriminalität zu minimieren (Sack 1973: S.132).

Diese unterschiedlichen Sichtweisen gehen auch auf unterschiedliche Perspektiven von Gesellschaft zurück. Die Bürgerlich-traditionellen Theorien gehen davon aus, dass die Bürgerlich-Kapitalistische Gesellschaftsformation die beste mögliche sei. Diese sei daher von einem breiten moralischen Konsens getragen von dem eine Minderheit als ‚Kriminelle‘ oder ‚psychisch Kranke‘ abweicht. Strafe und andere ‚Behandlungsmethoden‘ seien notwendig, um die gesellschaftliche Ordnung aufrecht zu halten (Anhorn/Stehr 2012: S.62ff). Kritische Theorien gehen hingegen von einer strukturell heterogenen, widersprüchlichen und konflikthaften Gesellschaft aus. Unterschiedliche Gruppen besitzen unterschiedliche materielle und immaterielle Ressourcen, die sie einsetzen, um ihre Position in Konkurrenz zu anderen Gesellschaftsmitgliedern zu stärken und auszubauen (Sack 1973: S.134).

Forschungsergebnisse

Die Darstellung der Forschungsergebnisse beginnt zunächst mit einer Kurzvorstellung aller Fälle. Danach werden die Ergebnisse in chronologischer Reihenfolge nach dem Ablauf des Verfahrens dargestellt. Das Abschiebungsverfahren beginnt mit der Festnahme der betroffenen Personen. Anschließend findet die Anhörung vor Gericht, deren Gegenstand der Haftantrag ist, statt. Sie endet mit dem Haftbeschluss. Nach der anschließenden Inhaftierung kann durch Einlegung von Rechtsmitteln das Beschwerdeverfahren in Gang gesetzt werden.

Amts- und Landgericht Paderborn.
Quelle: Wikipedia, CC BY-SA 3.0

Die zehn untersuchten Fälle sollen hier zunächst kurz vorgestellt werden. Die Namen der Betroffenen werden mit den Buchstaben von A-J anonymisiert. Ebenso wird auf die Nennung von Städtenamen verzichtet. Die Ausnahmen betreffen Büren als Standort des Abschiebegefängnisses indem alle inhaftiert waren und Paderborn als Sitz des Amtsgerichtes, das die Haftverlängerungsanträge verhandelte und über sie entschied. Die Fälle stammen aus dem Zeitraum zwischen 2006 und 2017.

A

A war für mindestens Zehn Monate und 18 Tage inhaftiert. Verhaftet wurde er von der Bundespolizei nach einer Fahrzeugkontrolle auf der Autobahn. Die Ausländerbehörde (ABH) führte folgende Haftgründe auf: Ausreisepflicht aufgrund unerlaubter Einreise, Wechsel des Aufenthaltsortes ohne der ABH dies zu melden, Verdacht der Abschiebungsentziehung. Das Amtsgericht (AG) übernahm die Sicht der ABH und verhängte zunächst drei Tage Haft und nach der erfolgten Anhörung die beantragten drei Monate Haft. Es befand, dass A „in keiner Weise seinen Pflichten nach" komme und sah ‚Gefahr im Verzug', weil er nicht in seiner Unterkunft angetroffen wurde. In der Haft stellte A einen Asylfolgeantrag. Dieser wurde aber abgewiesen und nicht einmal zur Prüfung zugelassen. Das Bundesamt für Migration und Flüchtlinge (BAMF) argumentierte, wenn A der

> *„Meinung gewesen [sei], seine Asylgründe seien im Erstverfahren nicht umfassend geprüft worden, so hätte er sich nicht illegal in Belgien aufgehalten, sondern geklagt" (A: S.4).*

In der Folge wurde die Haft mindestens drei Mal um jeweils drei Monate verlängert, da aus Sicht der Behörden die Identität von A nicht geklärt sei. A wurde von allen Beteiligten Institutionen auf seine ‚Mitwirkungspflicht' zur Identitätsfeststellung hingewiesen. Dazu wurde er auch der Botschaft seines Heimatlandes vorgeführt. A gab weiterhin dieselben Personalien wie zu Beginn des Verfahrens an. Die vorliegende Akte endet mit einem nicht begründeten

Haftaufhebungsantrag von der Person des Vertrauens (PdV).

B

B war für elf Monate und 26 Tage inhaftiert. Verhaftet wurde er von der Bundespolizei an einem Bahnhof wegen des ‚Verdachts auf unerlaubten Aufenthalt'. Die ABH führte folgende Haftgründe auf: Wechsel des Aufenthaltsortes ohne der ABH dies zu melden, Verdacht auf Abschiebungsentziehung. Das AG übernahm die Sicht der ABH und verhängte die beantragten drei Monate Haft. B war regulär an einer Hochschule als Student eingeschrieben. Im System der Bundespolizei tauchte er als ‚untergetaucht' und zur Festnahme ausgeschrieben auf. B schrieb, dass er davon nichts wisse und sich sein Anwalt darum kümmere. In der Folge legten die Beteiligten diverse medizinische Gutachten vor, um entweder zu belegen, dass eine Abschiebung durchführbar sei oder nicht. Des Weiteren wurden im Laufe des Verfahrens diverse Fachaufsichtsbeschwerden gegen Richter von der PdV gestellt, da diese seine Haftaufhebungsanträge und Anträge auf Akteneinsicht nicht bearbeiteten. Das Landgericht (LG) entschied neun Monate nach der Abschiebung, dass die Haft rechtmäßig war. Die Akte endet mit einem Schreiben der PdV an eine am Bundesgerichtshof (BGH) zugelassenen Rechtsanwältin mit der Bitte den Fall dort vorzubringen. Über den weiteren Verlauf findet sich nichts mehr in der Akte.

C

C war für mindestens fünf Monate und zwei Tage inhaftiert. Verhaftet wurde er nach einer Kontrolle des Hauptzollamtes an seinem Arbeitsplatz im Rahmen der ‚Schwarzarbeitsbekämpfung'. Die ABH führte folgende Haftgründe auf: Ausreisepflicht aufgrund unerlaubter Einreise, Verdacht auf Abschiebungsentziehung, Identitätstäuschung. Das AG übernahm die Sicht der ABH und verhängte die beantragten drei Monate Haft. C hält sich laut eigenen Angaben seit er ein Kind ist, in Deutschland ohne einen gültigen Aufenthaltsstatus auf. Die Haft verlängerte sich, da die ABH zunächst kein Passersatzpapier (PEP) organisieren konnte. Etwas länger als einen Monat nach seiner wahrscheinlichen Abschiebung[34] entschied der BGH, dass die Haft rechtswidrig war.

D

D war für vier Monate und 18 Tage inhaftiert. Verhaftet wurde er nach einer Kontrolle der Polizei an seinem Arbeitsplatz wegen des Verdachts sich eines „Vergehens nach dem Aufenthaltsgesetz strafbar gemacht zu haben". Einen Monat zuvor war seine Duldung abgelaufen. Die ABH führte folgende Haftgründe auf: Wechsel des Aufenthaltsortes ohne der ABH dies zu melden, Verdacht auf Abschiebungsentziehung. Das AG übernahm die Sicht der ABH und verhängte die beantragten drei Monate Haft. Die Haft verlängerte sich, da die ABH zunächst kein Passersatzpapier (PEP) organisieren konnte. Das LG befand die Haft für rechtskonform. Die zweite Hälfte der Akte besteht aus der Korrespondenz zwischen der PdV und dem AG und LG. Die PdV beantragte, ihr eine Kopie der Akte zu schicken. Ihr wurde aber lediglich Akteneinsicht auf

34 Dazu findet sich kein expliziter Hinweis. Da der BGH die Beschwerde aber als Feststellungsantrag behandelte, war C zu diesem Zeitpunkt nicht mehr in der Haft.

der Geschäftsstelle gewährt. Die Entscheidung über einen nach der Haftentlassung gestellten Feststellungsantrag beim LG lag der Akte nicht bei.

E

E war für einen Monat und sechs Tage inhaftiert. Verhaftet wurde er nach einer Kontrolle der Bundespolizei in einem Zug. Es wurden keine Angaben gemacht, warum er kontrolliert wurde. Zuvor hatte er in Belgien Asyl beantragt. Die Bundespolizei führte folgende Haftgründe auf: Ausreisepflicht aufgrund unerlaubter Einreise, Verdacht auf Abschiebungsentziehung. Das AG übernahm die Sicht der Bundespolizei und verhängte die beantragten drei Monate Haft. E war zum Zeitpunkt der Inhaftierung 16 Jahre, was die Bundespolizei und das AG anzweifelten ohne einen Beleg vorzubringen oder diese zu suchen. Bei der Abschiebung wurde sein Alter wieder auf 16 Jahre gesetzt – dies auch ohne einen Kommentar. Des Weiteren wurde die PdV nicht als Beteiligte des Verfahrens zugelassen. Das LG befand die Haft für rechtskonform. E war zu diesem Zeitpunkt bereits abgeschoben und legte keine Beschwerde beim BGH ein. Da die PdV nicht zugelassenen wurde, blieb ihr als einziges Rechtsmittel die Verfassungsbeschwerde, die nicht eingereicht wurde.

F

F war für 23 Tage inhaftiert. Verhaftet wurde er nach einem gescheiterten Abschiebeversuch. Er sollte nach der Dublin-III-Verordnung nach Spanien abgeschoben werden. Die ABH führte folgenden Haftgrund auf: Sonstige konkrete Vorbereitungshandlungen (eigen/Fremdgefährdung) um die Abschiebung zu verhindern, die nicht mit unmittelbarem Zwang überwunden werden können, Verdacht auf Abschiebungsentziehung. Das AG übernahm die Sicht der ABH und verhängte die beantragten 23 Tage Haft. Eineinhalb Monate nach der erfolgten Abschiebung entschied das LG, dass die Haft rechtswidrig war, da die ABH die falschen Gesetzesvorschriften benutzte. Bei Dublin-III-Abschiebungen muss eine ‚erhebliche Fluchtgefahr' vorliegen.

G

G war für drei Monate und zwei Tage inhaftiert. Seine Haft fand in zwei Phasen statt. Die vorliegende Akte bezieht sich auf die zweite Phase. In diesen Dokumenten wird aber auch auf die zuvor erfolgte Abschiebehaft verwiesen. Das zweite Mal wurde er verhaftet, als er bei der ABH zur Duldungsverlängerung vorsprach. Die ABH führte folgende Haftgründe auf: falsche Identität, Widerstand bei vorangegangen Abschiebeversuchen. Das AG übernahm die Sicht der ABH und verhängte die beantragten 37 Tage Haft. G wurde wie vorgesehen in einem Sammelcharter mit vier anderen Personen abgeschoben. Die Rechtsanwältin legte wegen diverser Verfahrensfehler Beschwerde ein. Der BGH befand jedoch als letzte Instanz die Haft als rechtmäßig.

H

H war für 15 Tage inhaftiert. Verhaftet wurde er, als er sich bei der ABH nach abgelehntem Asylantrag erneut registrieren wollte. Drei Monate zuvor hatte das Verwaltungsgericht die Klage gegen die Dublin-III-Abschiebung nach Polen abgewiesen. Die ABH führte folgende Haftgründe auf: Wechsel des Aufenthaltsortes ohne der ABH dies zu melden (ohne aber den entsprechenden Paragraphen zu verwenden), Ausreisepflicht aufgrund unerlaubter Einreise. Das AG übernahm die Sicht der ABH und verhängte die beantragten 30 Tage Haft. H führte das Asylverfahren zusammen mit seiner Frau. Inhaftiert wurde er allerdings allein. Wenn er in den Dokumenten zu Wort kommt, wird seine Sorge um seine Frau deutlich, die schwanger war und bereits zuvor zweimal eine Fehlgeburt erlitt. Das LG beschloss nach Beschwerde, dass die Haft teilweise unrechtmäßig war bis zu dem Zeitpunkt, an dem die ABH eine ergänzende Stellungnahme abgab. Der BGH entschied, dass die gesamte Haft unrechtmäßig war.

I

I war für 28 Tage inhaftiert. Verhaftet wurde er nach einer Kontrolle der Polizei wegen des Verdachts des ‚illegalen Aufenthalts'. Die ABH führte folgende Haftgründe auf: Falsche Identität, Ausreisepflicht aufgrund unerlaubter Einreise, Verdacht Abschiebungsentziehung. Das AG übernahm die Sicht der ABH und verhängte die beantragten 28 Tage Haft. Bei der Festnahme stellte I ein Asylgesuch, was aber nicht an das BAMF weitergeleitet wurde. Dadurch wurde der spätere Haftverlängerungsantrag durch ein anderes AG abgewiesen und I wurde aus der Haft entlassen ohne abgeschoben worden zu sein. Das LG entschied später, dass die gesamte Haft unrechtmäßig war.

J

J war für einen Monat und 18 Tage inhaftiert. Verhaftet wurde er nach einer Kontrolle des Hauptzollamtes an seinem Arbeitsplatz. Die ABH führte folgende Haftgründe auf: Falsche Identität, Ausreisepflicht aufgrund unerlaubter Einreise, Verdacht auf Abschiebungsentziehung. Das AG übernahm die Sicht der ABH und verhängte die beantragten drei Monate Haft. In der Haft stellte J einen Asylantrag. Dieser war nach sechs Wochen noch nicht bearbeitet worden, woraufhin J aus der Haft entlassen wurde. Das LG entschied, dass die ersten vier Wochen Haft nach der Asylantragsstellung rechtmäßig waren. Danach hätte er wegen des nicht bearbeiteten Asylantrages entlassen werden müssen. Dadurch waren die folgenden 14 Tage unrechtmäßig.

2. Festnahmesituation – Racial Profiling

Als eine der letzten Amtshandlungen der Regierung Kohl V führte sie 1998 die sogenannte ‚anlassunabhängige und verdachtslose Kontrolle' nach § 22 BPolG ein. Absatz 1a besagt:

> *„Zur Verhinderung oder Unterbindung unerlaubter Einreise in das Bundesgebiet kann die Bundespolizei in Zügen und auf dem Gebiet der Bahnanlagen der Eisenbahnen des Bundes (§ 3), soweit auf Grund von Lageerkenntnissen oder grenzpolizeilicher Erfahrung anzunehmen ist, daß diese zur unerlaubten Einreise genutzt werden, sowie in einer dem Luftverkehr dienenden Anlage oder Einrichtung eines Verkehrsflughafens (§ 4) mit grenzüberschreitendem Verkehr jede Person kurzzeitig anhalten, befragen und verlangen, daß mitgeführte Ausweispapiere oder Grenzübertrittspapiere zur Prüfung ausgehändigt werden, sowie mitgeführte Sachen in Augenschein nehmen."*

Dieser Paragraf hat das Ziel der Migrationskontrolle. Die Bundespolizei kontrolliert vor allem an und in der Nähe von Bahnhöfen und Flughäfen Menschen, bei denen sie annimmt, sie seien keine deutschen Staatsangehörigen und würden sich unerlaubt in Deutschland aufhalten. Hierbei wendet sie das sogenannte Racial Profiling an. Aufgrund von vermeintlicher oder tatsächlicher Herkunft, Hautfarbe oder anderen physiognomischen Merkmalen entscheidet sie, welche Personen kontrolliert werden. Das gezeigte Verhalten ist dabei irrelevant. Relevant sind einzig die rassifizierten äußerlichen Merkmale. Verweigerung der Kontrolle ist dabei nicht möglich. Sie kann zu Festnahme und Anzeige wegen Widerstands gegen Vollstreckungsbeamte und Beleidigung führen (Busch 2013: S.3f).
Offiziell wird Racial Profiling geleugnet. Die Kriterien der Kontrolle seien wie im Gesetz vorgeschrieben „polizeiliche Erfahrungswerte und aktuelle Lageerkentnisse". 2012 befand das Verwaltungsgericht Koblenz die Praxis des Racial Profiling als rechtmäßig. Es argumentierte:

> *„wie – wenn nicht durch phänotypische Zuschreibungen – [könne] die Polizei auf die Eigenschaft eines Menschen als Nichtdeutschen schließen. Wenn ihr eine solche an Äußerlichkeiten anknüpfende Auswahl verwehrt wäre, so die implizite Logik, könne die Polizei auch keine Migrationskontrolle mehr durchführen" (ebd.: S.15).*

Wird eine Person, die vollziehbar ausreisepflichtig ist, von der Polizei kontrolliert, kann sie unter Umständen (siehe I 3. Rechtlicher Rahmen: Abschiebehaft im Aufenthaltsgesetz) in Abschiebehaft genommen werden. Auch bei B und E kann von einer Festnahme nach Racial Profiling ausgegangen werden. Im Bericht der Bundespolizei über die Festnahme von B wird als Festnahmegrund ‚Verdacht unerlaubter Aufenthalt' aufgeführt. Als Festnahmeort wird „[.] Hbf" genannt (B: S.1). Das Vernehmungsprotokoll zitiert B:

> *„dass ich wegen Widerstand gegen die Polizeibeamten und des Fahrens ohne Fahrerlaubnis vernommen werden soll. Außerdem wurde mir gesagt, dass ich der Ausländerbehörde übergeben werde. Ich habe einen Studienausweis, mit dem ich Bus und Bahn benutzen kann. Den Ausweis hatte ich aber nicht mit. [...] Aber ein Bekannter könnte die Sachen bringen. Zu dem Widerstand möchte ich sagen, dass ich Angst hatte. Ich hatte verstanden, dass alles ganz schlimm sei und so hatte ich mich nicht unter Kontrolle. Deshalb wollte ich auch weglaufen. Ich wollte aber niemanden verletzen" (B: S.3).*

Aussagen der vernehmenden Polizisten finden sich nicht im Vernehmungsprotokoll. Auch in den anderen Dokumenten fehlt es an Stellungnahmen zur Festnahmesituation.

Im Haftantrag der Bundespolizei gegen E wird aufgeführt, dass dieser in einem Zug aus den Niederlanden ohne Grenzübertrittdokumente nach Deutschland einreiste. Ebenso konnte er keinen Pass oder Aufenthaltstitel vorlegen. Daraufhin wurde er zur Dienststelle verbracht (E: S.2). Auch in der Akte zu E finden sich keine Aussagen über den Grund der Kontrolle.

C, D, J wurden an ihrem Arbeitsplatz festgenommen. Im Haftbefehl gegen D wird aufgeführt, dass er einer ‚unerlaubten Arbeitstätigkeit' nachging.

> *„Der Beschuldigte wurde auf frischer Tat betroffen bzw. verfolgt und festgenommen" (D: S.2).*

Aussagen zu den Gründen und der Rechtsgrundlage, warum diese Arbeitsstelle und genau diese Person überprüft wurden, lassen sich in der Akte nicht finden.

C und J wurden im Rahmen von sogenannter ‚Schwarzarbeitsbekämpfung' von Angestellten des Hauptzollamtes an ihrem Arbeitsplatz kontrolliert. ‚Schwarzarbeit' bedeutet in diesem Fall, dass es den betroffenen Menschen gesetzlich verboten war zu arbeiten. Dass sie es doch taten wurde nicht geduldet, sondern bekämpft. Bekämpft werden muss eine*n Gegner*in, etwas Schlechtes oder Böses. Dabei waren es Tätigkeiten, die keinem Menschen schadeten. Im Gegenteil: In der Regel wird es begrüßt, wenn Menschen durch Arbeit ihren Lebensunterhalt erwerben. Die Erfolgsaussicht auf Bekämpfung von irregulärer Arbeit ist indes vergleichbar mit der der ‚Bekämpfung von Migration'. Eine Schattenökonomie der Armen, Überflüssigen und vom Arbeitsmarkt ausgeschlossenen hat es schon immer gegeben und wird es mindestens so lange geben wie Menschen sozial ausgeschlossen werden (Cremer-Schäfer/Steinert 1998: S.48).

Die angegebenen Personalien von C ließen sich nicht im Ausländerzentralregister finden, woraufhin die ABH in ihrem Haftantrag ausführt:

> *„Wegen des Verdachts des unerlaubten Aufenthaltes erfolgte zunächst die Verbringung des o.G. ins Polizeigewahrsam" (C: S.1).*

Im Fall von J schreibt die ABH im Haftantrag, dass Angestellte des Hauptzollamtes bei der Kontrolle Fälschungsmerkmale am vorgelegten Pass auffielen.

> *„Aufgrund des Verdachts des illegalen Aufenthaltes erfolgte eine Verbringung des [.] in das Polizeigewahrsam" (J: S.10).*

Zu C fanden sich keine weiteren Aussagen. Zu J vermerkte das Hauptzollamt, dass die Kontrolle nach § 2 ff. SchwarzArbG erfolgte. In Absatz 1 Nr. 4 besagt es, dass die

> *„Behörden der Zollverwaltung prüfen, ob [...] Ausländer und Ausländerinnen a) entgegen § 4 Absatz 3 Satz 1 und 2 des Aufenthaltsgesetzes beschäftigt oder beauftragt werden oder wurden oder b) entgegen § 284 Absatz 1 des Dritten Buches Sozialgesetzbuch beschäftigt werden oder wurden".*

Wie bei den Kontrollen nach § 22 BPolG werden auch nach dieser Vorschrift explizit ‚Ausländer und Ausländerinnen' gesucht, womit sie ebenfalls nur mit Mitteln des Racial Profilings umzusetzen ist.

Die Kontrolle und Verhaftung von I erfolgte wegen des Verdachts, dass er gefälschte Eintrittskarten verkaufe (I: S.3). Ein detaillierter Bericht fehlt. Zur Festnahme von A lassen sich überhaupt keine Angaben finden. G und H wurden auf der ABH verhaftet, als sie sich registrieren bzw. ihre Duldung verlängern lassen wollten. F wurde nach einer abgebrochenen Abschiebung unter Kontrolle der Polizei belassen.

Dass die Kontrollpraxis der Polizei und anderer Institutionen sozialer Kontrolle im Verlauf der Fälle keine Rolle spielen, zeigt den gesellschaftlichen Konsens, wonach diese Akteur*innen Spezialist*innen seien, die ‚Kriminelle' und andere Abweichler zielsicher aufspüren und ihre Methoden nicht zu diskutieren seien (Smaus 1998: S.182).

3. Anhörungen Pro Forma

Amtsgerichts

Geschäfts-Nr.:

Gegenwärtig:

Richter am Amtsgericht
als Richter

Justizbeschäftigte
als Protokollführerin

In der Abschiebehaftsache des Staatsang.
erschien vorgeführt der Betroffene und als Dolmetscherin Frau
die sich auf den allgemein geleisteten Eid berief.
Herr vom

Die vollständige Akte der Ausländerbehörde liegt vor.

Der Betroffene wurde darauf hingewiesen, dass es ihm freistehe sich zu äußern oder nichts zur Sache zu sagen und er jederzeit einen Beistand hinzuziehen darf.

Dem Betroffenen wurde der Antrag der Stadt vom
ausgehändigt und sodann von der Dolmetscherin übersetzt.

Der Betroffene wurde angehört und erklärte:
Ich habe doch nichts gemacht. Warum werde ich also weiter verhaftet. Ich möchte sterben, aber nicht zurück in meine Heimat. Ich habe sehr viele Probleme dort.

Es wurde der anliegende Beschluss (Abschiebehaftbefehl) verkündet.
Der Betroffene erklärte:
Ich verzichte auf eine mündliche Übersetzung und bitte um eine schriftliche Übersetzung.

Der Betroffene erhielt eine Ausfertigung des Beschlusses nebst Rechtsmittelbelehrung ausgehändigt.

Er wurde darüber belehrt, dass das zuständige Konsulat benachrichtigt werden kann.

Der Betroffene wurde befragt, ob jemand von seiner Verhaftung informiert werden soll.

Der o.g. Ausländerbehörde wurde eine Ausfertigung erteilt.

Aufnahmeersuchen an die zuständige UfA wurde erteilt.

Richter am Amtsgericht

Justizbeschäftigte

Anhörungsprotokoll von G

Wird ein Antrag auf Abschiebehaft gestellt, so kommt es zu einer Verhandlung beim zuständigen AG. Dabei muss die betroffene Person angehört werden. Die persönliche Anhörung gehört zu den Verfahrensgarantien aus Art. 104 GG. Sie gewährleistet das rechtliche Gehör nach Art. 103 Abs. 1 GG und dient der Sachverhaltsermittlung. Ist der*die Betroffene anwaltlich vertreten, muss auch sein*e oder ihr*e Anwält*in zum Anhörungstermin geladen werden. Von der Anhörung wird ein Anhörungsprotokoll angefertigt, das die Aussagen des*der Betroffenen wiedergeben soll.

In den Akten von C, D und I waren keine Anhörungsprotokolle zu finden. Die Aussagen von A sind auf ca. einer Seite gedruckt. Alle anderen Anhörungsprotokolle beinhalten nicht mehr als ein Drittel einer Seite, teilweise nur drei Zeilen, zu dem Gesagten der Betroffenen. Alle Anhörungsprotokolle sind vom AG. In diesen Fällen hat keine höhere gerichtliche Instanz angehört. Zweimal waren Angestellte der ABH, einmal ein Bundespolizist und einmal eine PdV anwesend. Nur in einem Fall wurden Aussagen der ABH in das Anhörungsprotokoll aufgenommen. Ebenso fand sich nur in einem Anhörungsprotokoll eine auf den Fall spezifische Aussage eines Richters. Die Anhörungsprotokolle haben ein vorgefertigtes Layout mit vorgefertigten Textbausteinen. Manche weisen auch Ankreuzfelder auf. Diese beziehen sich auf Formalien eines jeden (Abschiebehaft-)Verfahrens, wie zum Beispiel:

> *„Ihm wurde die Antragsschrift übergeben, vorab übersetzt, seinem wesentlichen Inhalt nach bekannt gegeben und erörtert. Er erklärte auf Befragung und nach Belehrung über sein Schweigerecht und sein Recht auf Anwaltskonsultation: […]" (J: S.13f)*

Bis auf in dem Anhörungsprotokoll zur Haftverlängerung von A tauchen keine Reaktionen der Richter*innen auf die Aussagen der Betroffenen auf. Ebenso tauchen sie fast nie im Haftbeschluss auf. Die Abschiebung von A konnte in den ersten drei Monaten nicht durchgeführt werden, da seine Heimatbotschaft ihm kein PEP ausstellte. Zunächst erklärt er, er habe verschiedene gesundheitliche Probleme. Danach handeln seine niedergeschriebenen Aussagen über seine Personalien. Dieser Themenwechsel wurde vom Richter veranlasst:

> *„[…] Der Betroffene wird gefragt, ob er nach Deutschland gekommen sei, um sich hier behandeln zu lassen. […] Auf Veranlassung des Gerichts schreibt der Betroffene seine Personalien auf einen Zettel […]. Der Betroffene wird gefragt, ob er auch andere Personalien benutzt habe" (A: S.15).*

A erklärte weiterhin, dass seine angegebenen Personalien richtig seien. Seine Haft wird danach noch zwei weitere Male um drei Monate verlängert. Auch in der vierten Anhörung bleibt er bei diesen Personalien:

„Er erklärt ihm sei gesagt worden, er werde bis Neujahr abgeschoben. Dieses habe ihm die Botschaft mitgeteilt. Hiermit sei er auch einverstanden, weil er keine andere Wahl habe. Er sei bereits 9 Monate in Haft und wolle jetzt nach Hause. […] Auf welchen Namen er abgeschoben werden solle, wisse er nicht. Er sei nur 5 Minuten in der Botschaft gewesen. Ihm sei es auch egal auf welchen Namen er abgeschoben werde. Auf Vorhalt erklärt der Betroffene noch einmal, dass er nicht diejenige Person sei, die den Aliasnamen trage“ (A: S.22).

Das AG hat bei jeder Haftverlängerung schlicht die Perspektive der ABH übernommen, ohne zu prüfen, ob die Beschaffung eines PEP an anderen Gründen als der vorgeworfenen Identitätstäuschung scheiterte.

In einem offenen Brief einer Gefangeneninitiative wollten 88 Inhaftierte der JVA Büren auf die Missstände in der Anhörungspraxis des AG und LG Paderborn aufmerksam machen. Sie berichten auch über ähnliche Fälle:

„Obwohl ein Gefangener seine richtigen Personalien angegeben hat, behauptet die Ausländerbehörde, er hätte falsche Angaben gemacht. Sie begründet es damit, daß sie schon vor zwei Jahren Papiere bei der Botschaft beantragt hat, diese weigerte sich jedoch schon damals Papiere auszustellen. Der Betroffene weiß nicht mehr, was er machen soll, da alle seine Angaben richtig sind. Das Amtsgericht hätte in diesem Fall seine Angaben überprüfen müssen und nicht einfach den Aussagen der Ausländerbehörde Glauben schenken sollen“ (Gockel 1999: S.9).

In einem zweiten offenen Brief erklärt die Gefangeneninitiative:

„Es kann den Gefangenen nicht angelastet werden, daß die Ausländerbehörden nicht in der Lage sind, Papiere für ihn zu besorgen. […] Es gibt Länder, die sich grundsätzlich weigern, ihre Landsleute zurückzunehmen. Hier findet in unseren Augen keine ausreichende Prüfung statt“ (ebd.: S.14).

In den vorliegenden Anhörungsprotokollen und Haftbeschlüssen ist ein systematischer Ausschluss der Perspektiven der Betroffenen zu sehen. Es ist keine Frage vermerkt, die auf die Überprüfung der Haftgründe zielt. Den Betroffenen wird zwar allgemein die Möglichkeit der Stellungnahme zum Haftantrag gegeben. In ihren Statements äußern sie sich jedoch nicht zu den juristisch relevanten Punkten. Dies ist der Unkenntnis über das Abschiebehaftrecht und dem Mangel einer Pflichtverteidigung geschuldet. Auf ihre Äußerungen folgen keine Reaktionen. Ebenso werden keine spezifischen Fragen zum Sachverhalt gestellt. Nicht nur das Anhörungsprotokoll ist in der Regel sehr kurz, sondern auch die Anhörung selbst. Die Bürener Gefangeneninitiative berichtet von Anhörungen für sieben Personen, die 24 Minuten dauerten, was weniger als dreieinhalb Minuten pro Person entsprechen (ebd.: S.4). Auch Gefangene aus dem Abschiebegefängnis Berlin-Köpenick berichten davon, dass die Anhörungen sehr kurz dauern und nur als Formalität erscheinen:

> *„Das Gericht ist ein Ort, an dem erwartet wird, dass Du Fragen stellst und Antworten gibst und deine eigene Sache vertrittst. Ich stand schon vor Gericht, ich weiß, was ein Gericht ist. Also sagst du bitte/ manchmal bekommst du sogar 15 oder 30 Minuten Zeit, um zuerst Stellung zu nehmen, der Richter gibt dir diese Zeit zu reden. Später, nachdem du dich erklärt hast, wird der Richter wichtige Dinge herausstellen, Fragen, die er dir dann stellt. Dann fragt der Richter, von diesen Fragen ausgehend: Sie haben das und das gesagt. Aber hier ist das nicht so. Die Ausländerbehörde spricht zuerst, es ist bloß eine Formalität, dass man vor Gericht steht" (Hemmerling/Holz 2002: S.59).*

> *„Du gehst dahin, sie sagen dir/ vielleicht dauert es fünf bis zehn Minuten mit dem Richter. Der Richter sagt: ja, Sie sind illegal hier, deshalb muss ich Sie für drei Monate hier behalten" (ebd.: S.60).*

Nach Ende der Anhörung wird der Beschluss verkündet. Ein weiteres Indiz für den schlichten Formalitätscharakter der Anhörung ist die Tatsache, wie der Rechtsanwalt Michael Sack berichtet, dass die Beschlüsse meistens schon vor der Anhörung fertig geschrieben worden sind und den Beteiligten nur noch überreicht werden (Sack 2011: S.1).

Von den Aussagen des*der Betroffenen werden anscheinend keine neuen Erkenntnisse oder Beweise erwartet. Wichtig ist nur, was die beteiligten Behörden bereits zuvor in den Akten festgehalten haben (Löschper 1999: S.109f). Durch die Anhörung sollen nicht fehlende Informationen ans Licht gebracht werden, sondern schon vorhandene Informationen präsentiert werden (ebd.: S.219). Ebenso wird sich durch die eingespielten Interaktionen zwischen den Akteur*innen des Gerichtsverfahrens gegenseitig „versichert", Träger des Rechtsstaats zu sein.

> *„Das richterliche Urteilen kann in ethnomethodologischer Betrachtung nicht mehr als vorfindbares Merkmal der sozialen Realität, als unproblematischer Vorgang gelten, sondern ist als praktische Leistung anzusehen, die konkrete Personen in konkreten Situationen interaktiv hervorbringen und sich gegenseitig darstellen. […] Gegenseitig wird die Vernünftigkeit des Handelns unterstellt und von der Erklärbarkeit und Darstellbarkeit des Tuns ausgegangen. […] Soziale Realität, ihre Stabilität und Ordnung existieren nicht einfach. All ihre Merkmale, Vorgänge und Strukturen usw. sind nicht schlicht vorhanden, sondern werden immer wieder mittels der Methoden des Alltagswissens in kooperativer, interaktiver Weise der Beteiligten hervorgebracht und aufrechterhalten" (ebd.: S. 87).*

In diesem Sinne kann auch die Presseerklärung der Paderborner Landgerichtspräsidentin auf den offenen Brief der Bürener Gefangeneninitiative gedeutet werden. Sie richtet ihre Antwort nicht an die Gefangenen, sondern an die Öffentlichkeit.

> *„Bedauerlicherweise ist [der offene Brief] erst jetzt auch den Gerichten übersandt worden. Deshalb ist es erst im Nachhinein möglich, das der Öffentlichkeit durch diesen Brief übermittelte falsche Bild zu korrigieren" (Gockel 1999: S.18).*

Im Folgenden referiert sie die vorgesehenen Regeln des Verfahrensablaufs. Dabei geht sie an keiner Stelle konkret auf die vorgebrachten Punkte der Gefangeneninitiative ein. Dadurch, dass deren Darstellungen nicht mit den vorgesehenen Regeln übereinstimmen, können sie nicht richtig sein. Die Richter würden „jedem berechtigten Anliegen" nachgeben. Die erhobenen Vorwürfe seien jedoch falsch (ebd.). In einem weiteren Antwortschreiben ergänzt sie, dass Einzelschicksale nicht verallgemeinert werden dürften (ebd.: S.20). Im zweiten offenen Brief, der als Erwiderung auf diese Presseerklärung fungierte, zeigten sich die Gefangenen enttäuscht, darüber, dass die Landgerichtspräsidentin nicht den direkten Dialog mit ihnen suchte, sondern vermittelt über eine Presseerklärung und Antwortschreiben, die an Mitglieder der unterstützenden Menschenrechtsorganisation gerichtet waren. Des Weiteren wünschten sie sich eine weitere Stellungnahme, in der sie auf die Punkte konkret eingeht, sie überprüft und Veränderungen veranlasst.

> *„Anhörungen [...] waren, in der in dem ersten öffentlichen Brief beschriebenen Form, die Regel. Ausnahmen gab es, wenn Rechtsanwälte oder Personen unseres Vertrauens anwesend waren. Wir bitten daher, auch um die Diskussion auf einer sachlichen Ebene weiterzuführen, die Mitarbeiter der JVA Büren, die die Zuführungen zum Amtsgericht durchführen, hierzu zu befragen und evtl. eidesstattliche Versicherungen einzuholen. Schade, daß Herr Richter Berg zu den gemachten Forderungen sich bisher noch nicht persönlich geäußert hat. Wir fragen uns allerdings, woher sich die Präsidentin so gut mit der Entscheidungspraxis auskennt, da sie unseres Wissens nach in der letzten Zeit nicht an Anhörungen teilgenommen hat, die übrigens nicht beim Amtsgericht Paderborn stattfinden, sondern direkt in der JVA abgehalten werden" (ebd.: S.15).*

Die Gefangeneninitiative richtete ihre offenen Briefe ebenso an verschiedene Politiker*innen und Mitglieder von zuständigen Gremien. Entweder erhielten sie keine Antwort, Beschwichtigungen ohne konkrete Folgen oder kurze Mitteilungen, dass die Briefe erhalten wurden und an entsprechende Stellen weitergeleitet wurden (ebd.: S.17-40). Diese Auseinandersetzung ist zwar vor 20 Jahren geführt worden, doch eine fehlerhafte Anhörungspraxis ist auch heute noch die Regel.

> *„Führten Fehler bei der Übersetzung und Aushändigung des Haftantrages wegen eines Verstoßes gegen den Anspruch auf rechtliches Gehör nach Artikel 103 Absatz 1 Grundgesetz früher zur Rechtswidrigkeit der Haftanordnung, so soll dies nach Ansicht des BGH heute nur dann gelten, wenn das Verfahren ohne diesen Fehler zu einem anderen Ergebnis hätte führen können. Nur: Wie soll dies im Nachhinein festgestellt werden?" (Öztürkyılmaz 2019: S.26).*

4. Haftanträge

Ø Betroffener

DER LANDRAT

Amtsgericht
-Haftrichter-

Eilt – Bitte umgehend dem Haftrichter vorlegen!!!

Verwaltungsgebäude
Organisationseinheit Aufenthalts- und Staatsangehörigkeitsrecht
Sachbearbeiter/in Herr
Telefondurchwahl
Telefax
E-Mail
Zimmer-Nr.
Aktenzeichen
Datum

<u>**Betr.:**</u> **Antrag auf Anordnung von Abschiebungshaft (Sicherungshaft)**
<u>**hier:**</u>
zuletzt wohnhaft:

<u>**Anlg.:**</u>
a) Bescheid des BAMF vom
b) Abschlussmitteilung des BAMF vom
c) Kopie Flugbestätigung
d) Kopie des Laissez-Passer
e) Vermerk über den Ablauf der Maßnahme vom heutigen Tage

Die bei meiner Ausländerbehörde geführte Ausländerakte des o.g. Ausländers liegt zu Ihrer Kenntnisnahme bei. Nach erfolgter Einsichtnahme bitte ich um Rückgabe des Vorgangs an meine Ausländerbehörde.

Aufgrund des § 62 Abs. 3 Satz 1 Nr. 5 des Gesetzes über den Aufenthalt, die Erwerbstätigkeit und die Integration von Ausländern im Bundesgebiet -Aufenthaltsgesetz- (AufenthG) vom 30. Juli 2004 (BGBl. I S. 1950) in Verbindung mit den §§ 415 Abs. 1 und 417 des Gesetzes über das Verfahren in Familiensachen und in den Angelegenheiten der freiwilligen Gerichtsbarkeit (FamFG) vom 17.12.2008 (BGBl. I S. 2587) in der jeweils zur Zeit geltenden Fassung beantrage ich, zur Sicherung der Abschiebung des o.g. Ausländers die Anordnung von Abschiebungshaft (Sicherungshaft) bis **längstens zum Ablauf des**

Gleichzeitig beantrage ich, die sofortige Wirksamkeit der Entscheidung gemäß § 422 Abs. 2 FamFG anzuordnen.

Haftantrag von F

Begründung:

I.
Der o.g. Ausländer reiste am ██████ in das Bundesgebiet ein und beantragte am ██████ seine Anerkennung als Asylberechtigter. Mit Bescheid des Bundesamtes für Migration und Flüchtlinge (BAMF) vom ██████ wurde der Asylantrag als unzulässig angelehnt und die Abschiebung des o.g. Ausländers nach ██████ angeordnet.

Gegen diesen Bescheid erhob der o.g. Ausländer keine Rechtsmittel. Der Bescheid des BAMF erlangte daher am ██████ Rechtskraft.

Vor diesem Hintergrund wurde am ██████ für den o.g. Ausländer einen Abschiebungsflug nach Spanien gebucht. Durch die hierfür zuständige Zentrale Ausländerbehörde (ZAB) der Stadt ██████ wurde mit Schreiben vom ██████ ein Rückführungsflug für den ██████ bestätigt.

Heute Morgen wurde durch Mitarbeiter meiner Ausländerbehörde die Unterkunft des o. g. Ausländers, ██████ zwecks Ingewahrsamnahme und Verbringung zum Flughafen aufgesucht. Der o. g. Ausländer wurde angetroffen und es wurde ihm erläutert, dass er auf Grund der Entscheidung des Bundesamtes für Migration und Flüchtlinge nach ██████ abgeschoben werden soll.

Der Ausländer erklärte sich hierzu zunächst bereit und folgte den Anweisungen der Mitarbeiter meiner Ausländerbehörde. Während eines Halts in ██████ wurde dem Ausländer am Kreishaus nochmals die Gelegenheit gegeben auf die Toilette zu gehen. Auf dem Weg zurück in das Transportfahrzeug, leistete der o.g. Ausländer jedoch derart Widerstand, so dass die Maßnahme trotz Anwendung des unmittelbaren Zwanges abgebrochen werden musste.

Bereits zu diesem Zeitpunkt war zu erwarten, dass eine Fortführung der Maßnahme spätestens am Flughafen scheitern würde. Dem o.g. Ausländer wurde die Festnahme erklärt und er wurde in dem Polizeigewahrsam in ██████ zugeführt.

II.
Gegen den o.g. Ausländer wurde mit bestandskräftigem Bescheid des BAMF vom ██████ gemäß § 34a Abs. 1 Satz 1 AsylG die Abschiebung nach ██████ angeordnet, da ██████ nach Art. 18 Abs. 1d Dublin III VO für die Durchführung seines Asylverfahrens zuständig ist.

Der o. g. Ausländer ist der angeordneten Abschiebung jedoch nicht nachgekommen, sondern hat durch Widerstand gegen Vollstreckungsbeamte und Eigen- sowie Fremdgefährdung am Morgen des heutigen Tages in Kenntnis der ihm unmittelbar drohenden Zwangsmaßnahme diese zum Scheitern gebracht.

Es ist daher festzustellen, dass gegen den o. g. Ausländer der begründete Verdacht besteht, dass dieser um sich der bevorstehenden Abschiebung zu entziehen, sonstige konkrete Vorbereitungshandlungen (Eigen- und Fremdgefährdung) von vergleichbarem Gewicht vorgenommen hat, die nicht durch Anwendung unmittelbaren Zwangs überwunden werden können.

Der Haftgrund des § 62 Abs. 3 Satz 1 Nr. 5 i. V. m. § 2 Abs. 14 und 15 Satz 1 AufenthG ist somit erfüllt.

Insgesamt überwiegt im Rahmen der anzustellenden Ermessensausübung das öffentliche Interesse an der Sicherung der Durchführung der Abschiebung des o.g. Ausländers das private Interesse des o.g. Ausländers an einem Absehen von der Anordnung von Abschiebungshaft.

./.

Haftantrag von F

Aufgrund des geschilderten Sachverhaltes ist auch kein ~~milderes Mittel ersichtlich,~~ welches dem hier beabsichtigten Zweck ebenso Genüge tun würde. Es ist daher festzustellen, dass auch der Grundsatz der Verhältnismäßigkeit gewahrt wird.

Der Ausländer ist aufgrund des zwischenzeitlich bestandskräftigen Bescheides des BAMF vom █████ gemäß § 58 Abs. 2 Satz 2 AufenthG vollziehbar ausreisepflichtig. Der Ausländer ist gemäß § 58 Abs. 1 AufenthG abzuschieben, da die freiwillige Erfüllung der Ausreisepflicht nicht gesichert ist und eine Überwachung der Ausreise erforderlich scheint.

Gemäß § 58 Abs. 3 Nr. 4, 5 und 7 AufenthG ist die Überwachung der Ausreise eines Ausländers insbesondere erforderlich, wenn der Ausländer mittellos ist, keinen Pass oder Passersatz besitzt und zu erkennen gegeben hat, dass er seiner Ausreisepflicht nicht nachkommen wird. Diese Voraussetzungen werden durch den o.g. Ausländer allesamt nachweislich erfüllt.

III.

Der o.g. Ausländer ist gemäß § 34a Abs. 1 Satz 1 Asyl i.V.m. Art. 18 Abs. 1d Dublin III VO in den für sein Asylbegehren zuständigen Staat █████ abzuschieben. Die █████ Behörden haben einer Rückübernahme des o.g. Ausländers zugestimmt. Eine Überstellung des o.g. Ausländers nach █████ ist aktuell bis zum █████ möglich.

Die Abschiebung des o.g. Ausländers nach █████ wird mit einem vom BAMF ausgestellten Laissez-Passer vollzogen. Das Original dieses Laissez-Passer liegt meiner Ausländerbehörde bereits vor. Weitere Dokumente sind für die Durchführung der Abschiebung nicht erforderlich.

Die für die Buchung eines erneuten Abschiebungsfluges zuständige ZAB █████ Frau █████ erklärte auf telefonische Anfrage vom heutigen Tage, dass die Bereitstellung eines erneuten Abschiebungsfluges mit Sicherheitsbegleitung bis zum █████ möglich ist.

Vor diesem Hintergrund wird beantragt, gegen den o. g. Ausländer Abschiebungshaft bis zum Ablauf der Überstellungsfrist am █████ zu verhängen.

Sofern sich im Laufe des Verfahrens herausstellen sollte, dass die Abschiebung des o.g. Ausländers entgegen der bisher vorliegenden Informationen doch noch bereits zu einem früheren Zeitpunkt möglich ist, werde ich umgehend eine entsprechende Verkürzung der Haftdauer beantragen.

Abschließend ist festzustellen, dass aufgrund des oben geschilderten Sachverhaltes der Ausschlussgrund des § 62 Abs. 3 Satz 4 AufenthG der Anordnung von Abschiebungshaft gegen den o.g. Ausländer nicht entgegen steht.

IV.

Laut den mir vorliegenden Unterlagen ist derzeit kein Strafverfahren gegen den o.g. Ausländer anhängig. § 72 Abs. 4 AufenthG steht somit der Anordnung von Abschiebehaft nicht entgegen.

Hinderungsgründe im Sinne der §§ 60 und 60a AufenthG stehen der Anordnung von Abschiebungshaft gegen den o.g. Ausländer ebenfalls nicht entgegen. Anderweitige Hinderungsgründe sind nicht ersichtlich und wurden bisher auch nicht vorgetragen.

Die Vollstreckung der beantragten Abschiebungshaft wird in der Unterbringungseinrichtung für Ausreisepflichtige in Büren vollzogen.

Im Auftrag

█████

17

Haftantrag von F

Der Haftantrag ist das Dokument, das die Polizei veranlasst eine Person einer*m Haftrichter*in vorzuführen. Es veranlasst des Weiteren die Einberufung eines Gerichtsverfahrens und eine richterliche Entscheidung über den Haftantrag, die dann in das nächste institutionelle Dokument, den Gerichtsbeschluss, mündet. Der Haftantrag ist das Dokument, das den ganzen Abschiebehaftprozess initiiert. Er soll Darlegungen zu der zweifelsfreien Ausreisepflicht, zu den Abschiebevoraussetzungen, zu der Erforderlichkeit der Haft, zu der Durchführbarkeit der Abschiebung und zur notwendigen Haftdauer beinhalten (§ 417 Abs. 2 S. 1 FamFG). Die Ausführungen (und auch Auslassungen) im Haftantrag werden Hauptgegenstand während des gesamten (Beschwerde-)Verfahrens sein.

Es liegen 13 Haftanträge vor. Neun davon sind Erstanträge und vier Verlängerungsanträge. Zehn sind von Ausländerbehörden, zwei von zentralen Ausländerbehörden und einer von der Bundespolizei gestellt worden. Die Anträge unterscheiden sich unabhängig vom Inhalt auch äußerlich bzw. formal deutlich. Ist er von einer ABH gestellt, prangt entweder oben in der Mitte oder oben rechts das Logo der jeweiligen Stadt oder Landkreises mit entsprechendem „Untertitel“ der Oberbürgermeister bzw. die Landrätin z.B. „Stadt. City. Ville. Bonn. Der Oberbürgermeister“. Die Antragstellenden melden sich nicht als einfache Angestellte einer Behörde, sondern mit der Befugnis im Namen des*r höchsten Repräsentant*in ihres Zuständigkeitsbereichs zu handeln. Es ist auch ein Ausweis, dass sich hier ein „professioneller Akteur“ zu Wort meldet. Jemand, der nicht mehr beweisen muss, vernünftige Handlungen zu vollziehen.

Der Umfang der vorliegenden Haftanträge beträgt zwischen zwei und acht Seiten. Der Beginn der Haftanträge folgt dem gleichen Muster. Die Personalien des*der Betroffenen, die Haftgründe mit entsprechendem Paragrafen und die beantragte Haftdauer werden aufgeführt. Beim Haftantrag gegen A fehlt als einzigem die Haftdauer. Hier verzichtet die ABH auch sonst auf längere Ausführungen ihres Anliegens. Als Vordruck sind 15 Paragrafen bezüglich der Haftgründe und der Notwendigkeit der Haft aufgeführt, die die ABH entsprechend angekreuzt oder offengelassen hat (A: S.1f). Andere ABH begründeten ihren Haftantrag ausführlicher und strukturierten ihren Text mit entsprechend gekennzeichneten Überschriften (z.B. I: S.13ff). Wiederum andere ABH legten anscheinend keinen Wert auf gute Lesbarkeit ihrer Anträge und legten Textwüsten vor, in denen neben der Formatierung auch die Syntax ausbaufähig ist (z.B. H: S.13ff). In den meisten Anträgen wurde die Person gegen die Abschiebehaft beantragt wurde als „Betroffener“ oder „o.G.“ (oben Genannter) im laufenden Text bezeichnet. Bei G wurde sein Name bei jeder Nennung voll ausgeschrieben (G: S.34ff). Im einzigen vorliegenden Haftantrag der Bundespolizei wurde E sowohl als „Betroffener“ als auch als der ‚Beschuldigte‘ bezeichnet (E: S.1ff). Bei F wurde „o.g.“ jedes Mal mit einem ‚Ausländer‘ versehen (F: S.16f).

Die antragstellende Behörde kann hier ihre Definitionsmacht ausspielen. Sie hat den Zugang zu den gesamten Akten betreffend der Person (v.a. die sogenannte ‚Ausländerakte'). Der Definitionsprozess durch die Behörde beginnt aber nicht erst mit dem Abschiebehaftverfahren. Sie beginnt mit dem ersten Blatt einer neu angelegten Akte. Menschen ohne deutschen Pass, die in Deutschland das Asylverfahren oder ein anderes Verfahren zur Erlangung eines Aufenthaltstitels durchlaufen, können dem Kontakt mit der ABH und deren Interpretation/ Definition über ihre Migration nicht entgehen. Nicht nur ihre „Erzählungen" werden interpretiert. Aus ihnen und allen persönlichen, telefonischen und schriftlichen Interaktionen werden auch so etwas wie Charaktereigenschaften extrahiert. Dieses Bild des Charakters ist Grundlage für gegenwärtige und zukünftige Verantwortungszuschreibungen oder Kriminalisierungen von vermeintlichem oder tatsächlichem Verhalten. In diesem Prozess wird nicht nur nach dem Verhalten gefragt, sondern auch nach der Bewusstheit und Intention des*der Handelnden.

> *„Die Bewußtheit des Akteurs sei besonders für den legalen Entscheidungsprozeß wichtig, in welchen zwischen a) intentionaler Handlung, b) Zwischenfall bzw. Zusammentreffen von Umständen (incidental action) und c) Unglücksfall oder Zufall (accidental action) unterschieden wird" (Smaus 1998: S.127).*

Ein*e Beobachter*in schreibt einem vermeintlichen oder tatsächlichem Verhalten die Eigenschaft kriminell zu, wenn er*sie der handelnden Person (kriminelle) Intention zuschreibt. Die Intention wiederum wird gefolgert aus Annahmen des Wissens und Fähigkeiten (stabile Eigenschaften eines Menschen/ Charaktereigenschaften) dieser Person.

> *„Zuschreibung der Intention und Dispositionen, die über den Sinn des Handelns entscheiden [werden] durch den Beobachter an den Eigenschaften (attributes) der Person des Handelnden festgemacht [.]. Dies wird als Eigenschaft-Ergebnis-Verbindung bezeichnet [...]. Kriminalität ist keine Eigenschaft des Verhaltens, sondern eine Eigenschaft, die einem Verhalten dann zugeschrieben wird, wenn dem Akteur (kriminelle) Intentionen zugeschrieben werden" (ebd.: S.128).*

Die „Annahmen über die stabilen Eigenschaften einer handelnden Person" beruhen ebenso auf den „stabilen Eigenschaften" der beobachtenden und zuschreibenden Personen. Diese machen ihre Annahmen im interaktionistischen Sinne immer auch situationsabhängig. Dabei werden sie auch

> *„im Besitz eines konkreten, wenngleich typisierten Wissens über ihre Umwelt sein müssen, wenn sie Sinn von Handlungen angemessen beurteilen sollen" (ebd.: S.129).*

In den untersuchten Fällen wurden fünf verschiedene Gründe für die beantragte Haft aufgeführt:

1. Verdacht sich der Abschiebung zu entziehen/‚Fluchtgefahr' (in 7 Haftanträgen)
2. bestehende Ausreisepflicht aufgrund unerlaubter Einreise (6)
3. Wechsel des Wohnortes ohne dies der ABH mitzuteilen/‚Untertauchen' (5)
4. Falsche Angaben zur Identität/Unterdrückung der richtigen und vollständigen Identität (4)
5. Widerstand während eines Abschiebeversuchs (2)

Der erste Haftgrund trat dabei immer in Verbindung mit einem der drei nachfolgenden auf. Diese wurden als „konkrete Anhaltspunkte" für den Verdacht der geplanten Abschiebungsentziehung bzw. der ‚Fluchtgefahr' herangezogen.

Bei B wurden die Haftgründe illegaler Aufenthalt und begründeter Verdacht sich der Abschiebung entziehen zu wollen aufgeführt. Es wird ausgeführt, dass er zunächst über ein Visum zum Zwecke des Studiums legal nach Deutschland einreiste. Dieser Aufenthaltstitel wurde aber widerrufen, sodass er sich seit über zehn Monaten in Deutschland illegal aufhielte.

> *„Die freiwillige Ausreise kann nicht als gesichert angesehen werden, vielmehr ist aufgrund des bisherigen Verhaltens davon auszugehen, dass der Betroffene im Falle einer Freilassung erneut untertauchen und sich hier illegal aufhalten wird. Nur durch Zufall wurde sein illegaler Aufenthalt bekannt" (B: S.6).*

Die Aussagen, die B im Rahmen seiner Vernehmung bei der Polizei gemacht hat, fanden sich mit keinem Wort im Haftantrag. Dort erklärte er, er habe seinen Wohnort gewechselt, weil er auch die Fachhochschule gewechselt habe. Er habe an seinem neuen Wohnort gelebt und studiert und sei nicht untergetaucht. Wegen der Schwierigkeiten mit dem Aufenthaltstitel hatte er einen Anwalt beauftragt (B: S.3f). Diesen Angaben ist die ABH nicht nachgegangen, sondern hat sie ignoriert. Darlegungen zu den Abschiebevoraussetzungen, zu der Durchführbarkeit der Abschiebung und zur notwendigen Haftdauer fehlen ebenfalls.

Nach der Verhängung der Abschiebehaft wurde sie für B noch drei Mal um jeweils drei Monate verlängert. Der zweite Verlängerungsantrag, der die Monate sieben bis neun in Haft initiierte, liegt ebenfalls vor. Der erste und dritte Verlängerungsantrag liegen nicht vor. Der vorliegende Verlängerungsantrag ist etwas kürzer als der erste Haftantrag. Zu den Haftgründen heißt es schlicht, diese bestünden aus den bisherigen Anträgen und Stellungnahmen fort (B: S.40). Die Abschiebung konnte bis dahin nicht durchgeführt werden, wegen Auseinandersetzungen um den gesundheitlichen Zustand von B. An ihm musste im Jahr zuvor eine Notoperation wegen einer schweren Erkrankung durchgeführt werden. Auf Anraten seiner Ärzte sollte er sich weiterhin schonen, behandeln lassen und nicht fliegen. Dies schilderte er dem Generalkonsulat seines Heimatstaates. Dieses entschied darauf hin:

> *„Aufgrund dieser Situation und aus ärztlich-humanitären Gründen, schlagen wir vor die Abschiebung zu verschieben" (B:S.18).*

Der erste geplante Abschiebeflug wurde storniert und die ABH verfasste einen ergänzenden Sachvortrag an das AG.

> *„Diese Erklärungen sind dem Betroffenen eindeutig zuzurechnen, weshalb dieser die eingetretenen Verzögerungen vollumfänglich zu vertreten hat. [...] sich von einem »unabhängigen« Facharzt untersuchen lassen zu wollen, [ist] nicht hinnehmbar. Offensichtlich ist der Betroffene bemüht seinen weiteren Aufenthalt zu erzwingen [...] durch seine Einflussnahme die Ausstellung des PEP verzögert. [...] wonach er nunmehr bereit sei freiwillig mit einem Schiff zurück zu kehren, überzeugen nicht. Mit Blick auf das Gesamtverhalten ist nach hiesigem Dafürhalten mit erneutem Untertauchen zu rechnen" (B: S.20).*

B wird die totale Verantwortung für das Handeln des Generalkonsulats zugeschoben. Die ABH unterstellt ihm das Generalkonsulat willentlich getäuscht zu haben. Die aufgeführten Begründungen sind phrasenhaft und kurz. Es wird nicht die Möglichkeit eingeräumt, dass das Generalkonsulat die eingereichten ärztlichen Untersuchungsberichte anders behandelt als die ABH. Die ABH zeigt sich über jede Möglichkeit eines Fehlers erhaben und reagiert auf jede Zuwiderhandlung mit Kriminalisierung. Im Verlängerungsantrag finden sich keine Ausführungen zu seinem Gesundheitszustand. Es wird lediglich auf die Ausführungen des LG hingewiesen. Diese liegen nicht vor. Die ABH schließt:

> *„Begründet durch seine weiterhin bestehende Verweigerungshaltung, die die Abschiebung letztendlich verhindert, ist ausschließlich ihm die Verzögerung der Rückführung zuzuschreiben. Aufgrund des o.g. Sachverhaltes ist die weitere Verlängerung der Haft zur Sicherung der Abschiebung [. . .] gerechtfertigt und auch im öffentlichen Interesse dringend geboten" (B: S.40f).*

Bei C wurde zunächst der Haftgrund der falschen Angabe über seine Identität aufgeführt. Es wird in einem kurzen Absatz ausgeführt, dass der zunächst angegebene Name weder im Ausländerzentralregister noch bei der Stadtverwaltung bekannt war. Nachdem C damit konfrontiert worden sei, gab er zu, dass seine Angaben falsch gewesen seien. Die ABH schlussfolgert daraus:

„Als […] Staatsangehörigen ist dem O.g. die Einreise / der Aufenthalt im Bundesgebiet ohne das erforderliche Visum nicht erlaubt. Ein Ausländer ist […] in Haft zu nehmen (Sicherungshaft), wenn der Ausländer auf Grund einer unerlaubten Einreise vollziehbar ausreisepflichtig ist" (C: S.2).

Der Haftantrag ist äußerst kurz. Darlegungen zu der zweifelsfreien Ausreisepflicht, zu den Abschiebevoraussetzungen, zu der Erforderlichkeit der Haft, zu der Durchführbarkeit der Abschiebung und auch zur notwendigen Haftdauer fehlen.

Die Haft wurde später noch einmal verlängert, da kein PEP organisiert werden konnte. Im Rahmen der „Hafthausbetreuung" wurde C über seine Pflicht zur Mitwirkung bei der Beschaffung von Heimreisedokumenten und der Durchführung der eigentlichen Abschiebemaßnahmen belehrt. Verweigerung der Mitwirkung führe zu längerer Abschiebehaft. Er ließ sich Fingerabdrücke abnehmen und füllte den PEP-Antrag aus. Aus Sicht der ZAB (die Zuständigkeit wurde durch ein Amtshilfeersuchen übertragen) tat er dies allerdings „nur sehr lückenhaft". Die Lücken konnte C nicht füllen, da er sein Heimatland schon im Alter von Zehn Jahren verließ und sein Vater nach einer Inhaftierung aufgrund der falschen Einstufung als Islamist gestorben sei. Seine Mutter sei danach verschwunden und er hätte dort auch sonst keine Verwandten, die ID-Nachweise besorgen könnten (C: S.8ff). Die ZAB beharrte weiterhin darauf, dass die verschiedenen Alias-Namen von C der Grund dafür seien, dass kein PEP organisiert werden konnte. Er solle den PEP-Antrag nochmal und vollständig ausfüllen.

„Er war zu keinem Zeitpunkt gewillt die Antragsunterlagen erneut auszufüllen oder die Freiwilligkeitserklärung abzugeben" (C: S.27).

Meint die ZAB es sei seine Pflicht eine ‚Freiwilligkeitserklärung' abzugeben? Das Wort freiwillig wird hier ähnlich verwendet wie bei der sogenannten ‚freiwilligen Ausreise'. Es wird Druck bei der Beratung erzeugt. Wenn den Anweisungen der Behörden nicht freiwillig gefolgt wird, sind harte Konsequenzen zu erwarten (z.B. Haft oder Abschiebung). Unter den Entscheidungsmöglichkeiten kann eher von gezwungener oder forcierter Freiwilligkeit gesprochen werden (Pieper 2008: S.336). Die von C angegebenen Gründe, warum er die Anträge nicht genauer ausfüllen konnte, wurden schlicht ignoriert.

Der ursprüngliche Haftantrag von D liegt nicht vor. Die Haftgründe im Haftbeschluss des AG lauten: Wechsel des Aufenthaltsortes ohne dies der ABH mitgeteilt zu haben und der Verdacht sich der Abschiebung entziehen zu wollen (D: S.1).

Der Verlängerungsantrag führt zunächst lange Erklärungen über den Ablauf des PEP-Verfahrens (D: S.20). Die Abschiebung konnte in den ersten drei Monaten nicht durchgeführt werden, da kein PEP organisiert werden konnte. Die Verantwortung dafür sieht die ABH bei D, da er im Rahmen einer Sprechstunde der Hafthausbetreuung keine Mitwirkung zu seiner Identifizierung gezeigt haben solle. Im zweiten JVA-Gespräch gab er dann Personalien an und Finger- und Handflächenabdrücke ab. Ebenso ließ er Lichtbilder anfertigen und füllte den PEP-Antrag aus. Dieser sei laut ABH jedoch lückenhaft ausgefüllt worden, weil keine Heimatadresse angegeben wurde. D sagte er sei mit Zwölf aus seinem Heimatland weggegangen und seine Eltern hätten ihn mittlerweile verstoßen. An die alte Adresse erinnere er sich nicht mehr, was die ABH anzweifelte. Bei einer Konsulatsvorführung sagte D, er käme nicht aus diesem Land, was nach der Einschätzung des Konsulatsmitarbeiters stimmte. In einem darauffolgenden Gespräch soll D behauptet haben, doch aus diesem Land zu stammen.

> *„Dieses Verhalten belegt eindeutig seine Absicht, bewusst widersprüchliche Angaben zu machen, um seine Identität zu verschleiern und seine Identifizierung unmöglich zu machen“ (D: S.23).*

Es lässt sich keine Aussage von D finden, warum er beim Konsulat eine andere Angabe gemacht hatte. Ebenso wird nicht über die politische Situation in diesem Land reflektiert und die Möglichkeit in Betracht gezogen, dass D Angst vor Repressionen gehabt haben könnte. Dies wird nur floskelhaft abgehakt.

> *„Abschiebehindernisse in die zuvor erwähnten Staaten liegen nicht vor“ (D: S.25).*

Bei E wurden die Haftgründe unerlaubte Einreise und Verdacht, sich der Abschiebung entziehen zu wollen aufgeführt. Nach der Festnahme wurden von E Fingerabdrücke genommen, die einen EURODAC[35]-Treffer für Belgien ergaben. In der Datenbank war festgehalten, dass E dort einen noch laufenden Asylantrag gestellt hat. Im Folgenden gibt es lange gesetzliche Ausführungen welche Papiere E gehabt haben müsste, aber nicht hatte, sodass seine Einreise als unerlaubt und sein Aufenthalt als illegal zu werten sei. Die einzige Aussage von E, die im Haftantrag vorkommt, ist die, dass er nicht freiwillig nach Belgien zurückkehre und auf der Dienststelle der Bundespolizei ein Asylbegehren stellte, dass offensichtlich nicht an das BAMF weitergeleitet wurde. Diese hätte E für die Dauer der Prüfung eine Aufenthaltsgestattung ausstellen müssen. Dadurch hätte er nicht in Abschiebehaft genommen werden dürfen. Die Bundespolizei hat hier durch die Nicht-Weiterleitung gesetzeswidrig gehandelt, kriminalisiert stattdessen aber E für die Stellung eines Asylantrages.

---

35 European Dactyloscopy: Fingerabdruck-Identifizierungssystem der EU für den Abgleich der Fingerabdruckdaten aller Asylsuchenden sowie von bestimmten Drittstaatsangehörigen und Staatenlosen über 14 Jahre.

„Es ist davon auszugehen, dass der Betroffene die Asylantragstellung nutzt, um illegal in den Schengenländern leben und arbeiten zu können. Augenscheinlich erscheint ihm sein Asylverfahren in Belgien als nicht bindend. Er setzt sich bewusst über das geltende europäische Recht hinweg und bringt in anderen Schengenländern ebenfalls Asylbegehren hervor. Sein eigentliches Asylverfahren und seine angebliche Schutzbedürftigkeit erscheinen hierbei egal zu sein. […] Aufgrund des oben aufgeführten Verhaltens ist hier davon auszugehen, dass der Betroffene ein Asylbegehren lediglich vorgetragen hat, um einer Zurückschiebung zu entgehen. Bis zur Entscheidung über die Zustimmung der Rückführung des Übernahmestaates soll sichergestellt werden, dass der Betroffene sich der ausländerrechtlichen Maßnahme nicht entzieht, da die Gefahr besteht, dass der Betroffene untertauchen und seinen Lebensunterhalt durch das Begehen von Straftaten sichern wird" (E: S.3).

Da E zuvor nicht in Deutschland registriert wurde, konnte die Polizei sich lediglich auf die EURODAC-Datenbank und ihre eigene Vernehmung stützen. Anderes Aktenmaterial, das über vermeintliches oder tatsächliches Verhalten von E berichtet, woraus „Charaktereigenschaften" hätten abgeleitet werden können, lag nicht vor. Die Bundespolizei hat E zunächst durch Racial Profiling kontrolliert und da er keine entsprechenden Papiere vorweisen konnte, festgenommen. Die Wahrnehmung eines Grundrechts wird als Mittel zur Begehung von Straftaten aufgefasst. Dies ist die Linie des rassistischen Diskurses über den ‚Missbrauch des Asylrechts' und ‚Kriminalität von Ausländern' (DISS 1992: S.19ff). Beabsichtigte Kriminalität wird schlicht behauptet ohne Belege und Indizien vorzulegen. Gleichzeitig wird die Schutzbedürftigkeit, die durch den Asylantrag anerkannt werden soll, angezweifelt. Des Weiteren reflektiert die Bundespolizei nicht darüber, dass E zum Zeitpunkt der Verhaftung erst 16 Jahre alt war und somit eher eine Einrichtung der Jugendhilfe anstatt ein Abschiebegefängnis die geeignetere „Unterbringungseinrichtung" wäre.

Bei F wurde der Haftgrund sonstige konkrete Vorbereitungshandlungen (Eigen- und Fremdgefährdung) zur Verhinderung der Abschiebung, die nicht mit unmittelbarem Zwang überwunden werden können, aufgeführt. Er sollte im Rahmen der Dublin-III-Verordnung nach Spanien abgeschoben werden. Auf dem Weg zum Flughafen sei auf einer Raststätte eine Toilettenpause eingelegt worden.

„Auf dem Weg zurück in das Transportfahrzeug, leistete der o.g. Ausländer jedoch derart Widerstand, so dass die Maßnahme trotz Anwendung des unmittelbaren Zwanges abgebrochen werden musste. Der o.g. Ausländer ist der angeordneten Abschiebung jedoch nicht nachgekommen, sondern hat durch Widerstand gegen Vollstreckungsbeamte und Eigen- sowie Fremdgefährdung […] zum Scheitern gebracht." (F: S.16)

Aufgrund dieses geschilderten Sachverhalts sei auch kein milderes Mittel als die Abschiebehaft ersichtlich (ebd.: S.17). Aussagen von F zu der geschilderten Situation sind nicht vorhanden.

Bei G wurden die Haftgründe Angabe falscher Identität und Verhinderung früherer Abschiebeversuche durch Widerstand aufgeführt. G war bis eine Woche vor dem vorliegenden Haftantrag bereits für zwei Monate in Abschiebehaft gewesen. Die Rekapitulation der bisherigen Ereignisse aus Sicht der ABH wurde ausführlich dargestellt. Zu Beginn seines Aufenthalts in Deutschland wurde er als minderjährig registriert. Mit Erreichen der Volljährigkeit sollte G abgeschoben werden. Bei einer Fingerabdrucknahme wurde festgestellt, dass sein angegebener Name und das Geburtsdatum falsch waren. Kurz danach ist seine Duldung abgelaufen.

> *„Am […] sprach Herr [.] zur Verlängerung seiner Duldungsbescheinigung letztmalig bei mir vor. Nachdem ich ihn entsprechend aufgefordert hatte, weigerte er sich einen Antrag zur Verlängerung seiner Duldung wahrheitsgemäß auszufüllen, ließ seine Duldungsbescheinigung bei mir liegen und verließ meine Diensträume" (G: S.35).*

Eine Stellungnahme von G zu dieser Situation lässt sich im Antrag nicht finden. Die ABH führt die erfolgten Konsequenzen aus.

> *„Herr [.] hat seine am […] abgelaufenen Duldung nicht verlängern lassen und dementsprechend seit [..] keine Sozialleistungen erhalten. Er hat seinen Wohnsitz geändert, ohne mich darüber in Kenntnis zu setzen, so dass ich ihn aufgrund des hier nicht bekannten Aufenthaltsortes sowie der vollziehbaren Ausreisepflicht am […] zur Festnahme ausgeschrieben habe" (ebd.)*

Aus der Feder der ABH klingt es wie ein ‚normaler Umzug'. Ohne Sozialleistungen, heißt auch ohne zur Verfügung gestellte Unterkunft, war G gezwungen, woanders als in der vorherigen Unterkunft zu wohnen. Ob er bei anderen Menschen untergekommen ist oder obdachlos wurde geht aus der Akte nicht hervor.

Im darauffolgenden Absatz wird aufgeführt, dass G „mehrfach strafrechtlich in Erscheinung" getreten sei. Dabei handelte es sich um drei Diebstähle, die zu einer Strafe von 50 Stunden gemeinnütziger Arbeit sowie einer Woche Dauerarrest führten und der Straftat des illegalen Aufenthalts, die in Deutschland nur von Menschen ohne deutschen Pass begangen werden kann.

Im Rahmen einer Polizeikontrolle (keine weiteren Ausführungen → evtl. Racial Profiling) wurde er festgenommen und in Abschiebehaft genommen. Zwei Abschiebeversuche scheiterten. Der erste Flug wurde storniert, weil G einen Asylantrag stellte und eine Abschiebung erst nach der Entscheidung über diesen durchgeführt werden kann. Der zweite Versuch wurde aus Sicht der ABH abgebrochen, weil G

> *„sich der Maßnahme so massiv widersetzte, dass die [.] Fluglinie entschied, den Schübling nicht am Flug teilnehmen zu lassen" (ebd.).*

Im Zuge dessen wurde ein Strafverfahren wegen des Widerstands gegen Vollstreckungsbeamte eingeleitet. G wurde zunächst nicht erneut inhaftiert, weil zu dem Zeitpunkt keine alternativen Rückführungsmöglichkeiten bestanden hätten. Er sollte am nächsten Tag auf der ABH vorsprechen.

> *„Eine Vorsprache erfolgte weder am […]. Am […] teilte die bevollmächtigte Rechtsanwältin […] mit, dass eine Vorsprache aufgrund der bei der Abschiebemaßnahme […] erlittenen Verletzungen nicht hätte erfolgen können. […] Der Aufenthaltsort [...] wurde dabei nicht mitgeteilt" (G: S.37).*

G sprach sechs Tage später auf der ABH vor und wurde offensichtlich dort wieder verhaftet. Danach folgen längere Ausführungen zu gesetzlichen Vorschriften bis der Text wieder auf den abgebrochenen Abschiebeversuch zurückkommt.

> *„Der Betroffene konnte trotz Anwesenheit von mehreren Bundespolizisten […] nicht abgeschoben werden, da er massiven Widerstand leistete und ein Transport im Rahmen eines üblichen Linienfluges nicht verantwortet werden konnte. […] [S]owohl die Asylantragstellung […] als auch das Verhalten während der Abschiebemaßnahmen […] zeigen, dass [G] nicht gewillt ist, das Bundesgebiet zu verlassen und auch vor der Anwendung körperlicher Gewalt nicht zurückschreckt, um sich seiner Ausreisepflicht zu entziehen" (G: S.38)*

Wie auch bei E wird hier die Wahrnehmung des Grundrechts auf Asyl kriminalisiert, da es als Widerstandshandlung gegen die Behörden, die die Abschiebung angeordnet haben, dargestellt wird. In einem zweiten Schritt wird es zusammen mit seinem Verhalten bei der Abschiebung als körperliche Gewalt gewertet. Das Attest vom Krankenhaus, dass die Anwältin einreichte, führt diverse Verletzungen am Körper auf (G: S.34). Die Ausführungen der ABH weisen nur G als gewalttätig aus. Über das zu Stande kommen der Verletzungen von G schweigt sie bis auf die oben erwähnte Stelle. Laut der Antwort der Bundesregierung auf eine parlamentarische Anfrage der LINKEN hat sich der Einsatz von „Hilfsmitteln der körperlichen Gewalt" bei Abschiebungen zwischen 2015 und 2018 von 135 auf 1.231 Fälle fast verzehnfacht. Das Innenministerium erklärte dies mit steigender Gewalttätigkeit der Menschen, die abgeschoben werden sollen. Bernd Mesovic von Pro Asyl vermutet hingegen, die steigende körperliche Gewaltanwendung der Polizei stehe im Zusammenhang mit der immer wieder öffentlich geäußerten Erwartung von Politiker*innen, „Abschiebungen in größerer Zahl erfolgreich durchzusetzen“ (Fürstenau 2019).

Wegen seiner ‚Gewalttätigkeit‘ sei die erneute Abschiebehaft von G erforderlich, da die

> *„Rückführung des Betroffenen offenkundig nur im Rahmen eines Sammelcharters sowie unter erhöhten Sicherheitsmaßnahmen erfolgen muss und insoweit ein erhöhter organisatorischer Aufwand notwendig ist“ (G: S.38).*

Bei H wurden die Haftgründe illegale Einreise, Fluchtgefahr und Untertauchen (wobei nicht der entsprechende Paragraf benutzt wurde) aufgeführt. H stellte zusammen mit seiner Ehefrau in Deutschland einen Asylantrag. Dieser wurde als unzulässig abgelehnt, da Polen im Rahmen der Dublin-III-Verordnung für das Asylverfahren zuständig sei. Eine Klage dagegen beim Verwaltungsgericht war nicht erfolgreich. Sechs Wochen vor dem Haftantrag seien H und seine Frau laut Vermerk der ZAB untergetaucht (H: S.12). Dieser Vermerk ist sehr knapp. Es folgen keine Ausführungen oder Erklärungen, sondern lediglich diese Aussage. Zuvor führt der Haftantrag explizit aus, dass H und seine Ehefrau „in die zentrale Unterbringungseinrichtung [.] verbracht und zum Aufenthalt dort verpflichtet“ (H: S.14) wurden.

> *„Heute wurde der Betroffene erneut bei meiner Behörde vorstellig und wollte sich abermals registrieren“ (ebd.).*

Offensichtlich wurde er dort direkt festgenommen und vor Gericht gestellt. Die Bürener Gefangeneninitiative berichtete ebenfalls von vielen Fällen, in denen Personen seitens der ABH ‚Untertauchen‘ vorgeworfen wurde. Diese meldeten sich regelmäßig bei den zuständigen Ämtern und wurden schließlich bei einem solchen Termin festgenommen (Gockel 1999: S.9). Die Praxis der Festnahme an Terminen in der ABH findet vielerorts bis heute statt (Community for all 2019: S.29).

Die Ehefrau von H wurde hingegen nicht in das Abschiebegefängnis Büren verbracht. Die ZAB führt dazu aus:

> *„Die getrennte Inhaftnahme von Ehemann und Ehefrau ist deswegen angebracht, um auch die Überstellung der Ehefrau sicherzustellen. Es ist geplant die Ehefrau des Betroffenen in einer Unterkunft der ZAB [.] unterzubringen bis die Ausreise nach Polen erfolgt“ (H: S.15).*

Warum die Überstellung bei gemeinsamer Inhaftnahme nicht sichergestellt werden könnte, scheint ein behördliches Wissen zu sein, was keiner weiteren

Erklärung bedarf. Ebenfalls interessant an dieser Aussage ist, dass die Ehefrau in eine Unterkunft der ZAB inhaftiert wird. Auch die ZAB erkennt hier – wahrscheinlich unfreiwillig – eine Ähnlichkeit zwischen Gefängnissen und Sammellagern an.

Darlegungen zu der Durchführbarkeit der Abschiebung und zur notwendigen Haftdauer fehlen im Haftantrag. Angehängt ist das Aufnahmeersuchen der ZAB an das Abschiebegefängnis Büren (H: S.16f). Dies ist ein Formular ohne Freitext. Die Personalien und die Religionszugehörigkeit des zu Inhaftierenden sind aufgeführt. Als Vordruck sind die Kategorien Ausweisungsgrund, Asylstatus, Straftaten, Gewaltpotential, Gesundheitsangaben, Familiäre Bindungen und sonstiges aufgeführt. Beim Gewaltpotential kann folgendes angekreuzt werden: Widerstand bei der Festnahme; Waffenbesitz bei der Festnahme; Mitglied einer kriminellen Vereinigung; Gewalttätig; Fluchtgefahr. Unter Gesundheitsangaben kann folgendes angekreuzt werden: Drogenabhängig; Suizidgefahr; Selbstverletzung; Anst. Krankheiten. Bei H war unter Gewaltpotential ‚Fluchtgefahr' angekreuzt. Dieses Dokument führt zur Sortierhandlung der Angestellten des Abschiebegefängnisses. Je nach ‚Gewaltpotential' oder ‚Gesundheitszustand' werden die Klassifizierten in andere Abteilungen verlegt bzw. in Isolationshaft gesperrt (HfMiAB 2018).

Bei I wurden die Haftgründe illegale Einreise, Fluchtgefahr und Identitätstäuschung aufgeführt. Festgenommen wurde I, weil er laut ABH in „betrügerischer Weise gefälschte Eintrittskarten [...] verkauft haben" soll (I: S.14). Das Visum, mit dem er eingereist war, stellte sich als gefälscht dar. Zusätzlich wurden seine Handydaten ausgewertet, um den genauen Einreisezeitpunkt feststellen zu können. Danach folgen lange Ausführungen über das PEP-Verfahren. Diese beinhalten Textblöcke mit verschiedenen Schriftarten und auch verschiedenen Formationen. Daraus lässt sich folgern, dass die ABH hier Textbausteine im Copy-and-Paste-Verfahren eingesetzt hat. Andere Maßnahmen außer der Abschiebehaft schließt sie aus.

> *„Mildere Maßnahmen – wie z.B. Meldeauflagen, Anwendung unmittelbaren Zwangs – sind hier nicht ersichtlich [...]. Dies gilt umso mehr, da der Ausländer erhebliche kriminelle Energie zeigt, indem er sich ein gefälschtes Schengenvisum beschafft hat und aufgrund dessen zu erwarten ist, dass er sich auch weiterhin nicht an ausländerrechtlichen Bestimmungen halten wird" (I: S.19).*

Während der polizeilichen Vernehmung stellte I ein Asylgesuch, das offensichtlich nicht an das BAMF weitergeleitet wurde. Damit dies nicht der Haftrichter tut, soll dieser vorsorglich beeinflusst werden.

„Sollte er in der richterlichen Vernehmung die Absicht äußern, auch hier einen Asylantrag stellen zu wollen, so kann dies allenfalls als Asylnachsuchen […] gewertet werden. Hier zu reicht die bloße Verwendung des Begriffs »Asyl« jedoch nicht aus. Vielmehr muss eine kurze Begründung erfolgen […]. Befindet sich der Ausländer in Haft oder sonstigem öffentlichem Gewahrsam ist der Asylantrag beim Bundesamt zu stellen […]. Die Ausländerbehörde leitet einen bei ihr eingereichten schriftlichen Antrag dem Bundesamt unverzüglich zu […]. Es besteht keine Pflicht zur Weiterleitung eines Asylgesuches, welches im Rahmen einer haftrichterlichen Vernehmung erfolgt ist, an das Bundesamt" (ebd.).

Hier nimmt die ABH in eulenspiegelscher Manier die Vorschriften so wörtlich, dass es I zum Nachteil gemacht wird. In der gleichzeitig zum Haftantrag eingereichten Abschiebungsandrohung wird noch deutlicher warum die ABH das Asylgesuch nicht weitergeleitet hat.

„Ein aufwendiges Anhörungsverfahren vor Erlass meiner Abschiebungsandrohung hätte zu nicht vertretbaren zeitlichen Verzögerungen geführt und mit hoher Wahrscheinlichkeit den Anhörungstermin beim Amtsgericht gefährdet, was, da Sie nicht mehr lange in Hauptverhandlungshaft festgehalten werden dürfen, zu ihrer Freilassung geführt hätte mit der Folge, dass Sie untergetaucht wären und sich der hier zwingend vorgeschriebenen Abschiebung noch vor ihrer richterlichen Inhaftnahme entzogen hätten" (I: S.4).

Die Rechte von I einzuhalten wäre zu aufwendig gewesen. I wird hier nicht als Person mit anzuerkennenden Rechten gesehen, sondern als Verwaltungsobjekt so wie es das gesamte Aufenthaltsgesetz tut (Wendel 2014: S.9). Die Haft dürfe nicht dadurch gefährdet werden, dass ‚untergestellte Rechte' eingehalten würden. Schließlich *weiß* die ABH, dass I ohne Abschiebehaft ‚untertauchen' würde. Die ABH geriert sich als Richterin, die entscheidet welche Norm den Vorzug vor einer anderen erhält. Sie gibt keine Begründung oder gar Indizien dafür ab warum sie überzeugt ist, dass I untertauchen würde. Eine Aussage von I fehlt gänzlich. Michel Foucault sieht darin keine unrechtmäßige Machtaneignung des Sachbearbeiters, sondern eine Ausdifferenzierung der Tätigkeit des Urteilens und eine Streuung der urteilenden Personen seit Beginn der modernen Gesellschaft.

„Empfinden die Richter immer mehr Unbehagen beim Verurteilen um des Verurteilens willen, so hat sich doch anderseits die Tätigkeit des Urteilens in dem Maße vervielfältigt, in welchem sich die Normierungsgewalt gestreut hat. Getragen von der Allgegenwart der Disziplinaranlagen und der Kerkerapparate, ist sie zu einer der Hauptfunktionen unserer Gesellschaft geworden. Die Normalitätsrichter sind überall anzutreffen. Wir leben in der Gesellschaft des

Richter-Professors, des Richter-Arztes, des Richter-Pädagogen, des Richter-Sozialarbeiter; sie alle arbeiten für das Reich des Normativen; ihm unterwirft ein jeder an dem Platz, an dem er steht, den Körper, die Gesten, die Verhaltensweisen, die Fähigkeiten, die Leistungen" (Foucault 2013: S.392f).

Sowohl im Haftantrag als auch in der Abschiebungsandrohung finden sich diverse Passagen, in denen vermeintliches oder tatsächliches Verhalten von I als kriminell etikettiert wird. Im Haftantrag, der an das AG adressiert ist, sind diese in der dritten Person formuliert. In der Abschiebungsandrohung sind sie direkt in der zweiten Person an I adressiert und offener.

„Eine Überwachung Ihrer Ausreise aus Gründen der öffentlichen Sicherheit und Ordnung [Hervorhebung im Original] ist [...] erforderlich, weil Sie mittellos sind" (I: S.5).

„Sie haben sich somit über bestehende Gesetze hinweggesetzt. Es ist daher überwiegend wahrscheinlich, dass Sie auch Ihrer Ausreisepflicht nicht nachkommen würden" (ebd.).

„In Ihrem Fall kann von einer Fristsetzung abgesehen werden, da dies zur Wahrung überwiegend öffentlicher Belange erforderlich ist, weil hier der begründete Verdacht besteht, dass Sie sich der Abschiebung entziehen wollen. Dass es zur Wahrung überwiegend öffentlicher Belange in Ihrem Fall erforderlich ist, von einer Fristsetzung abzusehen, ergibt sich aus nachfolgend aufgeführten Umständen" (I: S.6).

Wiederholt werden ‚öffentliche Belange' erwähnt. Die ABH tritt hier nicht mehr als eine einfache Behörde auf, die Gesetze exekutiert, sondern als Verteidigerin der öffentlichen Belange und ‚Vollstreckerin des Volkswillens'. Sie wiederholt das ‚schwerwiegende Ausweisungsinteresse' wegen des Straftatbestandes nach § 95 AufenthG. Dieser Paragraf beinhaltet Strafvorschriften wegen ‚illegaler Einreise und illegalem Aufenthalt'. Das schwerwiegende Ausweisungsinteresse beschränkt sich also darauf, dass die Person keine deutsche Staatsangehörigkeit oder einen anderen Aufenthaltstitel besitzt.

„Verstöße gegen ausländerrechtliche Vorschriften sind im Sinne der Ausweisungstatbestände des AufenthG grundsätzlich nicht als geringfügig anzusehen. Die Steuerung der Einreise und des Aufenthalts von ausländischen Staatsangehörigen stellt aus arbeitsmarktlichen, gesamtgesellschaftlichen und sozialen Gründen und in Anbetracht der hohen Anzahl von Ausländern im Bundesgebiet ein erhebliches öffentliches Interesse dar. Deshalb sollen sich Einreise und Aufenthalt von Ausländern in geordneten Bahnen vollziehen, die Sie jedoch – wie erläutert – nicht beachtet haben" (ebd.).

Hier tauchen die Diskurse zum ‚Ausländer, der Arbeitsplätze klaut und gleichzeitig die Sozialsysteme ausnutzt', auf. Wenn das als Ausweisungsgrund nicht reicht, weist die ABH daraufhin, dass im Allgemeinen schon ‚zu viele Ausländer in Deutschland' seien, die einfach fremd seien und nicht zum nationalen und kulturellen Kollektiv gehörten (siehe I 2. Was ist Rassismus?) Ebenso weitet die ABH den Kriminalitätsbegriff aus. Jedes Gesetz, jede Norm ist heilig. Wer gegen eine/s verstößt wird als „Böse" schlechthin etikettiert.

> *„»Steigende Kriminalität« hat gegenüber »steigender Gewalt« den Vorteil, daß hier noch unbedenklicher zusammengezählt werden kann, was als Konflikt und Handlung nichts miteinander zu tun hat: Schwarzfahren und Mord, Ladendiebstahl und Vergewaltigung, alles ist verboten. Wer ein Verbot mißachtet, es nicht befolgt, obwohl er es könnte, der ist »kriminell«, und damit unmoralisch, gefährlich, böse" (Cremer-Schäfer/Steinert 1998: S.101).*

Der Haftantrag schließt mit der Anweisung an das Gericht, es möge die Abschiebungsandrohung I aushändigen und dies korrekt im Anhörungsprotokoll vermerken. Die ABH sieht sich in einem Bündnis mit dem AG und gibt Anweisungen wie bei einer Beantragung von Amtshilfe.

Drei Wochen später stellte die ABH einen Verlängerungsantrag. Inhaltlich wiederholte sie die Ausführungen aus dem ersten Haftantrag. Der Abschiebeflug musste storniert werden, da das BAMF die Anhörung zum Asylverfahren erst kurz davor anberaumte, sodass nicht mit einer rechtzeitigen Entscheidung zu rechnen war (I: S.25ff).

Bei J wurden die Haftgründe unerlaubte Einreise und ‚Fluchtgefahr' wegen Identitätstäuschung aufgeführt. Der vorgelegte Reisepass wies nach Auskunft des Hauptzollamtes „klare Fälschungsmerkmale" auf. Nach einer ED-Behandlung[36] ergab sich ebenfalls, dass J einen bereits negativ beschiedenen Asylantrag in Norwegen unter Alias-Personalien beantragt hatte. Des Weiteren sei zuvor bereits zweimal wegen Urkundenfälschung und gefährlicher Körperverletzung ED-behandelt worden. Deswegen könne er auch nur mit Sicherheitsbegleitung abgeschoben werden. Mildere Mittel als die Abschiebehaft kämen nicht in Frage.

> *„Aus den oben angeführten Gründen sind diese Maßnahmen allerdings nicht ausreichend, die Durchführung der Abschiebung zu sichern. Vielmehr ist aus den bereits dargestellten Gründen davon auszugehen, dass sich der Betroffene im vorgesehenen Abschiebungszeitraum durch erneutes Untertauchen oder eines unerlaubten Wechsels des Aufenthaltsortes der Abschiebung entziehen wird" (J: S.11).*

36 Erfassung von personenbezogenen und biometrischen Daten einer Person durch die Polizei (erkennungsdienstliche Behandlung).

Ebenso sei die Verhältnismäßigkeit der Abschiebehaft gegeben.

> *„Das Interesse an der Durchführung der Abschiebung überwiegt das Freiheitsinteresse des Betroffenen“ (J. S.12).*

Ansonsten führt die ABH einen Bericht über die nötige Haftdauer aus. Aus allen aufgeführten Schritten ergeben sich elf Wochen. Die ABH beantragt aber insgesamt drei Monate – also 13 Wochen und zwei Tage.

5. Haftbeschlüsse – Bündnisse zwischen Ausländerbehörden und Amtsgerichten

02951936580 EHC JVA BUREN S. 04/04

AMTSGERICHT

BESCHLUSS

In dem Freiheitsentziehungsverfahren

betreffend
geboren am in
wohnhaft: ohne festen Wohnsitz
Staatsangehörigkeit:

wird auf Antrag des Oberbürgermeisters der Stadt - Ausländeramt - vom angeordnet:

1. Der Betroffene ist für längstens 3 Monate, bis zum in Sicherungshaft zu nehmen.
2. Der Beschluss ist sofort wirksam.
3. Die Gerichtsgebühren und die baren Auslagen des gerichtlichen Verfahrens hat der Betroffene zu tragen.

Gründe:
Der Betroffene reiste im Jahre erstmals in das Gebiet der Bundesrepublik Deutschland ein. Der am gestellte Asylantrag wurde am abgelehnt. Er ist im Besitz einer bis zum befristeten Duldung. Seit dem hält er sich wissentlich illegal im Bundesgebiet auf. Er verfügt über keinen gültigen Pass und verschleiert seine wahre Identität durch Angabe diverser Alias-Personalien.
Der Betroffene ist dementsprechend vollziehbar ausreisepflichtig, §§ 58 II, 50 AufenthG.
Es besteht der Haftgrund des § 62 Abs. 2 Nr. 1 und 5 AufenthG.
Es sind keine Anhaltspunkte ersichtlich, die eine Abschiebung innerhalb der nächsten drei Monate undurchführbar erscheinen lassen, ohne das dies vom Betroffenen zu vertreten wäre.
Die angeordnete Dauer der Haft ist zur Vorbereitung der Abschiebung erforderlich, da noch Ausreisepapiere zu besorgen sind.
Die Nebenentscheidungen beruhen auf §§ 80, 81, 422 II 1 FamFG, 128c KostO.

Rechtsmittelbelehrung:
Gegen diese Entscheidung können Sie Beschwerde einlegen. Sie muss binnen einer Frist von einem Monat, beginnend mit dem Tag der Verkündung dieses Beschlusses, schriftlich oder zu Protokoll der Geschäftsstelle des Amtsgerichts eingegangen sein. Sie kann auch bei dem Amtsgericht eingelegt werden, in dessen Bezirk die Anstalt liegt, in der die Unterbringung vollzogen wird.
Sie sind außerdem auch dann selbst beschwerdeberechtigt, wenn Ihnen dieser Beschluss auf Anordnung des Gerichts bekannt gemacht worden ist, ohne dass Sie selbst betroffen sind.

Amtsgericht

Richterin

ausgefertigt
Justizangestellte
als Urkundsbeamter der Geschäftsstelle

Haftantrag von D

Der Haftbeschluss ist das Dokument, das die Polizei veranlasst, eine Person in ein Abschiebegefängnis zu sperren. Die Haftgerichte sind verpflichtet, das Vorliegen der gesetzlichen Voraussetzungen für die Anordnung der Sicherungshaft in rechtlicher und tatsächlicher Hinsicht umfassend zu prüfen (Art. 20 Abs. 3 GG; § 26 FamFG). Sie müssen eine eigenständige Prognose abgeben, ob die Abschiebung in der beantragten Haftzeit durchführbar ist, da die Sicherungshaft unzulässig ist, „wenn feststeht, dass aus Gründen, die der Ausländer nicht zu vertreten hat, die Abschiebung nicht innerhalb der nächsten drei Monate durchgeführt werden kann" (§ 62 Abs. 3 S. 3 AufenthG). Ebenso müssen die Haftgerichte in jedem Einzelfall prüfen, ob ein milderes Mittel als die Haft zu Verfügung steht, um die Abschiebung zu sichern (§ 62 Abs. 1 S. 1 AufenthG). Die Art und Weise wie sich das AG mit den Ausführungen (und auch Auslassungen) im Haftantrag auseinandergesetzt hat, wird Gegenstand des Beschwerdeverfahrens sein.

Es liegen 17 Beschlüsse der AG über die Haftanträge vor. Zehn davon sind Erstbeschlüsse und sieben über Verlängerungsanträge. Letztere wurden alle vom AG Paderborn als zuständiges Gericht für Büren beschieden. Einer davon wurde abgewiesen (I: S.28ff). Alle anderen entschieden im Sinne der antragstellenden Behörde.

Die verschiedenen Beschlüsse ähneln sich formal mehr als die verschiedenen Haftanträge. Auf jedem Haftbeschluss ist oben das Wappen des Bundeslandes abgedruckt. 15 Beschlüsse entstammen von Gerichten aus Nordrhein-Westfalen. Dort ist das Wappen oben in der Mitte zu sehen. Die beiden anderen Beschlüsse tragen das niedersächsische Wappen oben links. Hier soll vielleicht optisch vermittelt werden, dass die Gerichte unabhängig von einzelnen Personen gleich entscheiden, weil sie den gleichen objektiven Gesetzen unterstehen.

Der Umfang der vorliegenden Beschlüsse beträgt zwischen einer und fünf Seiten. Die meisten sind zwei oder drei Seiten lang. Der Beginn der Beschlüsse folgt dem gleichen Muster. Die antragstellende Behörde, die Personalien des Betroffenen sowie die Entscheidung des Gerichts werden auf Seite eins aufgeführt. Danach folgt eine Begründung, deren Länge unterschiedlich ausfällt. Am Ende steht die Rechtsmittelbelehrung, die über die mögliche Art der Beschwerde und deren Frist aufklärt.

Der erste Beschluss gegen A verurteilt ihn zu drei Tagen Haft. Er ist mit eineinhalb Textseiten zwar deutlich länger als der Haftantrag, führt aber nur genau einen Satz auf, der als teilweise fallbezogen angesehen werden kann. Dort wird das Datum genannt, an dem die ABH Abschiebehaft beantragt. Der Paragraf nachdem die Haft erfolgen soll wird allerdings nur zur Hälfte aufgeführt. Nach „§ 62 Abs. 2" ist eine deutliche Lücke bis zum nächsten Wort „AufenthG" zu sehen. Später ist noch folgender Satz zu lesen:

„Im Übrigen wird auf die Ausführungen der Antragstellerin aus dem Antrag vom sowie den Anlagen ergänzend Bezug genommen“ (A: S.5).

Hier fehlt ein Datum. Auch der Rest des Beschlusses sind Paraphrasierungen von Gesetzesvorschriften und Verfahrensabläufen. Es ist hier davon auszugehen, dass das AG einen Vordruck für seine Beschlüsse zur Abschiebehaft verwendet. Dadurch, dass der Haftantrag fast keinen Fließtext enthält, hat das AG hier offensichtlich bis auf das Datum im oben erwähnten Satz nichts ergänzt.

Zwei Tage später wurde die Haft von demselben Gericht für drei Monate verhängt. Weder im Haftantrag noch in den beiden Beschlüssen wird erklärt, warum zunächst auf einstweilige Verfügung drei Tage Haft ohne Anhörung von A beschlossen wurde und erst zwei Tage später die beantragten drei Monate. Es bestätigt lediglich in den erwähnten Textbausteinen die Sicht der ABH.

„Der Betroffene kommt in keiner Weise seinen Pflichten nach. Dies lässt zurzeit darauf schließen, dass er die Bundesrepublik Deutschland auch künftig nicht freiwillig in Richtung Heimatland verlassen will und sich einer Abschiebung dorthin beabsichtigt zu entziehen. [...] Ein milderes Mittel ist bei dem derzeitigen Verhalten des Betroffenen, nämlich seine Ausreisepflicht in die Heimat zu ignorieren, nicht ersichtlich“ (A: S.4).

Die einzige Pflicht, die erwähnt wird, ist, dass A verschwinden soll. Zu den milderen Mitteln gibt es keine Ausführungen, welche diese sein könnten und warum sie nicht in Betracht kämen. Wie auch im Haftantrag gibt es keine Ausführungen darüber, warum die Haft drei Monate betragen muss. Ebenso fehlt die eigenständige Prognose.

Die folgenden drei Verlängerungsbeschlüsse wurden von einem anderen AG – Paderborn – beschieden. Alle Beschlüsse umfassen jeweils zwei Seiten mit einer Seite Fließtext. Die Abschiebung konnte nicht durchgeführt werden, da die Botschaft des Heimatlandes von A ihm kein PEP ausstellte. In der Mitte der ersten Haftperiode wurde A zwecks Identitätsfeststellung seiner Botschaft vorgeführt. Die Angaben würden fast sieben Wochen später immer noch überprüft, wodurch eine Haftverlängerung nötig sei. Im Beschluss findet keine Prüfung statt, ob das Beschleunigungsgebot eingehalten wurde, also ob die ABH ohne schuldhafte Verzögerung gearbeitet hat, sodass die Haft auf die – nach den bürokratischen Maßgaben – möglichst kürzeste Dauer beschränkt bleibt. Auch bleiben die Ausführungen insgesamt sehr knapp und die Perspektive der ABH wird schlicht übernommen (A: S.17f).

Auch drei Monate später wurde A kein PEP ausgestellt. Das AG geht genauso wie die ABH davon aus, A hätte „offensichtlich falsche Personalangaben“ gemacht. Wieder lässt sich kein Wort zum Beschleunigungsgebot und den Pflichten der ABH im Beschluss finden. Die Prognose über die Durchführbarkeit der Abschiebung beschränkt sich auf einen Satz.

> *„Das Gericht geht davon aus, dass die [.] Behörden nunmehr kurzfristig Feststellungen zur wahren Identität des Betroffenen treffen“ (A: S.19).*

Nach weiteren drei Monaten konnte immer noch kein PEP ausgestellt werden. Wieder fehlt es im Beschluss an den oben genannten notwendigen Ausführungen. Das AG geht wieder davon aus, dass A kurzfristig von seinen Heimatbehörden identifiziert wird (A: S.23f).

Wie in der Analyse der Anhörungsprotokolle beschrieben hat der Richter in den Anhörungen lediglich nach der Identität von A und den verwendeten Alias-Namen gefragt. Er hat es unterlassen, die Handlungen der ABH (kritisch) zu prüfen. Er erscheint hier nicht als objektive und neutrale Instanz, sondern als Bündnispartner der ABH. Alle Anträge werden ohne Beanstandungen beschieden und in Amtshilfe darüber hinaus versucht, die ‚wahre Identität‘ des Abzuschiebenden herauszufinden. Den Eindruck des Bündnisses hatten z.B. auch Gefangene aus dem Polizeigewahrsam Berlin-Köpenick:

> *„Der Richter arbeitet mit der Ausländerbehörde zusammen, denn sie können dem Richter die korrekten Informationen geben. Der Richter entscheidet auf der Grundlage dieser Informationen. Aber sie geben dem Richter nicht die richtige Information, sie geben dem Richter ... was sie begünstigt, und der Richter hört dann auf kein anderes Argument mehr. Daher ist es ganz die Schuld des Richters, dass die Leute hier eingesperrt sind. Denn normalerweise wird von ihm erwartet, dass er sich an das Gesetz hält und nicht daran, was für die Ausländerbehörde günstig ist“ (Hemmerling/Holz 2002: S.60).*

Auch im Fall von B fiel der erste Haftbeschluss mit nur einer einzigen Seite sehr kurz aus. Der Text besteht zwar nicht aus vorgefertigten Textbausteinen, aber ausschließlich aus Paraphrasierungen des Haftantrages. Es fehlen die eigenständige Prognose des Richters, Prüfung von milderen Mitteln, Prüfung des Beschleunigungsgebotes und eine Begründung der nötigen Haftdauer. Ebenso wurde kein Wort zu den Ausführungen von B während der Verhöre bei der Polizei oder der Anhörung vor dem AG in den Beschluss aufgenommen bzw. zum Anlass für Prüfungen etc. genommen (B: S.9).

Die zwei anschließenden Beschlüsse zur Verlängerung der Haft übernehmen auch die Sicht der ABH, weisen aber eigene Einschätzungen und Formulierungen des Richters auf. Die Botschaft zog vor der Abschiebung das PEP aus „ärztlich-humanitären“ Gründen zurück (B: S.18). Aus Sicht des AG tat sie es, weil

„der Betroffene der Botschaft mitgeteilt habe, dass er schwerkrank sei und nicht ausreisen könne“ (B: S.22).

Im Schreiben des Generalkonsulats ist von starken Schmerzen und der bestätigten objektiven Diagnose die Rede. Das AG übertreibt die Darstellungen von B, um ihn der Täuschung zu bezichtigen. In einem Nebensatz schreibt das AG B sei „nach Angaben deutscher Ärzte reisefähig" (ebd.). Damit wird auf die Untersuchungsberichte der Amtsärzte verwiesen (B: S.15f). Diese können aber nicht als unabhängig gelten, da sie in der Regel immer bestätigen, was die Behörden hören wollen (Korzilius/Rabbata 2004: S.3398ff). Der Verweis, dass es ‚deutsche' Ärzte seien ist wohl als versteckte rassistische Anspielung zu verstehen, dass nicht-deutsche Ärzte, die B notoperiert hatten, inkompetent oder korrupt seien, da sie falsche Diagnosen stellten. Den Bericht des Arztes aus Deutschland (B: S.14), den B vorlegte, ließ das AG hingegen unbeachtet.

Im darauffolgenden Verlängerungsbeschluss wird B die Verantwortung für die nicht erfolgte Abschiebung zugeschoben, weil er einen Asylantrag stellte.

> *„Die Annahme des Haftgrundes wird erneut dadurch begründet, dass der Betroffene [...] nicht ausreist, sondern seine Abschiebung durch Stellung eines Asylantrages verhindert hat. Wenngleich die Stellung eines Asylantrages als solche grundsätzlich nicht als Ausreiseverweigerung oder Abschiebeverhinderung angesehen werden darf, so ist die Antragstellung vorliegend jedoch als Verhinderungshandlung anzusehen. Dies ergibt sich zwanglos [sic] aus dem bisherigen Verlauf des Verfahrens. [...] Warum er erst am Tag der vorbereiteten Abschiebung einen Asylantrag gestellt hat, vermag er nicht nachvollziehbar zu erklären und zu begründen. Soweit er angab, von der Möglichkeit zuvor nicht unterrichtet worden zu sein, vermag das Gericht dieser Argumentation nicht zu folgen. [...] Die Möglichkeit einen Asylantrag zu stellen, setzt das Gericht als allgemein bekannt voraus. Dass dies dem Betroffenen bekannt gewesen sein muss ergibt sich für das Gericht daraus, dass er dem Gericht auf Nachfrage durchaus erklären konnte, dass es Asyl aus politischen und Asyl aus humanitären Gründen gebe. Die Art und Weise der Darstellung [...] lässt zweifelsfrei erkennen, dass er mit der Thematik und Begrifflichkeit vertraut ist, die Kenntnis hiervon somit nicht erst am [...] erlangt haben kann" (B: S.46f).*

Wie schon im Kapitel zuvor beschrieben, wird B hier vermittelt durch den Diskurs des ‚Asylmissbrauchs' die Verantwortung für die nicht durchführbare Abschiebung zu geschoben. Bemerkenswert ist hier aber, wie die Aussagen von B gegen ihn verwendet wurden. Das AG hält es nicht für möglich, dass B heute etwas weiß und erklären kann, was er erst vor zwei Tagen erfahren/gelernt hat. Wenn das AG den Zeitpunkt an dem B über die Möglichkeit Asyl aus humanitären Gründen zu beantragen erfahren hatte, für entscheidend hielt, hätte es explizit danach fragen können (B: S48f). Es stellte jedoch keine Frage, da die Aussagen von B offenkundig irrelevant für die Entscheidung des AG sind.

Auch bei den Haftbeschlüssen von C (3-4), D (1), E (7-9), F (20-23), G (41-46), H (20-22), I (1-2) und J (15-18) ergibt sich ein ähnliches Bild. Das AG übernimmt die Perspektive der antragstellenden Behörde. Manche Beschlüsse sind ausführlicher als andere, aber auch aus ihnen ist keine eigenständige Prüfung des Sachverhalts durch das AG erkennbar. Die Haftgründe aus dem Haftantrag und damit die Zuschiebung von Verantwortung zum Betroffenen werden immer wiederholt. Es ist nur relevant was die antragstellende Behörde und die Akten sagen. Somit gehen das AG und die antragstellenden Behörden eine Partnerschaft ein.

Einzig der Verlängerungsantrag gegen I wurde von einem AG zurückgewiesen (I: S.28). Auch I stellte einen Asylantrag. Dieser wurde jedoch erst nach der Inhaftierung an das BAMF weitergeleitet. Das AG rügt, dass die ABH I erst elf Tage nach der Inhaftierung besuchte und somit die Anhörung zum Asylantrag verzögerte. Dadurch sei das Beschleunigungsgebot verletzt worden, was einen unverhältnismäßigen Eingriff in das Freiheitsgrundrecht von I darstellte. Ebenso sei nicht ersichtlich, dass der Asylantrag erst aus der Haft gestellt worden sei, womit ebenfalls ein Gesetzesverstoß vorläge. Außerdem entsprach auch der Verlängerungsantrag nicht den gesetzlichen Anforderungen.

> *„Die Begründung des Haftantrages muss auf den konkreten Fall zugeschnitten sein; Leerformeln und Textbausteine genügen nicht. Danach bestimmten sich Inhalt und Umfang der notwendigen Darlegungen. Sie dürfen knapp gehalten sein, müssen aber für die richterliche Prüfung wesentliche Punkte des Falls ansprechen" (I: S.31).*

I wurde daraufhin aus der Haft entlassen.

6. Beschwerdeverfahren

Gegen einen Haftbeschluss kann von allen Verfahrensbeteiligten innerhalb eines Monats Beschwerde eingelegt werden (§ 429 FamFG). Über sie entschieden wird dann vom zuständigen Landgericht. Gegen den Beschluss des Landgerichts kann ebenfalls innerhalb eines Monats Rechtsbeschwerde beim Bundesgerichtshof (BGH) gestellt werden. Dies kann allerdings nur von einer*m beim BGH zugelassenen Rechtsanwält*in getan werden (§ 78 Abs. 1 ZPO). Ist eine Beschwerdefrist abgelaufen, kann trotzdem zu jeder Zeit ein Haftaufhebungsantrag nach § 426 FamFG gestellt werden. Mit ihm beginnt allerdings wieder ein neuer Rechtszug beim zuständigen Amtsgericht.

Beschwerden können sich sowohl gegen Inhalte der Haftanträge und Haftbeschlüsse (z.B. die aufgeführten Haftgründe) als auch gegen Formalitäten des

Verfahrens (z.B. dass die anwaltliche Vertretung nicht rechtzeitig informiert wurde) richten. Da die verschiedenen Bundesregierungen in den letzten Jahren die Haftgründe immer mehr erweitert hat, kann mittlerweile theoretisch jede ‚ausreisepflichtige' Person in Abschiebehaft genommen werden. Aus diesem Grund überwiegen in den Beschwerden die Punkte zu Formalitäten. Oft ist es die einzige Möglichkeit das Gerichtsverfahren zu gewinnen.

Es liegen zwölf Entscheidungen von höheren Gerichten zu Beschwerden vor. In vier Fällen wurde die gesamte Haft für unzulässig erklärt. In zwei Fällen wurde sie für teilweise unzulässig erklärt. In einem dieser Fälle wurde die Haft in der nächsten Instanz insgesamt für unzulässig erklärt. Mit ca. 43 % unzulässigen Haftsachen kommt diese kleine und nicht repräsentative Stichprobe den Statistiken von Unterstützungsgruppen und Personen ziemlich nahe. Der niedersächsische Flüchtlingsrat zählt 47 %, HfMiAB 60 % (Öztürkyılmaz 2019: S.26) und der Rechtsanwalt Peter Fahlbusch rund 50 % (Fahlbusch 2019) unrechtmäßig verhängte Haftsachen.

Von den fünf anderen Haftsachen wurde nur eine von der letzten Instanz – dem BGH – als zulässig entschieden. Drei wurden vom LG als zulässig angesehen. In einem davon hatte die PdV eine Anwältin für den BGH für eine Rechtsbeschwerde angefragt. Diese schätzte den Fall jedoch so ein, dass selbst die Beschwerde nicht zugelassen würde. Im Fall von A liegt keine Entscheidung über eine Beschwerde vor. Die letzte Seite der Akte ist ein unbegründeter Haftaufhebungsantrag der PdV mit der Bitte um Aktenzusendung (A: S.25). Auch darüber ob A abgeschoben oder vorher aus der Haft entlassen wurde, finden sich keine Bemerkungen in der Akte.

Die Anwältin von B legte Beschwerde gegen die zweite Haftverlängerung mit folgenden Worten ein:

> *„Keinesfalls kann das Verlangen des Betroffenen nach ärztlicher Untersuchung und Behandlung als rechtsmissbräuchliches Verhalten gewertet werden, mit dem er die Abschiebung schuldhaft verzögert" (B: S.23).*

Des Weiteren bezieht sie sich im „vollem Umfange" auf das „Vorbringen im erstinstanzlichen Verfahren". Dieses liegt nicht vor. Das LG lehnte die Beschwerde ab (Beschluss liegt ebenfalls nicht vor). Das OLG focht diesen Beschluss des LG jedoch an und verwies den Fall zur erneuten Behandlung und Entscheidung zum LG zurück, da es B nicht nochmal zu seiner Kontaktaufnahme mit dem Generalkonsulat befragt hatte. Es hat nicht die Gründe für dessen Kontaktaufnahme ermittelt. Aus den ärztlichen Stellungnahmen sei nicht alles ersichtlich gewesen. Dies stellte einen Verfahrensfehler da (B: S.35ff).

Des Weiteren stellte die PdV von B zwei Wochen nach der Beschwerde der Rechtsanwältin einen unbegründeten Haftaufhebungsantrag. Die Begründung würde nach Zusendung der Akten erfolgen. Nach der erneuten Haftverlängerung stellte sie eine Beschwerde zusammen mit einer Bitte um Sachstandmitteilung bezüglich des Haftaufhebungsantrags an das AG. In der Beschwerde rügt sie einen Verstoß gegen das Gebot des rechtlichen Gehörs, da die PdV trotz zehn Tagen zwischen Haftantrag und Verhandlung nicht über den Verhandlungstermin benachrichtigt wurde. Sie führt aus, dass sie B kurz zuvor in der Haft besuchte und ihm erklärte, dass es auch sogenanntes humanitäres Asyl gäbe. Wäre sie wie rechtlich vorgesehen zur Verhandlung geladen worden, hätte sie somit zur Aufklärung des Sachverhaltes beitragen können (B: S.50ff).

Einen Monat später stellt die PdV eine Beschwerde an das LG wegen des Haftaufhebungsantrages. Da das AG nicht antwortet und seit vier Monaten nicht über den Antrag entscheidet, sei eine sofortige Beschwerde beim LG zulässig. Die lange Bearbeitungsdauer sei zudem ein Indiz dafür, dass das AG die Entscheidung „aussitzen" wolle (B: S.69).

In der Folge stellte die PdV sowohl weitere Beschwerden an alle beteiligten Gerichte als auch eine Fachaufsichtsbeschwerde beim Justizministerium NRW gegen das AG und LG Paderborn.

> *„Ich bitte die Kompliziertheit des vorliegenden Falls zu entschuldigen, allerdings ist es in meiner langjährigen Tätigkeit als Berater in Abschiebehaft bisher noch nicht vorgekommen, dass das Amtsgericht und das Landgericht 169 Tage auf keinen Antrag reagieren. Vor 169 (!!!) Tagen habe ich einen Haftaufhebungsantrag (!!!) gestellt, der bisher nicht entschieden wurde" (B: S.73ff).*

> *„[V]ielen Dank für Ihr Schreiben vom […]. Sie schildern dort Ihre bewährte Praxis, den jeweils sachlich und örtlich zuständigen Dienstvorgesetzten nicht vorzugreifen. In der Zwischenzeit habe ich eine Stellungnahme der Direktorin des Amtsgerichts Paderborn erhalten. […] Ich bitte Sie um eine kurze Stellungnahme, ob ihre bewährte Praxis nun vorsieht, dass Sie es bei dem Schreiben der Direktorin bewenden lassen und somit aus Ihrer Sicht meine Fachaufsichtsbeschwerde als erledigt angesehen werden kann" (B: S.80).*

Drei Monate nach der letzten Haftverlängerung wurde B abgeschoben (B: S.78). Erst weitere acht Monate später wurde die Zuständigkeitsfrage geklärt und ein LG entschied den Feststellungsantrag zu verwerfen,

> *„da er [PdV] nach Erledigung der angefochtenen Entscheidung [durch Abschiebung] kein berechtigtes Interesse an der beantragten Feststellung […] hat" (B: S.100).*

Berechtigtes Interesse hätte nur bestanden, wenn die eigenen Rechte verletzt worden wären. Auch die Fachaufsichtsbeschwerde verlief im Sande. Die angeschriebenen Institutionen sahen sich entweder nicht in der verantwortlichen Position oder aufgrund von fehlenden Akten nicht in der Lage zu entscheiden (B: S.94f).

Abschiebehaft-Fälle sind keine interpersonellen Konflikte. Die Verurteilten haben keinen Schaden bei anderen Personen verursacht, den es nun zu kompensieren oder zu sühnen gilt. Der Konflikt besteht zwischen ihnen als realer Person und dem Staat als abstrakter Entität (Cremer-Schäfer/Steinert 1998: S.32). Repräsentant*innen des Staates haben politisch beschlossen, dass Menschen mit bestimmten vermeintlichen oder tatsächlichen Eigenschaften nicht im Staatsgebiet leben dürfen. Personen, die trotzdem bleiben wollen, kommen in Konflikt mit der Exekutive (Polizei, Behörden etc.), die verschiedene Möglichkeiten hat, um die politischen Beschlüsse umzusetzen (z.B. Kürzung der Sozialleistungen, Abschiebung, Abschiebehaft). Die einzelnen Beamt*innen, die an einem Abschiebehaft-Verfahren beteiligt sind, sind nicht direkt von dem Konflikt „betroffen". Sie müssen nicht einmal mit der beschlossenen Politik übereinstimmen. Sie verfolgen meistens sehr banale Interessen, wie zum Beispiel: möglichst wenig Aufwand betreiben zu müssen; ‚Effizienzsteigerung' um wo möglich befördert zu werden; sich möglichst genau an die Vorschriften zu halten, um nicht in Konflikt mit den Vorgesetzten zu geraten. Im Fall von B scheint es als ob die meisten Angestellten der beteiligten Institutionen möglichst wenig Aufwand betreiben wollten. Durch die Verzögerungen zu Beginn konnte sichergestellt werden, dass B vor einer Entscheidung abgeschoben wurde, sodass sich niemand der Beteiligten mehr mit ihm als realer Person beschäftigen musste. Durch die letzte Entscheidung, dass die Beschwerde der PdV verworfen wurde, war auch das gerichtliche Verfahren beendet. Der Richter musste sich auch nicht mehr mit B als Akte beschäftigen.

Rund sechs Wochen nach seiner Inhaftierung stellte C einen Haftaufhebungsantrag. Die Gesetze, die vom AG angewendet worden sind, seien seit fünf Monaten nicht mehr in Kraft. Die Haft sei daher aufzuheben. Des Weiteren wurde eine PdV ernannt (C: S.20).

Der Haftaufhebungsantrag wurde vom AG als Beschwerde gewertet und an das LG weitergeleitet. Dieses lehnte die Beschwerde mit nur zwei bezugnehmenden Sätzen ab:

> *„Zu Recht hat das Amtsgericht, wie in der angefochtenen Entscheidung dargelegt, worauf die Kammer zur Vermeidung von Wiederholungen Bezug nimmt, die Abschiebungshaft angeordnet, da die Haftgründe […] vorliegen. Dass das Gericht in der angefochtenen Entscheidung […] falsche verfahrensrechtliche Normen zitiert hat, ist insoweit ohne Belang" (C: S.23).*

In der Folge wurde die Haft noch einmal verlängert (Beschluss liegt nicht vor), wogegen der Anwalt Beschwerde einlegte. Diese ist mit fünf Seiten und diversen Verweisen auf frühere Rechtsprechungen und juristischen Kommentaren sehr umfangreich. Ihr zu Folge sind die Haftgründe nicht ausreichend begründet. Ebenso wurden keine milderen Mittel geprüft. In diesem Fall sei z.B. eine Sicherheitsleistung (§ 66 Abs. 5 AufenthG z.B. Einziehung von Geld der betroffenen Person) möglich gewesen. Des Weiteren müsse der Richter eine Prognose über mögliches Verhalten des Betroffenen bei Freilassung abgeben. Hierbei sei eine sorgfältige Unterscheidung zwischen Ausreisewunsch und Gefahr des Untertauchens zu treffen. C wolle nicht freiwillig ausreisen, deswegen sei eine Abschiebung nötig, aber keine Haft. Außerdem sei es aus Sicht des Anwalts nicht C anzulasten, dass für ihn bisher kein PEP ausgestellt werden konnte. Die angefragten Behörden fanden keine Registrierung unter seinen Personalien, womit es fraglich erscheint, ob die Abschiebung überhaupt möglich sei (C: S.36ff).

Gegen den zuvor dargestellten sehr kurzen Beschluss des LG legte die Anwältin von C Rechtsbeschwerde beim BGH ein. Die Beschlüsse des AG und LG seien aufzuheben,

> *„weil sie keine Sachverhaltsdarstellung enthalten, die eine Überprüfung der Beschlüsse im Rechtsbeschwerdeverfahren ermöglicht. […] Die angegriffenen Beschlüsse lassen nicht einmal die Beteiligten des Verfahrens erkennen“ (C: S.34).*

Rund zwei Monate später – nach Erhalt der kompletten Akte – ergänzt die Anwältin die Rechtsbeschwerde um elf Seiten (C: S.42ff). Demnach enthalte der Haftantrag keine Angaben zu der zweifelsfreien Ausreisepflicht, zu den Abschiebungsvoraussetzungen, der Erforderlichkeit der Haft, der Durchführbarkeit der Abschiebung und der notwendigen Haftdauer. Das LG hatte diese Versäumnisse nicht nachgeholt. Es hat C nicht nochmal angehört und dazu nichts weiter geschrieben. Laut Anhörungsprotokoll des AG wurde C der Haftantrag lediglich bekanntgegeben ohne ihn dazu näher zu befragen. Dies stelle eine Verletzung der Verfahrensgarantie der ordnungsgemäßen Anhörung dar. Durch die unterlassene Anhörung und dadurch, dass die Verwaltungsakte der ABH nicht hinzugezogen wurde, wurde die Sachaufklärungspflicht der Beschwerdegerichte nicht eingehalten. Die Einhaltung des Beschleunigungsgebotes konnte so ebenfalls nicht geprüft werden. Des Weiteren hätte das LG nicht eigenständig geprüft, ob die Abschiebung überhaupt innerhalb der drei Monaten Haft zu gewährleisten sei.

> *„Der Betroffene hatte deshalb keine Möglichkeit, persönlich zu den Gesichtspunkten Stellung zu nehmen, auf die es für die Entscheidung über die Freiheitsentziehung ankommt“ (C: S.52).*

Wenn die ABH keine konkreten Angaben macht, müsse das zuständige Gericht nachfragen (ebd.).

Rund sieben Woche später beschloss der BGH, dass die Beschlüsse des AG und des LG rechtswidrig waren (C: S.54ff). Der BGH behandelte die Rechtsbeschwerde als Feststellungsantrag, womit die Verlängerung der Haft nicht behandelt wurde. Inhaltlich folgte der BGH mehrheitlich der vorgetragenen Rechtsbeschwerde.

Haftbeschlüsse müssten keine Darstellung des Sachverhalts enthalten, wenn diese ausreichend aus dem Haftantrag entnehmbar sei. Durch die nicht-Abhilfe[37] seien die Verfahrensfehler des falschen Gesetzes geheilt. Der Haftantrag sei aber nicht ausreichend begründet gewesen. Er enthalte keine Angaben zu der zweifelsfreien Ausreisepflicht, den Abschiebungsvoraussetzungen, der Erforderlichkeit der Haft, der Durchführbarkeit der Abschiebung und der notwendigen Haftdauer. Ebenso sei die Anhörung durch den falschen Haftantrag nicht ordnungsmäßig verlaufen. Die fehlerhafte Anhörung hätte das LG nachholen müssen. Dadurch, dass die Verwaltungsakte der ABH nicht hinzugezogen wurde, wurde die Sachaufklärungspflicht der Beschwerdegerichte nicht eingehalten. Die Einhaltung des Beschleunigungsgebotes konnte so ebenfalls nicht geprüft werden. Des Weiteren hätte der Haftrichter eigenständig prüfen müssen, ob C überhaupt ausreisepflichtig gewesen sei, da bisher keine behördliche oder gerichtliche Entscheidung darüber vorlag. Ebenso hätten das AG und das LG nicht eigenständig geprüft, ob die Abschiebung überhaupt innerhalb der drei Monate Haft zu gewährleisten sei. Wenn die ABH keine konkreten Angaben macht, müsse das zuständige Gericht nachfragen. So konnte nicht geprüft werden, ob die Haft dem Grundsatz der Verhältnismäßigkeit entspräche (C: S.54ff).

Rund zwei Wochen nach dessen Inhaftierung legte der Anwalt von D Beschwerde ein. Die ABH habe es versäumt schon zuvor ein PEP zu organisieren. Im Jahr zuvor habe D laut ‚Ausländerakte' sogar einen PEP-Antrag ausgefüllt. Von daher sei es unverständlich warum ihm mangelnde Mitwirkung vorgeworfen werde. Des Weiteren habe schon eine andere ABH drei Jahre zuvor geschrieben, dass für D innerhalb von drei Monaten kein PEP beschaffen werden könne (D: S.3ff).

An diese Beschwerde schloss sich die PdV an und ergänzte, dass es keinen Hinweis über das „Wiener Übereinkommen über konsularische Beziehungen (WÜK)" gegeben habe. Demnach hätte auf Verlangen von D dessen Heimatkonsulat über seine Inhaftierung benachrichtigt werden müssen. Des Weiteren dürfe die Abschiebehaft nach der EU-Rückführungsrichtlinie aus dem Jahr

37 Wird gegen den Beschluss des AG Beschwerde eingelegt, geht diese nicht direkt an das LG. Das AG bekommt zuvor die Gelegenheit sich die Akte noch einmal anzuschauen und der Beschwerde „abzuhelfen".

2008 nur in speziellen Haftanstalten vollzogen werden. In der JVA Büren würde auch Strafhaft vollzogen, wodurch den Abschiebungsinhaftierten diverse Nachteile im Haftalltag entstünden. Ebenso habe die ABH nicht die notwendige Zustimmung zur Abschiebehaft der Staatsanwaltschaft wegen des Verfahrens wegen ,illegalem Aufenthalt' eingeholt. Zusätzlich sei D erst 15 Stunden nach seiner Inhaftierung dem Richter vorgeführt worden, was das Gebot der Unverzüglichkeit verletzte (D: S.7ff).

Nach der Haftverlängerung stellte die PdV einen Haftaufhebungsantrag mit der Bitte, ihr die Akte zuzuschicken (D: S.26f). Daraus ergab sich ein eigenes Verfahren über die Rechte einer PdV und den Spielraum der Gerichte. Die PdV wurde zunächst aufgefordert zur Akteneinsicht persönlich beim Gericht zu erscheinen (D: S.28f). Da ihr das aufgrund ihrer Arbeitszeiten nicht möglich sei, beharrte sie auf ihrem gesetzlichen Anspruch einer Abschrift (D: S.30). Daraufhin verlangte das LG einen Arbeitsnachweis mit Arbeitszeiten, sowie 110 € „Auslagenvorschuss" innerhalb der nächsten fünf Tage (D: S.31f). Den eingereichten Nachweis hielt das LG für nicht ausreichend, sodass sie den Arbeitsvertrag anforderte.

> *„Im Übrigen weist die Kammer darauf hin, dass hier der Standpunkt vertreten wird, dass es zu Ihren originären Aufgaben als Mitarbeiter der [.] Flüchtlingshilfe […] gehört, Akten auf der Geschäftsstelle des Landgerichts einzusehen" (D: S.34).*

Außerdem befände D sich nicht mehr in Haft womit die „Beschwerde damit gegenstandslos sein dürfte" (ebd.). Wie auch bei B wurde das Verfahren in die Länge gezogen, damit es nicht zur inhaltlichen Entscheidung kommen muss solange es faktisch noch relevant wäre. Bei B war es eine defensive Haltung. Es wurde beschwichtigt. Die Verzögerungen seien unvermeidlich. Eine absichtliche Erschwerung des Beschwerdeverfahrens sei ausgeschlossen. Im Fall von D nutzt das LG diverse bürokratische Regeln und Spielräume, um die PdV vom Verfahren auszuschließen, beziehungsweise es ihr möglichst schwer zu machen sich zu beteiligen. Sie hätte zunächst von ihrer eigenen Arbeit fernbleiben müssen, später wurde eine hohe Gebühr verlangt und das LG spielte ihre Definitionsmacht bezüglich der Arbeitsaufgaben der PdV aus.

Zuvor lehnte das LG die Beschwerde des Anwalts mit einem sehr ausführlichen achtseitigen Beschluss ab (D: S.11ff). Das Beschleunigungsgebot sei nicht verletzt worden und die Zustimmung der Staatsanwaltschaft läge mittlerweile vor. Das LG führt aus, dass D mehrfach in „(ganz) erheblichem Maß straffällig" (D: S.12) geworden sei. Aufgezählt werden sechs Verstöße gegen das Aufenthaltsgesetz, drei Eigentumsdelikte, zwei Vergehen nach dem Betäubungsmittelgesetz (BTMG) und eine illegale Beschäftigung. Ohne Abschiebehaft würde D sich der Abschiebung entziehen:

„An dieser Absicht des Betroffenen kann angesichts seines bisherigen Verhaltens kein Zweifel bestehen. So hat der Betroffene sich bereits in der Vergangenheit mehrfach und über lange Zeit dem Zugriff der Ausländerbehörde entzogen. Er ist in ganz erheblichem Maße straffällig geworden und hat dadurch hinlänglich demonstriert, dass er nicht bereit ist, sich an die geltende Rechtsordnung zu halten. Zudem ist er vor seiner Festnahme […] einer illegalen Beschäftigung nachgegangen und hat versucht vor den festnehmenden Beamten zu fliehen. Schließlich hat er im Laufe des Verfahrens diverse Angaben zu seinem Geburtsort, seiner Nationalität, seinem Alter und zum Ablauf und Zeitpunkt seiner Einreise nach Europa gemacht, die keinen anderen Schluss zulassen, als den, dass der Betroffene versucht, die Arbeit der Ausländerbehörden möglichst zu erschweren. Angesichts alldessen hat die Kammer keinen Zweifel, dass der Betroffene bei einer Entlassung aus der Haft erneut untertauchen und sich so der Abschiebung entziehen würde" (D: S.16).

Die Anwältin von E legte vier Wochen nach der Inhaftierung Beschwerde ein. Es sei zu prüfen, ob nicht ein milderes Mittel als die Abschiebehaft in Frage käme, da der Betroffene erst 16 Jahre alt sei. Des Weiteren dürfe die Haft bei Minderjährigen höchstens sechs Wochen betragen (E: S.12).

Kurz danach schrieb die PdV ebenfalls wegen der Minderjährigkeit von E an das AG. Mittlerweile läge die/der Meldebescheinigung/Personalausweis von E aus seinem Heimatland vor, womit nachgewiesen sei, dass er minderjährig ist. Bei Minderjährigkeit sei der Verhältnismäßigkeitsgrundsatz besonders zu prüfen. Die JVA Büren sei nicht altersgerecht und verstoße gegen Richtlinien der EU, sodass zu prüfen sei, ob nicht das mildere Mittel der Unterbringung in einer Jugendhilfeeinrichtung in Frage käme (E: S.13f).

In der Woche darauf wurde E nach Belgien abgeschoben (E: S.30). Erst vier Monate später entschied das LG in drei verschiedenen Beschlüssen über die Beschwerden. In einem Beschluss wurde die PdV abgelehnt (E: S.24ff). Dieser Beschluss ist mit fünf Seiten sehr ausführlich. Es wird über verschiedene Gesetze referiert und vormalige Rechtsprechungen zitiert. Demnach bestünde zwischen der PdV und E kein Näheverhältnis, was notwendig sei, um als PdV zugelassen zu werden. Ihr wurde vorgehalten, sie würde als Nichtanwalt anwaltliche Tätigkeiten übernehmen.

„Hier macht der Beschwerdeführer aber selbst nicht geltend, dass zwischen ihm und dem Betroffenen ein irgendwie geartetes persönliches Näheverhältnis bestanden hat. Beide kannten sich vor der Verhaftung des Betroffenen ersichtlich nicht. Auch die von dem Beschwerdeführer vorgelegte vorformulierte Vollmacht […] belegt augenfällig, dass es tatsächlich dem Beschwerdeführer nicht um eigene ideelle Interessen am Ausgang des Verfahrens geht und er auch zur Sachaufklärung aus eigener Kenntnis nichts beitragen kann, sondern darum, als bevollmächtigter Nichtanwalt […] dessen Vertretung wahrzunehmen" (E: S.27).

In einem weiteren Beschluss wird kurz verlautet, dass das eingelegte Rechtsmittel als unzulässig verworfen würde, da die PdV nicht als solche zugelassen wurde und somit nicht Beteiligte des Verfahrens sei. Eine inhaltliche Prüfung fand nicht statt (E: S.34f). Auch hier wird die PdV vom Verfahren ausgeschlossen und die Unterstützungsarbeit sogar kriminalisiert. Dem LG nach sei es nur oder als anwaltliche Vertretung legitim eine Person in Abschiebehaft zu unterstützen oder wenn ein persönliches Näheverhältnis bestehe. Zwischen den Zeilen lässt sich herauslesen, dass sich die PdV aus Sicht des LG betrügerisch verhielt, da sie sich quasi als Anwalt ausgegeben hätte. Die Möglichkeit jemanden aus politischer Überzeugung und Solidarität zu unterstützen kann sich das LG nicht vorstellen. (Politische) Unterstützungsarbeit in Abschiebegefängnissen, die unabhängig von der offiziellen Sozialarbeit ist, erfährt regelmäßig Behinderungen ihrer Tätigkeiten durch die Autoritäten (Nitschke 2019: S.70f; HfMiAB 2019).

Im dritten Beschluss des LG wird die Beschwerde der Anwältin gegen das AG abgelehnt (E: S29ff). Es bestünde der begründete Verdacht des ‚Untertauchens', weil E in Belgien einen Asylantrag stellte. Er wartete den Ausgang aber nicht ab, weil er dort nach eigener Aussage keine Chance sähe. Hinzu käme, dass er seit einem Jahr ständig unterwegs sei und sich in verschiedenen europäischen Ländern „erfolgreich illegal über Monate" (E: S.31) aufgehalten habe. Im Rubrum des Beschlusses wird ein Geburtsdatum aufgeführt, sodass E zum Zeitpunkt der Inhaftierung 16 Jahre alt war. Im Begründungstext wird dies allerdings vom LG angezweifelt.

> *„Der Hinweis darauf, dass er bei seiner Festnahme angeblich erst 16 Jahre gewesen sei, hilft dem Betroffenen ebenfalls nicht. Der Umstand, dass er [...] mit Hilfe eines Schleusers nach Europa eingereist und sich hier illegal über Monate in verschiedenen Staaten aufgehalten hat, deutet vielmehr darauf hin, dass sein angeblich geringes Lebensalter von ihm nur vorgetäuscht worden ist" (E: S.31f).*

Auf die vorliegende Meldebescheinigung aus dem Heimatland von E ging das LG nicht ein.

Gegen diese Beschlüsse wollte die abgelehnte PdV Rechtsbeschwerde beim BGH einreichen lassen. Die angefragte Anwältin schätzte den Fall aber so ein, dass die Rechtsbeschwerde wahrscheinlich als unzulässig verworfen werden würde. Es bliebe die Möglichkeit der Verfassungsbeschwerde. Ihr wäre aber eine Vertretung zeitlich nicht möglich (E: S.36f).

Zwei Wochen nach der Inhaftierung von F legte seine Anwältin Beschwerde ein, die sie weitere drei Wochen später begründete. Dort wurden diverse Umstände zum Verfahren gerügt. Es sei nicht ersichtlich, ob die Verhandlung wie vorgeschrieben in nicht-öffentlicher Sitzung stattfand. Ebenso sei keine vom AG eigenständige Prüfung der Haftdauer und der Durchführbarkeit der Abschiebung erfolgt. Auch der beantragte Haftgrund läge nicht vor. Da es sich um eine Dublin-Abschiebung handelte, hätte sich auf ein anderes Gesetz berufen werden müssen. Das AG dürfe nur auf Antrag entscheiden und nicht über den Antrag hinausgehen. Der Haftgrund läge aber auch inhaltlich nicht vor, weil die Weigerung von F das Flugzeug zu besteigen durch Zwang hätte überwunden werden können (F: S.30ff).

Der einen Monat später getroffene Beschluss des LG stellte fest, dass die Haft unrechtmäßig war. Bei Abschiebehaft im Rahmen einer Dublin-Abschiebung müsse die ‚Fluchtgefahr' erheblich sein. Dies wurde von der ABH nicht im ausreichenden Maße dargelegt. F wurde allerdings schon zwei Monate zuvor abgeschoben (F: S.36ff).

Drei Wochen nach dessen Inhaftierung legte die Anwältin von G Beschwerde ein. Auf sechs Seiten wurde ausführlich sowohl Inhaltliches als auch Formales am bisherigen Verfahren gerügt. Zur korrekten Formalität fehlte demnach ein Nachweis zur Zustellung der Abschiebungsandrohung, eine Prüfung ob der Dolmetscher und G sich ausreichend verständigen konnten, ein Hinweis, ob die Anhörung wie rechtlich vorgeschrieben in nicht-öffentlicher Sitzung erfolgte und eine prüffähige Zustimmung der zuständigen Staatsanwaltschaft. Außerdem leide das Abhilfeverfahren an einem Mangel, da die Begründung der Beschwerde vom AG hätte abgewartet werden müssen, bevor es sie zum LG weiterleitete. Deshalb müsse das Verfahren erst wieder zurück zum AG. Diese Verzögerung sei ein Verstoß gegen den Beschleunigungsgrundsatz. Inhaltlich wurde gerügt, dass es an einem ausführlichen Bericht der ABH fehle. Diese habe keine Angaben gemacht, warum der Abschiebeflug erst fünf Wochen nach der Inhaftierung durchgeführt werden könne. Die ABH hätte einen früheren Flug buchen müssen, um dem Beschleunigungsgrundsatz Genüge zu tun. Des Weiteren fehle es an der Prüfung milderer Mittel und der eigenständigen Prognose des Haftrichters. Auch die Haftgründe lägen nicht vor. G sei nicht aufgrund einer illegalen Einreise ausreisepflichtig. Auch der Haftgrund der Identitätstäuschung entfalle, da aktuell keine mehr vorläge und eine frühere Täuschung irrelevant sei. Der Haftgrund des unangemeldeten Wohnortwechsels wurde nicht von der ABH beantragt, sodass er unbeachtet bleiben müsse (G: S.50ff).

Das LG wies die Beschwerde zwei Wochen darauf zurück. Der Haftantrag genüge den gesetzlichen Anforderungen. Das Einvernehmen der Staatsanwaltschaft sei entbehrlich gewesen, da das betreffende Verfahren eingestellt wurde und nicht mehr ermittelt würde. Die Haftdauer sei angemessen und erforderlich. Ebenso gäbe es keine Anhaltspunkte warum G und die Dolmetscherin sich nicht hätten verständigen können. „Wie der Kammer aus anderen Verfahren bekannt ist" (G: S.68) gäbe es zweimal die Woche einen Sammelcharter mit fünf Personen in das betreffende Land.

> *„dass eine Abschiebung im Rahmen eines normalen Linienfluges selbst unter Begleitung von Sicherheitsbeamten der Bundespolizei nicht möglich war und ist, weil der Betroffene bei den Abschiebeversuchen [...] massiven Widerstand geleistet hat. Nunmehr ist die Abschiebung im Rahmen eines Sammelcharterfluges vorgesehen, mit dem ausschließlich Personen abgeschoben werden, bei denen vorherige Abschiebeversuche im Rahmen von normalen Linienflügen wegen deren Widerstandes gescheitert sind und bei dem eine erhöhte Anzahl von Sicherheitskräften sowie ärztlichen Begleitern erforderlich sei" (G: S.66).*

Der Haftgrund der Identitätstäuschung sei zulässig, da die Vorschrift unabhängig vom Zeitpunkt der Täuschung sei.

> *„Diese offensichtlich vor dem Hintergrund der Ausreiseaufforderung und Abschiebungsandrohung erfolgte Identitätstäuschung, die zweimalige Vereitelung der Abschiebung durch massive Widerstandsleistung sowie bei der Anhörung [...] abgegebene Erklärung, er wolle lieber sterben als in seine Heimat zurückzukehren, rechtfertigten den Schluss, der Betroffene werde sich ohne eine Inhaftnahme weiterhin seiner Abschiebung durch Flucht entziehen" (G: S.67).*

Bezüglich der zweifelsfreien Ausreisepflicht sei vom Haftrichter nicht zu prüfen, ob ein BAMF-Bescheid rechtmäßig wäre. Dies sei Aufgabe des Verwaltungsgerichts. Wird Beschwerde gegen einen BAMF-Bescheid eingelegt, entscheidet ein Verwaltungsgericht darüber. Die Amtsrichter*innen hingegen sind in der Regel nicht vertraut mit Asylverfahren und möglichen juristischen Abschiebehindernissen in bestimmte Länder. Diese Trennung von Abschiebehaft und Asylverfahren/Abschiebung führt zu noch größerer Undurchsichtigkeit des Verfahrens für die Betroffenen als ohnehin schon. Bei den wenigen Gelegenheiten im Verfahren, bei denen sie ihre Perspektive darlegen können, argumentieren sie in der Regel entweder damit, dass sie keine Straftat begangen haben oder damit, dass ihnen bei einer Abschiebung großes Leid in welcher Form auch immer droht. Beides ist für das AG irrelevant. Beides wird ignoriert. Es erinnert an den Roman „Der Prozess" von Franz Kafka, in dem Josef K. angeklagt, verhaftet und schließlich hingerichtet wird, ohne zu erfahren, welche Anschuldigungen von wem gegen ihn erhoben wurden (Kafka 2012: S.503ff). Die Teilung der Zuständigkeiten zwischen verschiedenen Instanzen, das strikte Einhalten des eigenen Zuständigkeitsbereichs ohne Blick darüber hinaus ist eine Herrschaftstechnik. Die Entscheidungsträger*innen können möglicherweise so leichter und ohne „schlechtes Gewissen" im Sinne der herrschenden Politik entscheiden. Amtsrichter*innen wissen in der Regel nicht, dass eine Abschiebung nach Italien Obdachlosigkeit (Gleitze 2017), eine nach Kroatien körperliche Gewalt durch Staatsbeamte (Lazarević 2019) und eine nach Afghanistan Lebensgefahr durch Krieg und Terror bedeutet (Stahlmann 2017: S.73ff).

Gegen den Beschluss des LG legte der Anwalt eine 17 Seiten umfassende Rechtsbeschwerde beim BGH ein. Einige Punkte der vorherigen Beschwerde werden wiederholt und ausführlicher dargestellt. Der Haftantrag sei nicht in der vorgeschriebenen Weise begründet. Es fehle eine Angabe über den gewöhnlichen Aufenthaltsort von G. Der Zustellungsnachweis des BAMF-Bescheides sei weder in der Anlage noch in der Ausländerakte zu finden. Die nachgereichte Empfangsbekenntnis lässt weder Adressaten noch eine identifizierbare Unterschrift erkennen. Dazu finde sich auch nichts im Anhörungsprotokoll. Ebenso wurden keine Angaben zum Rücknahmeabkommen mit dem betreffenden Land gemacht. Demnach hätte es kein PEP bedurft, da eine Kopie des Personalausweises vorlag. Dadurch wäre eine kürzere Haft möglich gewesen, was dem Beschleunigungsgebot genüge getan hätte. Auch das Einvernehmen der Staatsanwaltschaft lag nicht vor. Die später nachgereichte E-Mail sei nicht autorisierbar und zum offenbar abgeschlossenen Strafverfahren gäbe es keinen Vollstreckungsstand. Auch das wurde nicht Gegenstand der Anhörung. Die Haftgründe lägen ebenfalls nicht vor. Eine Identitätstäuschung müsse in der Gegenwart passieren. Das LG dürfe keinen neuen (nicht beantragten) Haftgrund einführen ohne dazu angehört zu haben. Das AG habe sich nur mit der Identitätstäuschung, aber nicht mit Widerstand gegen die Abschiebung beschäftigt. G erklärte, er habe nichts gemacht. Von daher sei es unklar warum das LG von einer unstrittigen Tatsache spricht. Es darf Behauptungen der ABH nicht ungeprüft übernehmen. Des Weiteren hätte der Haftantrag früher vorgelegt werden müssen. Er wurde erst kurz vor Beginn der Verhandlung zugänglich gemacht. So sei keine effektive Verteidigung möglich. Es fehle auch der Hinweis, ob die Sitzung öffentlich war. G wurde kurz nach dem Beschluss des LG abgeschoben (G: S.71ff).

Fünf Monate später beschloss der BGH die Rechtsbeschwerde abzulehnen. Der Beschluss wurde nicht begründet (G: S.88f).

In der Woche nach dessen Inhaftierung legte die Anwältin von H Beschwerde ein. Ähnlich ausführlich wie bei H wurde sowohl Inhaltliches als auch Formales am bisherigen Verfahren gerügt. Zur korrekten Formalität fehlte demnach eine Prüfung, ob der Dolmetscher und H sich ausreichend verständigen konnten. Ebenso wird nicht deutlich ob H wünschte, dass sein Heimatkonsulat über seine Inhaftierung benachrichtigt werde. Auch die Ehefrau von H hätte angehört werden müssen. Außerdem leide das Abhilfeverfahren an einem Mangel, da darüber ein Beschluss des AG erfolgen muss, bevor es sie zum LG weiterleitete. Deshalb müsse das Verfahren erst wieder zurück zum AG. Diese Verzögerung sei ein Verstoß gegen den Beschleunigungsgrundsatz. Ebenso wurde die Begründung der Beschwerde, die erst nach Akteneinsicht erfolgen konnte, nicht abgewartet. Inhaltlich wurde gerügt, dass es an einem ausführlichen Bericht der ABH fehle. Diese habe keine Angaben gemacht, warum die beantragte Haftdauer notwendig sei. Es fehle auch an einem Bericht über die Durchführbarkeit der Abschiebung, der zweifelsfreien Ausreisepflicht und den Abschiebungsvoraussetzungen. Des Weiteren fehle es an der Prüfung milderer Mittel und der eigenständigen Prognose des Haftrichters. Auch die Haftgründe lägen nicht vor. H sei nicht aufgrund einer illegalen Einreise ausreisepflichtig. Durch den Asylantrag bekam er eine Aufenthaltsgestattung und war so nicht mehr ausreisepflichtig. Dem Haftgrund des unangemeldeten Wohnortwechsels muss eine Belehrung (in einer dem Betroffenen verständlichen Sprache) über die Pflicht einen Wohnortwechsel der ABH anzuzeigen vorangegangen sein. Es sei aus den Akten nicht ersichtlich, ob diese Belehrung H überhaupt erreicht hat. Zum Schluss wird noch gerügt, dass in der UfA Büren Dublin-Gefangene nicht getrennt von anderen Gefangenen untergebracht werden, was einen Gesetzesverstoß bedeute (H: S.25ff).

Sechs Wochen später stellte das LG fest, dass die ersten zwei Wochen der Haft unzulässig waren. Zwei Wochen nach der Inhaftierung ergänzte die ABH ihren Haftantrag mit den „erforderlichen Angaben zur zweifelsfreien Ausreisepflicht, zu den Abschiebungsvoraussetzungen, zur Erforderlichkeit der Haft sowie zur Durchführbarkeit der Abschiebung und notwendigen Haftdauer" (H: S.41). Somit konnten die Mängel ‚geheilt' werden. Alle anderen Punkte zur Dolmetscherin, der Zustellung des BAMF-Bescheides, der Unterbringung in der UfA Büren und dem Abhilfeverfahren wurden abgewiesen (H: S.39ff).

Rund vier Monate später legte der Anwalt Rechtsbeschwerde beim BGH ein, da die gesamte Haft unzulässig gewesen sei. Bei der ersten Anhörung sei der Haftgrund Ausreisepflicht aufgrund einer ‚illegalen Einreise' gewesen. Danach sei ein Schwenk auf ‚Untertauchen' vollzogen worden. Das LG hätte dazu noch einmal anhören müssen. Die Akten lagen früh genug vor, sodass eine Anhörung vor der Abschiebung hätte stattfinden können. Im Allgemeinen wurden falsche Paragrafen verwendet, da es sich um eine Dublin-Abschiebung handele. Diesbezüglich wurde die nötige ‚erhebliche Fluchtgefahr' nicht dargelegt. H sei bei der ZAB selbst vorstellig geworden, weswegen keine ‚erhebliche Fluchtgefahr' vorliegen könne. Außerdem hätte die Belehrung über den Wohnortwechsel mit Zustellungsnachweis erfolgen müssen. Aus den Akten und den Stellungnahmen der ZAB sei dies nicht ersichtlich. Auch mildere Mittel, wie z.B. eine Kaution wurden nicht geprüft. Die Situation mit der Risikoschwangerschaft der Ehefrau wurde nicht in Betracht gezogen. Ebenso fehlt es an einem Bericht über die Durchführbarkeit der Abschiebung, Verhältnismäßigkeit der Haft und an einem Hinweis ob die Verhandlung öffentlich war (H: S.45ff).

Weitere drei Monate später beschloss der BGH, dass die gesamte Haft H in seinen Rechten verletzte. Der Haftantrag war unzulässig und wurde durch die Ergänzung nicht geheilt, da zum ergänzenden Haftantrag H noch einmal hätte angehört werden müssen (H: S.56ff).

Drei Wochen nach der Inhaftierung von I legte seine Anwältin Beschwerde ein. Wie auch bei G und H rügte dieselbe Anwältin inhaltliche und formale Fehler. Auch dieses Verfahren solle zurück ans AG, da das Abhilfeverfahren an einem schwerwiegenden Mangel leide. Dieses sei nicht wie vorgeschrieben durch einen Beschluss erfolgt. Des Weiteren fehle es an einem ausreichenden Bericht über die Durchführbarkeit der Abschiebung, ihren Voraussetzungen, dem Einvernehmen der Staatsanwaltschaft, der eigenständigen Prognose des AG und der Prüfung milderer Mittel. Die Abschiebungsandrohung sei des Weiteren unzulässig, da am selben Tag ein Asylantrag gestellt wurde. Wegen der Asylantragstellung sei auch der Haftgrund der Ausreisepflicht aufgrund einer illegalen Einreise hinfällig. Bezüglich der Verletzung des Beschleunigungsgrundsatz durch die verspätete Asylantragsbearbeitung verweist die Anwältin auf den Beschluss des AG Paderborn, dass zuvor aus diesem Grund eine Verlängerung der Haft ablehnte woraufhin I aus der Haft entlassen wurde (I: S.33ff).

Das LG folgte vier Monate später der Beschwerde und sah durch den Haftbeschluss die Rechte von I verletzt. Die Begründung enthält im Großteil Textbausteine des Aufhebungsbeschlusses des AG Paderborn (I: S.38ff).

Drei Wochen nach der Inhaftierung von J legte dessen Anwalt Beschwerde ein. Auch hier wurden diverse formale und inhaltliche Fehler gerügt. Demnach fehle eine prüffähige Zustimmung der involvierten Staatsanwaltschaften und ein Vermerk ob J die Dolmetscherin verstanden habe. Das AG habe offensichtlich den Sachverhalt der ABH übernommen, ohne eigene Ermittlungen anzustellen. Dies ergebe sich daraus, dass nach dem Anhörungsprotokoll keine Fragen zum Haftantrag gestellt wurden. Im Beschluss wurden allerdings Aussagen von J aufgenommen, die er in der Befragung von der ABH gesagt haben soll. Auch der Haftantrag sei mangelhaft. So fehle es an der Ordnungsverfügung in der Gerichtsakte. Die Prognose zur notwendigen Haftdauer sei falsch. Acht Wochen Haft seien nach eigenem Vortrag der ABH erforderlich gewesen. Dadurch, dass aber drei Monate Haft beantragt und beschlossen wurden, wurde das Beschleunigungsgebot verletzt. Auch Ausführungen, ob eine Abschiebung überhaupt möglich sei fehlen. Dies sei insbesondere nötig, da J angibt eine andere Staatsangehörigkeit zu haben, als die von der die ABH ausgeht. Das AG habe indes keine eigene Prognose vom Abschiebungsverlauf abgegeben. Die Wendung die Haft sei verhältnismäßig sei nur floskelhaft. Des Weiteren läge der Haftgrund der Ausreisepflicht aufgrund einer ‚illegalen Einreise' nicht vor, da er mit einem Visum eingereist sei. Auch der Haftgrund der Identitätstäuschung läge nicht vor, da diese in der Gegenwart und wegen des Versuchs der Abschiebeverhinderung passieren müssen. Die Identität sei geklärt und somit läge keine Verhinderung der Abschiebung vor (J: S.44ff).

Das LG entschied erst über neun Monate später. Demnach sei das letzte Drittel der Haft unzulässig. Die Kosten des Verfahrens wurden zu einem Drittel der ABH auferlegt. Die zu lange beantragte Haft sei egal gewesen, da J schon vor der zulässigen Dauer entlassen wurde. Das Einvernehmen der Staatsanwaltschaft lag vor und war ausreichend. Der Haftgrund der Identitätstäuschung lag vor und mildere Mittel seien nicht erkennbar gewesen. Die Verständigungsmöglichkeit mit der Dolmetscherin ergäbe sich aus dem umfangreichen Protokoll aus der Ausländerakte. Vier Wochen nach der Asylbeantragung aus der Haft erhielt J ein Aufenthaltsrecht und hätte zu diesem Zeitpunkt entlassen werden müssen (J: S.53ff).

Obwohl am Ende von fünf der untersuchten Fälle Gerichte entschieden, dass die Verhängung von Abschiebehaft unrechtmäßig war, wurden nur zwei der betroffenen Personen daraufhin aus der Haft entlassen. Die anderen wurden bereits vor der Entscheidung abgeschoben. Die Beschwerde hat keine aufschiebende Wirkung, sodass von Seiten der Gerichte und der anderen beteiligten Behörden Verzögerungen und die Taktik des Aussitzens genutzt werden können, um das Ziel der Abschiebung sicherzustellen. Durch den Aufbau des Gerichtsverfahrens und die ungleichen Machtverhältnisse wird die Perspektive der Betroffenen weitestgehend ausgeschlossen. Im Grunde genommen von Beginn an, aber spätestens mit der Abschiebung, haben sie keine Möglichkeit den Ausgang des Verfahrens zu beeinflussen. Haben sie genügend Geld oder treffen auf eine Unterstützungsgruppe, können sie „professionelle Helfer*innen“ engagieren. Diese verfügen über das nötige Spezialwissen, um das Beschwerdeverfahren mit gewissen Erfolgsaussichten in Gang zu setzen. Nils Christie nennt diese Personen „Professionelle Diebe“. Die Betroffenen sind quasi nicht mehr Beteiligte des Verfahrens, sondern nur ihr Auslöser. Ihnen wurde ihr Konflikt von den Jurist*innen gestohlen, die sich gegenseitig Argumente entgegenbringen, die nicht die der Betroffenen sind, sondern sich an Gesetzen und Vorschriften orientieren (Christie 1980: S.127ff). Auch (politische) Unterstützungsgruppen, die anders als Anwält*innen kein Geld für ihre Arbeit erhalten, leben in dem Spannungsverhältnis, dass sie den Betroffenen ihren Konflikt in gewisser Weise „stehlen“ müssen, um die Chancen einer Freilassung zu erhöhen.

7. Epilog: Statt eines Fazits...

Die kritische Aktenanalyse von Abschiebehaftfällen befördert sowohl Etikettierungs- als auch Ausschlussprozesse zu Tage. Zusammenfassend möchte ich sechs Punkte herausstellen:

1) Die Betroffenen werden häufig durch Anwendung des rassistischen Racial Profiling Objekte polizeilicher Kontrolle. Sind die juristischen Voraussetzungen

gegeben, können diese Situationen zu Abschiebehaft führen. Ein anderer häufiger Festnahmeort ist die Ausländerbehörde. Die Betroffenen sind aus rechtlichen Gründen (Beantragung oder Verlängerung von Papieren) gezwungen diesen Ort aufzusuchen. Soll jemand abgeschoben oder in Abschiebehaft genommen werden, so wird zu einem entsprechenden Termin auch die Polizei geladen.

2) Die Anhörungen vor den Amtsgerichten sind bloße Formalitäten. Nach der Bekanntmachung des Haftantrages wird den Betroffenen zwar die Möglichkeit einer Stellungnahme gegeben. Die Richter*innen gehen in der Regel aber weder auf diese ein noch stellen sie weiterführende Fragen, um die Perspektive der Betroffenen auf den geschilderten Sachverhalt des Haftantrages zu hören.

3) Die Haftbeschlüsse der Amtsgerichte sind in der Regel Paraphrasierungen der Haftanträge. Hinweise auf eigenständige und somit unabhängige Prüfungen ließen sich nicht finden. Die Amtsgerichte gehen so ein Bündnis mit den Ausländerbehörden (oder der Bundespolizei) ein.

4) Ab der Ebene der Landgerichte sehen die Beobachtungen differenzierter aus. Hier finden sich zwar ebenso Beschlüsse, bei denen davon auszugehen ist, dass die zuständigen Richter*innen keine eigenständige Prüfung der Sachverhalte vornahmen. Andere Beschlüsse von Landgerichten und vor allem vom Bundesgerichtshof hingegen sind sehr ausführlich und gehen auf (fast) jeden Punkt aus den Beschwerdeschriften ein. Sobald die Beschwerden ernsthaft geprüft werden, schnellt die Zahl der positiven Beschlüsse im Sinne der Betroffenen in die Höhe.

5) Aufgehoben werden die Beschlüsse der Amtsgerichte in der Regel aber nicht aus inhaltlichen Gründen. Die aufgeführten Haftgründe werden auch von den höheren Instanzen als legitim angesehen. Aufgehoben werden sie vor allem aus formalen Gründen, aus Verletzung der Verfahrensvorschriften (falsche Haftdauer, Fehlen bestimmter Dokumente, zu späte Ladungen etc.).

6) (Politische-) Unterstützungsarbeit kann nicht unabhängig von der herrschaftlichen Ordnung agieren. Zum einen muss sie damit rechnen, dass ihre Tätigkeiten behindert, ausgeschlossen oder auch kriminalisiert werden. Wird juristisch gegen die Abschiebehaft vorgegangen, muss sich an den geltenden Gesetzen und Verfahrensvorschriften orientiert werden. Dies erfordert ein Spezialwissen, dass mehr oder weniger zwangsläufig dazu führt, dass den Betroffenen ihr „Konflikt gestohlen wird“. Argumente, die den Betroffenen wichtig, aber juristisch irrelevant sind, bleiben unbeachtet[38].

38 Ist die Unterstützungsarbeit politisch und hat den Anspruch auf gleicher Ebene zu agieren und nicht paternalistisch mit den Betroffenen umzugehen, so ist es ein Gebot zumindest

Abschiebehaft ist eine Institution, die den kompletten Ausschluss der Betroffenen aus der entsprechenden Gesellschaft zum Ziel hat. Diese sollen nicht temporär inhaftiert werden, um sie in irgendeiner Form zu ‚erziehen oder zu ‚läutern'. Sie sollen das Land verlassen und nicht wiederkehren. Was mit ihnen nach der Abschiebung geschieht, interessiert den Abschiebestaat nicht. Ein demokratischer, sich als Rechtsstaat definierender Staat kann solche Ausschlussprozesse nur vermittelt über das Recht mit all seinen angeschlossen Institutionen und Verfahren einführen (Kirchheimer 1985: S11). Justitia ist aber kein gerechtes und objektives Naturwesen. Ihre Waage und ihr Schwert werden ihr von den Herrschenden in die Hand gedrückt. Diese verschwinden dann schnell aus dem Bild und preisen Justitias Unabhängigkeit in Sonntagsreden an. Waage und Schwert darf sie auch selbständig benutzen, aber ab und zu statten ihr die Herrschenden mit einem neuen Gesetzespaket dann doch einen Besuch ab. Mit allerlei Paragrafen und Artikeln wird so regelmäßig die Waage neu geeicht und das Schwert geschliffen. Auf dass sie das ‚richtige' ...Pardon... ‚gerechte' Resultat liefern.

Werden die Themen Flucht, Asyl und Abschiebungen behandelt, ist es unerlässlich auch Fluchtursachen in den Blick zu nehmen. In der öffentlichen Diskussion in Deutschland werden grob drei Gründe aufgezählt: Krieg, politische Verfolgung und Armut. Krieg gilt sowohl öffentlich als auch rechtlich als legitimer Grund, um Schutz in einem anderen Land zu suchen.

Die Frage, was als politische Verfolgung gewertet wird, orientiert sich an der jeweils aktuellen politischen Stimmung. Rechtlich gelten Menschen, die aufgrund ihrer – zum Teil zugeschriebenen – ethnischen Zugehörigkeit (Rassismus), Religion, sexueller Orientierung, ihres Geschlechts oder ihrer politischen Überzeugung verfolgt werden, als politisch Verfolgte (Art.16a GG; § 60 Abs.1 AufenthG; Art.1 Genfer Flüchtlingskonvention). Die politische Verfolgung kann nur nach den bürokratischen Regeln im Asylverfahren vom Bundesamt für Migration und Flüchtlinge (BAMF) anerkannt werden. Hier gibt es diverse Möglichkeiten und Spielräume wie Entscheidungen durch die jeweiligen Regierungen beeinflusst werden können. Darüber hinaus muss politische Verfolgung immer individuell belegt werden (je nach gesellschaftlicher/politischer Stimmung reichen mehr oder weniger Belege aus). Dass eine Person aus einer Diktatur geflohen ist, über die allgemein bekannt ist, dass sie Menschen politisch verfolgt, reicht allein nicht aus. Die persönliche Verfolgung muss sehr genau bewiesen werden. Häufig werden zudem sogenannte inländische Fluchtalternativen unterstellt.

Als dritter Fluchtgrund wird Armut genannt. Diese wird weder in der öffentlichen Diskussion noch rechtlich als Schutzgrund anerkannt. Im Gegenteil werden Etikettierungen wie ‚Armuts-/Wirtschaftsflüchtlinge' oder ‚sichere

abseits des Gerichtsverfahrens die Argumente und Perspektiven der Betroffenen sicht- und hörbar zu machen.

Herkunftsstaaten' zur Denunziation und zur rechtlichen Diskriminierung verwendet. Diesen Menschen wird in der öffentlichen Diskussion oft unmoralisches Verhalten und ‚Faulheit/Arbeitsverweigerung' vorgeworfen: ‚Sie sollten besser in ihren Ländern bleiben, dort hart arbeiten, das Land aufbauen, anstatt die deutschen Sozialsysteme auszunutzen'. Rechtlich wurden für Menschen aus den von der Bundesregierung definierten sogenannten ‚sicheren Herkunftsstaaten' eine umfassende Schlechterstellung bei Unterbringung, Sozialleistungen, Zugang zum Arbeitsmarkt und zu Bildung verankert.

Was alle drei öffentlich verhandelten Fluchtursachen gemeinsam haben, ist die Fokussierung auf die Situation im „Hier und Jetzt" der Herkunftsländer. Die historische Entwicklung wird außer Acht gelassen. Die Fragen weshalb es in bestimmten Ländern (dauerhafte) kriegerische Auseinandersetzungen gibt, warum jahrzehntelang despotische Regime an der Macht sind und warum Volkswirtschaften es nicht schaffen, dauerhaft Grundbedürfnisse ihrer Bevölkerungen zu befriedigen, werden nicht gestellt.

Nach dem Zweiten Weltkrieg wurden große Teile des globalen Südens dekolonisiert. Dies erfolgte entweder durch Antikoloniale Befreiungskriege der lokalen Bevölkerung gegen die Kolonialmächte (Schmid 2005: S.30) oder dadurch, dass die Kolonialmächte sie in die Unabhängigkeit ‚entließen'. Dieser Schritt folgte nicht aus der Einsicht, dass der Kolonialismus ein schwer in Worte zu fassendes mörderisches Verbrechen war, sondern aus der Mischung verschiedener Faktoren: aufflammende Aufstände der Lokalbevölkerung, Beispiele von verlorenen Kolonialkriegen, internationaler Druck und wachsende Unzufriedenheit der Bevölkerung in den Kolonialstaaten mit der Kolonialpolitik (Michel 2000: S.158ff). Die politische Unabhängigkeit war aber nicht verbunden mit einer ökonomischen Unabhängigkeit. Die kolonisierten Ökonomien waren jahrelang ausschließlich auf die wirtschaftlichen Bedürfnisse der Kolonialmächte ausgerichtet. An dieser Stelle sei abermals auf die Ausführungen aus Teil III (2. Postkoloniale Perspektive auf Migration) verwiesen mit dem Plädoyer in jede politische Analyse und Arbeit im Bereich Flucht und Asyl postkoloniale Kontinuitäten – politisch, wirtschaftlich, rechtlich, sozial – miteinzubeziehen.

Die Herrschenden und Mächtigen dieser Welt, die Kapitalistischen Zentren des Globalen Nordens, die *weiße*[39] Ober- und Mittelschicht bleiben solange in einer privilegierten Position, wie die ursprüngliche Akkumulation an Kapital durch Kolonialismus, Sklaverei, Ausbeutung und Raubbau an der Natur nicht still gestellt und rückgängig gemacht ist. Solange der Reichtum der Welt und der Menschheit nicht gleich verteilt ist, bleibt der Antagonismus

39 Mit der Bezeichnung weiß beziehen wir uns nicht auf biologische Merkmale, sondern auf politische und soziale Konstruktionen. Entlang rassifizierender Zuschreibungen werden rassistisch-markierte Personen als „Migrationsandere" benachteiligt und diskriminiert, während weiße, i.d.R. de-markierte, Personen mit Privilegien in sozialen Räumen ausgestattet werden (Tißberger 2016: 102).

zwischen dem Globalem Norden und dem Süden bestehen. Trotz Mauern, trotz Grenzpolizei, trotz Tod im Meer, in der Wüste und im Wald, trotz rechtlichen Diskriminierungen und trotz Abschiebegefängnissen, werden sich die Menschen weiterhin auf den Weg machen. Solidarität!

V Abschiebehaft 2021 nach Guinea - Ein Bericht von Oumar Mamabarkindo

Aus Schutzgründen wurden der Name geändert und Teile des Textes unkenntlich gemacht.

Im Winter 2021 war Oumar Mamabarkindo drei Wochen im nordrhein-westfälischen Abschiebegefängnis Büren inhaftiert. Davon wurde er zwei Wochen isoliert eingesperrt.

Oumar Mamabarkindos ersten Text (S. 166 - 197) verfasste er während seiner Inhaftierung. Den zweiten Text (S. 198 - 200) schrieb er nach der Entlassung an einem sicheren Ort.

1) ABSCHIEBEHAFT 2021 NACH GUINEA

war ich eig nur bei der Auslendbörde/mein Ausweis zu verlangern möchten möchte.

Deutschland am [redacted]

Geboren am [redacted] in Guinea [redacted] (M)

Am [redacted] Uhr wurde ich bei der Ausländerbehörde festegenohmen. Da war ich mit meinen Betruer (O[redacted])

Als ich mich da festegenohmen wurden, hatte ich nie in mein leben so gelebt. Die haben mich so schlechte behandelt und richtig an die wand gedruckt und verfeselte wie ein Kriminel oder Jemand der taushend (1000) menschen ungebracht hat.

weil ich nur mit dem falche identität nach europer gereist bin. derwegen haben die mich so wie ein Kriminel behandelt

Eigentlich wolte ich nur mein Ausweis verlangern und

weil ich am [redacted] einen Verhandlung beim Amtsg habe.

deswegen haben die mich so schlechte behandelt. verscheinlich

Und dannach wurde ich nach [redacted] mit gebracht. mit dem Auto. Als wir in [redacted] sind, haben die mich direckt in eine celer reingevorfon und dann bin ich

weil die genau jetzt weiß, das ich 19 Reche habe. und die Altersfestuntersuchung hat ubezeug.

Das ist ein Kind hierhin. preis oin.

2 Stunde drinen geblieben und Könte gar nicht machen und das war auch mein erst mal im einem celer reingekommen bin und ich hatte voll durch, wolte was trinken. habe mehr mals diese Knopf gedrückt keine kommt. Dannach In halbstunden kam eine polisisten zu mir, sagte ich wo bin ich erstmal. weil, der type bei der Ausländerbörd meinte dass ich in [redacted] bin. aber ich glaube ihm nicht weil der mich nach Guinea abschieben will und ich vertrau euch auch alle nicht, und habe nach wasser gefragt. Sagte sie, Ich komme gleich wiede und nach 5 min ist sie wieder zu mir zurück mit eine bescher und wenig wasser drinen, meinte sie wenn ich mehr wasser brauche muss ich da drinen selber wasser hollen Also bei diese cele drinen und dann bin ich bei diese cele lange gewartet, und dann kommt wieder die drei typen die mich festgenohmen haben und die wollen muss nach. [redacted]

2) haben die mich wieder gefeselte mit diese
dannach sind wir nach ███ gefahren.
Bei diese Amtsgericht ███. ich war die ganz zeit gefeselte
und hatten die da eingespreche gemacht. die ich
nicht verstanden haben darumgeht, dannach habe was unterschrieben
Und meine richtige name reingeschrieben, (████████) und
Mein alter auch geschrieben (█-████). dannach hat der Ricter was
entschieden dass die mir in gefegnis schiken muss, obwohl
das ist gar nicht getan habe. weilich nur Rechte habe. Und
alles was ich beweise gegeben habe, dassich ████████
heiße und am ████████ geboren bin aber trozdem glauben
die nicht. habe auch freiwilig ein Altersfestuntasuchung gemacht
damit die mir glauben das ich ein kind war, als ich hierhin
gereis bin. und alles beweise von Botschaft Guinea bekommen habe
und die Böherde in Guinea auch bekommen, wo das drinen
Steht das es ist mein Richtige Name (████████) ist und (█-████)
geboren bin. Also ich meine meine Geburtsurkunde
als wir in Amtgericht ███ waren, am ████████ Könnte ich nicht
alle beweise was ich habe zeigen weil der Richte meinte das wir
hier nicht beweise zu zeigen sondern, mich zu abschikben nicht
darum was igwas was ein beweise zu zeigen. sondern mich zu
Gefängnise in Büren zu schiken. Da muss ich bleiben bis die
eine flugzeug für mich findet und dann abnachause.
Dann kam die drei typen von Ausländerbehörde ███ und hatten
die mich wieder in der cele reingeschtekt in ███ bei Gericht und dann haben
die alles organisiert mich nach Büren in gefängnise zu
Schicken und dannach wir zu feierwehr Texte zu machen
ob ich corona habe oder nicht, und in 5 min kommt der arzt
macht er schneller ein Text corona dass ich negative
ergebnis bekommen habe damit die mir in Büren schicken
Können. Als wir bei feierwehr waren kam zwei (2) polizei
von Essen (ZOB) die mich nach Büren mit bringen soll
und bevor wir nach Büren fahren. musste ich umsteigen
und Könnte ich nichte mein Beine selber bewegen und Könnte
gar nicht meine Beine fühlen, Könnte auch gar nicht austeigen
weil ich alles gefäselte und Könnte mich auch überhauptnicht
mit mein Beine draufstehen war über alle gefeselte

/und die 5 polisisten haben die mich getragen und bei andere
Auto reinge~~[illegible]~~setzt, aber bevor die mich getragen haben
Könnte ich mich nicht mehr erineren wo ich bin und was
passiert als ich umgestigen bin, dannach sehe ich die Hand
im mein Hände und Könnte gar nicht bewegen, Beine alles gefäselt
und mein Bauch auch war ein güter die mit die Han verbunden
sind und Könnte nicht gut artmen und Könnte überhopt nix
Bewegen. Die haben mich wie ein Krimel behandelt. und wenn
ich mit die zwei typen ~~er~~ etwas fragen möchte, die antworten
gar nicht die sind nur am lachen, wenn ich was sage.
und habe die mehr mals gefragt wo wir hinfahren antworten
die nicht. und dann ~~hat~~ wolte ich wasser trinken, habe mehr
mals gesagt bitte geben sie mir wasser zu trinken, ich bin voll am
sterben durch. Die lachen nur. habe mehr noch gebetten
bitte geben sie mir wasser zu trinken, ich bin kein kriminel
warum behandel sie mich so wie jemanden der ein land
getutet hat. wieso, bitte geben sie mir wasser, dann nach
2 Stunde so hate er gehalten in eine Tankstele. und
hat er mir bisschien wasser gegeben, und ~~kan~~ bevor der mir
wasser gegeben hatte. war voll am sterben. mein Halz war
richtig getrockhet und kan gar nicht mehr ~~reden~~ was sagen
Und dann ich glaube in halbstunde sind wir in Büren
angekommen, und hatten die vor die Eingang bisschien
angehalten, ~~[illegible]~~ in per minuten sind wir reingegangen
und haben die mich fotographiert und aregistriet
dann haben die mich wiede in eine cele reingeworfen
in 5 minuten wieder kommt er mich hollen und dannach
sind wir igwie in eine Büro gewesen das die mich meine
gewicht gekucht haben. und meine größer auch und
mich alles controliert worden, habe alle Kleide ungezogen und
~~also ich meine mich~~ aller gekontroliert ob ich was habe oder
nicht, dannach hat er mir mein Händy wieder gegeben
das ich alle Nummer die ich brauche aussuchen und
aufschreiben. weil, meinte er darf ich nicht mein Handy
benutzen weil das Handy mit Kamera ist. Aber bekomme ich
ein Klein Handy damit ich vlt telefonieren kann.
und habe alle Numme die ich brauchte aufgeschriben
und wieder das Händy gegeben.

1) Und fragte er welche schuhe größe habe ich sagte ich [geschwärzt] dann hatemir eine schwarz schuhe gegeben. Die sieht wie Sport schuhe, die Marke heißt (BA) und dann werdeich wieder auf eine cele mit gebracht das ich nicht mehr raus gehen darf bis morgen. bevor der mich in diese cele reinbringen hatte ermir kleidung und bettwese gegeben, und zwei (2) hantuch, zwei Tasen, ein Teller, Gabbel, lofel 2) und ein messer, Als den security mich zu der cele gebracht hat. in der cele habe ein bett., TV. Schreibtich, und ein komodo, wasserkoche shulschrank, heißung, ein Stul, und wie, ein Toillete daneben,

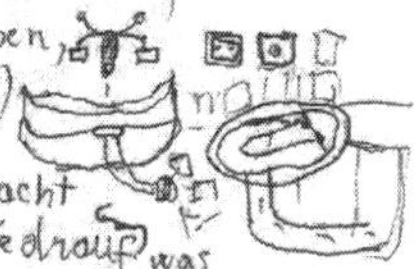

und als ich in der cele reingegagen bin wusteich (Vc) nie wo bin ich, und könnte ich mich nicht benehmen, warich wie wenn du ZB macht etwas in eine Flasche reingemacht hat und deckedrauf was das du gar nicht bewegen kann und etwas selbst tun kann das war bei mir ganz andere weld gewesen, und könnte überhopt nix selbst was ich machen soll, ich war komplet weg, und könnte ich mich nicht erineren wat tun und was ist mit mir los, ich war ganz andere weld gelondet. Ich seh nur die leute die sind ungebract & sind und Polizei und die malinke die mich tuten wollen, die kommen mit wafe und große messer (a) die laufen hinter mir die wollen mich tuten, die sagen halt, lauf nicht weg, ich krieg dich bleibsten, und dann seheich die laufen zu mir, die sagen ich krieg dich du kannstehe nicht laufen, die haben viele freunde getutet und manschen festgenohmen, und viele geschlagen, mit wafe und große messer, die haben mich richtig geschlagen mit ihrem wafe und messer, kann nix was mache muss ich in diese cele drinbleiben, sagte der security ich darf nie raus bis morgen wieder. Ich könnte gar nix tun und die Bilder im Kopf habe, kommt zu mir jede zeit und kann überhopt nicht was essen oder wartrinken, ich war ganz verfird. Ich kann nicht schlafen, ich kann nicht laufen, ich zitat die ganz zeit muss immer das bette festehaten damit ich mich bisschen bewegen kann. Ich könnte überhopt nicht selber laufen muss immer was festhaten damit ich meine beinen bewegen kann

5/ Am diese Tag als ich mitgebracht worden könnte ich
gar nicht selbst was tun, war ich nur die ganz zeit
am heilen und am denken, und die Bilder
die im Kopf habe kommt gedezeit, und gedemoment
ich könnte überhopt nicht was tun.
Ich war kommplet veruck geworden.
Ich sehe nur was ist mir in guinea passiert worden
und die polizei und die mallinke die meine
Freunde umgebracht haben.
und die festgenohmen worden, und die, die richtig geschlagen worden
Am diese Tag wusste übehopt nicht wo ich genau war
wenn die Bilder einfach im Kopf kommt, weiß überhopt
nicht wo ich bin.
und gedezeit kommt eine gucken obich mir gut geht
und war nur am weinen. und hat einen security
gesagt gehmal duschen. Wenn du dich durch
vielleicht geht dir bisschen besser, dannach hat er
mir geholfen zu toillete zu kommen wil, ich nix
so gut laufen kann, und dann habe caldewasser
geduscht, und bin ich wiede in meine cele zurück
gekommen am weinen und sagte der security
es wird alles gut, aber ich könnte das nicht
hören weil, ich viel gedanken im Kopf habe
und viele Bilder die ich ganz zeit im moment sehe
Ich könnte nicht vergesen nach zu denken
das kommt einfach automatisch im Kopf und
die ganz zeit am schitan und wusste überhopt
nicht wo ich bin.
die ganz nach war ich wach nuram denken
am heulen, kann nicht schlafen, kann
überhopt nix essen,
wenn ich einfach mein Augen zumache, sehe ich
direckt gemand zu mir kommt und sagte, bleib stehen
du kannst ehe nix weg, ich tute dich, ich tute dich
bleibe stehen, der hat größer messer im hand und
wafe, und sagte er, ich tut euch alle. Du musss stehen bleiben
sonst schiese ich wenn du nicht steht.

wenn ich Schlafe, habe Alpträume und habe voll Angst.
wenn ich meine Augen zu mache sehe ich viel
eid und Krieg und viele Leichen, und Gewaltverbrechen
gesehen. In der unterkunft in ███ sehe ich auch
immer der junge mit einem Messer, der will mich tuten
der leuft immer nach hinter mir.
Ich Sehe ihn. Ich sehe ihn jedemoment, jederzeit.
jeden Tag hab die gleiche gedanken im Kopf
Muss jeden Tag in eine cele bleiben, habe nur
einer stunde Frei. Das macht mich richt deutsandenda
Das mache mich richtig veruckt.
Ich weiß übehopt nicht wasich machen soll.
jeden Tag muss ich 23 Stunde geschlossen sein.
Darf ich nur duschen gehen das muss ich auch
früh sagen müssen.
weil, wenn das zu spät ist. Darf ich nicht duschen
gehen. Als ich gekommen bin, habe bis jetzt nur
(1) ein mal geduscht.
jeden Tag höre ich die security, wenn die vorbei-
laufen, ich kann auch sogar zellen wie viel mal
höre ich die Security wenn die vor meine Türe
vorbeilaufen.
ich habe Angst, denke ich die kommen jetzt mich
zu tuten.
Ich habe vol angst. wenn die Bilder mein Kopf kommt
denke ich die Security sind hier nur mich zu tuten
jeden Tag habe ich einer Freistunde (1h)
wenn ist bißchen heller ist. kommt die security und macht
die Tür auf und fragte mich ab alles gut ist
und macht er wieder die Tür zu. Und in einer
stunden kommt wieder eine und bringt früstuck mit
und dann schlieche er wieder die Tür. und sagte er
wieder gleich einer stunden frei, und geht er
wieder. Wenn ich etwas brauche muss ich anrufen
manschmal kommt eine, manschmal fragt er was ist.
dann muss ich da sagen was ich brauche.

7/ weil manschmal haben die auch nicht die ganz
zeit hierhin zu kommen.
wenn ist 08 uhr, Stehe auf weil ich ehe nicht
schlafen kann. gehe ich zähneputzen,
und dannach betten, und ein Tee trinken.
wenn ist 9 uhr so kommt, eine macht die Türauf
und sagt freistunden. Dann siehe ich meine schuhe
Und meine jacke, Komme ich raus wo
die flür ist sehe ich die security und seh ich auch
die leute die da abgeschlosshe sind, manchmal sind
wir zu drit(3) manchmal, (5), manschmal (2)
Danach gehen wir draußen. abe bevor wir draußen
gehen muss erst 6 Türen öffnen bevor wir draußen
kommen können, sogar mehr als 6 Türen.
und dann, wenn wir draußen sind mussen wir auch
in eine spilplatz sein, da muss auch geschlossen sein
Also, was ich denke das ist kein freistunden gewessen war
weil, da, auch sind wir abgeschlochen,
wo diese spilplatz ist auch über alle security und
muss nu rum laufen, bis diese einer stunden
durch ist. Und kommt eine bring uns wieder
in die cele. Wenn ich in der cele bin. mach ich erst
alle fenster auf damit ich immer diese frish lüft
schnoppen kann. und danach mache ich früstuckt
vertig und versuch, ich was im bauch etwas haben
aber geht leider nicht. und trink nur Tee und wasser
sitze ich unter den TV höre ich mich müsik an
und dann bisschen mit Freunde telefonieren.
Wenn ist urhzeit zu betten gehe ich diese duschsalath
machen, und dann komme ich betten, wenn ich vertig
mit dem betten. komme ich wieder bei meinem
Schreitisch, und schreib ich bisschen
und luge ich mich bisschien ins bett guck ich vernsehen

8) um 14:51 uhr habe nach ein Buch nachgefragt
damit ich bisschien liessen kann.
Ich habe nur die knopf anruf gedruck damit jemand
zu mir kommt. weil ich ein Buch brauchte zu liesen
und hat er nicht geantwortet aber trozdem ist der gekommen
sagt er, muss jemand nach unten gehen und schauen
ob er da was findet. Weil in Büro gibt's nicht
Der Security hat mir greade eine wortebuch auf Englisch
mitgebracht die ich nicht wirklich brauchte
aber meinte er, kann er was anders hollen
was ich genau brauche. Ich habe ihm gesagt dass wäre
ja super wenn du das macht weil mein Englisch
nicht very-good. Ich wollte ein Deutsbuch haben
oder auf fransösisch Buch. In den zwischen zeit bin
ich Duschen gegangen. Und man muss immer warten
bis diese duschtoilkte frei ist
Weil in moment, glaube ich darf nicht viele leute
gleich zeitig duschen gehen. man muss nur alleine
Duschen gehen. Und nach den duschen,
habe diese duschsalath gemacht und habe ich
gebettet.
Also bei muslim man muss 5 mal am Tag betten.
Ich habe diese salath um 16:30 uhr gebettet.
hatte ich schon morgens früh gebettet, und nachmitags auch
Als ich am Schreibtisch sitze kommt einen security zu mir
und fragte mich ob ich jetet etwas brauche, und habe
ihm geantwortet, nur meine Buch was ist nachgefragt
habe. Das brauche ich, dann sagte bekomme ich das
gleich. habe meine Fenster kurz geöffnet bisschien
frish luft zu schnappen.. sehe ich diese bleu himel
wie schon draußen ist. Und als ich in fenster stehe sehe
rechte ein größer Eingang und direckt gegenüber
sehe ich eine große gebäude. im diese gebüde sehe ich
eine videoüberwachung die direckt im meine cele angerichtet

ABSCHIEBEHAFT - GK.
Deutschland am , um 14:20 in Büren.

9)
Dievideoüberwachung wenn ich meine Fenster aufmache man sieht alles, was ich drinen mache weil der Kamera direckt im meine cele angerichtot ist. und sehe ich auch in diese gebäude gegenüber celile ganz unten gegen über meine cele sehe. ich und die sind direckt gegenüber. habe ich mich gedacht wenn man da reingeworfen wird ZB wich frag mich selbst wie kann der mit leben darauskommen, weil da ist ganz unten ist und man sieht gar nix und man kann nie wiesen ob jemand drinen ist oder nixt. Das ist auch im anderen weld. Als ich am schreiben war, kommt der security zu mir mit (3) drei Bücher im Hand eine ist Horst-Eberhard, Richter, Umgang mit Angst, und Hoffman und campe. und eine ist auch Meyers; ILLUSTRIERTE WELTGESCHICHTE, und der löchte war Das große Buch der PYRAMIDEN. aber was ist alles in diese drei gut finde ist der umgang mit Angst der liese ich gerne und gucken was ist wichtig drin im diese Büch steht.

ich war am liesen, dann kommt (2) security mühl zu hollen. und habe die mühl rausgegeben. Danach habe mein Buch weiter gelesen. Am ich bin aufgestanden um 06 uhr. danach um noch 15 min, kommt eine security macht die Tür auf, sagte er Hallo und geht der wieder, dannach kommt der security bring's mir Früstuck um 8 Uhr macht die Tür wieder zu. Dann habe meine Zähne geputzen, als ich am zähne pützen war, kommt die Ärztin bringt mir medicamente die ich gedenTag nehmen muss (5) und danach habe Tee getrunken

10

Um 09:00 uhr Kommt die security macht die Tür auf Sagte Sie Freistunde, bevor ich rausgehe, Sehe ich draußen. es hat richtig geschneit, Das Sieht wünderschön aus, und dann trefe ich mit 2 junge auf dem flü'r, Dann Sind wir auf dem weg nach Freistunde machen, und sehe ich wieder der junge (der heißt █. der Kommt aus █ der ist █ alt. der wurde auch am █ festgenommen.) der ich immer Freistunde gegangen Sind, und Sagte ihm Hallo, wie geht's dir? Antwortet er, es geht und danach hatten wir bisschen gequetch, und habe ihm gefragt wie langue biet du denn hier? (Büren)

Antwortet er, bin ich heute █ Tage hier und Sagte er vielleicht morgen oder übermorgen gehe ich andere abteilung und fragte er mich wilange bin ich hier? Antworte ich schön heute ist meine █ Tagen hier. Und Sagte er vielleicht gehen wir zusammen bei andere abteilung.

ich sagte ja! vielleicht, keine Ahnung aber ich hoffe. Und Sagte ich lass uns bisschien Spielen Guck mal wie draußen schön ist. Es schneid richtig schön. lass uns eine Schneaisch bauen. Sagte er Bruder kann ich nicht leider es mir kalt. Dann habe ich diese Schneaisch wie ein Kugel gemacht und gegen ihm, und Sagte ich Komme schön lass uns bisschien Spiellen, Sagte er nicht und hat er nur gelacht

Dann habe ich eine Schneaisch anfang zu bauen. und danach habe ich auch eine schneKugel gemacht und wollte ich auch bisschien Basketball Spielen mit dem eischnehne weil ich bei der Spilplatz stehe, und sehe ich diese Kopf, werfe ich ein mal, und sehe ich immer das macht Spaß und noch mal geworfen, und meine driter werfe habe getrofen Sagte ich, Guck mal das macht doch Spaß, Komme schön ☺

11

Sagte er lass das, es wird dir gleich kalt und kannst du nicht mehr
und deine Freistunde bis zu enden machen, weil, wenn es dir
kalt ist. Kannst du nicht mehr deine Hände fuhlen, und wirst du
schneller reingehen. sagte er Komme lass uns bisschien Spazieren
und dann sehe ich einen security der sitz alleine und der uberchte
uns die ganz zeit und habe ihn angesprochen, fragte ich ihm
ob ihm nicht kalt ist. Antwortet er ja! aber das ist mein
Arbeit, muss ich hier bleiben. Und habe ihn gefragt wie
lange muss du hier bleiben, sagte er nur einer Stunde
Dann habe ich gesagt ja! Das ist gut. weil draußen
sehr kalt ist, und man kann nix die ganz zeit hier sitzen
weil das einfach seh kalt ist.
Antwortet er! ja, ich weiß..
und in 15 min sind wir wieder reingegan und bevor ich raus-
gegangen bin, hatte ich mein Fenster aufgemacht. Und hatte
ich auch bisschien Frish lüft drinnen, und danach habe ich
fruschtück gemacht und sitze ich bisschien und Müsick
hören. Und habe mein Buch genohmen und wollte ich bisschien
liesen. Als ich am liesen war, kommt der security und bringt er
mich Mohlzeitessen und war ich am liesen. Sagte der security kommt schon
Also der steht vor meine Tür und habe das Essen geholt.
Und bisschien gegessen, und nehme ich wieder
Buch und einfach weiter liesen. um 15 Uhr bin ich duschen
gegangen, und nach der Dusche habe bisschen gegessen.
ich war am sitzen und dann kommt der security zu mir und
fragte ob ich seiner Sprache sprechen kann und sagte ich leider kann ich nix
Einer ist auch heute hierhin mitgebracht worde, aber weiß
überhopt nichts wo der herkommt. Aber ich glaube der kommt
aus irgenwo in westafrica. Aber genau in westafrica auch
weiß gar nicht. weil wir uns nicht verstanden haben.

12 Am [geschwärzt] bin um 04:00Uhr aufgewacht, und Könnte gar nicht schlafen.

Und um 06:Uhr Kommt die Ärtin medikamente zu geben Danach kommt der security um 7:Uhr Essen zu geben Dann habe ein Tee gemacht und 2 Kleine Tostebrute gefrüstuck, und sitzt gerade TV schauen.
Um 08:45 Kommt der security mich zu abzuholen und zu Arzt gehen Testcorona machen. Danach um 09:45 Kommt wieder der security sagte Freistunde, und habe mit 4 jungs auf die flur getrofen danach sind wir rausgegangen und 30 min sagte jemand muss zu Toillete und hat unsere Freistunde heute nicht durch. gemacht. Eigentlich hatten wir einer(1) Stunde aber leider heute, hatten wir nicht unsere Freistunde durch gemacht. wegen den type der zu Toillete gehen musste. und wenn einer von uns gehen muste, müssen wir alle mit gehen weil, ja, die regel hier ist. Und man muss auch die regeln halten, sonst Kriegt man Ärger wenn man nicht die Regeln hält oder die isolieren ihn einfach. wie die mir gesagt haben. Man muss hier die Regeln halten.

Und heute ist Montag, habe alle Leute die mich gerade hilft hier in diese Gefängnis rauszukommen angerufen, aber bis jetzt, habe keine erreich,
Ich habe mein Anwalt mehr mals angerufen der geht nicht dran. Ich sitze in eine cele weiß überhopt nicht was ich machen soll. Und mein betreuer auch habe ihn nicht bis jetzt erreich, muss immer anrufen, und wieder anrufen. Damit ich bisschien darrüber meine sachen informieren Kann wie ich im diese Gefängnis rauskommen kann. Und wie ich mit dem Sache rauskommen Kann. ob ich hier in diese Gefängnis raus kommen kann, oder ab wird nach guinea abgeschoben wird.

ch habe meinen Betruer erreicht und Sagte er dass er der Anwalt anrufen soll und wenn der ~~mit~~ etwas von der Anwalt Informationen bekommen hat. Sagt er mir Besseichd. Und habe auch mit Frau (N) gesprochen, die gib mir immer höfnungen das alles wird gut. Und Sie hat mit meine schisatrin angesprochen und sie Sagte, dass sie mir richtig gut hilft. Und Sie macht das auch gerne. weil sie das alles ~~unter~~ nicht macht. Und Sie Sagte, ~~das ich kein Sorge habe …~~ das sie mir alles was sie helfen kann, macht sie gerne ☺. Die Frau (N) die auch immer für mich da ist. Sagte dass Frau (P) mir was geschrieben hat. Für meine Fehrveren und das wird alles an █████ geschick werden. Damit er alles zusammen kriegt. Und das wird alles geschickt bei (AB) und (█████).

ch weiß, dass ich eine guter Time hinter mir ~~habe~~. Und wie Frau (N) mir immer Sagte. ich Danke euch alle was Sie für mich gemacht haben. Ich bin sehr froh das ich euch habe ♡ Ich Danke mich Sehr.

wenn ich mit Frau (N) telefoniere, Sag Sie immer zu mir, wir sind da. Du hast uns, Du bist nicht alleine, Guck mal du hast █████ Frau (P), Frau (MB). Siehst du? du bist nicht alleine. ~~Du hast~~ █████ du hast █████, und du hast auch viele leute hinter dir. Du mues Stark sein, es wird alle gut ja. Und Sagte Sie, du hast viele leute die deine Sachen kümmern. ~~Ab~~ Sagte Sie! █████ du bist nicht allein, brauchst du nicht gedanken machen. Es wird alles gut. OK

Wenn ich mit Frau (N) spreche, Sie versuch mich immer Glücklich zu machen. Und das hilf mir auch viel, weil Sie mir immer höfnung gibt. Das hilft mir auch viel, mit meine gedanken im Kopf ~~habe~~ weg zu kriegen. Sie ist einfach die Beste Frau die ich im mein leben gesehen habe. Und ich habe Sie im mein Herz wie eine Muter. Ich danke dir Sehr ♡

14) Frau (N). Sie erinere mich immer wenn ich mit ihr gesprochen haben. Sie sagte mir immer vergess nicht zu zeichnen. Damit du nicht viel nach denkt, ~~zeich~~ Sie sagte! Egal was du zeichnen kann. zeichne einfach was du im Kopf hast oder du kannst einfach auch Blummen zeichnen, wenn du willst und hatte ich sie shon gesagt das ich ein schief gezeichnet habe, aber das sieht nichtso gut aus. Antwortet Sie einfach zeichnen.

■ Gegen 12:00 Uhr So, Kommt der secuhity zu mir und Sag. Hast du Hunger vielleicht? Antwortet ich ja! Und sagte Komme rausessen hollen, der war net zumir und spricht auch ganz nett, und fragte er wie langue muss ich hier in diese cele bleiben, ~~weil ich von einer mit er Kollger~~ weil ich mit der sosial arbeiter gesprochen habe. und meinte das ist (7) sieben Tagen hier bleiben muss, wegen corona und so. Er Antwortet das er heute wieder Dienst hat. Der weiß nicht genau. und habe ihm gesagt. was der sosial arbeiter mir gesagt hat. Das wenn man (7) sieben Tagen hier ist, geht er in der (2) zweiter Abteilung. Antwort nix und hat mir das Essen gegeben, und sagte ich ihm es geht mir nicht so gut wenn ich nur alleine im einem cele bin. Die Bilder in Guinea erlebt habe. kommt einfach im Kopf. und weiß gar nicht wo ich bin, und ich brauche bieschien frei damit ich bisschien bewegen kann, und mit die leute sprechen. Das hilf mit viel die Bilder zu vergessen weil die Bilder ganz zeit im Kopf kommt. Und sagte er zu mir wenn ich mit jemand sprechen möchte Der ist da. ich soll nur diese Knopf drucken. Kommt er.

15)

Der security erzäht mir was, Und sagte der war ein soldat.
Der weiß was ich im Kopf habe. Weil der auch shon
erlebt hat. Aber man muss immer positiv denken.
Es wird alles gut. Sagte er auch! wenn man immer
negativ denkt, Der nent ihn faul. weil wenn man immer
negativ im Kopf hat. Er wird nie ein man sein.
Man muss Kempfen, Kempfen bis ende ist.
nie aufgeben, sondern durch gehen egal was passiert.
durch ziehen.

um 14:15 uhr Kommt der security macht die Tür auf
Sag zu Dockter gehen. und gehe ich da. Sagte die Ärztin
das sie mich nicht bestellte hatte, und das heißt muss ich
wiede in cele. ~~dann da~~ bevor ich rausgehe habe sie gefragt
wie lange muss ich noch in der celle sein. Weil ich schon
(7) sieben Tagen. da war. ~~und das~~ Antwortet sie!
Es tut mir leid. Da bin ich nicht zu stendig, muss du da
fragen.

Ich war kurz duschen, Damit ich bisschen Kopffrei kriegen
kann. Danach habe der security ob ein Post von mir
bekommen hat. Sagte er, ich guck mir gleich ob du ein
Post bekommen hast.

Ich habe ~~gerade~~ ein SMS bekomen. wo ich gleich das Post
zurück senden Kann.

Ich habe gerade eben die Follmacht unteschrieben, ~~und~~
wird auch jetzt zurück gesendet von [geschwärzt] und [geschwärzt]
um 17:13 habe ich die Follmacht unterschrieben.
ich habe eine ~~liste~~ Rezept ausgefilht. Damit ich was zu Kochen
Kriegen kann. und die Security abgegeben.
Am [geschwärzt] bin ich bei andere Abteilung geschikt wurden.

16)

Am ███ Um ███ uhr Nacht habe ich schlechte Albträume
gehabt. Also in der Nacht um ███ uhr. Und dann kommt die
Security zu mir. und die fragen! was ist passiert ist.
Antwote, ich habe nur schlechte träume gehabt. Des wärs
und sagte der security zu mir, heute können sie nicht hier
Schlafen, und habe nach gefragt wieso nicht, kann nicht
mehr hier schlafen, und habe ich auch nochmal gesagt
dass ich nur schlechte träume habe. Mehr nicht
Und sagte er das ist mir egal. was ich nur weiß
heute können Sie nicht hier schlafen.
und dann haben die mich angepackt, Also (2) Personen
eine Rechte und eine linke. Und sagte ich wieso nehmen
Sie mich mit? ich habe nur schlechte träume gehabt
wieso eigentlich. Bitte sagen sie mir?
Ich sagte die ganz zeit das ich nur schlechte träume habe.
wegen, das ich schlechte träume habe, Schiken sie mich
Bei andere cele, Weil ich nur schlechte träume habe.
Sagte ich, das ist unnormal gut was sie machen.
weil ich nur Albträume habe. isolieren sie mich?
Bitte sagen sie mir, was ich getan habe.
und dann haben die mich in der cele reingeworfen, und da
war 2 Krankenschwester, und haben die mich ein medikamen
te gegeben, das ich nicht weiß, was von medikamente ist.
und habe die einfach weil ich Angst,
genohmen, weil die mir gar nicht gesagt haben
was von medikamente ist. Und ich hatte Angst. ob die mir
was tun, was ich nicht haben wollte, Dswegen habe ich die mkamete gehnome. unen zu fragen

17

Ich wollte die nicht eigentlich nehmen. Aber ich hatte Angst
ob die mir was schlecht antun sollte.
und dann bin ich in der cele geblieben. Ich könnte ja nicht
mehr schlafen bis morgen. Dannach kommt morgen gegen
7 uhr so, macht dieses kleines fenster. Also ich meine diese
klein fenster an die Tür. und gibt er essen da rein
und sagte er zu mir nur frustück geht er wieder
Dann in einer stunde kommt der Krankenschwester medika-
mente zu geben. weil ich jeden Tag gibt medikamente die
ich nehmen muss.
Gegen 10 uhr so kommt der social arbeiter zu mir und
sagte er, muss ich umsiehen und habe das gemacht
Dachte ich, komme ich jetzt raus in der cele. Als ich mich
umsiehen habe. Sagte er ich komme später wieder
und habe lange gewartet.
Um 12 uhr kommt er wieder zu mir und riedet mit mir
und haben ihm gesagt. was ist mir gestern Passiert ist.
war nicht extra. ich habe wirklich nur geträumt, alles gut
Bitte lassen sie mich hier frei. Der ist aufgerachtet und
meinte zu mir, Das er weiß. was ich hier alles
mache, Das es ist Lügen. Sagte er, ich weine nicht richtig
und ich mach das alles extra. Muss ich hier bleiben bis das
alles entschieden wird. Weil der meinte. dass er mich überhopt nicht
glaubt. Und der security hat auch über mich gelogen.

A) 18) Der security meinte zu der sosial arbeiter. Das er mich gefragt hat. ob ich freistunde gehen möchte. Sagte er das ich neim gesagte habe. obwolh das er mich gar nicht gefragt hatte. und Deswegen sagte der sosial Arbeiter das ich alles ihm gesagte habe. der glaube nicht.

und habe ich ihm gesagt, der security hat mir gar nicht gefragt ob ich freistunde gehen möchte oder nicht. und was ist mir Angst gemacht hat. Als der sosial Arbeiter. der 2 security gefragt hat. ob die mich nach freistunde gefragt haben. Sagte er ja, wir haben ihn gefragt und Sagte er nein. obwohl die mich gar nicht gefragt haben. Da habe ich verstanden das die Security auch nicht ehrlich sind. und die machen nur Scheiße hier nicht guter Arbeit. Also die machen nur was die leute die in Büren hier sind. was die wollen nicht was die Gesetz sagt. Die Behandeln so unnormal gut die menchen die in Büren Sind. Die haben hier eigenen Gesetz. die Behandeln einfach So die Menschen die hier in haft sind unnormal gut. Die Behandeln uns wie ein Kriminel obwohl sind wir nicht.

Ja, Stimmt. wir Kommen nicht in diese Land aber wir sind Mensch. wir wollen nicht einfach unser Land So verlasen, weil wir einfach das wollen, Nein. weil wir einfach ein guter leben haben möchten und in sicher sein. weil unser länden nicht sicher sind und wir wollen auch nur am leben bleiben wie euch auch wünschen.

19)

Als die mich nachunten geschickt haben. Am ███ um ███ Uhr-
Nacht. haben die mich unten isoliert. Bevor die mich nachunten
bringe. wollte ich mein handy mit nehmen, Damit ich mit
die Leute die mich unteschutzen Kontakt bleiben können.
und Sagte der chef, Nein. darfst ich nicht ~~mit~~ mein Handy
mit nehmen. Dann habe ich nachgefragt wieso nicht. Das ist
mein Handy, ich brauche auch mein Handy.
Sagte er Nein, Darfst du Nicht.
Und dann haben die mich nachunten isoliert.
weil ich nur schlechte träume habe.
und bin ich am ███ Nacht um ███ Uhr bei diese cele
reingekommen. und Am ███ gegen ███ Uhr bin ich wieder
nach oben gegangen wo diese öffenen Abteilung ist.
und dannach bin ich Duschen gegangen, und 2 Tostebrut gegessen.
Bin ich auch, wo diese Spilplatz gegange und bisschien Billar
gespielt mit die jungs da. und biss chien mit die jungs unterhalten
da war auch 2 jungs die neuer
in diese Abteilung sind. und habe ich mit die Kennengelernt
und hatten wir bisschien auch Billar gespielt.
und dann ~~wenn das~~ in halbstunde jeder muss in sein
cele sein weil um 21 Uhr werden alle cele geschlossen.
und Ab 21 uhr bis 10 Uhr morgens mussen wir abgeschlossen
wenn 10 uhr ist. Kommt die security macht wieder die Tür auf
bring frühstuck mit. Dann Kommt die Krankenschwester gibt auch M Kmte.

20)

Am [redacted] in Abschiebehaft Büren e.V.

heute um 18:00 sind wir in der cele reingeschloschen
~~und~~ Aber ich verstehe nicht warum? und was ich heute hier gesehen habe
Der security der hier heute ist, ~~der~~ ist nicht gut für uns
weil er uns einfach in die cele um 18: Uhr geschloschen ~~hat~~
und haben wir ihn nachgefragt wieso in diese zeit müssen
wir in die cele sein. Antwortet er. Wir müssen am
wochenende um 18 Uhr rein. und habe ich geantwortet
Gestern waren wir bis 21 Uhr draußen. Ich glaube
Gestern war Samstag oder? ich glaube Samstag ist auch Wochenende oder? Antwortet er, Ja, Kollegen hat
Gestern fache gemacht. und sagte einen junge der ist
1 Monate hier. Der kenn die Regeln wie hier geht.
und der junge meinte geden Tag wird die cele am 21 uhr
geschloschen. Egal ob das wochenende ist oder in der woche.
was er nur weiß. dass der security macht einfach was der
will. Der macht nicht was die Gesetz sagte und der respectiert auch nicht die Regeln hier in diese öffene Abteilung.
Als ich auch unten war. hatte ich auch gehört wie hier in
diese öffene Abteilung läuft. Die sagten zu mir in diese
öffene Abteilung. Da ist immer öffen bis 21 uhr.
und deswegen habe ich gewusste das der security macht einfach
was der will. Der halt einfach nicht die Regeln. Der will uns nur schaden weil der das uns einfach schaden kann.
Ich finde das unormal gut. Was die hier in diese Abschiebhaft
Büren machen.

2(1) 21)

ich finde dass unormal gut was die security hier in Büren machen
Ich finde dass einfach unfreundlich was die leute die hier in
Büren ~~mitgeb~~ gehaftet sind so schreklich behandelt
und ich finde dass ist einfach unormal gut. was wir hier in
diese Haft so Asosial behandelt sind.
In Diese Abschiebhaft in Büren.
Gib viele Leute hier, die schon länge in diese Abschiebehaft
gekommen sind. Und die müssen immer länge hier bleiben müssen
bis die Abgeschoben wird. Weil viele von uns sagen
Das die länge hier sind und wenn du nicht am diese Tag
das die gesagt haben dass du Abgeschoben sein wird.
wenn du nicht abgeschoben wird. Die verlängern einfach.
und man weiß überhopt nicht. wie lange muss man hier bleiben
jeder der hier ist will raus von hier. Endwieder complete raus
oder abgeschoben wird. Weil jeder sagte hier in diese Abschiebehaft
nicht für ein Mensch ist. jeder der hier in diese Abschiebehaft
ist. will einfach von hier raus. weil jeder sagt hier in
diese abschiebehaft nicht gut für eine Lebendemensch.
Jeder sagt die ganz zeit ich will hier raus. Ich will hier raus.
weil hier überhopt nicht für mich ist. Egal ob die mich abschiben
~~oder~~ und sagt jeder auch. wenn sie mich ~~noch~~ abschieben müssen
Bitte lassen sie mich nicht hier lange. tun sie einfach was sie
wollen. Das ist mir viel zu viel besser als sie mir hier länge lässt.

1-1

Am

am in Büren.

Um 10uhr morgens war ich im meine ~~zimmer~~ celile und
Bin ehe nicht aufgestanden, gar nicht gefrustück und kamt der
security zu mir und meinte er müss ich heute noch ein
Texte corona machen. Donn habe ich ihn gefragt wieso
muss ich noch Texte corona machen. Meinte er ja, muss
Corona Texte machen. Dann habe ich geantwortet Nein!
muss nicht. Das ist mein corper, ich weiß was ich mit meine
Corper mache. Sie Können mir nicht entpressen Texte corana
machen, obwolh ich lächte 3 Tagen Texte corona gemacht
haben. Und sagte er musst du machen sonste Kriegst du
Probleme wenn du nicht die Texte corona machst.
Dann habe ich gesagt aber wieso krieg ich dann Probleme
weil ich nur gesagt habe. ~~dass ich mein corper ist~~.
Das ich nicht die corona Texte mache. Deswegen krieg ich
Problem. Aber wieso das ist doch meine Corper oder.
Ich weiß was ich mit mein corper mache.
Ich habe pflicht glaube ich mit meine corper oder
Ich Kann sagen was ich mit meine corper machen
Sie Können mir nicht sagen was ich mit meine Corper
mache glaube ich. Weil das einfach meine Corper ist
Verstehen sie?
Ich habe auch, glaube ich pflicht zu sagen dass ich die corona
Texte nicht machen möchte. weil ~~da~~ ich kann sagen was ich möchte mit meine corper machen

1-2

Ich wollte eigentlich nicht die corona Text machen weil ~~ich~~ als ich in diese Gefängnis gekommen bin. haben die mir gesagt jeder (7) sieben Tagen muss corona Text gemach werden. Dann habe ich ok gesagt. Das ist kein Problem, mache ich und habe auch das gemacht. Also Als ich hier in (7) sieben Tagen hier in diese gefängnis gemacht habe. Und habe ich die corona Text gemacht. Und habe ich jede woche Text corona gemacht. Und dann habe ich auch die Krankenschwester gesagt. und Sie meinte zu mir dass die auch jeder woche machen müssen. Dann habe ich gesagt ich mache auch jede woche hier Text corona. ich hatte auch nicht lange diese corona Texte hier gemacht. Und Sie wießen das auch dass ich die corona Texte gemacht haben aber wieso nochmal die woche ist bis jetct nicht durch als ich die corona Texte gemacht haben.

Sie sagte zu mir ja, Sie müssen das machen.

Dann habe ich gesagt Nein! Muss ich nicht.

wenn ich jetzt möchte weil ich schon die Text für diese woche gemacht haben. Und ich glaube auch Sie dürfen mich nicht entpressen die Text corona durch zu führen. weil ich schon mehr mals Text corona gemacht habe. Sie wiesen auch das ich kein corona habe oder.

1-3

Die Krankenschwester meinte zu mir, das ich die corona Texte nochmal machen müssen. Dann habe ich gesagt Es tut mir leid leider ich möchte greade nicht die corona Texte machen. Und Dann hat der security mir uben mit gebracht. Also wo ich in diese öffene Abteilung war. Dannach gegen um 11 Uhr so Sind die Security, und mit dem schef. Und die waren so (6) security und mit dem schef. Und Als die bei meine cele waren. haben die mich nicht da gefragt ob ich die corona Text machen möchte oder nicht. Die haben mich direct nach unten mitgebracht. Dann sind wir wo diese schlosener Abteilung gekommen, und war schon die Krankenschwester in der cele wo die mich mit gebracht haben. Und sagte der schef machst du mit oder sollen wir helfen. Dann habe ich gesagt. hatte ich schon die corona Text gemacht. läschte 3 Tage Woche gemacht habe sogar, Und sagte er du muss heute auch machen. obwohl ich für diese x Und die Krankenschwester wollte den Text corona machen. und der schef meinte wenn ich nicht mit mache. die security können mir helfen. Als ich das gesehen habe. Das derschef mich entpressen will, habe ich gesagt OK! ich mache mit. Und dann habe ich freiwilig gemacht. Dann, ach hat trotzdem derschef mich unten isoliert obwohl ich Problem im Kopf habe. Und Als der chef, ge sagte hat zu der chef das ich unten bleiben muss. hat einen mit Arbeiter, gesagt Das ich Problem im Kopf habe.

1-4

Der muss eigentlich in die offene Abteilung sein können.
Und sagte der Chef: Der bleibt hier bis Montag.
Ich habe gesagt bitte lassen Sie mich nicht hier. ich kann
nicht hier bleiben Bitte.....
Ich habe Problem im Kopf. wenn die Bilder im Kopf Kommt
weiß gar nicht wo ich bin. Bitte lassen Sie mich in die
offene Abteilung. wenn ich geschlosen bin oder wenn ~~und~~ ~~Kann~~ ich auch
mich nicht bewegen kann. Ich denke viel und ich weiß überhopt
nicht wo ich bin. Und Kommt auch ganz zeit die Bilder im
Kopf. und Kann ich mich überhopt nicht orientieren.
weil ich die Bilder im Kopf habe.
Wenn die Bilder auch im mein Kopf Kommt
Es ist mir irgenwie das ich immer noch im Diese Demonstration
bin. Diese Demonstration ist wie Afrontement sag ich mal
weil das war die malinke und die Polizei die sind einfach
im diese ████ gekommen. Und die hatten alle wafe und
Große mescher die ~~wo~~ laufen hinter ~~uns~~ und die wollen mich
töten. Das kommt jede moment und jeder zeit im Kopf.
Ich sehe viele leute die sind gestorben und die ~~leg~~ liegen
auf dem Boden. ~~Ich denke~~ wenn die Bilder im Kopf Kommt
Sehe ich viele Freunde getutet worden. Und ich denke das
ich immer noch am Diese Afrontement bin. Und weiß gar nicht
mehr wo ich bin. Das mache mich richtig Angst. ob ich ferückt werden

1-5

was ich hier in diese Gefängnis gesehen habe.
wie die, die leute im Gefängnis behandelt sind. Es ist Katastrophe
Es ist unormal gut. Die leute die in diesegefängnis Arbeiten
Die machen alles was die wollen.
wie die uns hier behandeln es ist ~~wie~~ richtig razismos
Die haben mich 2 mal isoliert weil ich einfach recht habe.
[geschwärzt] nur weil ich schlechte träume habe.
haben die mich isoliert.
[geschwärzt] nur weil ich gesagt habe das ich die corona
Text nicht machen möchte. Deswegen haben die mich wieder
isoliert. wie gesagt das ist einfach ~~rasistisch~~ razismos.
Jeder der Ich in diese gefängnis gesehen haben
Sagt. Ich bette an Gott das ich hier am leben rauszukommen
weil hier ist wie ZB Das man in Hole ist.
Jeder sagt das. Ich will hier am leben rauskommen
Gibt auch leute die hier sehr lange gekommen Sind
und diese leute, die wollen die abgeschoben.
Sie haben die länger hier behalten, Also die leute die hier arbeiten
Also ich meine genau der schef. Aber wieso behalten die, die leute
die hier untergebracht sind. Wenn man hier (2) wochen oder
(3) wochen bleiben muss. Warum behalten sie immer noch die
leute hier. obwohl die frei lassen mussen. Aber trotzdem mussen
die leute immer noch hier bleiben. Aber wieso verlangerum
wieso behandel sie uns so. wenn sie nicht uns abschieben geschaft
haben. warum lassen sie uns nicht frei. Das ist unrecht was sie machen

1-6

Am [geschwärzt]

Gestern Abend gegen 21 Uhr habe mit dem Amter gesprochen ~~und der meinte zu~~ Ich habe ihn gefragt ob der die Schreibung von die Schichenter bekommen hat. Meinte er der guck nach. Ich habe ihn gesagt dass die Schichenter geschriben haben Sie meinte das ich nicht in schlosener Abteilung sein müssen Sie hat geschriben das ich in die öffene Abteilung sein müssen. Und Sagte er, ich guck nach bis jetzt habe kein information gekrigt.

Gegen 10:45 Uhr habe nochmal nach gefragt und Der Beramter meinte dass muss alles morgen geklert werden Der meinte das, die Schicherter nicht da ist. Muss bis morgen warten. Obwoht ich Problem im Kopf habe Die Bilder kommt ofter in meinen Kopf.

Ich weiß überhopt nicht was ich machen soll.

Ich muss hier raus. In diese Gäfengnis ist überhopt nicht gut für mich. weil ich viel gedanken im Kopf habe und Albträume. Wenn die Bilder im Kopf kommt.

Ich kann mich nicht orientiren.

Ich vergese einfach wo ich bin. Denke ich, das ich immer noch in diese Aprontement (D).

Ich habe auch mit viele Leute telefoniert damit die mir in diese schlossener Abteilung rauskommen. Aber es geht überhopt nicht. Die haben überall hier in diese Gäfengnis versucht das zu kleren, damit ich wieder in den öffene Abteilung kommen können. Aber es geht nicht. Muss warten bis Montag.

Ich weiß auch nicht ob ich montag in öffene Abteilung kommen können

1-7

Als ich in diese Gäfengnis mit gebracht haben
war ich nur am weinen.
und hatte ich freistunde gehabt.
Und Als ich in freistunde platzt war. Dar war einen security
habe ich mit dem bisschien gesprochen
und der meinte zu mir, muss ich ruhe bleiben
sonst die schiken mich unten in keller.
Muss ich richtig benehmen und ganz cool bleiben
Dann habe ich ihn gesagt das ich mir erst mal in Gäfengnis
sein. Der sagte ~~[illegible]~~ trotzdem musst du cool bleiben
Das ist nur ein moment, Es wird alles gut.
Du bist ein man, muss du einfach kenfen bis ende
und habe ich ihn seine trenne. Der hat wirklich geweint
und fragte ich mich wie alt ich bin. Und habe ich geantwortet
bin 20 jahre alt.
und habe ich ihn gefragt.
wie heißt du? sagte er ■■
und fragte ich nochmal woher kommst du?
Antwortet er aus ■■■■
und dann habe ich gesagt. Schön dich zu kennenlernen.
Danach habe ich ihn in lässte 3 wochen wieder gesehen
in schlochener Abteilung, meinte er zu mir
warum bist du den hier gelandet.
habe ich ihn geantwortet, das die mir text corona machen
möchten und dann habe ich ihn gesagt dass ich nicht den corona
Texte machen lassen. weil ich in 3 Tagen vor, den Text corona gemacht habe.

1-8

Sagt er, du muss alles was dir gesagt haben.
Mit machen, sonst schicken die dich in die Geschlossene
Abteilung und kannst nicht machen und du weiß auch
das ist nicht gut für dich, und für deinen Kopf auch.
Dann habe ich gesagt! ja, ich weiß aber möchte ich überhopt
nicht den text machen. weiß du?
Aber trotzdem habe ich am ende gemacht. Weil ich das gesehen habe wenn ich nicht mit mache. die machen einfach unterdrück
und der sagte zu mir. hättest du den Text freiwilig machen können
hättest du nicht hier sein können.
sagt er, weiß du warum bist du den hier gelandet
weil du den text vor nicht freiwilig gemacht hast
hättest du den text vor gemacht hast. wirst du nicht
hier in diese schlosener Abteilung sein soll.
Aber jetzt muss du hier in diese schloschener bleiben bis das
alles entschieden wird.
Ich muss jetzt bis ███ in diese Geschlosener Abteilung
bleiben. Ich weiß auch nicht ob ich hier ███ rauskommen
Kann oder nicht. Eigentlich muss nur hier bis (███ hier
bleiben müssen. Aber wie gesagt weiß ich nicht ob die
mich Abschieben können. Am ███ oder am (███ das weiß
ich gar nicht. Oder vielleicht wird ich complete
entlassen. Aber ich hofe das ich entlassen wird.
Aber was ich mir auch bisschen Angst macht.
Wenn die mich nicht am ███ oder ███ nicht geschaft haben
mich zu abschieben. Das die nicht diese vertrag noch verlängert
haben. Aber ich hofe es wird nicht passieren.

1-9

Am in Büren

Heute morgen gegen 06 uhr 30.
Kommt der Beramter zu mir und sagte das ich morgen hier
in diese Gäfengnis erlassen werden.
Aber ich weiß nicht genau was der meinte aber
Ich glaube dass ich heute Abend werde ich hier in
diese Gäfengnis abgeholt. Weil ich das selber wusste das
ich nur bis hier in diese Gäfangnis bleiben
muss endwieder entlasung oder Abgeschoben nach
Guinea.
Abe ich hope, es wird nicht heute die Abschiebung sein
können. Wegen das weter.
heute ist Tagen es schneid. verscheinlich
wird heute die Abschiebung nicht sein findet.
Ich Bette an Gott das heute die Abschiebung nicht sein
findet. Und mich zu entlassen. Weil ich einfach nicht
zurück nach Guinea kommen kann. weil ich da richtig
Probleme habe. Und weiß auch nicht, wenn ich nach
Guinea zurück gekommen bin. Was ich mir dann Passieren
wurden. Das weiß jetzt nur Gott.
~~Weil ich~~ Ich hope es wird alles gut. Aber ich glaube nicht
wer weiß
wenn ich in flukafen in Guinea bin. Was ich dann da
Passieren wurden.
Weil ich das selber weiß. In flukafen Guinea nur die
da Arbeiten.
Ehrlich gesagt ich habe viel zu viel Angst zurückzukeren.

1-10

Abe wie ich das sehe. sieht nicht gut aus.
ich frage jeder zeit die security ob die mich vielleicht
in die öpfen Abteilung schiken können. Der Antwortet
mir. Es tut mir leid. weil bis jetzt kein information
geckriegt habe. Sagte er aber ich frag nach
wenn ich die security was frage, die sagen die wiesen
nicht weil die auch kein info gekrigt haben.
immer wenn ich nach fragen. gibt er die selber Antwort
Deswegen habe ich heute gedacht. werde ich heute
Abgeschoben nach Guinea.
ich habe auch heute mehr mals die leute die mich
unteschust mit dem sachen raus zukommen. Aber was
ich selber sehe die schance ist wenig.
Aber ich glaube an Gott. Egal was ist passieren wurden
ich aczeptiert weil Gott hat für mich so entschieden
und ich acceptier das auch gerne. weil ich überhopt
nicht weiß warum Gott hat das so für mich entschieden
ich hofe das alles gut sein wird.
ich hofe das alles klappt was mein bester Tim für mich
getan haben.
wenn nicht geklappt hat. Trotzdem sie bleiben mein Tim
ich weiß, bin ich nicht alleine.
Gott sei danke das ich euch habe.
wie ████ mir oft gesagt hat.
bin ich nicht einen Fluchtling. sondern bin ich einen feund
ich danke euch alle. was von Arbeit erlaistet haben.
Schon Gruß eurer ████ ♡

1- 11.

Ich habe die Guter Nachrichten von einen bester Freund
von mir. Der hat mir um 16:44 uhr angerufen und die
Neuer Nachrichten geben
Der heißt (AD) Ich vergesse diese Tag nie im mein leben.
Am █████ um █████ uhr in Abschiebehaft Büren e.V.
AM █████ █████ um █████ uhr
█████ ist mein Tag.
Ich werde diese Tag nie im mein leben vergessen
Ich danke mich sehr am meine bester Time.
~~Bi Sind~~ Ihr seid die Beste, Ich danke mich ganz
tief im mein Herz ♥.
Ich werde das nie in mein leben vergessen.
Was von arbeit, haben sie erleistet
~~Ich~~ Die worte felt mir einfach. Viel viel dank

Merci beaucoup à vous. Je vous remerci vraimment

MERCI ♥

Meine Name ist
Geboren am in Guinea (
Ich bin seit 2016 in Deutsland.
Ich bin am 2016 nach Deutschland angereist.
Ich hatte etwas sehr Bedrohliches und sehr Schmerchaftes erlebt. Sie haben nie geglaubt, dass so etwas jemandem passieren könnte, oder zumindest hätten Sie nie gedacht, dass es Ihnen passieren könnte, aber leider tun Menschen auf der ganzen Welt viel häufiger Dinge.
Unglaubliche Gewalt, als Sie sich vorstellen können.
Ich hatte eine ethnische Aktivität in Guinea erlebt.
Die Malinke' und die guineische Polizei gegen die Peuls.
Der Malinke' und die Polizei bedrohten mein Leben, als ich in Guinea lebte. Und was ich auch mit der Einwanderungsbehörde in erlebt habe.* Die ausländischen Beamten in Uniform haben mir solche Angst eingeflößt, dass ich jetzt jeglichen Kontakt mit dem Ausländeroffizier in vermeide, weil ich Angst habe, abgeschoben zu werden. Ich sehe plötelich die Gesichter vor mir, ich habe das Gefühl, dass alles wieder passiert, ich bin wie gelähmt. ich bin dann völlig abwesend, überhaupt nicht hier, und ich merke inzwischen, dass ich eine Weile weg war.
Ich wurde sehr ängstlich. Wenn es an der Tür klingelt, springe ich vor Angst.
Manchmal traue ich mich nicht einzuschlafen, aus Angst vor

Albträumen.

In diesen Albträumen mache ich diese schrecklichen Zeiten noch einmal durch, noch ernster als ich in Wirklichkeit, Ich bin völlig hilflos. Selbst nach dem Aufwachen brauche ich eine lange zeit, um zu erkennen, dass ich nicht nur geträumt habe.

Als ich auch meine Freunde (…) schlief, hatte ich Albträume.

Erzählen Sie mir, dass ~~ich~~ ~~es~~ ich im Schlaf geschrien und herumgetreten habe. Ich habe den Eindruck, dass es mir momentan auch passiert, weil ich meine Augen auch nicht schließen kann. Die Bilder Kommen immer wieder zurück, auch wenn ich nicht will.

Manchmal denke ich, ich bin verrückt.

Ich möchte es endlich vergessen, aber es ist nicht richtig. Selbst im schlaf kann ich mich nicht erholen. Was ich erlebt habe, Kommt immer wieder auf mich zurück; und meine neuen Sorgen hier Kommen dazu hinzu. Dinge, die ich im Gefängnis erlebt habe, kommen mir immer wieder in den Sinn.

Ich habe Schwierigkeiten, mich zu orientieren, und oft höre ich Geräusche, ich sehe Bilder. Die Bilder kommen immer wieder zurück, auch wenn ich nicht will. Und ich habe auch Gefühle das ich nicht mehr leben möchte. Weil ich einfach im meinem Gedanken dass ich Keine habe. Der mich helfen könnte.

*

Sie haben mich weggebracht. im Gefängnis, haben sie mir das Schlimmste angetan. ich war schockiert, völlig hilflos und hatte Angst zu sterben. ich weiß nicht, wie ich das ~~überhapt~~ überlebt habe.

Klinik

VI „Die Würde des Menschen ist abschiebbar" – Isolationshaft in Abschiebehaft in NRW

(Droste)

Im April 2019 beobachtete ich einen gerichtlichen Prozess. Ein Mitarbeiter einer Beratungsstelle für Menschen mit unsicherem Aufenthaltsstatus wurde für aktiven Widerstand gegen die Staatsgewalt angeklagt, weil er sich zwischen eine flüchtende Person und zwei Polizist*innen gestellt hatte. Die Polizist*innen waren zur Amtshilfe in die Ausländerbehörde (Abk.: ABH) Detmold gerufen worden, um die flüchtende Person in Abschiebehaft zu nehmen. Die flüchtende Person konnte entkommen. Der Haftantrag der ABH war voraussichtlich rechtswidrig. Der Mitarbeiter der Beratungsstelle wurde verurteilt. Prozessbeobachter*innen und Anwält*innen schätzten das Urteil als unverhältnismäßig hart ein. Der Verteidiger kritisierte in seinem Plädoyer, dass schutzsuchenden Menschen ein rechtsstaatliches Verfahren an jedem Punkt des Asylverfahrens verwehrt wird und sie nicht mehr als Menschen, sondern nur noch als „Abzuschiebende[...]" (Polizist*innen, Richter*in und Staatsanwält*in zit. n. Flüchtlingshilfe Lippe e.V. 2019: 2) gesehen werden und zudem denjenigen, die versuchen Widerstand gegen dieses menschenverachtende System zu leisten, eine „rechtsfeindliche Gesinnung" (Staatsanwält*in zit. n. ebd.: 3) unterstellt wird. Hätte der Mitarbeiter nicht dazwischengestanden, wäre der Mensch Wochen bis Monate zu Unrecht im nordrhein-westfälischen Abschiebegefängnis in Büren seiner Freiheit beraubt worden.

Dies ist kein Einzelfall. Viele Menschen werden bei der ABH überrumpelt, wenn sie ihre Duldung verlängern wollen, plötzlich zu Hause von Beamt*innen überrascht oder an öffentlichen Plätzen kontrolliert und inhaftiert (Oulios 2015: 266ff.). Doch gelingt nicht vielen die Flucht vor den Behörden in die harte Illegalität. Tagtäglich sitzen Menschen sowohl nach geltendem deutschem Gesetz als auch – und das ist häufiger der Fall – rechtswidrig in deutschen Abschiebegefängnissen und warten dort auf ihre Abschiebung. Ob vor (z.B. an den militärisch aufgerüsteten Grenzen Europas), während (z.B. wenn Menschen das ihnen widerfahrene Leid aberkannt wird, da ihr Herkunftsland pauschal als ‚sicherer Herkunftsstaat'eingestuft wird) oder am Ende eines Asylverfahrens (z.B. wenn Menschen gewaltvoll abgeschoben werden), berauben Menschen im Auftrag des Staates anderen Menschen ihrer Würde. Das ist keine Ausnahme – das ist die Regel. „Die Würde des Menschen ist abschiebbar" (Feldnotizen) ist dementsprechend ein oft wiederholtes Zitat von Unterstützer*innen der Gefangenen in der Bürener Abschiebehaft. Widerständige werden zudem bestraft:

„Am 11. Mai 2019 fand im Rahmen der bundesweiten Aktionstage »100 Jahre Abschiebehaft sind genug!« in Pforzheim eine Demonstration statt. Vor dem Abschiebegefängnis fand eine Kundgebung statt. Aus einem Fenster meldeten sich Geflüchtete. Sie machten auf ihre Situation aufmerksam. Ein Gefangener nahm per Handy Kontakt mit der Kundgebung auf. Er schilderte kurz seine persönliche Situation. Das Gespräch wurde über die Lautsprecheranlage übertragen. Den Protest an einem Fenster, den Anruf eines Geflüchteten und die Kundgebung gegen die Abschiebehaft scheint höchstwahrscheinlich der Anlass für die Gefängnisverwaltung gewesen zu sein, gegen Geflüchtete in der Haft vorzugehen. Mittlerweile ist bekannt, dass Geflüchtete gefesselt und mindestens drei Tage in ihre Zellen eingesperrt wurden. Sie konnten nicht duschen und durften die Küche nicht benutzen. In der Nacht auf Montag klopften einige Personen an ihre Türe. Sie wurden in einen sogenannten »Bunker« gebracht und trugen Anstaltskleidung. Sie durften auch dort nicht kochen, der Handykontakt auch zum Anwalt war verboten, sie konnten keinen Kontakt zu anderen Gefangenen aufnehmen, sie durften nicht duschen und mussten auf einem Steinbett schlafen." (Antirassistisches Netzwerk Baden-Württemberg 2019: 2)

So lautet der Petitionstext des Antirassistischen Netzwerkes Baden-Württemberg, das eine Untersuchung der Anordnung der repressiven Einzelhaft fordert. Einen Tag später bei einer Kundgebung vor dem Abschiebegefängnis in Büren unterließen Demonstrant*innen die telefonische Zuschaltung einer inhaftierten Person, um eine solche Repression nicht in Kauf nehmen zu müssen. Denn auch im Bürener Gefängnis wird Isolationshaft durch das Personal als Sanktionsmittel gegen Gefangene angewandt. Der folgende Teil dieses Sammelbandes entstand in seiner ursprünglichen Version Anfang 2019. Angesichts der Gesetzesverschärfung des Abschiebungshaftvollzugsgesetzes Nordrhein-Westfalen (Abk.: AHaftVollzG NRW) im Jahr 2018 und dem darin enthaltenen Vormarsch der Isolationshaft, habe ich mich im Herbst 2018 im Rahmen meiner Masterarbeit dazu entschieden, durch eine ethnografische Forschung einen Einblick in das kaum erforschte Feld der Isolationshaft in Abschiebehaft zu schaffen und die Thematik für eine wissenschaftliche Perspektive zu öffnen.[40] Um zugleich die Handlungsspielräume meiner eigenen Position als Unterstützerin von Gefangenen zu reflektieren, setze ich mich mit den Fragen auseinander, welche strukturellen Bedingungen die Isolationshaft in Abschiebehaft in NRW und den Zugang der Gefangenen zu nicht-staatlicher Unterstützung rahmen und wie sich innerhalb dessen die Handlungsmöglichkeiten von Unterstützer*innen

40 Die vollständige ursprüngliche, und zum Teil ausführlichere Version der Masterarbeit steht auf der Homepage der Organisation World University Service (WUS) zur Verfügung: https://www.wusgermany.de/de/wus-service/wus-aktuelles/wus-foerderpreis/wus-foerderpreis-2020/die-wuerde-des-menschen-ist-abschiebbar-eine-qualitativ-empirische-untersuchung-zu-isolationshaft-0

gestalten. Meine Arbeit beruht auf einer viermonatigen Begleitung und dem Interviewen von Unterstützer*innen von Gefangenen in der Bürener Abschiebehaft zur Zeit des Prozesses der Verschärfung des AHaftVollzG NRW.

Im Folgenden werde ich zu Beginn den aktuellen Forschungsstand zu Isolationshaft in Abschiebehaft und den Zugang von Gefangenen zu nichtstaatlicher Unterstützung skizzieren und einen kurzen Einblick in mein methodisches Vorgehen unter Einbezug meiner Rolle als Forscherin geben (Kapitel 1). Darauf folgt die Auswertung meiner Analyseergebnisse, über den strukturellen Rahmen von Isolationshaft in NRW und Handlungsmöglichkeiten von Unterstützer*innen (Kapitel 2-6):

In dieser werde ich zunächst den institutionellen und politischen Kontext, in dem ich geforscht habe, darstellen. Ich werde dazu das Abschiebegefängnis in Büren und die Verschärfung des AHaftVollzG NRW kurz vorstellen (2). Im Anschluss gehe ich auf die gesetzliche und praktische Ausgestaltung der Isolationshaft ein (3). Darauf folgt eine Darstellung über den Zugang der Inhaftierten zu nicht-staatlicher Unterstützung (4). Mit Bezug auf die rassismuskritischen Ansätze aus Kapitel I.2 analysiere ich danach (Isolationshaft in) Abschiebehaft unter Rückgriff auf das Konzept des (Institutionellen) Rassismus (5). Aufbauend auf den Erkenntnissen aus den vorigen Teilen der Auswertung, reflektiere ich zum Schluss der Auswertung, wie sich Unterstützer*innen durch eine professionelle Haltung innerhalb der bestehenden Verhältnisse positionieren können (6).

Im Anschluss betrachte ich meine Analyseergebnisse anhand ihrer Grenzen und Ausblicke kritisch (Kapitel 7) und resümiere abschließend die Ergebnisse meiner Forschung (Kapitel 6).

1. Forschungsstand und methodisches Vorgehen

Abschiebehaft generell, sowie ihr konkreter Vollzug, stellen einen kaum erforschten Bereich dar. Die wenigen aktuellen Fachpublikationen geben vor allem Auskunft über allgemeine juristische Themen, wobei die Anwendung von Isolationshaft kaum thematisiert wird. Hingegen gibt es zahlreiche Publikationen internationaler Akteur*innen über Isolationshaft, die versuchen, internationale Standards für Gefangene zu etablieren (Vereinte Nationen, Europarat, etc.). Dabei stellen sie heraus, dass die Isolation von Gefangenen extrem schädliche Auswirkungen auf ihre mentale, somatische und soziale Gesundheit hat. (Europäisches Komitee zur Verhütung von Folter und unmenschlicher oder erniedrigender Behandlung oder Strafe 2011: 39) Sharon Shalev vom Zentrum für Kriminologie in Oxford schreibt im Jahr 2015, dass Isolationshaft in Europa vermehrt zur Inhaftierung von Menschen genutzt wird, um sie leichter abzuschieben (Shalev 2015: 149). Darüber hinaus war meine Recherche zu Abschiebehaft vor allem in der grauen Literatur erfolgreich, doch werden die speziellen Themen der Isolationshaft und der Zugang zu Unterstützungsstrukturen kaum verhandelt. So habe ich lediglich eine Masterarbeit zum Thema Beratung in der Abschiebehaft aus dem Jahr 2014 gefunden (Lindner 2014). Außerdem schreibt Stefan Keßler über die Auswirkungen des Fehlens einer institutionalisierten professionellen Rechtsberatung und die Rolle der sog. Person des Vertrauens als Unterstützung der Inhaftierten zur Wahrnehmung ihrer Rechte (Keßler 2005: 10 f.). Zudem gibt es einige Berichte über Menschen, die sich in (Isolationshaft) in Abschiebehaft das Leben genommen haben (Oulios 2015: passim; Antirassistische Initiative e.V.). Eine bundesweite Recherche von PRO ASYL und der Diakonie in Hessen und Nassau über den Status quo der Abschiebehaft in Deutschland thematisiert zum Teil den Aspekt der Isolationshaft. Die Autor*innen berichten über Frauen in Abschiebehaft und ihre systematische Isolierung, dadurch, dass sie als oftmals einzige weiblich gelesene Person im Gefängnis inhaftiert werden. (Pelzer/Sextro 2013: 11) Außerdem dokumentieren sie das Bestehen von Isolationshaft in zwölf von 13 besuchten Abschiebegefängnissen durch besonders gesicherte Hafträume (Abk.: bgH) (ebd.: passim). Über aktuelle Bedingungen der Abschiebehaft und Fälle der Isolationshaft im Abschiebegefängnis Büren berichten vor allem Vereine und Initiativen gegen Abschiebehaft. Dieser Forschungsstand zeigt eine enorme Forschungslücke auf, sowohl über Isolationshaft in Abschiebehaft als auch über den Zugang in Isolationshaft Inhaftierter zu nicht-staatlicher Unterstützung.[41]

Der lückenhafte Forschungsstand über Isolationshaft in Abschiebehaft erfordert eine explorative Herangehensweise an den Forschungsgegenstand. Um der „sperrige[n] Realität" (Schultheis/Vogel/Gemperle 2010: 15)[42] meines Forschungsgegenstandes gerecht zu werden, habe ich mich entschieden eine ethnografische Forschung vorzunehmen, in der ich verschiedene Methoden zur Datenerhebung, Datenauswertung und Darstellung angewandt habe. Um zunächst die Möglichkeiten meines Erkenntnisgewinns darzulegen, werde ich im Folgenden zuerst meine subjektive Perspektive rekonstruieren, indem ich auf meine eigene Position und Verstrickung im Feld eingehe. Zudem werde ich die politische Stoßrichtung und die Wirkmächtigkeit meiner Forschung und

41 In der Endphase meiner Masterarbeit ist die Ausgabe *100 Jahre Abschiebehaft des Hinterland* Magazins des Bayrischen Flüchtlingsrates anlässlich des hundertjährigen Bestehens von Abschiebehaft erschienen. Diese konnte in dieser Arbeit leider nicht mehr ausführlich berücksichtigt werden, ist jedoch eine lohnenswerte Lektüre. (Bayerischer Flüchtlingsrat 2019)

42 Während in der an Bourdieu et al. angelehnten Forschung *Ein halbes Leben* von Schultheis et al. über die Entwicklungen der Arbeitswelt „alleine der Blick auf Konzepte und Vorstellungen des Managements und seiner (»wissenschaftlichen«) Berater[*innen] [keineswegs genügt hätte] [...] [und] man den Wunschvorstellungen des Managements ein zu hohes Gewicht beimessen und die sperrige Realität sowie den Eigensinn der Arbeitenden zu gering schätzen [würde]" (Schultheis et al. 2010: 15), würde auch der einseitige Blick auf die Gesetzeslage und schriftliche Stellungnahmen der Realität der Abschiebehaft bei weitem nicht gerecht werden.

damit einhergehende forschungsethische Entscheidungen diskutieren (2.1). Im zweiten Schritt gehe ich, angelehnt an Breidenstein et al., auf die Zirkularität von Datengewinnung und Datenauswertung ein und erläutere die Entstehung meiner Fragestellung (2.2). Zuletzt gebe ich einen kurzen Einblick in die verwendeten Erhebungs- und Auswertungsmethoden (2.3).

Meine Position im Forschungsfeld

Meine Forschung im Feld der Abschiebehaft erfordert ein hohes Maß an (Selbst-)Reflexion und eine Auseinandersetzung mit meiner subjektiven Perspektive und ethischen Grundsätzen, die ich im Folgenden beschreibe.

Ich habe die Forschungsarbeit in mir z.T. bekannten Bereichen der Asylpolitik umgesetzt und blicke dabei tiefer in das Feld der Abschiebehaft ein. Abschiebehaft ist ein Phänomen, das von Rassismus[43] durchzogen ist, ein Bereich, in dem Menschen gewaltvoll zu „Migrationsanderen" gemacht und ihnen Rechte genommen werden (siehe Kapitel 5). Um meine i.d.R. unsichtbaren, da nicht-markierten, gesellschaftlichen Privilegien als *weiß*[44]-subjektivierte Person nicht zu einem universalistischen und objektiven Standpunkt zu machen, von dem aus die Situationen von „Migrationsanderen" in Abschiebehaft betrachtet und konstruiert werden, werde ich zunächst meine eigenen gesellschaftlichen Positionen darlegen. (Diehm et al. 2010: 85; Weiß 1999: 16) Meine Forschung ist durch folgende Vorerfahrungen und gesellschaftliche Positionen gerahmt: Ich bin eine *weiß*-subjektivierte, weiblich gelesene Person mit deutscher Staatsangehörigkeit. Ich habe als Asylverfahrensberaterin gearbeitet und setze mich in meinem erziehungswissenschaftlichen Studium mit rassismuskritischen Ansätzen auseinander, die meinen Blick auf den Gegenstand formen. Außerdem beteilige ich mich seit vielen Jahren aktivistisch in antirassistischen Gruppen und an Aktionen. So bin ich auf verschiedenen Ebenen mit dem Gegenstand rassistischer Asylpolitik vertraut. Mit diesem Hintergrund konnte ich viel Erfahrungswissen sammeln, bin jedoch i.d.R. gesellschaftlich nicht nachteilig von Rassismen betroffen und kann oft frei entscheiden, ob ich

---

43 Die Benennung rassistischer Differenzkonstrukte birgt die Gefahr einer Reifizierung der sozialen Wirkmächtigkeit dieser Konstrukte. Zugleich ist sie jedoch unabdingbar, um sie analysieren zu können. Da ich bereits zu Beginn der Forschung davon ausgegangen bin, dass Rassismus und Nationalismus eine große Relevanz im erforschten Feld spielen, habe ich versucht, diesem Dilemma der Reifizierung durch eine reifizierungssensible forschungsstrategische Haltung zu begegnen. Diehm, Kuhn und Machold schlagen diesbezüglich ein offenes und zirkuläres Vorgehen (offenes Fragen, Zirkularität als Wechsel zwischen Feld, Datenerhebung, Schreibtisch, Interpretation und theoretischer Beschäftigung mit Gegenstand, zögerliches Einkreisen), eine Anti-Essentialisierung (den Verzicht auf essentialisierende, national codierte Gruppenkonstruktionen in der Planung von Forschungsvorhaben), Kontextualisierung und Relationierung von Differenz (Zurückweisung einer Omnirelevanzannahme zugunsten einer differenziellen, situations- und kontextgebundenen Bedeutungszuschreibung der Kategorie Ethnizität). (Diehm et al. 2010: 85)

44 siehe Fußnote 39

mich mit Rassismen beschäftige oder nicht. So ist auch die Entscheidung, mich mit dem Thema Abschiebehaft zu beschäftigen eine gewählte Entscheidung. In Anja Weiß' Worten erfahre ich als „rassistisch Dominante" benachteiligende Strukturen „nicht »am eigenen Leib«, sondern höchstens durch Identifikation mit Betroffenen oder kognitive Überlegungen" (Weiß 2011: 405).[45] Durch diese gesellschaftliche Positionierung bleiben mir mögliche Erfahrungen und damit einhergehende Erkenntnisse verschlossen (siehe Kapitel 7) und meine Vertrautheit mit dem Feld kann nur aus einer *weiß*-privilegierten Position stattfinden (Weiß 1999: 8).

Problematisch ist weiterhin, dass das Feld der Abschiebehaft für empirische Forschung extrem schlecht zugänglich ist. Der Zugang wird systematisch verunmöglicht: Abschiebegefängnisse sind geschlossene Hafteinrichtungen, in denen die Gefangenen ständig wechseln. Diejenigen, die sich in Haft – besonders in Isolationshaft – befinden, können nur unter forschungsethisch fragwürdigen Umständen interviewt werden. Sie haben kaum eine Möglichkeit, Kontakt mit der Außenwelt aufzunehmen (siehe Kapitel 3 und 4). In seltenen Fällen bekommen die isoliert Inhaftierten Kontakt mit Unterstützer*innen, und dies meist unter zeitlichem Druck, sodass viele Fragen und Anliegen in kurzer Zeit geklärt werden müssen. Selbst die Anfrage, ob eine betroffene Person dazu bereit wäre, dass ich zu Forschungszwecken am Gespräch teilnehme, würde (mit Übersetzung) bereits viel Besuchszeit in Anspruch nehmen. Diese wertvolle Zeit wollte ich daher nicht für meine Forschung nutzen, da die politische Tragweite dieser Arbeit viel zu gering ist, als dass dies im Einzelfall gerechtfertigt wäre (und auch bei einer politisch weitreichenden Wirkung müsste die Legitimität hinterfragt werden). Personen, die die Abschiebehaft verlassen[46], können in der Regel nicht oder nur unter großem Aufwand befragt werden, da die Inhaftierung in den meisten Fällen mit der Abschiebung in andere Staaten endet. Durch meine Position entgehen mir direkte Informationen aus Sicht der Gefangenen über die Rahmenbedingungen in Isolationshaft und ihrem Zugang zu nicht-staatlichen Unterstützer*innen. Ich mache also die Isolationshaft zum Thema meiner Arbeit, ohne mit Menschen, die isoliert inhaftiert werden oder wurden zu sprechen, ohne, dass sie Entscheidungen treffen können, was zu Wort kommt und was nicht und wie. Der systematisch erschwerte Zugang für empirische Forschung wird weiterhin dadurch getragen, dass Mitarbeiter*innen des Gefängnisses der Schweigepflicht unterworfen sind. Während sich der Zugang zu Gefangenen und zu Mitarbeiter*innen aus meiner Position heraus als schwierig erweist, stehen mir diejenigen zur Befragung zur Verfügung, die sich

45 Eine interessante Analyse in Anlehnung an Bourdieu zu Rassismus als strukturalistisches Modell, in dem symbolisches Kapital entlang rassifizierender Zuweisungen rassistisch Dominante und rassistische Dominierte (re)produziert, schreibt Anja Weiß (2011).

46 Ich nutze an dieser Stelle bewusst nicht die Worte „entlassen werden", da eine Abschiebung nicht einer Entlassung im Sinne einer üblichen Freilassung aus einem Gefängnis entspricht.

als Unterstützer*innen der Gefangenen und gegen Abschiebehaft engagieren.[47] Durch ihren regelmäßigen Kontakt mit den gefangenen Menschen und ihre langjährige politische Arbeit haben die Unterstützer*innen sowohl Einblicke in die Situationen der Inhaftierten als auch in die politischen und rechtlichen Rahmenbedingungen. Durch meine ethnografische Forschung, in der ich die Position der Unterstützer*innen einnehme, betrachte und analysiere ich also die strukturellen Bedingungen von Isolationshaft und den Zugang isolierter Gefangener zu nicht-staatlicher Unterstützung aus dem Blick der Unterstützer*innen und ihrer konkreten Praxis. Auch wenn so die Perspektive der Betroffenen gefiltert wird, versuche ich dennoch im Sinne einer Bottom-Up Strategie die Sicht derer, die der Abschiebehaftpraxis und der darin praktizierten Isolationshaft etwas entgegensetzen, in den Fokus rücken. (Schultheis et al. 2010: 12ff.) Ich verstehe meine Arbeit in diesem Sinne als eine möglichst eingreifende und politische Wissenschaft, die in Anlehnung an Bourdieu et al. ihre politische Stoßrichtung in den Vordergrund ihrer Arbeiten stellen (Schultheis/Schulz 2005: 9).

Während des Forschungsprozesses habe ich mich außerdem mit der Konfusion unterschiedlicher Rollen und entsprechender Erwartungen an meinen Umgang mit dem Forschungsgegenstand auseinandergesetzt. Zum einen befinde ich mich in der Rolle der Aktivistin, die das Ziel hat, eine Veränderung des Status quo herbeizuführen. Ich strebe hier sowohl Veränderungen auf Ebene der Individuen an, die aktuell in Abschiebehaft gefangen sind, als auch die Abschaffung von Abschiebehaft auf Ebene staatlicher Institutionen, und stelle generell Institutionen moderner (Staats-)Bürger*innenschaft in Frage. Zum anderen befand ich mich zur Zeit der Durchführung dieses Forschungsprojektes in der Rolle der Studentin, in der ich Leistungsdruck ausgesetzt war, der mit materiellen Unsicherheiten einhergeht. In dieser Rolle musste ich zum einen den Anforderungen der Prüfungsordnung gerecht werden und zum anderen dem zeitlichen Druck des Studienabschlusses standhalten, was z.T. in Konflikt mit einer forschungsethisch zeitaufwändigen Herangehensweise steht. Innerhalb dieser gesellschaftlichen Zwänge profitierte ich von der Problematik der Abschiebehaft, die ich als Gegenstand für meine Arbeit genommen und mit ihr eine wissenschaftliche Qualifizierung gewonnen habe.[48] Da diese Ambivalenzen zwischen den Rollen gesellschaftlich konstruiert sind, kann ich sie individuell nicht auflösen. Dennoch versuche ich, den Wissensgewinn über Isolationshaft in Abschiebehaft an anderer Stelle als der meines Studienabschlusses für eine rassismuskritische, politische Arbeit zu nutzen. Weiterhin sehe ich mich in der

47 In dieser Arbeit werde ich diejenigen Unterstützer*innen nennen, die sich aktiv gegen Abschiebehaft positionieren und ihre Unterstützungsarbeit als parteiisch für die Gefangenen verstehen. Die Informationen, die ich zum Forschungsgegenstand erhoben habe, stammen vor allem aus der Sicht von hauptsächlich *weiß*-positionierten Unterstützer*innen.

48 Sowohl María do Mar Castro Varela, als auch Anja Weiß weisen darauf hin, dass in Deutschland vor allem „Mehrheitsangehörige" von Antirassismus profitieren. (In Machold 2011: 385f.)

Rolle der Forscherin zum einen in der Verantwortung, Transparenz über meine Daten zu schaffen, sodass Leser*innen die Konstruktion meiner Ergebnisse nachvollziehen können. Zum anderen bin ich in der Verantwortung, meine Quellen zu anonymisieren, um somit Personen und Gruppen zu schützen. Die Anonymisierung und somit der Schutz von Personen sind in diesem Bereich äußerst schwierig, da die Akteur*innen leicht zurückzuverfolgen sind. Da eine vollständige Anonymisierung nicht möglich ist, habe ich mich schließlich dazu entschlossen, den Fokus meiner Arbeit auf den strukturellen Rahmen von Isolationshaft in Abschiebehaft zu legen. Dabei habe ich nur die Informationen genutzt, die mir von Akteur*innen zur Verfügung gestellt wurden, die über die Verarbeitung der Daten in der Masterarbeit informiert waren. Konkrete Überlegungen zur Forschungsfrage beschreibe ich im folgenden Abschnitt.

Entstehung meiner Forschungsfrage im zirkulären Forschungsprozess

Im meinem Forschungsprojekt bediene ich mich eines von Breidenstein et al. vorgeschlagenen Forschungsdesigns, welches den Verlauf einer ethnografischen Forschung als zirkulären Prozess versteht, in dem Konzeption, Erhebung und Auswertung ineinandergreifen (Breidenstein/Hirschauer/Kalthoff/Nieswand 2013: 45, 118). Anstelle eines standardisierten Vorgehens besteht zu Beginn der ethnografischen Forschung eine große Offenheit des Fragens an den Gegenstand. Forscher*innen kehren im Wechsel zwischen Datengewinnung und Datenanalyse immer wieder mit veränderten Fragestellungen in das Feld zurück und generieren somit neue Daten mit veränderten Sichtweisen.[49] Erst im Verlauf der Forschung durch den Kontakt mit dem Gegenstand spitzen Forscher*innen den Blickwinkel zu und steigern ihre Selektivität. (ebd.: 45)

Orientiert an dieser Herangehensweise ist auch meine Fragestellung in einem zirkulären Prozess zwischen Erhebung und Auswertung entstanden: Inhaltlich stand zunächst die wissenschaftliche Auseinandersetzung mit der Position von Unterstützer*innen im Vordergrund meiner Überlegungen sowie eine politische Motivation zur kritischen Auseinandersetzung mit der Praktik der Abschiebehaft. Gerade im Kontext der Unterstützung von Menschen, die in Abschiebehaft inhaftiert sind, erachte ich eine Betrachtung des Gegenstandes aus erziehungswissenschaftlicher Perspektive als entscheidend. Durch mein exploratives Vorgehen konnte ich die Unterstützer*innen, die ich begleitete, in die Konzeption meiner Forschung miteinbeziehen. Die Gespräche mit den ehrenamtlichen Unterstützer*innen waren besonders relevant für die

49 Diese Verknüpfung von Erhebung und Auswertung von Daten kann folgenden Risiken ethnografischen Arbeitens entgegenwirken: „(a) den Verlust der analytischen Distanz zum Feld (going native), (b) die Produktion großer Mengen unfokussierten Datenmaterials, (c) die uferlose Ausdehnung der Beobachtung auf immer mehr Themen sowie (d) die Ansammlung unpassender oder nicht genügend reflektierter analytischer Perspektiven oder Konzepte“ (Breidenstein et al. 2013: 109).

Entstehung meiner Fragestellung. Bei meiner ersten Begleitung der Unterstützer*innen wurden mir während einer Wartezeit die verschiedenen Hafthäuser durch die Gitterfenster des Besucher*innenraumes gezeigt und die Abteilungen erklärt. Dazu gehört die Abteilung „1b neu" und die bgH[50] in den Kellern der Gebäude, in denen die Isolationshaft vollzogen wird. In diesen Räumen wird die Isolationshaft der Inhaftierten durch die Bediensteten und durch das Wachpersonal vollzogen (siehe Kapitel 3). Auch im weiteren Verlauf meiner Feldforschung kam das Thema der vermehrten Anwendung und der weiteren Institutionalisierung von Isolationshaft durch die geplante Verschärfung des AHaftVollzG NRW immer wieder auf. Ich habe mit Unterstützer*innen über meine Forschungsarbeit gesprochen und mich zunächst mit verschiedenen thematischen Richtungen befasst. Aufgrund der außergewöhnlichen Härte der Isolationshaft, ihres verstärkten Einsatzes, ihrer zunehmenden Institutionalisierung und staatlichen Legitimierung hat sich die besondere Relevanz der Isolationshaft im Kontext von Abschiebehaft in NRW als Forschungsfokus herauskristallisiert. In diesem Zusammenhang nehme ich auch die Möglichkeiten der Unterstützung der Betroffenen durch Außenstehende in den Blick. Wie im vorigen Abschnitt beschrieben, habe ich an verschiedenen Stellen meiner Forschung meine Beziehung zum Gegenstand reflektiert und mich mit unterschiedlichen Perspektiven auf den Gegenstand auseinandergesetzt. Im zirkulären Prozess von Orientierung, Bewegung und Handeln im Feld und Momenten der analytischen Distanzierung vom Feld habe ich schließlich folgende Fragestellungen konkretisiert, um mich dem Ziel einer explorativen Forschung zu nähern:

Welche strukturellen Bedingungen rahmen die Isolationshaft in Abschiebehaft in NRW und den Zugang der Gefangenen zu nicht-staatlicher Unterstützung?

Darauf aufbauend frage ich:

*Wie gestalten sich in diesem Rahmen die Handlungsmöglichkeiten von Unterstützer*innen?*

Ich habe mich aus verschiedenen Gründen dafür entschieden, den Fokus auf die strukturellen Bedingungen der Isolationshaft und insbesondere auf den Zugang der Gefangenen zu Unterstützung durch nicht-staatliche Akteur*innen zu setzen. Zum einen wird, wie bereits benannt, der Zugang zu persönlichen Berichten von Gefangenen erschwert. Zudem erachte ich es als unumgänglich, die Strukturen zu betrachten, die staatliches Handeln rahmen und stützen. In diesem Kontext ist es mir wichtig aufzudecken, durch welche Mechanismen restriktive

50 Die bgH werden von behördlicher Seite schlicht „besonders gesicherte *Räume*" genannt (§ 23 AHaftVollzG NRW).

Handlungsweisen in Abschiebehaft gedeckt werden. Zum anderen gibt mir die Fragestellung die Möglichkeit, meine eigene Position als Unterstützerin von Menschen in Abschiebehaft zu reflektieren. Sowohl durch den Blick auf die Strukturen, die Isolationshaft in Abschiebehaft rahmen, als auch auf den Zugang zu nicht-staatlicher Unterstützung der Gefangenen werden Grenzen, Möglichkeiten und Verantwortungen in der Unterstützungsarbeit deutlich, die einen weiteren Teil meiner Arbeit ausmachen. Die konkrete Fokussierung auf Isolationshaft konstruiert natürlich eine Analyse, die vielmehr die Bedingungen von Abschiebehaft in den Blick nimmt, als das Phänomen der Abschiebehaft selbst. Das generelle Hinterfragen und Kritisieren von Abschiebehaft als rassistische Praxis sind unabdingbar, werden aber nur einen Teil dieser Arbeit ausmachen. Doch genauso ist der Vollzug der Abschiebehaft von rassistischen Strukturen geprägt, sodass ich mich in einem Exkurs mit der spezifischeren Frage auseinandersetze, inwiefern Institutioneller Rassismus die Isolationshaft im Abschiebegefängnis Büren rahmt.

Erhebung und Auswertung der Daten

Diese Forschung besteht aus einer Kombination verschiedener Methoden zur Erhebung, Auswertung und Darstellung meiner Daten.

In der Erhebung habe ich die Verstehensmethode aus der Forschungsarbeit La Misère du Monde (dt.: Das Elend der Welt) von Bourdieu und seiner Forscher*innengruppe (1993/2005) angewendet, die eine reflexive Haltung der Forschenden fordert. Zudem habe ich mich an den grundlegenden Strategien ethnografischer Datenanalyse von Breidenstein et al. (2013) orientiert, die ein rekursives Forschungsdesign für ethnografische Studien vorschlagen. Als rekursiv beschreiben die Autor*innen den Analyseprozess als eine von dem*der Forscher*in immer wieder bewusst eingenommene Distanzierung zum Forschungsfeld um dem*der Forscher*in die Möglichkeit zu geben, die Daten bereits im Forschungsprozess zu prüfen, zu erweitern und/oder zu widerlegen. Um zunächst eine praktische und theoretische Einsicht in die sozialen Bedingungen der Unterstützer*innen zu erhalten, habe ich mich dem Gegenstand meiner Forschung methodisch zu Beginn mit einer offenen, teilnehmenden Beobachtung genähert. So konnte ich eine Unterstützer*innengruppe für vier Monate einmal wöchentlich zum „Besuch" im Abschiebegefängnis Büren begleiten. Im Wechsel mit zwischenzeitlichen Analyseeinheiten bildet die teilnehmende Beobachtung sowohl die Voraussetzung als auch eine Ergänzung der Informationen, die ich aus einem zusätzlich geführten Interview mit einem*einer Unterstützer*in gewonnen habe. Während meiner teilnehmenden Beobachtung wurden verschiedene Dokumente (z.B. Gesetzestexte, Pressemitteilungen, Landtagsprotokolle, etc.) durch die Akteur*innen im Feld aktiviert, die somit in meine Datenerhebung und -auswertung eingeflossen sind.[51]

Im Folgenden stelle ich die Ergebnisse meiner Forschung dar, die Aufschluss über meine Fragestellungen geben sollen: Welche strukturellen Bedingungen rahmen die Isolationshaft in Abschiebehaft in NRW und den Zugang der Gefangenen zu nicht-staatlicher Unterstützung? Und wie gestalten sich in diesem Rahmen die Handlungsmöglichkeiten von Unterstützer*innen?

2. Das Abschiebegefängnis in Büren und die Verschärfung des Abschiebungshaftvollzugsgesetzes NRW

Abschiebegefängnis Büren mit hohen Mauern und umgeben von Wald. Vorne das große Tor durch das die Gefangenentransporter fahren.
Foto: Achim Pohl, www.achim-pohl.de

Das größte Abschiebegefängnis Deutschlands liegt im nordrhein-westfälischen Büren weit außerhalb im Wald. Es ist eine alte NATO-Kaserne, die seit 1994 als JVA neben der Inhaftierung von Strafgefangenen auch für die Inhaftierung von Abschiebegefangenen genutzt wurde. Seit seiner Wiedereröffnung im Mai 2015 wird es ‚Unterbringungseinrichtung für Ausreisepflichtige' genannt. Inhaftierte werden als ‚Untergebrachte' bezeichnet. (Bezirksregierung Detmold 2018) „Sie [die offiziellen Stellen] benutzen immer durchaus andere Wörter für andere Bedingungen" (Interview, Z. 296f.), beschreibt der*die Interviewte. So wird das Gefängnis in der Selbstdarstellung des für die Leitung zuständigen Dezernats 29 der Bezirksregierung Detmold, die dem MKFFI NRW unterstellt ist, wie folgt beschrieben:

> *„Zum 15. Mai 2015 wurde auf dem Gelände und in den Gebäuden der ehemaligen Justizvollzugsanstalt Büren die Einrichtung der Bezirksregierung zur Unterbringung [sic] ausreisepflichtiger Personen in Betrieb genommen. Diese Einrichtung nimmt die Ausreisepflichtigen in erster Linie aus Nordrhein-Westfalen auf, die aufgrund eines richterlichen Beschlusses bis zu ihrer Abschiebung unterzubringen sind."* (Bezirksregierung Detmold 2018)

51 Ausführliche Informationen zum methodischen Vorgehen können auf der Homepage der Organisation World University Service (WUS) eingesehen werden, auf der die vollständige Version der Masterarbeit zur Verfügung steht. Link in Fußnote 40.

Weiß der*die Leser*in nicht, dass die Betroffenen dort inhaftiert sind, könnte er*sie denken, es handle sich um ein offenes Gebäude: ohne verschlossene Türen, ohne Zellen, ohne Einschluss und Aufschluss, ohne Justizvollzugsbeamte, etc. Durch sprachliche Mittel werden harmlosere Bedingungen der eigentlichen Haft suggeriert und die Tatsache, dass es sich um Freiheitsentzug handelt, wird verschleiert. Der*die Interviewte definiert dieses Mittel als „Neusprech" (Interview, Z. 296), worauf ich im Kapitel 5 näher eingehen werde. Im Vergleich zu deutschlandweit etwa 530 Haftplätzen während der Datenerhebung Ende 2018, ist das Abschiebegefängnis Büren mit 140 Haftplätzen das größte in der BRD (Kampagne 100 Jahre Abschiebehaft 2018). Es wird ausschließlich für die Inhaftierung männlich gelesener Personen genutzt.[52]

Als Unterstützer*innen des Vereins *Hilfe für Menschen in Abschiebehaft Büren e. V.*[53] fahren wir nachmittags mit dem Auto zum Gefängnis. Mit öffentlichen Verkehrsmitteln anzufahren ist aus zeitlichen Aspekten nicht sinnvoll, da der letzte Bus, der etwa 20 Minuten fußläufig durch den Wald vom Gefängnis entfernt hält, wochentags bereits um 16:27 Uhr abfährt.[54] Angekommen am Gefängnis wird uns die Tür mit einem Surren geöffnet. Alle Unterstützer*innen müssen ihre Personalausweise abgeben. Mitarbeiter*innen bringen uns durch fünf weitere Türen zum Besucher*innenraum, die einzeln vor uns auf- und hinter uns zugeschlossen werden. Durch die vergitterten Fenster des Besucher*innenraumes kann mensch die drei Hafthäuser sehen. Sie gehen jeweils über vier Stockwerke (a = Erdgeschoss, b = 1. Etage, c = 2. Etage, Keller). Das Haus eins ist über die erste Etage (1b) mit einem neuen Gebäudekomplex verbunden, in dem sich im Erdgeschoss die Krankenstation befindet und in der ersten Etage die Abteilung der Isolationshaft mit 14 Isolationszellen. Hieraus resultiert der Name „1 b neu" (Interview, Z. 118), der für die Abteilung der Isolationshaft verwendet wird. Diese Abteilung wird neben den Freizeiträumen, Gemeinschaftsküchen, Bücherei, etc. (Bezirksregierung Detmold 2018) nicht in der Selbstbeschreibung des Dezernats 29 genannt (Feldnotizen). Im Gefängnis

52 Im Folgenden werde ich jedoch von dem*der Gegangenen/Inhaftierten sprechen, um Menschen mit nicht-binären-, inter*- und trans*-Identitäten mit einzuschließen.

53 „Der Verein *Hilfe für Menschen in Abschiebehaft Büren e. V.* wurde nach der Eröffnung der Abschiebehafteinrichtung in Büren im Mai 1994 gegründet. Eine seiner Hauptaufgaben ist es, die Gefangenen während der Zeit der Unterbringung in der Abschiebehaft in Büren zu begleiten, ihnen zu helfen, ihre Rechte wahrzunehmen und ein Sprachrohr für sie gegenüber der Politik, den Medien und der Öffentlichkeit zu sein. Der Verein führt jede Woche mehrere Dutzend Gespräche mit den Abschiebehäftlingen und hat daher einen tiefen Einblick in Abläufe und Situationen in der Abschiebehaft in Büren." (HfMiA 2018e: 1), außerdem siehe Kapitel 4.

54 Für Besucher*innen aus ganz NRW ist es ein großer Aufwand, wenn nicht sogar unmöglich, Freund*innen und Verwandte im Abschiebegefängnis Büren zu besuchen. Wer Glück hat, braucht von Paderborn aus nur eine Stunde mit zwei Bussen, wer aus Köln kommt, muss mit einer Anfahrtszeit von vier bis fünf Stunden rechnen (ein Weg). Am Wochenende fährt der Bus zum Gefängnis gar nicht. Von denjenigen, die wochentags arbeiten und kein Auto besitzen, werden Inhaftierte kaum die Möglichkeit haben, besucht zu werden. (Feldnotizen)

arbeiten laut Bezirksregierung der Leiter des Dezernates 29 / der Gefängnisleiter, Vollzugsbedienstete, Mitarbeiter*innen des privaten Sicherheitsdienstes *Kieler Wachschutz*, Verwaltungskräfte, Personen technischer Dienste, ein*e Ärzt*in, Krankenpflegekräfte, Dolmetscher*innen, ein*e Psycholog*in, zwei Seelsorger*innen (1 kath., 1 evang.), ein Imam[55], Rechtsanwält*innen und Sozialbetreuer*innen. Ein*e Psycholog*in ist zum Zeitpunkt der Forschung nicht angestellt. (Nationale Stelle zur Verhütung von Folter 2018: 6; MKFFI NRW 2018a: 3) In der Einrichtung herrscht ein hoher Krankenstand unter den Beschäftigten, von z.T. mehr als 20 Prozent, sodass sich die Einrichtung über Personalmangel beklagt (Interview, Z. 704ff.). Auch ein*e Gefängnisärzt*in ist zum Ende der Untersuchung nicht eingestellt, da der letzte Arzt Ende November 2018 wegen schwerwiegender Vorwürfe suspendiert wurde: Aufgrund von Unregelmäßigkeiten im Medikamentenbestand wird wegen Medikamentenmissbrauchs gegen ihn ermittelt (Voogt 2019). Während das MKFFI NRW und die Bezirksregierung Detmold der Öffentlichkeit die Information über den Vorwurf vorenthalten haben (bis es die Presse nach der Verabschiedung der neuen Fassung des AHaftVollzG NRW veröffentlichte), wurde die Gesetzesverschärfung des AHaftVollzG NRW vom Dezember 2018 hingegen u.a. mit dem Drogenmissbrauch *durch die Gefangenen* begründet.[56] (Landesregierung NRW 2018: 3) Auch der Personalmangel wurde als Grund für einige Einschränkungen der Rechte der Gefangenen durch die Verschärfung des AHaftVollzG NRW genutzt. So wird der Gefängnisleitung erlaubt, die Nachtruhe von ehemals neun Stunden auf bis zu 16 Stunden täglich auszudehnen (MKFFI NRW 2018b) und somit den Aufschluss für die Gefangenen drastisch einzuschränken. In beiden Beispielen wird deutlich, dass die Rechte der Gefangenen beschnitten werden, obwohl die Begründungen außerhalb der Handlungsfähigkeit der Inhaftierten zu verorten sind. Im Falle des Medikamentenmissbrauchs werden sie sogar den Inhaftierten zugeschrieben.

Die Nationale Stelle zur Verhütung von Folter schreibt resultierend über ihren Besuch am 24./25. Jan. 2018, dass ihr 2013 entstandener positiver Eindruck einer „gute[n] Atmosphäre“ (Nationale Stelle zur Verhütung von Folter 2018: 4) einer heutigen „restriktiven Grundhaltung gewichen [ist]“ (ebd.), was sich auch im restriktiven Charakter der neuen Fassung des AHaftVollzG NRW vom 29. Dez. 2018 niederschlägt (Landtag NRW 2018a). Das Gesetz ist durch den (vorgeschobenen)[57] Gedanken der ‚Sicherheit und Ordnung‘ geprägt, der sich

55 Während der Imam lediglich die Fahrtkosten erstattet bekommt, haben die evangelische und die katholische Kirche je eine halbe Stelle für ihre Seelsorger*innen zur Verfügung (Feldnotizen).

56 Gefangene dürfen durch die neue Regelung kein Bargeld mehr besitzen. Außerdem dürfen sie bei der Durchsuchung ihrer Hafträume, bspw. auf Drogen, nicht mehr anwesend sein. (Landesregierung NRW 2018: 3)

57 Der Verein *Hilfe für Menschen in Abschiebehaft Büren e. V.* kritisiert u.a., dass der eigentliche Grund einiger Verschärfungen der Personalmangel ist und die Maxime der ‚Sicherheit und

in verschiedenen Kontroll- und Strafmaßnahmen durch die Einrichtung gegenüber den Inhaftierten niederschlägt (Flüchtlingsrat NRW 2018: 7). So wurden neben dem eigentlich definierten Zweck der Sicherung der Abschiebung (§ 62 AufenthG idF. v. 25.02.2008) neue Zwecke der Abschiebehaft eingeführt. Die Abschiebehaft soll laut der neuen Fassung des Gesetzes zusätzlich zur Sicherung der Abschiebung einer präventiven Gefahrenabwehr zum Schutz der Allgemeinheit vor Straftaten der Untergebrachten (Schutzhaft) dienen, die Mitwirkung der Inhaftierten an ihrer Abschiebung erzwingen (Beugehaft) und zudem auch noch die „Polizeibehörden bei der Gefahrenabwehr und der Strafverfolgung" (§ 1 AHaftVollzG NRW Abs. 2, S. 1, Nr. 5) unterstützen. (HfMiA 2018e: 8; Jesuiten Flüchtlingsdienst 2018: 3) Dies widerspricht EU-Richtlinien, dem AufenthG und außerdem der Verfassung und ist es allein daher juristisch in vielerlei Hinsicht nicht tragbar (HfMiA 2018e: passim). Das Gesetz, das den Vollzug der Abschiebehaft regeln soll, spielt der Gefängnisleitung eine Fülle an Macht zu, die nicht nur im Vollzug unkontrolliert bleibt, sondern sogar über den bisherigen Zweck der Abschiebehaft hinausgeht. Bereits der Gesetzesentwurf wurde ohne Einbezug von gefangenen Menschen bzw. deren Unterstützer*innen formuliert, wohingegen im Jahre 2015 wenigstens die Unterstützer*innen mit einbezogen waren. (Feldnotizen) Trotz massiver Kritikpunkte von den Wohlfahrtsverbänden und verschiedenen ‚Flüchtlingshilfsorganisationen' wurden nur wenige von ihnen berücksichtigt und umgesetzt (Berivan Aymaz (GRÜNE) zit. nach Landtag NRW 2018c: 116).

3. „Verschwinden" hat System: Gesetzlicher Rahmen und praktische Ausgestaltung der Isolationshaft

> *„Der Entzug sämtlicher Kommunikationsmittel nach Außen, also des Schriftverkehrs, des Besuches und der Möglichkeit, zu telefonieren führt zu einer totalen Abschottung der Person gegenüber der Außenwelt. Es besteht nicht mehr die Möglichkeit, eine Person des Vertrauens über die Maßnahme zu informieren, sodass der Betroffene praktisch im „off" verschwindet. Wenn der Betroffene z.B. wegen der Verweigerung der Abschiebung eingesperrt wird, wissen Angehörige nicht, ob er abgeschoben wurde oder sich noch in Haft befindet. Damit kann der Betroffene nach außen hin einfach »verschwunden« sein." (HfMiA 2018e: 17)*

Das „Verschwinden" einer Person findet aufgrund unterschiedlicher gesetzlicher und praktischer Restriktionen statt, die ich im Folgenden näher beschreiben

Ordnung' nur als anschlussfähiges Argument genutzt wird: „Die systemische Überlastung der Abschiebungshafteinrichtung wird aber nicht zu einer gleichzeitigen Erhöhung des Personals führen, so dass das die Vollzugsrechte der Inhaftierten wegen Personalmangels eingeschränkt und hierfür Gründe der Sicherheit und Ordnung vorgeschoben werden" (HfMiA 2018e: 11).

werde. Hierbei werde ich zunächst vorstellen, was ich basierend auf meinen Forschungsdaten unter Isolationshaft in Abschiebehaft fasse, wie und gegen wen sie angeordnet wird und zusammenfassend die gesetzlich geformte Machtverteilung analysieren.

Was ist Isolationshaft?

*Besonders gesicherter Haftraum mit Kameraüberwachung aus dem Jahr 1994. Zu aktuelleren Bildern habe ich keinen Zugang, da Gefangene keine Bilder machen dürfen und externen kritischen Akteur*innen zu diesen Bereichen des Gefängnisses der Zugang verwehrt wird.*
Foto: Achim Pohl, www.achim-pohl.de

In den Mindestgrundsätzen der Vereinten Nationen (Abk.: UN) für die Behandlung der Gefangenen (auch: Nelson-Mandela-Regeln) wird Isolationshaft (auch: Einzelhaft) als „Absonderung eines Gefangenen für mindestens 22 Stunden pro Tag ohne wirklichen zwischenmenschlichen Kontakt" (Regel 44, Vereinte Nationen, Generalversammlung 2016: 18) definiert. Die UN-Generalversammlung spricht sich für die Abschaffung von Isolationshaft oder zumindest für ihre Einschränkung aus (Vereinte Nationen, Generalversammlung 1990). Sie darf demnach nur in Ausnahmefällen und als letztes Mittel angewandt werden, ist unabhängig zu prüfen und darf erst nach der Genehmigung durch eine zuständige Behörde verhängt werden. Verboten ist Isolationshaft bei Gefangenen mit psychischen oder körperlichen Einschränkungen, wenn ihr Zustand dabei verschlimmert würde. (Regel 45, Vereinte Nationen, Generalversammlung 2016: 18) Generell ist eine regelmäßige medizinische und psychologische Betreuung zu garantieren (Vereinte Nationen, Sonderberichterstatter über Folter 2011: 25). Der Sonderberichterstatter der UN über Folter berichtet über schwerwiegende physische, psychische und soziale Folgen von Isolationshaft, egal unter welchen konkreten Bedingungen sie angewandt wird. Bereits nach wenigen Tagen in Isolation erleiden demnach 90 Prozent der Gefangenen in Isolation unterschiedliche Symptome wie Schlaflosigkeit, Halluzinationen, bis hin zu Psychosen. Darüber hinaus warnt der UN-Sonderberichterstatter davor, dass Isolationshaft traditionell reich an Missbrauchsfällen ist, da sie sich weit außerhalb von gerichtlicher Kontrolle befindet. (Vereinte Nationen, Sonderberichterstatter über Folter 2008: 23) Er betont zudem, dass Isolationshaft unter der Betrachtung ihrer schwerwiegenden Folgen gegen Artikel 1 und 16 der UN-Antifolterkonvention[58]

58 Artikel 1 der UN-Antifolterkonvention vom 10. Dez. 1984: „Im Sinne dieses

verstößt und so auf Folter oder andere grausame, unmenschliche oder erniedrigende Handlungen hinausläuft (Vereinte Nationen, Sonderberichterstatter über Folter 2011: 19f.).

Im Sommer 2018 wurde ein 41-jähriger Mann in Büren inhaftiert. Ein psychiatrisches Gutachten bestätigte seine Reiseunfähigkeit. In einem zweiten Gutachten vom Gesundheitsamt wurde er trotz schwerer psychischer Erkrankungen als reisefähig für seine Abschiebung eingestuft. Die Gefängnisleitung wusste um die psychische Verfassung des Mannes, doch anstelle einer Unterbringung in einem Krankenhaus, wurde er in eine Isolationshaftzelle gesperrt. Dieser Mann erhängte sich im Juni 2018 in ebendieser Zelle. (Brüggemann 2018) Der Verein *Hilfe für Menschen in Abschiebehaft Büren e.V.* ist darüber nicht verwundert. Für ihn reiht sich der dramatische Vorfall vielmehr in einen restriktiven Kurs der Einrichtungsleitung ein:

> *„Die Anzahl der Inhaftierten in Isolierhaft hat in den letzten zwei Jahren stark zugenommen. Aber anstatt dringend notwendige psychologische Betreuungsangebote zu schaffen, wurden die Aufschluss- und Hofzeiten rechtswidrig gekürzt und Isolierhaft stark ausgebaut." (Gockel zit. nach HfMiA 2018c: 1f.)*
> *„Bereits für kleinste Vergehen oder bei psychischen Erkrankungen werden die Betroffenen oft monatelang in einer Einzelzelle isoliert [...]." (ebd.: 2)*

Während die offiziellen Stellen argumentieren, dass es sich um keine Isolationshaft handle, da die Betroffenen „z.B. noch Kontakt zu Bediensteten, wenn das Essen da rein gebracht wird usw. [haben]" (Interview, Z. 298f.) ist es bei Isolationshaft jedoch das „[ganz Entscheidende, dass sie] keinen Kontakt zu Mitgefangenen haben." (Interview, Z. 307f.) In der Praxis kristallisieren sich

---

Übereinkommens bezeichnet der Ausdruck «Folter» jede Handlung, durch die einer Person vorsätzlich grosse [sic] körperliche oder seelische Schmerzen oder Leiden zugefügt werden, zum Beispiel um von ihr oder einem Dritten eine Aussage oder ein Geständnis zu erlangen, um sie für eine tatsächlich oder mutmasslich [sic] von ihr oder einem Dritten begangene Tat zu bestrafen, um sie oder einen Dritten einzuschüchtern oder zu nötigen oder aus einem anderen, auf irgendeiner Art von Diskriminierung beruhenden Grund, wenn diese Schmerzen oder Leiden von einem Angehörigen des öffentlichen Dienstes oder einer anderen in amtlicher Eigenschaft handelnden Person, auf deren Veranlassung oder mit deren ausdrücklichem oder stillschweigendem Einverständnis verursacht werden. Der Ausdruck umfasst nicht Schmerzen oder Leiden, die sich lediglich aus gesetzlich zulässigen Sanktionen ergeben, dazu gehören oder damit verbunden sind."
Artikel 16 der UN-Antifolterkonvention vom 10. Dez. 1984: „Jeder Vertragsstaat verpflichtet sich, in jedem seiner Hoheitsgewalt unterstehenden Gebiet andere Handlungen zu verhindern, die eine grausame, unmenschliche oder erniedrigende Behandlung oder Strafe darstellen, ohne der Folter im Sinne des Artikels 1 gleichzukommen, wenn diese Handlungen von einem Angehörigen des öffentlichen Dienstes oder einer anderen in amtlicher Eigenschaft handelnden Person, auf deren Veranlassung oder mit deren ausdrücklichem oder stillschweigendem Einverständnis begangen werden. Die in den Artikeln 10, 11, 12 und 13 aufgeführten Verpflichtungen bezüglich der Folter gelten auch entsprechend für andere Formen grausamer, unmenschlicher oder erniedrigender Behandlung oder Strafe." (Vereinte Nationen 1984)

laut meiner Forschungsdaten im Abschiebegefängnis Büren vier verschiedene Typen von Isolationshaft heraus.

Die erste, „harmlosere Variante“ (Interview, Z. 937) ist so ausgestaltet, dass Betroffene in eine gesonderte Zelle auf der Abteilung „1 b neu“ verlegt werden und ihnen der Kontakt zu Mitgefangenen bis zu zwei Wochen (§ 19 AHaftVollzG NRW) oder auf unbestimmte Zeit (§ 20 AHaftVollzG NRW) komplett verwehrt wird. In dieser Zelle gibt es Möbel, eine Toilette zum Sitzen, ein Waschbecken, einen Fernseher mit Fernbedienung, ein Fenster, durch das der Tag-Nacht-Rhythmus wahrgenommen werden kann. Betroffene dürfen ihre Sachen, z.T. nur ausgewählte, behalten, d.h. eigene Kleidung, Papiere, Stifte, Bücher, Telefon, etc. (Interview, Z. 936ff.) Ihnen wird lediglich ein einstündiger isolierter Hofgang am Tag gestattet. Die Nationale Stelle zur Verhütung von Folter hat in ihrem letzten Bericht von Anfang 2018 bemängelt, dass keine Vorhänge an den Fenstern angebracht sind, wodurch keine Verdunklung des Raumes oder Sichtschutz gewährleistet sind (Nationale Stelle zur Verhütung von Folter 2018: 7).

Die zweite Variante, auch auf der Abteilung „1 b neu“, ist der ersten gleich, jedoch wird den Betroffenen „jegliche private Habe abgenommen“ (Interview, Z. 952), selbst gerichtliche Dokumente. So „können [sie] noch nicht mal ihr rechtsstaatliches Verfahren wahrnehmen“ (Interview, Z. 955f.). Als Kleidung bekommen sie von der Anstalt einen blauen Pyjama und Schlappen gestellt (Interview, Z. 964f.).[59] In diesen beiden Formen der Isolationshaft können die Gefangenen alle 15 Minuten auf Lebenszeichen überprüft werden. Auch nachts wird alle 15 Minuten das Licht angestellt und wenn nicht klar identifizierbar ist, ob die Person lebt, wird sie geweckt, sodass Betroffene unter permanentem Schlafentzug stehen (Feldnotizen). Zusätzlich kann eine durchgängige Beobachtung einzelner Gefangener angeordnet werden, die von Mitarbeiter*innen ausgeführt wird, die alle zwei Stunden wechseln. Diese beobachten die Betroffenen permanent durch einen Schlitz in der Tür, durch den der Raum mitsamt Toilettenbereich einsehbar ist. (Feldnotizen; Nationale Stelle zur Verhütung von Folter 2018: 6)

Die weitere Stufe, die sich deutlich von dem, was hauptsächlich von der Einrichtung als Isolationshaft genutzt wird, unterscheidet, ist die Unterbringung in einem bgH. Dieser befindet sich im Keller eines jeden Hafthauses und ist lediglich mit einer zwei mal ein Meter großen Matratze und einer in den Boden eingelassenen Toilette ausgestattet. Es gibt keine weiteren Möbel und keine Fenster. Stattdessen wird der gesamte Haftraum mit zwei Kameras gefilmt. Auch hier prangert die Nationale Stelle zur Verhütung von Folter den

59 Direkt zu Beginn meiner Feldforschung wurde ein minderjähriger Gefangener (17 Jahre) aus der Isolationshaft bezüglich seiner Haftverlängerung dem Haftrichter vorgestellt. Vor Gericht erschien er mit blauem Pyjama und Schlappen, da die Anstalt ihm seine private Kleidung verwehrte. (Feldnotizen)

fehlenden Schutz der Intimsphäre an, da auch der Toilettenbereich „durch Kameras vollständig einsehbar [ist]" (Nationale Stelle zur Verhütung von Folter 2018: 6).

> *„[Die Gefangenen] tragen [...] dann teilweise gar keine Kleidung mehr, bzw. das ist umstritten. Die Einrichtungsleitung sagt sie kriegen eine Papierunterhose[60]. Die Gefangenen sagen regelmäßig, sie tragen gar keine Kleidung. [...] Bevor sie in diesen Raum reinkommen, müssen sie sich komplett entkleiden. Wenn sie sich nicht freiwillig entkleiden, wird die Entkleidung mit Gewalt vorgenommen. Das machen teilweise auch Frauen." (Interview, Z. 967ff.)*

Im Januar 2018 wurde eine Vollzugsleiterin wegen schwerer Menschenrechtsverletzungen angeklagt. Ihr wurde vorgeworfen, angeordnet zu haben, Beruhigungsmedikamente ins Essen zu mischen und einem*einer in Isolationshaft Gefangenen in Anwesenheit weiterer Kolleg*innen die Papierunterhose vom Leib gerissen zu haben. (Deutscher Anwaltverein 2018: 13; Feldnotizen) Laut Gesetz ist im bgH auf Wunsch der Rechtsbeistand sofort zu unterrichten. Nach etwa sechs Stunden kann der*die Rechtsanwält*in den*die Betroffene*n besuchen. (§ 23 AHaftVollzG NRW Abs. 5)[61] Erst nach 24 Stunden Einschluss im bgH ist der Fall an die nächste Aufsichtsbehörde zu melden (§ 23 AHaftVollzG NRW Abs. 2). Eine daraus resultierende Problematik ist, dass es so keine verlässlichen Statistiken über die tatsächliche Anzahl von bgH-Maßnahmen gibt (Feldnotizen). Laut AHaftVollzG NRW wird Gefangenen im bgH kein Hofgang gewährt (§ 23 AHaftVollzG NRW). Dieses Verbot der Bewegung im Freien missbilligte der Europäische Ausschuss zur Verhütung von Folter und unmenschlicher und erniedrigender Behandlung und Strafe (Abk.: CPT) 2019 in seinem Bericht über das Abschiebegefängnis Eichstätt in Bayern und fordert Bund und alle Länder auf, solche Verbote aufzuheben (S. 31).

Die vierte und damit am stärksten eingreifende Variante der Isolationshaft findet im selben bgH statt. Es handelt sich um die Fixierung von Gefangenen. Zusätzlich zu der Matratze

> *„wird in diesen Raum noch ein zweimal ein Meter großer Holzrahmen rein getragen. Und an diesen Holzrahmen werden dann die Menschen an fünf Punkten fixiert. Muss man sich also so tatsächlich vorstellen, wie die Gefangenen*

60 Die Papierunterhose wurde als Versuch der Kontrolle von Widerständen von Gefangenen eingeführt. So haben Gefangene in der Vergangenheit für Störungen gesorgt, indem sie das Toilettenloch im Boden mit ihrer Kleidung verstopft haben. (Feldnotizen)

61 In der Praxis gestaltet sich der Besuch im bgH durch Rechtsanwält*innen sehr schwierig, da einige Inhaftierte keine Rechtsanwält*innen haben, die sie vertreten. Andere haben Rechtsanwält*innen, die jedoch in ganz NRW verteilt sind. Selbst engagierte Rechtsanwält*innen können es voraussichtlich nicht schaffen, schnell im abgelegenen Gefängnis zu erscheinen. Zudem müssen die Betroffenen von diesem Recht wissen. (Feldnotizen)

mir das berichten, dass sie auf dem Rücken liegen, nackt sind und dann an fünf Punkten – also Hände, Füße und übern Bauch – dementsprechend festgeschnallt werden." (Interview, Z. 986ff.)

Die Nationale Stelle zur Verhütung von Folter hat auch hier ihre Kritik eingebracht. Sie erklärt, dass Fixierungen nur als *ultima ratio* im Falle von Selbstgefährdung zum Einsatz kommen dürfen. In den Dokumentationen der Fixierungsfälle in Büren hat sie jedoch einen Fall von Fixierung lediglich bei Fremd- statt bei Selbstgefährdung entdeckt. Außerdem hat sie bemängelt, dass das Fixierbett direkt am Eingang des bgH stünde und somit für alle Gefangenen im bgH sichtbar ist und einschüchternd wirkt. (Nationale Stelle zur Verhütung von Folter 2018: 6f.) Laut Gesetz ist auf Wunsch direkt ein*e Rechtsanwält*in zu unterrichten, wobei jedoch die gleiche Problematik besteht wie bereits zuvor genannt. Die Bekleidung mit lediglich einer Unterhose von Gefangenen in Isolation, insbesondere unter Fesselung, hat die Nationale Stelle zur Verhütung von Folter als „entwürdigend und schamverletzend" (ebd. 2012: 21) charakterisiert. Auch der Europäische Gerichtshof für Menschenrechte (Abk.: EGMR) hat 2011 die Nacktunterbringung von Gefangenen als „unmenschliche und erniedrigende Handlung" (S. 1) verurteilt.

Eine Unterscheidung verschiedener Arten von Isolationshaft ist immer künstlich und kann dazu führen, dass sie die unausweichliche Tatsache verschleiert, dass es sich bei allen Arten, um eine Abschottung eines*einer Gefangenen für mindestens 22 Stunden am Tag handelt, täglich, und ganz allein. Isolationshaft ist allein deshalb ein schwerwiegender Eingriff in die Selbstbestimmung eines Menschen und mit erheblichen Folgen für diesen verbunden.

Die Anordnung von Isolationshaft

Während Isolationshaft in den 90er Jahren durch die Gefängnisleitung als Sanktionsmaßnahme angewendet wurde, wurden ihre Rahmenbedingungen bis heute viel mehr ausdifferenziert und sie wird in verschiedenen Fällen angewandt (Interview, Z. 140ff.). Nach der Wiedereröffnung des Gefängnisses im Jahr 2015 hat es zunächst sehr wenige Isolationshaftfälle gegeben (Interview, Z. 58). Doch mit dem nachfolgenden Wechsel der Einrichtungsleitung soll eine besondere Härte an den Tag gelegt werden, die „jetzt sehr viel mehr Wert darauf legt, dass Regeln wirklich durchgesetzt werden, als dass man bereit ist, auch mit den einzelnen Menschen zu sprechen." (Interview, Z. 61ff.) Auch die Nationale Stelle zur Verhütung von Folter bemängelt, dass die Anwendung der Isolationshaft im Bürener Gefängnis im Vergleich zu anderen Abschiebegefängnissen auffällig hoch ist (Nationale Stelle zur Verhütung von Folter 2018: 4). Genaue Zahlen zur Anwendung der verschiedenen Formen der Isolationshaft liegen nicht vor, da diese nicht veröffentlicht werden.[62] (Interview, Z. 87ff.) Bereits vor der Verschärfung des AHaftVollzG NRW wurde Isolationshaft von der Gefängnisleitung ohne rechtliche Grundlage vermehrt auf erweiterte Personengruppen angewendet. Diese erweiterte Anwendung wurde durch die neue Fassung des AHaftVollzG NRW legalisiert und verschärft. Aktuell wird dort die Isolationshaft durch die §§ 4, 18-20 und 22-28 geregelt. Gesetz und Praxis konstruieren in etwa vier Personengruppen, auf die Isolationshaft angewendet wird:

Zum einen wird die Isolationshaft in ihren verschiedenen Ausgestaltungen weiterhin zur Sanktion von gefangenen Menschen angewandt (Interview, Z. 151ff.). Der neu eingeführte § 19 des AHaftVollzG NRW regelt die Strafen bei Verstößen gegen die Hausordnung und beinhaltet die Beschränkung des Einkaufs (bis zu 2 Wochen), die Beschränkung oder der Entzug von Lesestoff und Radio und Fernsehempfang (bis zu 2 Wochen), die Beschränkung oder den Entzug von Gegenständen oder Teilnahme an gemeinschaftlichen Veranstaltungen (bis zu 2 Wochen), die Beschränkung der Benutzung oder Entzug des eigenen Mobiltelefons (bis zu 4 Wochen), die Beschränkung der Benutzung oder Entzug des Leihtelefons der Einrichtung (bis zu 4 Wochen), den Entzug der Arbeit oder Beschäftigung (bis zu 2 Wochen), die Beschränkung des Verkehrs mit Personen außerhalb der Einrichtung (bis zu 4 Wochen), die Einschränkung der Bewegungsfreiheit (bis zu 4 Wochen) und den Ausschluss der Bewegungsfreiheit in Form von Einzelhaft (bis zu 2 Wochen). Diese Maßnahmen können zudem kombiniert werden. (§ 19 AHaftVollzG NRW) Ordnungsmaßnahmen werden von der Gefängnisleitung angeordnet, es sei denn, das Übertreten der Hausordnung hat sich gegen die Leitung gerichtet (§ 19 AHaftVollzG NRW Abs. 1 und 8). Die Hausordnung selbst wird von der Bezirksregierung, die zugleich die Leitung des Gefängnisses innehat erlassen, ohne dass der*die Gesetzgeber*in diese kontrolliert (§ 2 AHaftVollzG NRW Abs. 4, S. 1). Auch wenn die neue Fassung des AHaftVollzG NRW die Übersetzung der Hausordnung in die im Gefängnis gängigen Sprachen vorsieht, steht nicht explizit geschrieben, dass diese auch den Gefangenen zur Verfügung gestellt werden. Zudem ist nicht gewährleistet, dass Menschen mit ausschließlich anderen Sprachkenntnissen als den ‚gängigen', wobei nicht weiter definiert ist, welche diese sind, diese verstehen und stets zur Einsicht zur Verfügung gestellt bekommen. Somit bleibt der Abschiebehaftvollzug hinter dem Strafvollzug zurück, obwohl Abschiebehaftgefangene laut Entscheidung des Bundesgerichtshofes besser gestellt sein müssen als Strafgefangene (§ 8 StVollzG NRW Abs. 1, S. 3). Die Kombination aus dem Erlassen der Hausordnung

62 Zum einen werden Zahlen nicht veröffentlicht. Zum anderen sind die Zahlen im Bürener Abschiebegefängnisses z.T. verzerrt. So wird bspw. Ein*e und der*dieselbe Gefangene doppelt geführt, der*die zeitweilig die Anstalt verlassen hat (Abschiebung, Gerichtstermin, etc.) und bei der weiteren Inhaftierung mit einer neuen Nummer geführt, wodurch die durchschnittliche Inhaftierungsdauer sinkt. (Feldnotizen)

(Legislative), der Anordnung der Maßnahme (Judikative) und der Vollstreckung der Maßnahmen (Exekutive) liegt demnach allein innerhalb der Institution. Die Gefängnisleitung bekommt so per Gesetz eine erhebliche Macht zugespielt, während zugleich die Rechte der Gefangenen massiv eingeschränkt werden. (Interview, Z. 909ff.) Der Verein *Hilfe für Menschen in Abschiebehaft Büren e. V.* kritisiert, dass die Bestrafung nicht der Gefängnisleitung unterliegen soll, da es für Straftaten, wie bspw. Beleidigung, Maßnahmen nach dem Strafgesetzbuch gibt und deren Bestrafung somit in einen anderen Zuständigkeitsbereich fällt (HfMiA 2018e: 17).

Zweitens wird Isolationshaft als Umgang mit sog. ‚Gefährdern'[63] angewendet. Die Landesregierung bringt u.a. den ‚Gefährderstatus' nach § 58a AufenthG idF. v. 25.02.2008[64] als Argument an, um den § 20 des AHaftVollzG NRW zur „Unterbringung in besonderen Fällen" einzuführen (Landesregierung NRW 2018: 82). Letzterer besagt, dass sog. ‚Gefährder' nach § 58a AufenthG idF. v. 25.02.2008 isoliert untergebracht werden können. Die Verfasser*innen des Gesetzentwurfes beziehen sich hier auf einen politisch höchst umstrittenen Begriff, der rechtsstaatliche Prinzipien relativiert, und der im Kontext von Abschiebehaft erst recht fehl am Platz ist: So hat es in Büren nach geltendem Recht

> *„tatsächlich [...] bis jetzt [nur einen einzigen] sog. Gefährder [...] gegeben. Bundesweit vier Stück. [Über] diese Anzahl der Gefährder [...] wird viel diskutiert und [das ist] im Thema Abschiebehaft [...] eigentlich Quatsch." (Interview, Z. 191f.)*

Außerdem gibt der § 62a AufenthG die Möglichkeit her, sog. ‚Gefährder' in sonstigen Haftanstalten unterzubringen, sodass keine extra Regelung für diese konstruierte Personengruppe in das AHaftVollzG NRW aufgenommen werden müsste (§ 62a AufenthG idF. v. 25.02.2008 Abs. 1 S. 2). Mit dem Vorwand des Gefahrenpotentials der sog. ‚Gefährder' werden durch den neuen § 20 des AHaftVollzG NRW jedoch weitere Personen als gefährlich definiert. So können Menschen isoliert eingeschlossen werden, wenn ihnen eine Gefährdung der „Sicherheit und Ordnung innerhalb der Einrichtung" (§ 20 AHaftVollzG

63 Der ‚Gefährder' ist als ein diskursiv hergestellter Begriff zu verstehen, der innerhalb rassistischer Konstruktionen denkbar wird. Eine wissenssoziologische Analyse zur Konstruktion des sog. ‚Gefährders' durch polizeiliche Praktiken und politische Diskurse schreibt Andrea Kretschmann. (Stichworte: präventiv kriminalpolitischer Kontext, Verzahnung von Straf- und Aufenthaltsgesetz, Ermittlungsinteresse Islamisten, etc.) (Kretschmann 2017)

64 „§ 58a Abschiebungsanordnung. (1) Die oberste Landesbehörde kann gegen einen Ausländer [sic] auf Grund einer auf Tatsachen gestützten Prognose zur Abwehr einer besonderen Gefahr für die Sicherheit der Bundesrepublik Deutschland oder einer terroristischen Gefahr ohne vorhergehende Ausweisung eine Abschiebungsanordnung erlassen. Die Abschiebungsanordnung ist sofort vollziehbar; einer Abschiebungsandrohung bedarf es nicht." (§ 58a AufenthG idF. v. 25.02.2008 Abs. 1)

NRW Abs. 1, S. 1, Nr. 2) während ihrer Inhaftierung vorgeworfen wird. Doch auch bei Anhaltspunkten, die bereits vor der Inhaftierung laut Einschätzung der ABH die Annahme rechtfertigen sollen, dass durch eine Person Leib und Leben Dritter gefährdet sei, kann diese Person laut § 20 Abs. 1, S. 1 präventiv isoliert untergebracht und in weiteren Rechten eingeschränkt werden (§ 20 AHaftVollzG NRW Abs. 1, S. 1). Es wird im Gesetz an keinem Punkt benannt, was konkrete Anhaltspunkte sein sollen. In der Gesetzesbegründung werden Ausbruchversuche und die Verabredung und/oder die Anstiftung zu Straftaten genannt (Landesregierung NRW 2018: 82). Letztere beziehen sich auf lediglich einen Vorfall im Abschiebegefängnis Büren (Landesregierung NRW 2018: 70). In der Praxis läuft die Gefahreneinschätzung laut dem*der Interviewten sehr willkürlich ab. So teilen die ABH dem Gefängnispersonal bei der Inhaftierung, „mal schriftlich, teilweise nur mündlich" (Interview, Z. 174f.) mit, dass eine Person gefährlich sein könnte. Hierzu zählen für manche ABH bereits eine Anzeige wegen eines Ladendiebstahls oder ticketfreies Nutzen von öffentlichen Verkehrsmitteln (Interview, Z. 193ff.). Diese Personen werden z.T. von Beginn an isoliert inhaftiert, ohne eine Eröffnung über die Einschränkung ihrer Rechte und ohne, dass sie Kontakt zur Außenwelt haben können (Interview, Z. 176f.). Auch die Nationale Stelle zur Verhütung von Folter kritisiert, dass der ‚Gefährderstatus' – auch wenn i.d.R. nicht gegeben – nicht ausreichend ist für die Anwendung der Isolationshaft (Nationale Stelle zur Verhütung von Folter 2018: 5).

Darüber hinaus werden außerdem laut des neuen § 20 AHaftVollzG NRW Abs. 1, S. 1, Nr. 3 Personen, die sich ihrer Abschiebung aktiv widersetzen und zurück ins Gefängnis gebracht werden, als potentielle Gefahr definiert und können somit isoliert werden. (§ 20 AHaftVollzG NRW) Der*die Gesetzgeber*in sieht diese Gefahr darin begründet, dass Widerständige „andere Untergebrachte zu vergleichbaren Widerstandshandlungen [anstiften]" (Landesregierung NRW 2018: 82) könnten. Auch hier mahnt der Verein *Hilfe für Menschen in Abschiebehaft Büren e.V.*, dass es nicht die Aufgabe des Abschiebehaftvollzugs ist, durch Beugehaft ausländerrechtliche Pflichtverletzungen zu ahnden. (HfMiA 2018e: 17) Unter dem Deckmantel der Gefahrenabwehr, ist diese Anwendung von Isolationshaft klar als Folter zu verstehen, da sie durch psychologischen Druck die Mitwirkung bei der Abschiebung erzwingt (Vereinte Nationen, Sonderberichterstatter über Folter 2008: 23).

Bezüglich der §§ 19 (Ordnungsmaßnahmen) und 20 (Unterbringung in besonderen Fällen) möchte ich an dieser Stelle aufzeigen, dass diese erst seit dem 29. Dez. 2019 in Kraft getreten sind. Meine Feldforschung bezieht sich jedoch vorrangig auf die Zeit vor der Verkündung des Gesetzes. Die Isolationshaft wurde während des gesamten Forschungsprozesses bereits auf die benannten Gruppen angewendet, auch ohne entsprechende rechtliche Grundlage. Über die „Ordnungsmaßnahmen" und „die Unterbringung in besonderen Fällen" hinaus wird der Gefahrenbegriff im § 23 AHaftVollzG NRW bezüglich der Unterbringung im bgH verwendet. So werden die dritte und vierte Variante der Isolationshaft im bgH damit begründet, dass eine „Gefahr einer Befreiung oder eine erhebliche Störung der Sicherheit oder Ordnung der Einrichtung“ (§ 23 AHaftVollzG NRW Abs. 1, S. 2) abgewehrt werden müsse.

Die dritte Gruppe, die sich mehr in der Praxis als im Gesetz wiederfindet, betrifft psychisch auffällige Personen. So beschreibt der*die Befragte:

> *„[...] [J]etzt [werden] Leute eingesperrt [...], die psychisch erkrankt sind. Und die im Haftalltag einfach dort sehr viel [Zeit] für die Mitarbeiter [...] bedeuten, die psychisch einfach auffällig sind. Klar, solche Menschen sind einfach im normalen Alltag auch stressig und bedeuten auch Arbeit für die Mitarbeiter. Bloß früher hat man sich die Arbeit gemacht. Heute geht man eher dazu über diese Menschen auch tatsächlich in solche Arrestzellen einzusperren.“ (Interview, Z. 167ff.)*

Weiter: „Also ich habe selber schon erlebt, dass Leute, die stark psychisch erkrankt waren, dort in Isolierhaft rein kamen umso kränker auch nochmal da rausgekommen sind.” (Interview, Z. 906f.) Im Gesetz wird die Personengruppe ‚psychisch auffälliger‘ Gefangener in § 23 und § 24 AHaftVollzG NRW zur Unterbringung in einem bgH und zur Anwendung von Fesselung und Fixierung geschaffen. Diese Maßnahmen sind laut dieser zulässig,

> *„wenn und solange nach dem Verhalten von Untergebrachten [sic] oder aufgrund ihres seelischen Zustands in erhöhtem Maße die Gefahr der Entweichung, von Gewalttätigkeiten gegen Personen oder Sachen oder der Selbstverletzung besteht [...]“ (§ 23 AHaftVollzG NRW Abs. 1 S. 1).*

Zusätzlich erlaubt das Gesetz die Anwendung der Maßnahme, bei einer „erhebliche[n] Störung der Sicherheit und Ordnung in der Einrichtung“ (§ 23 AHaftVollzG NRW). Auch hier wird nicht benannt, was eine erhebliche Störung konkret bedeutet und ist somit der Interpretation der Gefängnisleitung freigegeben. Die Begründung des*der Gesetzgeber*in für die Gesetzesverschärfung lässt jedoch darauf schließen, dass er diese Störung Menschen zuschreibt, die selbstverletzend auf die Umstände in Abschiebehaft reagieren. Hier unterstellt er ihnen, dass sie ihre Selbstgefährdung strategisch einsetzen würden:

> *„Dem Schutz der Untergebrachten [sic] vor Selbstgefährdung durch Selbstverletzungen, etwa um durch diese Haftunfähigkeit herbeizuführen [...] kommt darüber hinaus eine vorrangige Bedeutung zu.“ (Landesregierung NRW 2018: 70)*

Sprachlich wird ein Schutz *für* die Inhaftierten suggeriert, zugleich wird so jedoch ein wichtiger Schutz der Gefangenen, nämlich die Haftunfähigkeit, ausgehebelt. Während die Anwendung der Isolierung und Fixierung selbstgefährdender Personen in der Praxis so erklärt wird, dass keine anderen Mittel zur Verfügung stünden, kritisiert der*die Befragte, dass „sie in eine Psychiatrie rein [gehören], in eine andere geschlossene Unterbringungsform eventuell, aber nicht in hier rein, wo es keine Therapie gibt, wo es nichts gibt." (Interview, Z. 895ff.) Eigentlich schreibt das Gesetz vor, dass Gefangene während der Unterbringung in einem bgH in besonderem Maße ärztlich und psychologisch betreut werden müssen. Während meiner Forschung wurde ein*e Psycholog*in gesucht, sodass dementsprechend keine*r eingestellt war (Feldnotizen). Wie bereits dargestellt, wurde der Arzt suspendiert (siehe Kapitel 2). In der Praxis konnten die Rechte der Gefangenen auf ärztliche und psychologische Betreuung demnach rein strukturell nicht gewährt werden. Statt konsequenterweise die Unterbringung im bgH zu unterlassen, wird darauf verzichtet, die Personen psychologisch und ärztlich zu betreuen.

Bei der letzten Gruppe, die isoliert untergebracht wird, handelt es sich um eine Gruppe, die gänzlich neu durch die neue Fassung des AHaftVollzG NRW konstruiert wurde. § 4 des AHaftVollzG NRW regelt das Zugangsverfahren und besagt, dass alle neu inhaftierten Menschen zunächst bis zu einer Woche isoliert untergebracht werden. Zusätzlich können den Betroffenen der Besitz von eigener Kleidung, die Teilnahme an Freizeit und Sportangeboten, die Teilnahme an Gottesdiensten, die Möglichkeit, Besuch zu empfangen oder Briefe zu verschicken, die Nutzung von Telefonen oder anderen Telekommunikationsmöglichkeiten, der Bezug von Druckerzeugnissen und der Empfang von Radio und Fernsehen verwehrt werden. (§ 4 AHaftVollzG NRW) Den Gefangenen werden täglich lediglich zwei Stunden Bewegung außerhalb der Zelle gewährt, wobei hier unklar ist, ob zu diesem Zeitpunkt Kontakt zu anderen Gefangenen besteht. (HfMiA 2018e: 10) Die Zugangsuntersuchung ist eine rein generalpräventive Maßnahme und wird vom Verein HfMiA zum einen als unzumutbar kritisiert, da die ersten Tage der Haft eine besonders hohe emotionale Belastung für die Gefangenen darstellt. Viele sind zum ersten Mal in Haft und laut des Vereins HfMiA ist ihnen der Sinn der Zivilhaft oft unklar und sie „[fühlen] sich berechtigter weise [sic] unschuldig" (ebd.: 11). Weiterhin beurteilt der Verein das Zugangsverfahren als unverhältnismäßig. So werden Grundrechte der Gefangenen einzig aus organisatorischen und personellen Gründen massiv eingeschränkt (ebd.: 10). Ferner werden die Maßnahmen den Gefangenen weder eröffnet noch besteht eine Dokumentationspflicht (§ 4 AHaftVollzG NRW). Die Ordnungsmaßnahmen und die Isolationshaft „in besonderen Fällen" sowie die Isolation im bgH und die Fixierung sollen den Gefangenen gegenüber eröffnet werden (§§ 19, 20, 27 AHaftVollzG NRW). Dieses wurde früher in einem Disziplinarverfahren getan, heute jedoch nicht mehr (Interview, Z. 147ff.):

„Das heißt der Gefangene weiß gar nicht, was ihm eigentlich vorgeworfen wird, was seine Verfehlungen sind. Und es gibt auch keine Begrenzung […] er weiß nicht, muss er jetzt nur eine Woche rein, muss er zwei Wochen rein, muss er die ganze Haftzeit dort […] verbringen." (Interview, Z. 153ff.)

Gerade in Fällen einer durch die ABH unterstellten ‚Gefährdung' durch den*die Inhaftierte*n:

„werden die Leute von Anfang an in den Arrest rein genommen, ohne ihnen überhaupt das zu eröffnen, ohne das ihnen mitzuteilen und ohne, dass die dementsprechend einen Kontakt nach außen hin haben." (Interview, Z. 176ff.)

Auch beschreibt der*die Interviewte, dass die Dokumentationen durch die Mitarbeiter*innen z.T. von den Berichten der Gefangenen abweichen und die Mitarbeiter*innen das Geschehene in der Aktenführung „aufplustern" (Interview, Z. 583):

„Also, wenn z.B. mir der Gefangene berichtet: »Ja da gab es eine Auseinandersetzung. Wir haben uns da, mit Worten wohlbemerkt, sehr gezofft.« Dann heißt es auf einmal in der Akte dort, dass es da eine Schlägerei gegeben hat. Das find ich dann sehr verwunderlich, wenn […] vor allen Dingen auch der Gefangene, der nicht in Isolierhaft ist, der allerdings auch daran beteiligt war, dann […] bestätigt: »Wir haben uns nur wörtlich gezofft.« Aber wenn auch mehr Zeugen das sagen find ich es immer sehr seltsam, wieso es da solche Unterschiede gibt." (Interview, Z. 583 ff.)

Der Verein HfMiA fordert deshalb ein Disziplinarverfahren, bei denen Anwält*innen und Vertrauenspersonen von NGOs anwesend sind (Feldnotizen). Außerdem müssen ein*e Sprachmittler*in anwesend sein und die Entscheidung über gesonderte Haftbedingungen mindestens schriftlich festgehalten werden (HfMiA 2018e: 9).

Darüber hinaus übt der*die Befragte scharfe Kritik an der fehlenden richterlichen Überprüfung der Isolationshaftfälle. Hier hat

„der Gesetzgeber […] gepfuscht. Er hat für diesen ganzen Bereich [der Isolationshaft] einfach vergessen, eine vernünftige Gesetzesgrundlage zu schaffen, welches Gericht zuständig ist." (Interview, Z. 591ff.)

Der*die Interviewte geht davon aus, dass bei einer richterlichen Überprüfung „die Anzahl der Leute in Isolierhaft in Büren gegen Null gehen [würde]" (Interview, Z. 925f.). Dadurch, dass die gerichtliche Zuständigkeit ungeklärt ist, sind automatisch die für die Abschiebehaft zuständigen Verwaltungsgerichte auch für diesen Teil des Vollzugs zuständig. Diese haben vom Vollzug freiheitsentziehender Maßnahmen, anders als bspw. die Strafvollstreckungskammern der Landgerichte für den Strafvollzug, jedoch keinerlei Expertise. Somit haben Eilanträge für die Sicherstellung eines unmittelbaren Rechtsschutzes kaum Perspektive. (Interview, Z. 1040 ff.) Dies bedeutet, dass ein Klageverfahren gegen eine fälschlich angeordnete Isolationshaft bei den Verwaltungs- und Oberverwaltungsgerichten nur mit einem „riesen Aufwand" (Interview, Z. 1040 f.) und „riesen Kosten" (ebd.) verbunden wäre. Der Verein HfMiA fordert eine gesetzliche Grundlage zur unabhängigen Überprüfung von Maßnahmen im AHaftVollzG NRW und empfiehlt eine Regelung, die die Strafvollstreckungskammern der Landgerichte für zuständig für Beschwerden des Abschiebehaftvollzuges erklärt. (HfMiA 2018e: 6) Im Juli 2018 hat das Bundesverfassungsgericht im Falle der Fixierung in der Psychiatrie (eine Form der Zivilhaft) entschieden, dass sie richterlich angeordnet werden muss, „um den Schutz des von einer freiheitsentziehenden Fixierung Betroffenen sicherzustellen" (Bundesverfassungsgericht 2018). Trotz massiver Kritik durch Expert*innen im Integrationsausschuss an der verfassungswidrigen gesetzlichen Regelung ist in der neuen Fassung des AHaftVollzG NRW jedoch keine Überprüfung von Fixierungsmaßnahmen durch ein unabhängiges Gericht vorgesehen (Feldnotizen; § 24 AHaftVollzG NRW). Neben der fehlenden Kontrolle der Einrichtungsleitung wird die Einrichtung mit ihren Mitarbeiter*innen durch einen weiteren Mechanismus immunisiert. So tragen die Mitarbeiter*innen weder Namen noch Nummern und können bei Fehlverhalten nicht identifiziert werden:

> *„Und dementsprechend ist es das große Problem, dass dort auch die Gefangenen immer diese Schwierigkeiten gerade mit diesen Hardlinern haben, sich aber nicht beschweren können, bzw. es ist sehr schwierig, weil die Mitarbeiter keine Namensschilder, keine Nummer, kein Nichts tragen und [...] die Gefangenen, immer wenn wieder was vorgefallen ist [...] gefragt werden: „Wer war's denn? Wer war's denn?" Und die immer sagen können: „Ja weiß ich ja nicht. Ich weiß nicht, wie die Mitarbeiter heißen." Die sagen auch bewusst dort ihre Namen nicht. [Dann] muss der Gefangene sagen: „Ich weiß nicht wer das ist, ich hab keine Nummer. Ich kann den beschreiben." Und dann werden die Mitarbeiter nicht ausfindig gemacht. Also das ist immer wieder auch eine Problematik." (Interview, Z. 673ff.)*

Wie sich Mitarbeiter*innen in ihren Positionen verhalten, ob sie Gefangenen „mal eine Zigarette anbieten [...] oder [...] nachts einfach mal für fünf Minuten den Strom abstelle[n] um da jemanden zu ärgern" (Interview, Z. 653ff.), ist allein abhängig vom Gutdünken des*der jeweiligen Mitarbeiter*in. Erniedrigende Behandlung von Seiten der Mitarbeiter*innen kann somit kaum sanktioniert werden. Während der Einrichtung verschiedene Mittel an die Hand gegeben werden, Gefangene zu kontrollieren, haben Gefangene selbst fast keine Möglichkeit, sich über Fehlverhalten von Mitarbeiter*innen zu beschweren und dagegen vorzugehen. Der Verein *Hilfe für Menschen in Abschiebehaft Büren e.V.* fordert die Einführung von Namen bzw. dreistellige Nummern für jede*n Mitarbeiter*in, sodass diese leichter identifiziert und für Missverhalten belangt werden können (Interview, Z. 691).

Resümee: Kontrollfreiheit und Willkür

Insgesamt wird durch diese Analyse deutlich, dass die Einrichtung eine Vielzahl an Kontroll- und Sanktionsmöglichkeiten, wie die Isolierung, die Entnahme von Gegenständen, die Kameraüberwachung, etc. gegenüber den Gefangenen besitzt. Für die Anordnungen dieser Maßnahmen durch die Einrichtung sind jedoch keine externen Kontrollen vorgesehen. So gewinnen die Einrichtungsleitung und ihre Mitarbeiter*innen einen machtvollen Raum, in dem sich willkürliches Handeln jeglicher Konsequenz entzieht. Mit diesem Zuspielen der Macht an die Gefängnisleitung geht die Entrechtung der Inhaftierten einher.

Darüber hinaus lässt sich schlussfolgern, dass der aktuelle Abschiebehaftvollzug von einem generalpräventiven Charakter geprägt ist. Während die Ordnungsmaßnahmen nach § 19 AHaftVollzG NRW als „Reaktion auf Verhaltensverstöße", also auf schon Geschehenes, angewendet werden sollen, ist der gesamte § 20 AHaftVollzG NRW auf Gefahrenprävention ausgelegt. Dies bedeutet, dass „eine Einschränkung der Freiheiten präventiv, d.h. ohne den Nachweis einer bereits in der Unterbringungseinrichtung [sic] eingetretenen konkreten Gefahrenlage möglich wird" (Landesregierung NRW 2018: 82). Auch diese Gefahreneinschätzung, z.B. bei einer Vereitelung der Abschiebung, Verabredung oder Anstiftung zu Straftaten außerhalb des Gefängnisses oder bei Ausbruchsversuchen, unterliegt keiner externen Kontrolle, sondern allein der Gefängnisleitung.

Weder

- das Isolieren psychisch auffälliger Personen,
- die Be- (bzw. Ent-)kleidung im bgH mit lediglich einer Unterhose oder nackt,
- das zwanghafte Entkleiden durch weiblich-gelesenes Personal,
- die generalpräventive Anwendung von Isolationshaft,
- das Einsperren im bgH ohne natürliches Licht,
- das Fehlen ärztlicher und psychologischer Begleitung,
- das Abnehmen gerichtlicher Dokumente,
- der Schlafentzug durch Lebendüberwachung,
- die Einsicht des Toilettenbereiches durch permanente Beobachtung oder Kameraeinstellungen,
- die fehlende Anordnung durch eine Behörde, bzw. ein Gericht,
- die zeitliche Sperrung, bis Rechtsanwält*innen oder Personen des

Vertrauens Zugang zum*zur Gefangenen haben,

- die Inhaftierung und Isolierung Minderjähriger,
- die Fixierung ohne richterliche Überprüfung,
- die Isolation als Mittel zur Mitwirkung bei Abschiebungen,
- die systematische Anwendung von Isolationshaft beim Zugangsverfahren ohne individuelle Begründung,
- das Fehlen der Eröffnung der Maßnahme,
- keine oder fehlerhafte Dokumentationen der Maßnahmen, noch
- die persönlichen Machtspiele der Mitarbeiter*innen

sind in irgendeiner Weise verhältnismäßig im Sinne des *ultima ratio*-Gedankens der oben genannten Mindestgrundsätze der Vereinten Nationen für die Behandlung der Gefangenen und sind in vielen Aspekten als erniedrigend, unmenschlich und z.T. sogar als Folter im Sinne der Antifolterkonvention einzustufen. Die fehlende Kontrolle der Einrichtungsleitung, ob durch den*die Gesetzgeber*in bei dem Erlass der Hausordnung oder durch die Gerichte bei der Anwendung verschiedener Maßnahmen, eröffnet obendrein einen Raum strukturell angelegter Willkür. Als Referenzrahmen habe ich hier u.a. die Mindeststandards der Vereinten Nationen für „Verbrechensverhütung und die Behandlung Straffälliger" (Vereinte Nationen, Generalversammlung 2016: 1) herangezogen. Ich möchte noch einmal hervorheben, dass es sich bei den Personen in Abschiebehaft nicht um Menschen handelt, die wegen strafrechtlich relevanter Handlungen verurteilt wurden, sondern um Menschen, die der Staat abschieben will – somit handelt es sich um Zivilhaft, die eigentlich einen viel weniger restriktiven Referenzrahmen hervorbringen sollte.

Wie den inhaftierten Personen Beschwerden und das Ersuchen von Unterstützung außerhalb der Einrichtung weiterhin erschwert werden beschreibe ich im Folgenden genauer.

4. „Blackbox" Abschiebehaft: Zugang der Inhaftierten zu nicht-staatlicher Unterstützung

In diesem Kapitel beleuchte ich den Zugang von Gefangenen zu nicht-staatlicher Unterstützung. Nach einer Vorstellung des Vereins *Hilfe für Menschen in Abschiebehaft Büren e.V.*, der als nicht-staatliche Organisation Gefangene im Abschiebegefängnis Büren unterstützt, werde ich die Einschränkungen seiner Arbeit durch Gesetz und institutionelle Praxis des Abschiebehaftvollzugs darstellen. Im Anschluss werde ich diesen Einschränkungen mit Forderungen aus der Praxis der Unterstützungsarbeit nach strukturellen Änderungen der bestehenden Strukturen und nach neuen Beschwerde- und Beratungsstrukturen kritisch begegnen.

Hilfe für Menschen in Abschiebehaft Büren e.V.

Blick aus einer Zelle.
Foto: Achim Pohl, www.achim-pohl.de

„Ich finde es wichtig für jeden, der in diesem Bereich arbeitet, dass er auch eine gewisse Transparenz schafft zu dem, was passiert. Dass diese Abschiebehaft an sich nicht zu einer vollkommenen Blackbox verkommt. Das heißt also: die da drinnen, wir da draußen. Sondern es muss auch klar sein, dass das, was da drinnen passiert ist auch wirklich [...] nach außen hin getragen wird, dass da auch dementsprechend [...], keine Sache einfach verschwinden können [...] [und] unter den Teppich gekehrt werden können. Ich glaube fest daran, dass das ein ganz, ganz wichtiger Bestandteil des Bürener Vereins ist, dass der genau das macht. Und, dass er damit auch sicherlich vieles schon verhindert hat. Weil auch die Einrichtung weiß, wenn wir gewisse Sachen erfahren, dass wir das dementsprechend publik machen. Und dass wir [uns] dementsprechend [...] an die Öffentlichkeit wenden werden.“ (Interview, Z. 429ff.)

Der Verein *Hilfe für Menschen in Abschiebehaft Büren e.V.* wurde 1994 gegründet und tritt seitdem für die Abschaffung von Abschiebehaft ein. Solange dieses Ziel (noch) nicht erreicht ist, unterstützt er ehrenamtlich Menschen, die in Abschiebehaft inhaftiert wurden (HfMiA 2018e: 1). Seit seiner Gründung hat der Verein kontinuierlich gegen das Abschiebegefängnis gekämpft und hat somit eine hohe Expertise im Bereich Abschiebehaft entwickelt (Interview, Z. 60, 383). Da

„[...] er seit mehr als zehn Jahren beharrlich von unten und mit friedlichen Mitteln gegen Abschiebehaft kämpft und sich zugleich sehr konkret für die betroffenen Menschen – die Häftlinge – einsetzt“ (Aachener Friedenspreis 2006),

wurde der Verein im Jahr 2006 mit dem Aachener Friedenspreis gewürdigt.

Aktuell beteiligen sich vorwiegend *weiß*-subjektivierte Personen aktiv in der Unterstützungsarbeit.[65] Der Verein ist in seiner Arbeitsweise in vielen Punkten breit und vielfältig aufgestellt und arbeitet auf verschiedenen Ebenen. Zum einen unterstützt er Gefangene an der Basis, indem er sie einmal wöchentlich besucht und sie mit (rechtlichen) Informationen, mit Kontakten zu Freund*innen, Bekannten, Rechtsanwält*innen etc. oder z.T. auch mit Kleidung ausstattet und

65 Eine interessante Studie über die politische Legitimation von Engagement von *weiß*-positionierten Deutschen zu Rassismus und die damit einhergehenden Paradoxien findet sich in Anja Weiß (1999).

einige Gefangene in gerichtlichen Verfahren begleitet.[66] (Interview, Z. 17ff.) Darüber hinaus macht der Verein Lobbyarbeit für Gefangene. Er hat sich klar „gegen Abschiebehaft ausgesprochen" (Interview, Z. 22) und versucht „die Allgemeinheit zu überzeugen, dass man auf Abschiebehaft verzichten kann." (Interview, Z. 35f.) Dies tut der Verein zum einen mit Öffentlichkeitsarbeit, z.B. durch Vorträge, Pressearbeit, Demonstrationen und auch Gottesdienste. Hierdurch trägt er zur Aufklärung der Öffentlichkeit über Abschiebehaft generell, aber auch über die aktuellen Zustände im Gefängnis in Büren bei und skandalisiert Missstände. (Interview, Z. 24 ff, 864ff.) So versucht der Verein eine Transparenz zu der „Blackbox" (Interview, Z. 432) der Abschiebehaft zu schaffen, also zu dem, was im Abschiebegefängnis alltäglich geschieht und „unter den Teppich gekehrt" (Interview, Z. 436) wird. Zum anderen tritt der Verein für die Rechte der Gefangenen ein, indem er das Thema auch auf der parlamentarischen Landesebene immer wieder in den Fokus rückt (Interview, Z. 856f.). Hier nutzt der Verein seine Expertise und spricht mit Politiker*innen, schreibt Stellungnahmen zu neuen Gesetzesentwürfen, wurde als Sachverständiger zur Expert*innenanhörung des Integrationsausschusses eingeladen etc. (Interview, Z. 268ff.). Durch diese Arbeit ist der Verein mit verschiedenen gesellschaftlichen Akteur*innen vernetzt, von Politiker*innen, über Kirchen, bis hin zu antifaschistischen und antirassistischen Gruppen (Interview, Z. 722ff.). Ein zentraler Aspekt der Unterstützungsarbeit ist die Haltung des Vereins. Die Tätigkeit der Ehrenamtlichen ist durchdrungen von dem Interesse an Veränderung der bestehenden Verhältnisse und der Motivation, Abschiebehaft abzuschaffen. Wie beschrieben arbeitet der Verein sowohl innerhalb als auch außerhalb der Gefängnismauern. Dabei bilden die Parteilichkeit und die Unabhängigkeit des Vereins zwei wichtige Eigenschaften. Da die Unterstützer*innen ihr Engagement ehrenamtlich ausüben, sind ihre Kapazitäten zeitlich und finanziell begrenzt. Andererseits ist der Verein auf keine Gelder angewiesen, die an Leistungsbeschreibungen gekoppelt sind. Somit ist er „sehr frei in [seinen] Entscheidungen dementsprechend und erstmal nur [sich] selbst verantwortlich" (Interview, Z. 425f.). „Sich selbst verantwortlich" bedeutet hier jedoch keinesfalls eine paternalistische Perspektive auf die Gefangenen. Vielmehr setzt der Verein die Gespräche mit den Betroffenen und ihre Wünsche als Ausgangspunkt seiner Arbeit. Er ist, neben wenigen Anwält*innen, der*die einzige unabhängige Akteur*in im Bürener Abschiebegefängnis, der*die im regelmäßigen und direkten Austausch mit den Gefangenen steht und ihnen zuhört, um so in ihrem Sinne einzelfallbezogene und politische Veränderungen anzustoßen. (HfMiA 2018e: 1, 19; Interview, Z. 14ff., 765ff., 848ff.) Durch

66 Mit praktischen, grundlegenden Tipps zur Begleitung von Personen bei Gerichtsverfahren über Abschiebehaft als Person des Vertrauens ermutigt Frank Gockel in seinem Aufruf *Was tun wenns brennt? DIY der Haftvermeidung* denjenigen beizustehen, die von Abschiebehaft bedroht sind (Gockel 2012b: 71-77).

diese Eigenschaften bleibt der Verein flexibel im Umgang mit verschiedenen Situationen und konnte in den 25 Jahren seit seinem Bestehen fortwährend die Perspektive der Gefangenen als Ausgangspunkt für seine Arbeit setzen, die von Gefangenen, sowie ihren Angehörigen und Freund*innen intensiv aufgesucht wird (Interview, Z. 578ff., 112ff., 900ff., 967ff.). Trotz seiner vielfältigen und gefragten Arbeit – oder vielleicht gerade wegen seiner parteiischen Arbeit – ist der Verein fortwährenden Restriktionen ausgesetzt, die immer weiter verschärft werden. Hierzu mehr im folgenden Abschnitt.

Einschränkung der Unterstützungsarbeit

Obwohl der Zugang von ‚Flüchtlingshilfeorganisationen' zu Personen in Abschiebehaft an verschiedenen Punkten gesetzlich verankert ist[67], unterliegen die Tätigkeiten von Unterstützer*innen in Abschiebehaft bundesweit prekären Verhältnissen. „Die Flüchtlingsberater, […] die das ehrenamtlich durchführen, […] [schwimmen immer] relativ frei." (Interview, Z. 403ff.) So gibt es kaum Schulungen oder Fortbildungen und auch keine Ansprechpersonen unter den Mitarbeiter*innen in den Abschiebehaftgefängnissen (Interview, Z. 404ff.). Im Bürener Abschiebegefängnis werden die Tätigkeiten von Unterstützer*innen zudem sowohl durch die Verschärfung des AHaftVollzG NRW als auch durch den restriktiven Umgang der aktuellen Gefängnisleitung mit den Inhaftierten und den Unterstützer*innen stark eingeschränkt.

§ 7 AHaftVollzG NRW besagt, dass „eine unabhängige Haftberatung [...] durch anerkannte Flüchtlingshilfeorganisationen sichergestellt [wird]" (§ 7 AHaftVollzG NRW Abs. 2).[68] Mein*e Interviewpartner*in erklärt diesbezüg-

67 Die EU-RüFüRL schreibt in Art 16 Abs. 4, dass einschlägige nationale, internationale sowie nicht-staatliche Organisationen der Besuch in Abschiebehaft zu ermöglichen ist. (Art. 16 EU-RüFüRL Abs. 4). Auch im AHaftVollzG NRW ist der Zugang von ‚Flüchtlingshilfsorganisationen' geregelt, die eine „unabhängige Haftberatung […] [sicherstellen]" (§ 7 Abs. 2 AHaftVollzG NRW) soll.

68 Des Weiteren steht den Gefangenen eine „kostenlose allgemeine Rechtsberatung im Sinne einer Erstberatung durch Rechtsanwältinnen und Rechtsanwälte" (§ 7 AHaftVollzG NRW Abs. 3) zu. Auch hier bestehen massive Kritikpunkte bezüglich der Wahrung der Rechte von Gefangenen. Zunächst ist die Rechtsberatung nicht kostenlos. Die Rechtsanwält*innen bekommen pro Erstberatung 100 Euro gezahlt. Die Bezahlung erfolgt durch die Gefangenen. Sie fließt mit ein in die Haftkosten, die jeder*jedem Gefangenen auferlegt werden. Zur Zeit meiner Erhebung betrug der tägliche Satz im Gefängnis 238,10 Euro. Bei Zweien der dort arbeitenden Anwält*innen hört die Beratung auf, sobald die Anwält*innen die Gefängnistüren verlassen. Haftaufhebungsanträge etc. werden dementsprechend von ihnen in wenigen Sätzen abgehandelt und haben vor Gericht kaum Erfolg. Eine adäquate Vertretung bekommen die Gefangenen bei diesen Rechtsanwält*innen nur dann, wenn sie sie privat bezahlen. Dies wiederum ist kaum möglich, da ihnen bereits bei der Inhaftierung ihr privater Besitz abgenommen wird. (Feldnotizen) Lediglich 225 Euro sind vor der Pfändung sicher. Überweisungen von Freund*innen, Familie, Bekannten stellen sich ebenfalls als problematisch heraus, da der Besitz von 225 Euro auf alle Geldeingänge während des Gesamtzeit der Inhaftierung gerechnet wird, unabhängig davon, wie viel die Person bereits davon ausgegeben hat. (HfMiA 2018a) Mehr dazu in der Pressemitteilung von *Hilfe für Menschen in Abschiebehaft*

lich, dass das explizite Zugangsrecht von unabhängigen Organisationen durch verschiedene Restriktionen „gerade nicht mehr gewährt ist" (Interview, Z. 276). Vor dem Hintergrund des Personalmangels wurden in der neuen Fassung des AHaftVollzG NRW die Besuchszeiten eingeschränkt (Landesregierung NRW 2018: 79f.). Zuvor war es anerkannten ‚Flüchtlingshilfsorganisationen' erlaubt, die Menschen in Haft zwischen sieben und 22 Uhr im Besucher*innenraum zu sprechen (§ 14 AHaftVollzG NRW idF. v. 17.12.2015 Abs. 5, S. 4). Die Besuchszeit wurde mit der neuen Fassung des Gesetzes auf sieben bis 19 Uhr begrenzt mit der Option, diese in Absprache mit der Einrichtung in Einzelfällen zu überschreiten (§ 7 AHaftVollzG NRW Abs. 2 und § 14 AHaftVollzG NRW Abs. 1 u. 5). Hinzu kommt, dass „die Einrichtung vorgibt, in welcher Reihenfolge die Menschen zu sprechen sind" (Interview, Z. 322 f.). Diese Reihenfolge generiert sich aus einer Liste. Jeden Dienstag muss der Verein der Gefängnisverwaltung eine Liste mit den Namen derer schicken, die die Unterstützer*innen sprechen wollen. Am selben Tag müssen sich die Gefangenen, die den Verein sprechen wollen, in eine Liste eintragen, die dem Verein mittwochs zugeschickt wird. Donnerstags sollen die in den Listen eingetragenen Personen dem Verein zugeführt werden. Erscheinen die Unterstützer*innen gegen 17 Uhr, werden die Gefangenen abteilungsweise (Haus 1, Haus 2, Haus 3 und einzeln aus der Abteilung „1 b neu") zum Besucher*innenraum zugeführt – im rotierenden Verfahren, welches Haus und welche Abteilung zuerst drankommen. Es wird nicht mehr zugelassen, dass, wie unter den vorigen Einrichtungsleitungen, alle diejenigen zum Verein zugeführt werden, die dies wünschen, unabhängig davon in welchem Hafthaus sie gefangen sind. Der genaue Ablauf und die Reihenfolge sind dem Verein zum Zeitpunkt meiner Erhebung nicht bekannt. (HfMiA 2018e: 20) Sowohl bei dem Eintragen in die Liste als auch bei der Zuführung gibt es sowohl rechtlich als auch in der internen Anwendung erhebliche Probleme. Menschen in Isolationshaft sind von ihnen besonders stark betroffen.

Wie im Kapitel 3 beschrieben, eröffnen § 19 und § 20 der Gefängnisleitung nicht nur die Möglichkeit, Menschen isoliert von anderen Gefangenen unterzubringen und ihren Besuch zu unterbinden, sondern ihnen zusätzlich sämtliche Kommunikationsmittel zu entziehen. Dies führt zum „Verschwinden" (HfMiA 2018e: 17) der Betroffenen, da weder außenstehende Personen noch Mitgefangene wissen, ob die Person abgeschoben wurde, sich in Isolationshaft oder in einer anderen Situation befindet, in der sie keinen Kontakt aufnehmen kann (ebd.). Aufgrund massiver Kritik am Gesetzesentwurf während der Expert*innenanhörung im Integrationsausschuss, wurde der § 19 (Ordnungsmaßnahmen) dahingehend geändert, dass bei Einschränkung des Besuches, der*dem Betroffenen

---

Büren e.V. vom 05.10.2018 (2018d).

„Gelegenheit zu geben [ist], dies einer Person ihres Vertrauens mitzuteilen [und, dass] die Kontaktaufnahme mit Rechtsvertretern, Familienangehörigen, den zuständigen Konsulaten und einschlägigen Hilfs- und Unterstützungsorganisationen [...] zu gestatten [ist]." (§ 19 AHaftVollzG NRW Abs. 7)[69]

Für den § 20 (dieser betrifft v.a. sog. ‚Gefährder', bzw. als ‚gefährlich' eingestufte und Personen, die sich ihrer Abschiebung widersetzt haben und erneut inhaftiert wurden) gelten diese Möglichkeiten der Kontaktaufnahme nicht. Besonders dann, wenn Personen bereits im Zugangsverfahren abgegriffen und isoliert werden, ist ihr Recht auf eine unabhängige Haftberatung durch eine anerkannte Flüchtlingsorganisation ausgehebelt. Dies hat laut der interviewten Person für die Unterstützungsarbeit zur Folge, dass

„wenn jetzt z.B. ein Gefangener als gefährlich gilt und direkt auf die Isolierstation kommt, [...] es ja wirklich totaler Zufallsfund [ist], ob er überhaupt irgendwie Kontakt mit uns bekommt und wir überhaupt wissen, dass er da [in Abschiebehaft] ist. Das heißt, wir erfahren in einem ganz großen Teil der Fälle jetzt gar nicht mehr, ob jemand in Isolierhaft ist oder nicht." (Interview, Z. 219ff.)

Trotz des Rechtes im Rahmen der Ordnungsmaßnahmen, mit ‚Flüchtlingshilfsorganisationen' Kontakt aufzunehmen, wird die Liste in der Praxis auf der Abteilung „1 b neu" gar nicht erst verbreitet:

„Die Problematik, die bei der jetzigen Liste vorherrscht ist, dass sie allerdings nicht mehr auf »1 b neu« verteilt wird. Die Einrichtung behauptet zwar gelegentlich sie würde da verteilt, aber aus Berichten von Gefangenen wissen wir, dass sie nicht verteilt wird, d.h. es fehlt uns tatsächlich an den Namen der Leute. Wir wissen also gar nicht, wer ist auf »1 b neu« und wer nicht, sodass es jetzt sehr stark von Zufallsfunden abhängt. Bedeutet also, dass man irgendwie von einem Mitgefangenen erfährt: »Da ist jemand auf »1 b neu« gelandet.« Oder, dass [...] der Angehörige hat, die ihn privat besuchen und darüber mal [zufälligerweise] mitbekommen, dass die Leute auf »1 b neu« sind. Oder dass die Rechtsanwälte uns dann Namen nennen, die auf »1 b neu« sind. Das ist also jetzt eher alles Zufallstreffer und keine Systematik mehr dahinter." (Interview, Z. 116ff.)

„Der Vorteil war einfach 1999 [...] [und] in den ganzen Folgejahren, dass wir es einfach erfahren haben, wenn jemand auf Isolierhaft ist." (Interview, Z. 217ff.)

Auch in den anderen Abteilungen wird es laut Aussagen der Gefangenen immer wieder Menschen untersagt, sich in die Liste einzutragen (Feldnotizen). Über das mangelhafte Eintragen hinaus entsteht durch die abteilungsweise

69 Selbst zu Rechtsanwält*innen sollte laut Gesetzesentwurf der Kontakt untersagt werden, was schlicht verfassungswidrig gewesen wäre. (HfMiA 2018e: 16)

Zuführung häufig ein langer Leerlauf bei den Unterstützer*innen (HfMiA 2018e: 20). Während z.B. drei Unterstützer*innen bereits mit den Menschen gesprochen haben, die das Gespräch gesucht haben, befinden sich noch zwei andere Unterstützer*innen im Gespräch. Dauert eines besonders lange, verzögert dies die komplette Zuführung der Menschen aus der nächsten Abteilung. Oft ist es an einem Abend nur möglich Menschen aus ein oder zwei Abteilungen zu sprechen, sodass die anderen Menschen, die sich auf die Liste eingetragen haben, die gesamte Woche gar nicht zum Zuge kommen. Besonders schwierig wird es bei der Zuführung von Menschen in Isolationshaft, da jede Person innerhalb der Abteilung „1 b neu" nochmals einzeln zugeführt wird. So sitzen im Besucher*innenraum z.B. sechs Unterstützer*innen, während nur eine Person aus der Abteilung „1 b neu" – zudem oft mit großem Gesprächsbedarf – von Seiten der Gefangenen kommen darf, was zu erheblichen Wartezeiten und Verzögerungen führt (Feldnotizen). Weiterhin wird so strukturell verhindert, dass Personen aus verschiedenen Abteilungen bei den Besuchen des Vereins füreinander übersetzen:

> *„Äußert der Verein Wünsche, bestimmte Gefangene zusammen besuchen zu wollen, weil der eine z.B. für den anderen dolmetschen kann, wird dieses abgelehnt, wenn sie nicht aus der gleichen Abteilung sind." (HfMiA 2018e: 20)*

Die zusätzliche Einschränkung der Besuchszeiten auf 19 Uhr hebelt das Zugangsrecht von ‚Flüchtlingshilfsorganisationen' und somit das Recht der Gefangenen auf „eine unabhängige Haftberatung" (§ 7 AHaftVollzG NRW Abs. 2) noch mehr aus:

> *„Es ist höchst kompliziert, wenn man wirklich einen gezielten Gefangenen sprechen will. Wenn man ihn z.B. vorbereiten muss, weil in der nächsten Woche eine Gerichtsverhandlung ist, dass man tatsächlich auch diesen Menschen auch sprechen kann. Das führt also zu extremen Arbeitsaufwänden und zu Zeitproblemen usw., weil die Einrichtung vorgibt, in welcher Reihenfolge die Menschen zu sprechen sind. Und wenn ich wen sprechen will der ganz zum Schluss dran ist, dann bekomme ich ihn nicht zu sehen, bzw. nur mit riesen Problemen, weil wir erst [...] alle anderen vorher abarbeiten müssen, was wir aber als Ehrenamtliche nicht schaffen, weil wir auch nur ein zeitlich begrenztes Kontingent zur Verfügung haben. Ich kann als Ehrenamtlicher nicht einfach mehr [...] Freizeit [...] investieren. Das ist einfach 'ne Problematik die existent ist." (Interview, Z. 317ff.)*

Vor allem vor dem Hintergrund, dass die Unterstützer*innen zum Großteil neben ihrer ehrenamtlichen Tätigkeit noch hauptamtlich an anderen Stellen tätig sind, wäre es ihnen nicht möglich, früher bzw. an einem weiteren Tag in der Woche zum weit abgelegenen Abschiebegefängnis zu kommen.

Ohne eine Begründung im Gesetzesentwurf wird für die Inhaftierten und die Unterstützer*innen obendrein durch die neue Fassung des AHaftVollzG NRW eine mögliche zeitliche Begrenzung der Gespräche eingeführt. (§ 14 AHaftVollzG NRW Abs. 5; Landesregierung NRW 2018: 25) Zudem wird die Vertraulichkeit der Beratung durch die neue Fassung des AHaftVollzG NRW gefährdet. So ist es der Einrichtung möglich, die Gespräche zwischen dem Verein und den Betroffenen zu beaufsichtigen (ebd.). Laut Verein

> *„[ist] das vertrauliche Wort […] jedoch ein wesentlicher Bestandteil der Flüchtlingssozialarbeit. In der Vergangenheit konnten so Probleme offen angesprochen und für die Betroffenen Lösungen gefunden werden." (HfMiA 2018e: 22)*

Genauso „[hinterlassen] Zeitvorgaben und dadurch bedingte Abbrüche von Gesprächen […] Unsicherheit bei den Gefangenen, welche in keiner Weise zielführend ist." (ebd.: 22f.) Während die Übersetzungsmöglichkeiten bereits durch die Regelungen der Zuführung nach Abteilungen gehemmt werden, wird dies des Weiteren noch durch die neuen gesetzlichen Regelungen bezüglich des Umgangs mit Handys und Laptops behindert. Handys und Laptops können zum einen dazu dienen, eine kurzfristige Übersetzung per Dolmetscher*in am Telefon oder mittels Online-Wörterbüchern zu unterstützen. Zum anderen haben viele Personen nicht die Möglichkeit ihre privaten Sachen einzupacken, bevor sie inhaftiert werden, sodass ihnen schlicht ihre Unterlagen fehlen. Diese konnten sie, soweit sie sie nicht bereits selbst im Handy gespeichert hatten, seit der Gesetzesregelung von 2015 von Freund*innen und Verwandten per Telefon zuschicken lassen. Sowohl Inhaftierten als auch Unterstützer*innen ist zwar die Mitführung und Nutzung von Handys (für ‚Flüchtlingshilfsorganisationen' auch Laptops) im Gefängnis erlaubt, jedoch nur dann, wenn diese keine Kamerafunktion besitzen (§ 16 AHaftVollzG NRW Abs. 2). Durch die neue Fassung des AHaftVollzG NRW

> *„kommt es zu einem faktischen Ausschluss der Benutzung von Computern und Mobiltelefonen von einschlägigen Flüchtlingshilfsorganisationen. Jedes moderne Notebook und die allermeisten Mobiltelefone verfügen heutzutage über eine Kamera. In der Vergangenheit war es den Unterstützerorganisationen verboten, diese zu benutzen. Allein das Verbot war ausreichend, es ist zu keinem Zwischenfall gekommen." (HfMiA 2018e: 22)*

Neben den Schwierigkeiten des Zugangs der Inhaftierten zum Verein, wird auch der Zugang der Unterstützer*innen zu Informationen beschnitten. Das AHaftVollzG NRW sieht bei einer Akteneinsicht durch bevollmächtigte Personen lediglich eine Einsicht in die Akten unter Aufsicht eines*einer Bediensteten vor (§ 34 AHaftVollzG NRW Abs. 2). Die Anfertigung von Abschriften oder das Zusenden von Kopien sind nicht geregelt, sodass eine Akteneinsicht einen erheblichen Aufwand für Rechtsanwält*innen und Unterstützer*innen erfordert (HfMiA 2018e: 18). Die Akteneinsicht bildet jedoch eine wichtige Grundlage für beispielsweise die Überprüfung der Rechtmäßigkeit von Isolationshaft, Fesselung etc., deren Überprüfung bereits dadurch strukturell behindert wird, dass die gerichtliche Zuständigkeit ungeklärt ist (siehe Kapitel 3). Ein weiterer Mechanismus, der die gesamten Unterstützungstätigkeiten des Vereins und seinen Zugang zu Informationen beschneidet, ist die Abwesenheit von Ansprechpartner*innen in der Einrichtung und eines regelmäßigen Austausches mit den zuständigen Akteur*innen, wie der Einrichtungsleitung, dem MKFFI NRW, etc. (ebd.: 21). So werden den Unterstützer*innen beispielsweise Änderungen interner Vorschriften bezüglich ihres Zugangs zu den Gefangenen und anderen Vorgängen im Gefängnis nicht mitgeteilt, geschweige denn, dass sie in Strukturänderungen mit einbezogen würden. Obwohl der Verein ausdrücklich Gespräche mit der Gefängnisleitung wünscht, stellt diese Bedingungen, die der Verein nicht bereit ist einzugehen. (ebd.: 19) Zur Sicherstellung einer angemessenen Unterstützungsarbeit der Gefangenen fordert der Verein, neben der generellen Abschaffung von Abschiebehaft, vielfältige strukturelle Änderungen, solange sie noch in Gesetz und Praxis besteht.

Forderungen nach neuen und strukturellen Änderungen der bestehenden Beschwerde- und Beratungsstrukturen

Der Verein HfMiA schlägt konkrete Strukturänderungen vor, die die Gefängnisleitung und ihre Mitarbeiter*innen durch verschiedene Mechanismen in ihrer Arbeit und Vorgehensweise kontrollieren sollen. Die strukturellen Änderungen sollen dazu dienen, die Rechte der Gefangenen zu schützen und die vorhandene Willkür einzudämmen. Zunächst fordert der Verein die Unterstützung und das Nutzen bestehender Strukturen.

Auf der Ebene der direkten Unterstützung in Einzelfällen sollen die oben genannten Forderungen zum Disziplinarverfahren (Anwesenheit von NGOs und Rechtsanwält*innen, Sprachmittler*innen, schriftliche Entscheidung über Maßnahmen) und die Identifizierung von Mitarbeiter*innen durch Namen bzw. Nummern umgesetzt werden (Interview, Z. 691ff.). Zudem soll die unabhängige Beratung ohne Beaufsichtigung und ohne zeitliche Beschränkung sichergestellt werden. Unterstützer*innen soll es weiterhin gestattet sein, Laptops und Handys mit Kamerafunktion mitzunehmen und Besuche wieder bis 22 Uhr durchzuführen. (Feldnotizen) Auf der kommunikativen Ebene mit den behördlichen Vertreter*innen fordert der Verein einen verbesserten Austausch, der in das AHaftVollzG NRW aufgenommen werden soll. Wie auch die Nationale Stelle zur Verhütung von Folter begrüßt, soll die

Gefängnisleitung einen vermittelnden Charakter zwischen den Inhaftierten und den Unterstützer*innen einnehmen, da der Verein „eine für die Abschiebungshäftlinge sinnvolle Hilfe und Unterstützung dar[stellt]" (Nationale Stelle zur Verhütung von Folter 2018: 8). Konkret bedeutet dies von Seiten der Unterstützer*innen, dass insbesondere die Personen in Isolationshaft auf ihr Recht hingewiesen werden, mit einer ‚Flüchtlingshilfsorganisation' zu sprechen und die Verwirklichung dieser Gespräche dann auch sichergestellt werden muss. Damit eine bedarfsgerechte Unterstützung möglich ist, ist es zudem notwendig, dass die Unterstützer*innen in die Änderungen interner Vorschriften bezüglich ihrer Besuche einbezogen und informiert werden. Der Verein schlägt vor, dass der Austausch zudem durch eine mindestens einmal jährlich stattfindende Gesprächsrunde zwischen der Einrichtungsleitung, dem MKFFI NRW und den Unterstützer*innen gefördert wird. (HfMiA 2018e: 21)

Exkurs: Arbeit des Beirats

Für die Verbesserung der Umstände der Abschiebehäftlinge in Büren reicht es nicht aus, den Zugang zu den nicht-staatlichen Unterstützer*innen sicherzustellen. Auch andere Strukturen müssen sich ändern, um die Wahrung der ohnehin bereits stark beschnittenen Rechte der Inhaftierten zu schützen und darüber hinaus für weitergehende Änderungen im Sinne der Gefangenen zu sorgen. Aus diesem Grund habe ich mich entschieden, an dieser Stelle den Beirat aufzuführen, der zwar keine nicht-staatliche Struktur ist, der jedoch „die Aufgabe [hat], bei der Gestaltung des Abschiebehaftvollzuges und bei der Betreuung der Untergebrachten [sic] mitzuwirken." (§ 33 AHaftVollzG NRW Abs. 1, S. 2) Dieses Ziel stellt sich jedoch eher als eine Farce heraus, wie ich im Folgenden herausarbeiten werde. Der Beirat setzt sich aus Vertreter*innen jeder im Landtag vertretenen Fraktion, einem Mitglied der Gemeinde Büren, je einem Mitglied der katholischen und der evangelischen Kirche, einem Mitglied des Koordinationsrates der Muslime und je zwei Mitgliedern der Wohlfahrtsverbände NRW und des Flüchtlingsrates NRW zusammen (§ 33 AHaftVollzG NRW Abs. 3). „Untergebrachte [sic] können sich mit Anregungen, Wünschen und Beanstandungen unmittelbar an den Beirat wenden, der sich für ihre Interessen einsetzt." (§ 33 AHaftVollzG NRW Abs. 1, S. 4) Dies soll per E-Mail passieren, da die Beiratsmitglieder zum Teil sehr weit vom Gefängnis entfernt wohnen. Gerade Menschen in Isolationshaft, denen oftmals jegliche Kommunikationsmittel genommen werden, haben so faktisch keinen Zugang zum Beirat. (Gockel zit. nach Landtag NRW 2018b: 24) Einige Gefangene haben den Unterstützer*innen berichtet, dass ihr mündlicher Antrag, den Beirat zu sprechen, vom Personal abgelehnt wurde (HfMiA 2018e: 5). Die Beiratsmitglieder haben rechtlich jedoch den Zugang zu den Gefangenen gesichert, auch zu den Gefangenen in Isolationshaft:

„[Sie (Anm. d. V.: die Mitglieder des Beirats) könnten] den Kontakt aufnehmen, […] wenn sie wollten. Nur der Beirat sagt eben: »Wir sind ehrenamtlich. Wir wollen nicht so viel Zeit investieren«, wie eigentlich aus meiner Sicht nötig wäre für die Arbeit. »Wir treffen uns alle drei Monate mit dem Anstaltsleiter, erörtern dort, welche Probleme vorhanden sind«." (Interview, Z. 762ff.)

Der*die Befragte beschreibt dies als paternalistisches Verhalten: „Offiziell soll nämlich der Beirat die Gefangenen dort vertreten. Aber das macht er, ohne mit den Gefangenen zu sprechen." (Interview, Z. 769f.) Obwohl durch den *Flüchtlingsrat NRW*, der Koordinationsrat der Muslime und die Wohlfahrtsverbände als NGOs im Beirat vertreten sind, besuchen diese regulär keine einzelnen Gefangenen. „Die interessieren sich […] für dieses Thema nicht so stark." (Interview, Z. 111f.) Daher fordert der Verein *Hilfe für Menschen in Abschiebehaft Büren e. V.*, dass der Verein selbst wieder mit einem Mitglied im Beirat vertreten ist, da er regelmäßigen Kontakt mit den Inhaftierten und somit Wissen über ihre Belange hat (HfMiA 2018e: 5).[70] Zudem soll der Beirat per Gesetz dazu verpflichtet werden, für die Gefangenen, die er ja vertreten soll, öffentlich und erreichbar zu sein und beispielsweise eine Sprechstunde anzubieten. Bei etwa zwölf Mitgliedern, die einmal jährlich eine Sprechstunde abhalten, wäre so wenigstens einmal im Monat eine Kontaktmöglichkeit für die Gefangenen gegeben. Laut dem*der Interviewten „sollte [das zwar] mindestens vierzehntägig sein, aber es wäre zumindest schon mal ein Anfang." (Interview, Z. 806f.) Zudem definiert der Beirat die „vertraulichen Angelegenheiten" (§ 33 AHaftVollzG NRW Abs. 9) über die seine Mitglieder gesetzlich zur Verschwiegenheit verpflichtet sind, grundsätzlich als alles, was mit dem Gefängnis besprochen wird (Feldnotizen).

Für die NGOs und Kirchen, die mit im Beirat sitzen, bedeutet dies eine sehr kritische Konstellation. Einerseits würden sie durch eine Veröffentlichung von Missständen außerhalb des Konsens Konflikte in die Zusammenarbeit bringen und in der Konsequenz ggf. ihre Einblicke verlieren, andererseits nehmen sie aktuell durch ihr Schweigen in Kauf, dass sie die erniedrigenden Handlungen des Staates billigen und ihm zudem als Bemäntelung dienen.[71]

Da weder der Beirat die Gefangenen wirklich vertritt noch der*die Justizvollzugsbeauftragte des Landes NRW[72] für die Abschiebehaft zuständig ist,

70 Der Verein hatte bereits zuvor einen Sitz im Beirat. Das Mitglied hat sich dann auch ein genaues Bild von der Situation im Abschiebegefängnis gemacht. Da das Mitglied gegenüber den Strukturen im Gefängnis sehr kritisch war, wurde der Verein wieder aus dem Beirat herausgenommen. (Feldnotizen / Interview, Z. 109)

71 In ähnlicher Form besteht das Problem bei den Abschiebebeobachtungen an den Flughäfen (Gockel 2012a: 55f.).

72 „Der Justizvollzugsbeauftragte ist Ansprechstelle für alle vom nordrhein-westfälischen Justizvollzug Betroffenen. Sie können sich mit Beschwerden, Anregungen, Beobachtungen und Hinweisen (Eingaben) unmittelbar an ihn wenden." (Justizbeauftragter des Landes NRW 2019)

fordern die Unterstützer*innen die Neueinrichtung einer landesgeförderten Beratungsstelle und einer Beschwerdestelle. Diese könnten eine Ergänzung der Arbeit der ehrenamtlichen Unterstützer*innen darstellen. (Interview, Z. 341ff.; Gockel zit. nach Landtag NRW 2018b: 24) Die Wirksamkeit dieser Stellen wäre jedoch wiederum von deren struktureller Ausgestaltung abhängig. So kommt es auf die Verortung der Stellen zwischen den gesellschaftlichen Akteur*innen, auf deren Zugangsrechte zu den Gefangenen und nicht zuletzt auf ihre Handlungsspielräume von Seiten der Träger*innen[73] an, ob die Stellen ein Potential zur Veränderung der Bedingungen im Abschiebegefängnis haben. Zunächst müsste die Unabhängigkeit garantiert sein. Die Stellen dürfen also nicht, wie bspw. die der gefängnis-internen Sozialarbeiter*innen, von der Einrichtung kontrolliert sein. (ebd.) Sie müssten „sich ganz klar außerhalb [der Einrichtung] verorten“ (Interview, Z. 411), um eine möglichst große Unabhängigkeit zu garantieren. Zugleich müssten ihnen laut Gesetz einige Zugangsrechte, sowohl zu Informationen durch Ansprechpersonen im Gefängnis und Fortbildungen als auch zu den Gefangenen, gewährt werden. Um alle Gefangenen zu erreichen, könnten die Stellen eine offene Sprechstunde für den offenen Vollzugsbereich anbieten, müssten im Bereich der Isolationshaft aber dringend eine aufsuchende Tätigkeit ermöglicht bekommen:

> *„Und diese Person müsste dann Zugang haben zu allen Gefangenen. D.h. sie muss nicht abwarten, bis die Gefangenen auf sie zukommen. Das kann man vielleicht in dem Bereich machen, in dem der Vollzug offen ist. Dass man da einfach eine Sprechstunde anbietet. Aber gerade da, wo Leute komplett eingesperrt sind, weil die Türen verschlossen sind. Dass diese Leute einmal zumindest ganz kurz Kontakt aufnehmen können mit dem Beschwerdemanagement.“ (Interview, Z. 354ff.)*

Wie genau mit den aufkommenden Themen in der Beratung und im Beschwerdemanagement umgegangen wird, ist dann nochmals abhängig von der Haltung und den Vorgaben des*der Träger*in. Gerade das Beschwerdemanagement (angelehnt an die Erfahrungen aus den Zentralen Landesunterkünften) hat laut dem*der Interviewten seine Grenzen gezeigt:

> *„[D]ie Grenzen […] [sind], wenn man solche Beschwerden vor Ort nicht lösen kann und das dann an höhere Stellen weiterleitet, dass es dann oft nicht die Priorität hat und nicht die Intensivität, wie ich mir das wünschen würde.“ (Interview, Z. 361ff.)*

Insbesondere die Haltung des*der Träger*in zum Thema Öffentlichkeitsarbeit

73 Mit Träger*innen beziehe ich mich auf etablierte Arbeitgeber*innen sozialer Dienstleitungen, wie bspw. die Wohlfahrtsverbände, Kirchen, aber auch freie Initiativen.

spielt an dieser Stelle eine wichtige Rolle. Es stellt sich die Frage, ob der*die Träger*in diese Grenzen hinnehmen oder durch Öffentlichkeitsarbeit eine Transparenz zu dem schaffen würde, was im Gefängnis vor sich geht und oft „unter den Teppich gekehrt" (Interview, Z. 436) wird. (Interview, Z. 429ff.) Doch selbst über die Träger*innenschaft hinaus, ist die Unabhängigkeit der Stellen nicht so gegeben, wie bei den ehrenamtlichen Unterstützer*innen, da letztere finanziell unabhängig vom Land agieren. Der*die Befragte spielt auf „eine bittere Erfahrung" (Interview, Z. 371ff.) an, „dass durchaus [...] schon versucht worden ist, unliebsame Stellen raus zu drängen, von Seiten des Landes, wenn es dort aus ihrer Sicht irgendwelche Loyalitätskonflikte gegeben hat."[74] (ebd.) Demnach wäre es, wie eingangs erwähnt, notwendig, dass sich die haupt- und ehrenamtlichen Bereiche ergänzen und im besten Fall zusammen arbeiten, indem die landesgeförderten Stellen ein Bindeglied zwischen dem Abschiebegefängnis und den Unterstützer*innen darstellen. (Interview, Z. 498ff.) Nicht zuletzt hängt das Potential dieser Stellen zu einer Veränderung des Status quo im Sinne der Gefangenen von der Haltung der Person ab, die sie besetzt:

> *„Ich würde mir durchaus ein intensiveres Vorgehen wünschen. Da müsste man jetzt wirklich genau gucken, wie das aussieht, wenn so ein Beschwerdemanagement installiert wird. Das hängt sicherlich sehr stark davon ab: Wer führt dieses Beschwerdemanagement durch? Welche Person ist dahinter, und inwieweit ist sie dementsprechend bereit etwas da zu machen?" (Interview, Z. 366ff.)*

Die Anforderungen an eine Soziale Arbeit, die sich der Parteilichkeit ihrer Adressat*innen verschreibt, diskutiere ich in Kapitel 6.

In diesem Teil der Analyse wurde deutlich, dass eine Vielzahl einzelner Mechanismen, wie das Verbot von Handys mit Kamerafunktion, die Einschränkung der Besuchszeiten, das abteilungsweise Vorgehen bei der Zuführung, fehlende Ansprechpartner*innen, erschwerte Akteneinsicht etc. in ihrer Quantität viel ausrichten. Aus dem Zusammenspiel verschiedener Faktoren folgt eine massive Entrechtung von Schutzsuchenden.[75] Bereits im vorigen Kapitel habe ich eine Vielzahl von Missständen in der Isolationshaft

74 Im Frühjahr 2018 wurde zwei ‚Flüchtlingsberater*innen' von der Landesregierung ein Arbeitsverbot in den landesgeförderten Verfahrensberatungen erteilt. Ihnen wurde Illoyalität mit dem Land vorgeworfen. Das Land hat hier in Personalentscheidungen eigentlich unabhängiger Beratungsträger*innen eingegriffen. (Flüchtlingshilfe Lippe e.V. 2018) Mehr Informationen dazu im Artikel der taz von Birgit Morgendrath (2018): *Insiderin über NRW-Flüchtlingszentrum: „Wie im Gefängnis"*.

75 Hierzu möchte ich ergänzen, dass diese Entrechtung nicht nur im Vollzug der Abschiebehaft geschieht. Sie geschieht bereits bei der Beantragung von Abschiebehaft und vor allem findet sie sich an vielen Punkten im Asylverfahren oder anderen aufenthaltsrechtlichen Prozessen wieder.

benannt. Viele Problemlagen sind bereits strukturell im Gesetz verankert, wie beispielsweise das Fehlen einer gerichtlichen Zuständigkeit. In der Praxis stellen sich darüber hinaus die Zustände als noch mangelhafter heraus, z.B. dass trotz gesetzlicher Verpflichtung Sanktionen nicht durch ein Disziplinarverfahren eröffnet werden. Daraus wird deutlich, wie wichtig die Arbeit an der Basis, im direkten Kontakt mit den inhaftierten Menschen ist, damit Missstände im ersten Schritt gesehen und erkannt werden und im zweiten Schritt eine Transparenz geschaffen wird, mit der die Missstände nach außen gelangen und die „Blackbox“ (Interview, Z. 432) der Abschiebehaft ein Stück weit aufgebrochen wird. Der Zugang der inhaftierten Menschen, vor allem derer in Isolationshaft zu Organen, die sie unterstützen und vertreten, muss strukturell verankert sein. Sonst bleiben der Kontakt zu diesen Menschen und das Wissen um die Missstände für die Außenwelt dem Zufall überlassen.

Im Folgenden werde ich aus einer rassismuskritischen Perspektive heraus diskutieren, wie sich die Verschärfungen im Abschiebehaftvollzug durch rassistische Deutungsmuster gesellschaftlich legitimieren, sodass Menschen in Abschiebehaft trotz des bestehenden Wissens über die Missstände weiter entrechtet werden.

5. „Warum gibt es da keinen Aufschrei in der Bevölkerung?“

Interviewerin: „Was ich jetzt noch fragen wollte, ist: Du hast ja schon öfter den Spruch gesagt »Die Würde des Menschen ist abschiebbar«.“
*Interviewte*r (lacht): „In diesem Interview noch nicht.“*
Interviewerin (lacht): „Genau. Aber ich kenn dich ja schon länger. In Bezug auf Isolationshaft, was meinst du damit?“
*Interviewte*r: „Wir vergessen dabei, dass wir hier Leute haben, die keine Straftaten begangen haben. Wir haben eine Form von Zivilhaft. Und Zivilhaft das ist nichts anderes, wie z.B. Menschen, im Krankenhaus, wegen einer psychischen Erkrankung untergebracht sind oder alte Menschen, die im Altersheim wegen ihrer Demenz festgehalten werden usw. Wenn ich das, was ich gerade erzählt habe runter brechen würde und man würde mitkriegen, dass ein Demenzkranker, eben auch aufgrund seiner Demenz vielleicht nicht mehr ganz zurechnungsfähig, so behandelt wird, wäre das ein riesen Skandal. Das wäre für mich ein Punkt, wo ich denke, das würde die Gesellschaft auf keinen Fall hinnehmen in diesem Bereich, dass so etwas passiert. Im Bereich der Abschiebehaft ist so etwas, wie gesagt, alltäglich. Also ich gehe davon aus, dass in Isolierhaft so zehn Prozent der Gefangenen in der Zwischenzeit untergebracht sind. […] Wie gesagt, wir haben keine genauen Zahlen, das ist jetzt reines Bauchgefühl dort. Aber das ist für mich ein Punkt, wo ich denke, „Warum gibt's da keinen Aufschrei in der Bevölkerung?“ (Interview, Z. 1022ff.)*

Die interviewte Person vergleicht verschiedene gesellschaftliche Anwendungsbereiche von Zivilhaft und kommt zu dem Schluss, dass im Bereich der Abschiebehaft über den restriktiven Kurs in Nordrhein-Westfalen – mitsamt seiner Misshandlungen und der systematischen Kontrollfreiheit – keine Empörung in der Bevölkerung aufkommt, während er*sie einen Aufschrei über solche Zustände in anderen Bereichen (z.B. Menschen mit Demenz oder psychischen Einschränkungen im Altersheim oder Krankenhaus) garantiert sieht. So drängt sich die Frage auf, wie trotz vorhandenen Wissens um die Missstände eine weitere Entrechtung von Menschen politisch möglich ist? Was trägt die Abschiebehaft und die Isolationshaft? Welche Stimmen werden (nicht) gehört? Und wer hat letztendlich die Entscheidungsmacht? Mit diesem Kapitel reiße ich diese Fragen an, und eröffne eine Diskussion, die perspektivisch über diese Arbeit hinaus in die Tiefe ausgeführt werden muss.

Wie bereits beschrieben, sind meine analytischen Gedanken geprägt von einer rassismuskritischen Perspektive, die sich mir an verschiedenen Punkten der Datenanalyse als Erklärungsmuster für das Bestehen der Abschiebehaft und ihrem restriktiven Vollzug aufdrängt. Ich habe mit Hilfe meiner zirkulären Vorgehensweise zunächst in einer Allgemeinanalyse den sozialen Raum der Abschiebehaft fokussiert. Damit habe ich versucht, nicht von Beginn an ausschließlich die Kategorie Ethnizität als Erklärungsmuster heranzuziehen und stattdessen „differenziellen, situations- und kontextgebundenen Bedeutung[en]" (Diehm et al. 2010: 88) Raum zu geben. Erst in einem späteren Schritt habe ich die situativ ans Datenmaterial zurück gebundene Schlüsselkategorie des (Institutionellen) Rassismus in den Fokus meines Erkenntnisinteresses gerückt. Anknüpfend an den Rassismusbegriff von Paul Mecheril und Claus Melter und an die Verständnisse des Institutionellen Rassismus von Paul Mecheril und Alisha Heinemann, Ute Osterkamp und von Margarete Jäger und Siegfried Jäger an (siehe Kapitel I.2) werde ich hier argumentieren, warum Abschiebehaft generell, sowie die aktuelle Ausweitung der Isolationshaft von rassistischen Deutungsmustern durchzogen sind.

Die Kampagne *100 Jahre Abschiebehaft – 100 Jahre unschuldig in Haft*, in deren Rahmen auch die Portraits in Kapitel II entstanden sind, prangerte im Jahr 2019 das hundertjährige Bestehen der rassistischen Praxis der Abschiebehaft an und setzt sich für dessen Abschaffung ein (Kampagne 100 Jahre Abschiebehaft 2019a). Rassismuskritische Ansätze (siehe Kapitel I.2), insbesondere die Analyseperspektive des Institutionellen Rassismus, betonen die Bedeutsamkeit gesellschaftlicher und sozialer Kontexte von Herrschaftsverhältnissen und stellen historische Zusammenhänge in den Vordergrund (Heinemann/Mecheril 2016: 45ff.). Um die heutige Praxis der Abschiebehaft historisch-gesellschaftlich zu kontextualisieren verweise ich an dieser Stelle noch einmal auf die Darstellung des gesetzlichen und historisch-politischen Rahmens von Abschiebehaft in den Kapiteln I.1 und I.3, auf Teile dessen ich mich an dieser Stelle beziehe.

Wie Mecheril und Melter beschreiben, bedient sich Rassismus natio-ethno-kulturell-territorialer Zugehörigkeitskonstruktionen, die zur Legitimation dafür dienen, „dem Eigenen", also *weißen*, einen privilegierten Platz in der Gesellschaft zu sichern und „die Migrationsanderen" mit weniger Rechten auszustatten. (Mecheril/Melter 2010: 151) Die Ordnung und Aufrechterhaltung von Nationalstaaten wird durch die „Vereindeutigung von Zugehörigkeitsverhältnissen" (Mecheril/Melter 2010: 160) gesichert. In bundesdeutschen Gesetzen sind zahlreiche solcher Vereindeutigungspraktiken zu finden (Staatsangehörigkeitsgesetz, Aufenthaltsgesetz, Asylgesetz, Asylbewerberleistungsgesetz, etc.). Sie definieren, ob und wie Menschen die deutsche Staatsangehörigkeit erhalten oder unter welchen Bedingungen sie sich im Bundesgebiet aufhalten und niederlassen dürfen bzw. wie mit ihnen umgegangen wird, wenn sie diese Bedingungen nicht erfüllen. So wird ein heterogener Raum geschaffen, in dem „unterschiedliche Grade eines »Innerhalb« und eines »Außerhalb« [der Institution Grenze] an die Stelle einer klaren und grundsätzlichen Unterscheidung von innen und außen treten" (Mezzadra 2009: 208).[76] Zur institutionalisierten Diskriminierung „der Anderen" im Nationalstaat gehört auf Landesebene auch das AHaftVollzG NRW. Vielen Menschen, die weder als zugehörig im Sinne einer deutschen Nationalität gelten noch eine andere Form der Erlaubnis oder Gestattung besitzen, sich in der BRD aufzuhalten, wurden und werden innerhalb verschiedener aufenthaltsrechtlicher Verfahren grundlegende Rechte verwehrt, wobei es sich nicht selten um Grund- und Menschenrechte handelt.[77] Vielen droht nach Durchlaufen dieser Verfahren bzw. innerhalb europäisch geregelter Verfahren (Dublin-III-VO), die Abschiebung. Letztere ist die durch staatlichen Zwang durchgeführte Ausreise von Personen aus der BRD. Oulios (2015) beschreibt, wie Abschiebungen grundsätzlich eine erniedrigende Behandlung durch Nationalstaaten darstellen, obwohl der deutsche Staat laut Grundgesetz (Abk.: GG) eine benachteiligende Behandlung „wegen [...] seiner Abstammung, [...], seiner Heimat und Herkunft [...]" (Art. 3 GG idF. v.

76 Miltiadis Oulios (2015) zählt in seinem Buch *Blackbox Abschiebung* eine Reihe materieller Grade zwischen dem „innerhalb" und „außerhalb" auf: „Das Aufenthaltsgesetz nennt eine Reihe von Gründen, die eine Ausweisung zur Folge haben können oder müssen. Normalerweise betrifft dies Menschen, die keine Aufenthaltserlaubnis oder kein Visum besitzen; die als Gefahr für die öffentliche Sicherheit gelten (zum Beispiel aufgrund von Straftaten oder weil die Annahme besteht, dass sie einer Vereinigung angehören, »die den Terrorismus unterstützt«); Menschen, deren Aufenthaltserlaubnis abgelaufen ist, widerrufen oder einfach nicht verlängert wurde, weil sie etwa ihren Lebensunterhalt nicht sichern können oder weil sie als Asylbewerber[*in] abgelehnt wurden. Letztere werden oft geduldet, was bedeutet, dass ihre Abschiebung nur ausgesetzt ist. Sie sind weiterhin ausreisepflichtig, aber ihr unerlaubter Aufenthalt ist keine Straftat – anders als bei »illegalen« Migrant[*inn]en. Es gibt eine Unmenge an Konstellationen. Im Ausnahmefall kann sogar ein EU -Bürger[*in] oder ein[*e] andere[*]r Einwander[*in] mit unbefristetem Aufenthaltsrecht ausgewiesen werden und von Abschiebung betroffen sein." (S. 185)

77 Näheres zu bspw. einem Asylverfahren und seinen vielfachen Entrechtungen Schutzsuchender, in einem Artikel von PRO Asyl (2016): Was im Asylverfahren passiert und was dabei alles falsch läuft.

28.03.2019 Abs. 3) verbietet. Allein in sich selbst widerspricht sich das GG, indem es in Art. 3 die Gleichheit aller Menschen erklärt und zugleich in Art. 11 die Freizügigkeit im deutschen Bundesgebiet nur für deutsche Staatsangehörige vorsieht (Art. 3 u. Art. 11 GG idF. v. 28.03.2019). Der Autor sieht diese Widersprüchlichkeit in der Logik von modernen Nationalstaaten verankert. (Oulios 2015: 182) Nationalismus als Versuch einer „kulturellen und nationalen Homogenisierung" (Oulios 2015: 178) bildet dabei die ideologische Grundlage für das seit dem Westfälischen Frieden 1648 entstandene und bis heute bestehende Phänomen des Territorialstaatensystemes (ebd.). Während moderne Nationalstaaten die Freiheit und Gleichheit aller Bürger*innen propagieren, kommen sie dennoch nicht um ihr Territorialstaatsprinzip mit seiner permanenten

> *„diskriminierende[n] Unterscheidung zwischen Bürger[innen] und Ausländer[*innen], die fortwährende Klassifikation von Bevölkerungsgruppen als »fremd« und die Verweigerung von gleichen Rechten" (ebd.: 180)*

umher. Auch wenn der Staat durch verschiedene Aufenthaltstitel implizit das Recht auf Freizügigkeit anerkennt, produziert er im Umkehrschluss durch ihre Beendigung immer wieder Entrechtungen von „Migrationsanderen" und „sortiert und hierarchisiert die Migranten in »Geduldete«, »Illegale«, »Auszuweisende« oder »Abzuschiebende«." (ebd.: 184) Heutige Gesetzestexte können somit als Verdichtung und Kodifizierungen von gesellschaftlichen Verhältnissen betrachtet werden, wobei sich das AufenthG damit befasst, „wie »unmenschlich« eine Abschiebung sein darf." (ebd.: 185) Auch wenn die Abschiebung allein schon gegen jegliche Selbstbestimmung und Freizügigkeitsrechte von Menschen verstößt, erlaubt § 62 AufenthG dem Staat einen weiteren Eingriff in das GG: den Freiheitsentzug durch Gefängnis mit dem alleinigen Zweck der „Sicherung der Abschiebung" (§ 62 AufenthG Abs. 3) (siehe Kapitel I.3) – auch wenn eine Erweiterung dieses Zwecks z.B. durch die Verschärfung des AHaftVollzG NRW stattfinden soll). Der Staat bedient sich damit des höchsten Einschnitts in die Selbstbestimmung von Menschen, der ihm zur Verfügung steht. Allein aufgrund natio-ethno-kulturell-territorialer Zugehörigkeitskonstruktionen, welche der Aufrechterhaltung der nationalstaatlichen Zugehörigkeitsordnung dienen, werden Menschen systematisch ihrer Freiheitsrechte (und vieler anderer Rechte) beraubt. Dabei ist es die transnationale Migration an sich, die mit dem „Akt der faktischen Einwanderung" (Oulios 2015: 196) unablässig die nationalstaatliche Ordnung in Frage stellt und den Nationalstaat dazu zwingt, die Zugehörigkeitskriterien immer wieder neu zu definieren. (ebd.: 180) Während die Migration so fortwährend Veränderung gesellschaftlicher Verhältnisse anstößt, bedienen sich andererseits auch der Staat und dessen Organe immer wieder rassistischer Vereindeutigungspraktiken, um diese Logik aufrecht zu erhalten.

Abschiebehaft ist, wie in Kapitel I.3 zur Geschichte der Abschiebehaft dargestellt, kein neues Phänomen. Sie wird, mitsamt all ihrer Ausgestaltungen, allein in Deutschland seit hundert Jahren in verschiedenen gesellschaftlichen Verhältnissen legitimiert. Schon vor hundert Jahren wurden Menschen anhand bestimmter rassistischer und antisemitischer Zuschreibungen „dem Eigenen" gegenüber schlechter gestellt und zur Sicherstellung ihrer Abschiebung inhaftiert. In der Weimarer Republik wurden sog. ‚Ostjuden' und weitere als fremd markierte, Menschen als politische, kulturelle und wirtschaftliche Gefahr für die öffentliche Sicherheit und Ordnung stigmatisiert, was als Grund für ihre Entrechtungen galt. (AG Weimar/Berlin 2000) Im Nationalsozialismus wurde ihnen jegliche Existenzberechtigung abgesprochen (Gruchmann 1983: 480ff.). Während der ‚Asyldebatte' wurden Menschen als ‚Wirtschaftsflüchtlinge' abgewertet und entrechtet (Ryssel 2014/2016: 130). Rassistische und antisemitische Deutungsmuster bestehen heute weiterhin, jedoch z.T. mit neuen und anderen Konstruktionen „der Anderen". Mit Hilfe dieser Muster werden Abschiebehaft und ihre Ausgestaltung – u.a. Isolationshaft – legitimiert. Die aktuelle gelb-schwarze Landesregierung NRW (Stand der Untersuchung) greift auf rassistische Diskurse zurück, die ihr bei der Umsetzung der Entrechtung von „Migrationsanderen" in Abschiebehaft in NRW dienen. Dies tut sie zum einen durch sprachpolitische Instrumente, wobei Phänomene je nach Kontext verharmlost bzw. aufgebauscht werden. Was der*die Befragte „Neusprech" (Interview, Z. 296) nennt, ist die Strategie, die durch Terminologie menschenverachtende Strukturen verharmlost und de-thematisiert (Oulios 2015: 19). Dies geschieht sowohl, wenn von der „Unterbringungseinrichtung für Ausreisepflichtige" (Bezirksregierung Detmold 2018) und „Normales Leben minus Freiheit" (*Hessischer Innenminister Peter Beuth zit. n.* Rabe 2019) statt von Haft oder Gefängnis gesprochen wird, als auch wenn der besonders gesicherte Haftraum, konsequent besonders gesicherter Raum genannt wird. Dick aufgetragen wird hingegen dort, wo es die „Migrationsanderen" schlechter stellt und das entrechtende staatliche Vorgehen gegen sie legitimiert werden soll. Durch die Herstellung eines Gefahrenszenarios (siehe Kapitel 3), in dem es vermehrt ‚Straftäter' und sog. ‚Gefährder' in Abschiebehaft gäbe (Gockel zit. nach Landtag NRW 2018b: 17), von denen sowohl im Gefängnis als auch außerhalb erhebliche Gefahren ausgingen, schreiben diejenigen, die hinter dem Gesetzesentwurf stehen, „den Migrationsanderen" schlechte Eigenschaften zu. Sie greifen dabei auf gesellschaftlich erfolgreich kommunizierbare rassistische Deutungsmuster zurück, die zunächst Menschen anhand bestimmter Merkmale gruppieren (im Falle des ‚Gefährder'-Begriffes durch die Zugehörigkeit zum Islam) und ihnen bestimmte negative Eigenschaften zuschreiben. Hier: dass sie gefährlich für die deutsche Gesellschaft seien. (Kretschmann 2017) Rassistische Vereindeutigungspraktiken führen so dazu, dass konstruierte Personengruppen zu potentiellen Straftäter*innen deklariert werden und die daraus resultierenden Benachteiligungen zugleich stillschweigend auf alle weiteren Personen angewendet werden. In der Gesetzesbegründung nennt die Landesregierung einen einzigen Fall, bei dem ein Inhaftierter zu Straftaten aufgerufen haben soll, und will damit einen Generalverdacht rechtfertigen (Jesuiten Flüchtlingsdienst 2018: 3). Wer die Personen wirklich sind, die im Bürener Abschiebegefängnis (isoliert) inhaftiert werden, wird von Seiten der Landesregierung nicht geprüft:

> *„Diese Diskussion, dass wirklich jemand dafür [Anm. d. V.: Isolationshaft] eingestellt ist, findet man eher nur auf Seiten der Anstaltsleitung und auf Seiten des Ministeriums [Anm. d. V.: MKFFI NRW]. Die allerdings wiederum die Informationen auch nur rein von der Anstaltsleitung haben und die auch nicht bereit sind mit anderen darüber zu reden als mit der Anstaltsleitung." (Interview, Z. 887ff.)*

Meine Daten ergeben, dass die Landesregierung der Praxis dann durch die Umstrukturierung der Gesetze entgegenkommt, wenn es der Maxime der reibungslosen Abschiebung dient. Sobald es um die Rechte der Gefangenen geht, wie bspw. das Recht der Gefangenen im bgH auf ärztliche und psychologische Betreuung, werden keine Maßnahmen zu strukturellen Änderungen ergriffen. Auch, dass Straftäter*innen rein rechtlich gesehen nicht in Abschiebehaft inhaftiert werden dürfen, wird in den Argumentationen zur Verschärfung der Isolationshaft ausgeblendet. So erklärt Frank Gockel (Vereinsmitglied, als Experte im Integrationsausschuss geladen):

> *„Ich glaube, dass der Strafhaftgedanke da hineinkommt, liegt daran, dass in der letzten Zeit zur Sprache kommt, dass in Büren auch Straftäter untergebracht sind. Mein großes Problem dabei ist, dass mir keiner darüber irgendwelche gesicherten Zahlen sagen kann. Es liegen keine konkreten Zahlen vor. Wenn man nachfragt, wie die Zahlen sind, kriegt man immer wieder mit, dass es sich dabei um ein Bauchgefühl handelt. Es soll angeblich – genaue Zahlen liegen nicht vor – die Zahl der Leute größer geworden sein, die von Strafhaft in Abschiebehaft gekommen sind. Das wundert mich sehr, weil wir dort eine eindeutige Rechtsprechung des Bundesgerichtshofs haben. Die sagt, dass im Prinzip die Strafhaftzeiten auf die Abschiebehaft mit angerechnet werden müssen. Wenn man davon ausgeht, dass in der Regel die Abschiebehaft maximal sechs Monate beträgt, kann eigentlich kein Strafhäftling, der schon mehr als sechs Monate in der Strafhaft gesessen hat, direkt von der Strafhaft in die Abschiebehaft genommen werden. Dies wird von den Gerichten dementsprechend bemängelt, wenn solche Fälle vor Gericht kommen." (Gockel zit. nach Landtag NRW 2018b: 17)*

Wenige Verschärfungen des Vollzugs sind im Gesetzesentwurf hingegen mit dem Schutz der Gefangenen selbst erklärt. Doch sogar „der Schutz der Untergebrachten [sic] vor Selbstgefährdung" (Landesregierung NRW 2018:7 0)[78] verliert an Glaubwürdigkeit, wenn die Landesregierung Gefangenen unterstellt, sie würden sich selbst verletzen, „um durch diese [Selbstverletzung] Haftunfähigkeit herbeizuführen" (ebd.). Auch hier werden wieder Tatsachen verdreht, von staatlicher Gewalt Betroffene zu Täter*innen gemacht und somit Abschiebehaftgefangene kriminalisiert. Statt die Personen anzuerkennen, die so vulnerabel sind, dass sie sich selbst verletzen, wird ihnen selbstverletzendes Verhalten negativ ausgelegt. Die „Sicherheit und Ordnung" (Landesregierung NRW 2018: passim), die den Argumentationen für die Institutionalisierung von Isolationshaft zugrunde gelegt werden, sind vielmehr definiert als reibungslose, verwaltungstechnische Durchführung der Abschiebung. Landesregierung und Gefängnisleitung machen so Gebrauch von gesellschaftlich legitimierten rassistischen Deutungsmustern, in denen sogar Selbstverletzung als kriminell gilt und bestraft wird, solange es dem Zwecke dient, die nationalstaatliche Ordnung aufrechtzuerhalten. Durch ihre institutionelle Festschreibung, sowohl in Gesetzen, Verordnungen und Zugangsregeln, als auch in konkreten Arbeitsweisen, Verfahrensregelungen und Prozessabläufen, dient die Abschiebehaft und ihre Ausgestaltung heute weiterhin, wie schon vor hundert Jahren, der Aufrechterhaltung von rassistischen Herrschaftsverhältnissen.

Neben dem Institutionellen Rassismus auf Landesebene sind auch unterschiedliche zivilgesellschaftliche Akteur*innen in die Legitimierung rassistischer Strukturen eingebunden, was in ihrem mangelnden Handeln bezüglich Abschiebehaft zugunsten anderer Felder deutlich wird. Leider geben meine Forschungsdaten nur wenige Hintergründe zu dem Verhalten dieser Akteur*innen her, dennoch finde ich es wichtig, diese kurz zu erwähnen: Der*die Befragte beschreibt ein fehlendes Engagement zivilgesellschaftlicher Akteur*innen im Bereich der Abschiebehaft (Interview, Z. 110ff.). Wie zuvor beschrieben, machen die aktuellen Mitglieder im Beirat, also auch Kirchen und NGOs, kaum Gebrauch von ihren Zugangsrechten im Beirat:

> *„Ich habe zumindest mit der evangelischen Kirche dort auch schon gesprochen über diese Problematik. Sie haben sich auch die Einrichtung einmal angeguckt, die Arbeitsgemeinschaft Migration von den drei Landeskirchen in Nordrhein-Westfalen. Aber sie haben bis dato sich dazu auch noch nicht positioniert. Auch das […] [ist] eine Sache, die ich sehr problematisch finde. […] Wie allgemein das Thema Abschiebehaft. Es ist ein Randgebiet und keiner guckt es sich richtig an. Man versucht lieber andere Bereiche voran zu treiben und bei anderen Bereichen dort, ja, wo man auch mehr Öffentlichkeitswirksamkeit*

78 Dass bei der Isolierung von Menschen, die sich selbst verletzen, im Kontext von Abschiebehaft von „Schutz" gesprochen wird, ist ohnehin bereits als kritisch einzustufen.

hat - Familienzusammenführung, unbegleitete, minderjährige Flüchtlinge, usw. Aber im Thema Abschiebehaft guckt man einfach nie so genau hin. Auch diese anderen Organisationen, über die ich vorhin geredet habe [(Anm. d. V.: zivilgesellschaftliche Organisationen)].“ (Interview, Z. 808ff.)

Er*Sie benennt somit nicht nur den gesamtgesellschaftlich fehlenden „Aufschrei in der Bevölkerung“ (Interview, Z. 1037), sondern auch die Untätigkeit bei Akteur*innen, die eigentlich im Bereich der Asylpolitik parteiisch aktiv sind. Statt das unbequeme Thema der Abschiebehaft in den öffentlichen Fokus zu rücken und strukturelle Veränderungen voranzutreiben, wird der Fokus auf gesellschaftlich mehr anschlussfähige Themen gesetzt. Hinzu kommt, dass dem Flüchtlingsrat NRW unerwarteter Weise und ohne vorherige Absprache mit dem Verein *Hilfe für Menschen in Abschiebehaft Büren e.V.* der Sitz dessen im Beirat zugesprochen wurde.[79] Dies sind nur Einblicke in fehlende Transparenz und problematische Uneinigkeiten innerhalb der Zusammenarbeit zivilgesellschaftlicher Organisationen, die neue Fragen aufwerfen. Sie sind nicht aussagekräftig genug, Schlüsse auf Verstrickungen dieser Organisationen zu ziehen. Jedoch verdeutlichen diese Einblicke die Problemlage der fehlenden zivilgesellschaftlichen Lobby von Gefangenen in Abschiebehaft: diejenigen Akteur*innen, die besonders nah an den Belangen der Gefangenen sind, werden systematisch aus der bestehenden Beiratsstruktur ausgeschlossen.

Durch die Einschränkung des Zugangs von Inhaftierten zu engagierten Unterstützer*innenstrukturen wird zudem eine gegenteilige öffentliche Darstellung, die versucht Abschiebehaft und ihren Vollzug zu delegitimieren, erschwert. Im Jahre 1999 ist die Anwendung von Isolationshaft aufgrund des Drucks der Veröffentlichung jedes Falles von Isolationshaft stark zurückgegangen (Interview, Z. 217ff.). Dies ist jedoch zurzeit nicht mehr möglich, da die Isolationshaft aktuell im Verborgenen stattfindet und Unterstützer*innen „in einem ganz großen Teil der Fälle jetzt gar nicht mehr [erfahren], ob jemand in Isolierhaft ist oder nicht.“ (Interview, Z. 222ff.) Und „das große Problem ist, dass dort die Anstaltsleitung, ja mit sich nicht reden lässt.“ (Interview, Z. 567f.) Dies begünstigt einen noch homogeneren, machtvollen politischen Diskurs, basierend auf den bloßen Interpretationen der Einrichtungsleitung. Zusätzlich zu den fehlenden gerichtlichen Kontrollen der Isolationshaft durch die neue Fassung des AHaftVollzG NRW wird somit eine Kontrolle durch Öffentlichkeitsarbeit von zivilgesellschaftlichen Akteur*innen erschwert.

Der Ansatz von Mecheril und Heinemann (2016), der eine „Halbierung“

79 Dem Flüchtlingsrat NRW wurde während einer Anhörung im Innenausschuss im Jahr 2015 von der Grünen Fraktion zwei Sitze im Beirat zugeteilt. Der *Verein Hilfe für Menschen in Abschiebehaft Büren e.V.* hatte damit keinen Sitz mehr inne. Der *Flüchtlingsrat NRW* bestätigte dort jedoch, dass der Verein bei der Bestimmung der Mitglieder im Beirat aufgrund seiner „entsprechende Erfahrungen“ (Landtag NRW 2015: 9) mitbestimmen könne. Dies ist seitdem jedoch nie geschehen. (Feldnotizen)

(S. 48) der Realität der Ungleichbehandlung durch die Fokussierung Institutioneller Diskriminierungen herausstellt, wird besonders im weitgehend kontrollfreien Raum der Isolationshaft relevant. Während die Gefangenen allein durch institutionelle Regelungen, wie Gesetze und organisatorische Abläufe im Gefängnis, rassistische Diskriminierung erfahren, ist individueller Diskriminierung durch Mitarbeiter*innen, wie der Skandal um das Abreißen der Papierunterhose durch Bedienstete (siehe Kapitel 3), freie Fahrt gegeben.

Eine rassismuskritische Perspektive, die (Institutionellen) Rassismus eng mit nationalstaatlicher Logik verknüpft, bietet somit an verschiedenen Punkten Erklärungsmuster für das Bestehen von Abschiebehaft und ihrem restriktiven Vollzug. Es lassen sich zahlreiche Beispiele innerhalb der Abschiebehaft – darunter auch die Legitimierungspraktiken für die Verschärfung der Isolationshaft – finden, die auf Rassismen fußen und diese reproduzieren und normalisieren.

6. Abschiebehaft und die (Un-)Möglichkeiten einer widerständigen Sozialen Arbeit: „Ein Bohren von ganz dicken Brettern"

*Demonstrant*innen vor dem Abschiebegefängnis fordern die sofortige Abschaffung der Abschiebehaft.*
Foto: Sebastian Lemme

Bereits in den vorigen Kapiteln habe ich verschiedene Aspekte zur notwendigen Änderung der aktuellen Verhältnisse der (Isolationshaft in) Abschiebehaft in NRW dargestellt. In diesem Teil werde ich zunächst die bestehenden politisch-öffentlichkeitswirksamen Widerstände ehrenamtlich organisierter Gruppen gegen diese Verhältnisse in den Fokus rücken. Anschließend werde ich konkreter auf die widersprüchlichen Anforderungen an eine professionelle pädagogische bzw. sozialarbeiterische Tätigkeit im Bereich der Abschiebehaft eingehen. Zum einen gehe ich hierfür der Frage nach dem Verhältnis von Struktur und Personen nach und diskutiere zum anderen, wie eine professionelle Haltung von pädagogischen Fachkräften im Bereich der Abschiebehaft aussehen sollte, um ihrem beruflichen Ethos gerecht zu werden.

Um eine Veränderung im Bereich der Isolationshaft anzustreben, schlägt der*die Interviewte für Personen, die noch nicht mit der Thematik vertraut sind, Folgendes vor:

> *„Also ich würde der auf jeden Fall empfehlen erstmal überhaupt mitzugehen. [...] In die Abschiebehaft hinein zu gehen und zu gucken, wie funktioniert*

Abschiebehaft? Was ist Abschiebehaft? Und auch mit Gefangenen einfach einmal zu reden. [...] Sich selber ein Bild zu machen und selber mit Menschen zu sprechen, die im Bereich der Abschiebehaft sind. [...]Eine Möglichkeit [...] ist es einfach systematisch diese Thematik Isolierhaft immer wieder in den öffentlichen Fokus rein zu rücken. [Und das ist ein sehr, sehr dickes Brett-Bohren.] Um dementsprechend dann dafür auch eine Änderung hinzukriegen. Denn ich habe das Gefühl in diesem Bereich, [...] muss [man] sehr, sehr, sehr viel nerven einfach auch, damit da einfach auch nochmal andere Leute außer der Anstaltsleiter selber [...] [über die Isolationshaft, wie sie gerade dort passiert und in Zukunft ausgebaut werden soll] nachdenken. [...] Und nerven heißt wirklich in allen Bereichen, Formen, [das] heißt tatsächlich, was ich eben sagte, von Demonstrationen bis Gottesdienst, von Vorträgen über politische Arbeit und immer wieder dieses Thema in einen Fokus rein rücken." (Interview, Z. 854ff.)

In diesem Zitat schneidet die interviewte Person verschiedene Aspekte an. Zum einen spricht sie von der Grundvoraussetzung, sich selbst ein Bild von Abschiebehaft zu machen, um sich über die Verhältnisse in Abschiebehaft bewusst zu werden. Hierbei benennt sie das Sprechen, also den direkten Kontakt zu Menschen, die in Abschiebehaft inhaftiert sind, als unabdingbar. Das obige Zitat ist an einzelne Personen adressiert, die Interesse haben, sich gegen (Isolationshaft in) Abschiebehaft zu engagieren. Die Forderung nach direktem Kontakt mit den Inhaftierten und genauem Hinsehen, was hinter den Gefängnismauern geschieht, habe ich bereits in verschiedenen Teilen meiner Arbeit benannt. Sie richtet sich an Akteur*innen auf verschiedenen Ebenen: Landtag, Ministerium, Beirat, Kirchen, Wohlfahrtsverbände, weitere NGOs, Aktivist*innen. Da jedoch keine*r der Akteur*innen regelmäßig in direkten Austausch geht, muss zunächst ein Bewusstsein über die Verhältnisse und Interesse von Seiten der Herrschenden geschaffen werden, was der*die Interviewte als „nerven" (Interview, Z. 859, 864) und als „sehr, sehr dickes Brett-Bohren" (Interview, Z. 855f.) bezeichnet. Die politisch-öffentlichkeitswirksame Komponente ist daher als zentraler Bestandteil der Unterstützungsarbeit zu verstehen. Darunter fasse ich sowohl Lobbyarbeit in Form von direktem Kontakt mit parlamentarischen Politiker*innen (schriftliche und mündliche Stellungnahmen im Landtag, Gespräche mit einzelnen Abgeordneten, etc.) als auch aufklärende und medienwirksame Öffentlichkeitsarbeit die sich an verschiedenste Teile der Gesellschaft wendet (Demonstrationen, Gottesdienste, Informationsveranstaltungen, Pressemitteilungen, Fernsehbeiträge, etc.). Der Verein selbst versucht „da aktuell alle Ebenen zu bedienen, die es nur gibt. Auch Ebenen, die vielleicht nicht ganz so erfolgreich sind." (Interview, Z. 242f.) Zudem finden Vernetzungen, Zusammenarbeit und das Bilden von Bündnissen mit politischen Gruppen statt, die sich gegen Abschiebehaft und die Ausgestaltung ihres Vollzugs positionieren und damit an die Öffentlichkeit treten:

*„Ein Großteil [der Partner*innen des Vereins kommt] einfach auch aus dem Bereich der AntiRa und Antifa [...], wo Menschen dementsprechend dort sich einfach auch zusammenfinden können und [...] [sich] jetzt Gedanken zu machen, z.B. im nächsten Jahr wieder eine große Demo auf die Beine zu stellen." (Interview, Z. 722ff.)*

Die angeführten antirassistischen und antifaschistischen Gruppen setzen sich aus ihren Selbstverständnissen heraus kritisch mit unterdrückenden Herrschaftsstrukturen auseinander. (Feldnotizen) Sie und der Verein arbeiten ehrenamtlich und parteiisch. Im Gegensatz zu den angestellten Sozialbetreuer*innen[80] wird der Verein, der die „unabhängige Haftberatung durch anerkannte Flüchtlingshilfsorganisationen" (§ 7 AHaftVollzG NRW Abs. 2 S. 2) sicherstellt, nicht bezahlt. Seine Arbeit kann so wie viele andere ehrenamtliche Arbeit im Kontext von Asyl- und Aufenthaltspolitik, als großzügig angebotenes und somit potentiell verzichtbares Extra verstanden werden (Graf 2016: 94). Zum einen hängt es somit ganz allein von der Bereitschaft der ehrenamtlichen Unterstützer*innen ab, ob die Menschen in Haft diese Haftberatung erhalten oder nicht. Zum anderen sind die Unterstützer*innen in ihren Handlungsentscheidungen weitgehend unabhängig vom Staat und können – nach eigenem Vorsatz – dem Mandat der Betroffenen dienen. Natürlich sind auch diese weitgehend staatsunabhängigen Gruppen wiederum nur in bestimmten gesetzlichen und politischen Rahmen legal möglich und unterliegen zudem systematischen staatlichen Unterdrückungen (Bsp. Rausschmiss des Vereins aus dem Beirat, Zugangsbeschränkungen, Gesprächsverweigerungen durch die Einrichtungsleitung, etc.). Durch die politische Öffentlichkeitsarbeit versuchen der Verein und seine Partner*innen dem hegemonialen, rassistischen Diskurs etwas „von unten" entgegenzusetzen, um so offensiv auf eine andere Machtverteilung hinzuwirken. Seit Jahren fordert der Verein eine Einrichtung von hauptamtlichen Verfahrens- und Beschwerdemanagementstellen im Abschiebegefängnis Büren, solange die Institution der Abschiebehaft noch nicht abgeschafft ist (siehe Kapitel 4). Soziale Arbeit im Kontext von Asyl- und Abschiebepolitik birgt jedoch eine Reihe von Ambivalenzen und Widersprüchen in sich (Muy 2017: 57). Im Positionspapier zu professionellen Standards und sozialpolitischer Basis von Sozialer Arbeit mit Geflüchteten in Gemeinschaftsunterkünften hat eine Initiative von Hochschullehrenden (2016) fachliche und berufsethische Grundlagen für Sozialarbeiter*innen erarbeitet. Zwar ist ein Abschiebegefängnis niemals einer Gemeinschaftsunterkunft gleichzusetzen, doch kann dem Positionspapier

80 Im Abschiebegefängnis Büren sind drei Sozialbetreuer*innen für die „soziale Betreuung" (§ 7 AHaftVollzG NRW Abs. 2 S. 1) der Gefangenen angestellt. Sie sind durch die Gefängnisleitung angestellt, nicht von einem*einer unabhängigen Träger*in, und übernehmen Aufgaben, wie bspw. die Freizeitgestaltung oder z.T. Hilfestellungen bei bürokratischen Verfahren (Übersetzungen, Faxen, etc.). (Feldnotizen)

der Auftrag an die Soziale Arbeit entnommen werden,

> *„Menschen im Sinne ihrer Selbstbestimmung, Partizipation und gleichberechtigten Teilhabe am gesellschaftlichen Leben zu unterstützen und dort Partei zu ergreifen, wo diesem Anspruch gesellschaftliche Rahmenbedingungen entgegenstehen" (Initiative Hochschullehrender 2016: 3).*

Sie erklären, dass in der Zusammenarbeit mit Behörden eine Mitwirkung bei Abschiebungen durch Sozialarbeiter*innen „dem professionellen Ethos und fachlichen Selbstverständnis Sozialer Arbeit [widerspricht]" (ebd.: 5). Soziale Arbeit handelt jedoch innerhalb des zuvor dargestellten machtgestützten, politisch-rechtlichen Rahmens auf der Grundlage nationalstaatlichen Rechtes (siehe Kapitel 5) und wird überwiegend staatlich finanziert. (Scherr/Scherschel 2016: 123) Besonders im Fall der Abschiebehaft, die durch eine immer repressivere Abschiebepolitik ausgeweitet und verschärft wird (Bsp. „Geordnete-Rückkehr-Gesetz"), spitzen sich die Widersprüche zwischen dem selbstproklamierten Mandat der Sozialen Arbeit und ihren Handlungsmöglichkeiten innerhalb nationalstaatlich-ambivalent gerahmter Aufträge zu.

Ich möchte an dieser Stelle die geforderten Stellen des Beschwerdemanagements und der Verfahrensberatung auf ihre Handlungsspielräume überprüfen. Es lassen sich in meinen Daten viele Hinweise auf Faktoren finden, von denen abhängt, ob sich diese Stellen als parteiische Soziale Arbeit im Sinne einer erkennbaren und konsequenten Parteinahme für die Teile der Gesellschaft, die Ausgrenzung und Entwertung ausgesetzt werden, und das Erkennen und Angreifen der dahinterstehenden Strukturen, verstanden werden können (Seithe 2010: 261). Gerade vor dem Hintergrund einer Politik und Gesetzgebung, die sich weitgehend einer reibungslosen verwaltungstechnischen Durchführung der Abschiebung durch Abschiebehaft verschrieben hat (siehe Kapitel 5), sind die Rahmenbedingungen für eine professionelle Soziale Arbeit im Sinne des Wohls der Betroffenen stark eingeschränkt (z.B. durch fehlende Möglichkeiten der Kontrolle staatlichen Handelns von Seiten der Inhaftierten und ihren Unterstützer*innen). Laut des Positionspapiers der Initiative der Hochschullehrenden (2016) sollen Sozialarbeiter*innen „angesichts drohender aufenthaltsbeendender Maßnahmen […] über sämtliche Handlungsoptionen beraten, damit Betroffene selbst eine informierte Entscheidung treffen können." (S. 5) Nun gibt es innerhalb der Haft die Möglichkeit, mittels legaler Wege als Person des Vertrauens bei gerichtlichen Verfahren für eine Freilassung zu kämpfen, über die dann hoffentlich noch vor der Abschiebung entschieden wird. Doch eine wirklich große Breite von Handlungsoptionen besteht in den seltensten Fällen der Abschiebehaft. Deshalb sehe ich es im Sinne einer rassismuskritischen Praxis als unausweichlich, dass über die gesetzlich gerahmten Spielräume hinaus „»heimliche« und »unsichtbare«" (Muy 2017: 61) widerständige Alltagspraxen[81] ausgelotet werden, sowie durch (professions-) politische Positionierungen und Lobby- und Öffentlichkeitsarbeit durch die Akteur*innen Konflikte offen ausgetragen und so strukturelle Änderungen herbeigeführt werden.

Gehen wir im Rahmen des Abschiebegefängnisses in Büren davon aus, dass die landesgeförderten Stellen von einem*einer Träger*in übernommen werden, der*die sich als politische*r Akteur*in versteht und „störrische" (Galuske 2002 und Walther 2005 zit. nach Seithe 2010: 257) bzw. in vivo: „nerven[de]" (Interview, Z. 859, 864) Soziale Arbeit der Mitarbeiter*innen unterstützt, die auf sozialpädagogischen Positionen (z.B. Parteilichkeit) beharren. Dann bestehen relativ große politische Freiräume der Mitarbeiter*innen, die Ambivalenzen und Widersprüche ihrer Arbeit zu benennen und somit Widerstand gegenüber den institutionellen rassistischen Praktiken zu leisten (Organisation staatlich unabhängiger Bündnisse, Unterstützung alternativer, ehrenamtlicher Projekte Sozialer Arbeit, wie z.B. die bisherige Unterstützungsarbeit des Vereins, Einmischen in landes- und bundespolitische Debatten, Organisation öffentlichkeitswirksamer Proteste, Bilden von Rechtshilfefonds, etc.). (Seithe 2010: 261 ff.) Dennoch sind – wie ich bereits dargelegt habe – auch gegenüber Mitarbeiter*innen freier Träger*innen bereits Berufsverbote vom Land ausgesprochen worden (siehe Kapitel 4). Ist stattdessen eine Konstellation gegeben, bei der bereits der*die Träger*in nicht mit einer offensiven, politischen Arbeit einverstanden ist, treten schon viel früher berufsethische Konflikte derjenigen auf, die die Stellen ausführen. Es ergibt sich so ein Spannungsverhältnis der Loyalität zwischen den auftraggebenden Institutionen und den Adressat*innen, was zum Konflikt mit der eigenen materiellen Absicherung werden kann: „Durch ein neoliberal bedingtes Bedürfnis der Fachkraft nach Sicherheit ihres Arbeitsplatzes entsteht eine Loyalität dem Arbeitgeber gegenüber, die um die Sicherheit zu stabilisieren zu einer Loyalität mit sich selbst wird." (Grönheim 2018: 30) Dadurch resultiert, dass Wünsche und Ziele der Adressat*innen, die nicht der vorgegebenen politischen Richtung entsprechen, in den Hintergrund geraten können und die Soziale Arbeit den Status quo unterstützt und aufrechterhält. Dies unterstreicht erneut die Verstrickung von Sozialer Arbeit innerhalb bestehender Machtverhältnisse aus der resultiert, dass es im sozialpädagogischen Handeln keine politische ‚Neutralität' geben kann, sondern Soziale Arbeit immer politisch ist. (Seithe 2010: 261; Muy 2017: 62) Innerhalb kapitalistischer Verhältnisse befinden sich die Akteur*innen Sozialer Arbeit in Widersprüchen, innerhalb derer sie Handlungsentscheidungen treffen müssen:

81 Ich spiele hier auf Praxen, wie z.B. das in den Weg stellen zwischen Polizei und flüchtenden Personen aus der Einleitung an. Ein Eingreifen wird natürlich im Rahmen von Abschiebehaft nicht sonderlich leicht gemacht, doch sollen motivierten Menschen hier keine Grenzen gesetzt werden, außer jene der Adressat*innen.

„Wenn Soziale Arbeit ihr professionelles Mandat ernst nimmt, bleibt nicht aus, dass hieraus Konflikte mit verantwortlichen Stellen entstehen und in Kauf genommen werden, beziehungsweise ausgetragen werden müssen. Dass Mandatstreue und Konfliktbereitschaft angesichts ihrer finanziellen und politischen Abhängigkeiten von staatlicher Politik möglicherweise ihre eigene Existenz bedrohen können, gehört zu den unauflösbaren Widersprüchen der Sozialen Arbeit unter den herrschenden institutionellen Bedingungen." (Muy 2017: 61)

So braucht es eine kritisch-reflexive Grundhaltung der pädagogischen Fachkräfte, mit der sie strukturelle Zusammenhänge und Folgen erkennen und bereit sind, Konflikte einzugehen. Dazu möchte ich anmerken, dass ein Sprechen von einer bloßen Entscheidung, wem mensch dienen will, strukturelle Probleme individualisiert und die eigenen Verstrickungen in (rassistische) Machtstrukturen nicht genügend reflektiert. Vielmehr findet Handeln nie außerhalb rassistischer Strukturen statt. Somit ist eine rassismuskritische Haltung, die sich entgegen normativer Vorstellungen ihrer eigenen Verstrickungen bewusster ist und diese reflexiv in ihre Arbeit einbezieht, unverzichtbar. Gerade für *weiße* Fachkräfte ist eine kritisch-reflexive Grundhaltung in besonderem Maße nötig, da die eigene *weiße* Positionierung oft unhinterfragt bleibt und die Dilemmata, die mit der eigenen Position einhergehen, nicht umgangen werden können. (Machold 2011: 388ff.)

Auch bezüglich der Reflexivität hängt die fachliche Professionalität laut dem*der Befragten stark von den Träger*innenstrukturen ab: So werden

*„die Mitarbeiter[*innen] [bei vielen Wohlfahrtsverbänden, bei vielen Trägern,] [...] nicht [...] mit Informationen, mit Schulungen, mit Fortbildungen, mit Informationen, usw. [ausgestattet]" (Interview, Z. 445ff.).*

Aus meiner Analyse lässt sich schließen, dass sowohl die Struktur als auch die professionellen Haltungen einzelner Personen ineinandergreifen und den Fokus der pädagogischen Arbeit als adressat*innen- oder institutionenorientiert bestimmen/beeinflussen. Auch an anderen Stellen spielen diese eine große Rolle. So bietet der Beirat beispielsweise eine Möglichkeit des direkten Kontakts mit den Inhaftierten, doch anstatt diesen Zugang zu nutzen besprechen sich die Beiratsmitglieder nur mit der Gefängnisleitung. Die bestehende Struktur ist hier nur eine Farce: Es fehlt die Konfliktbereitschaft der Mitglieder (ob die der Mitarbeiter*innen und/oder Träger*innen geht aus meinen Daten nicht hervor), vom Zugangsrecht und den vorhandenen Informationen Gebrauch zu machen bzw. die Konfliktbereitschaft die Beiratsstruktur öffentlich als Farce zu enthüllen und (träger*innen)politische Forderungen zu stellen. Hier wird die fehlende Haltung der Fachkräfte/Träger*innen deutlich[82]. Genauso gibt es

82 Meine Daten geben Auskunft über weitere unterschiedliche Positionen in der

Personen und Zusammenschlüsse, die viel Zeit in parteiische Arbeit investieren, denen jedoch der Zugang systematisch verbaut wird, was auf das Fehlen der Strukturen deutet. Dazwischen lassen sich vermutlich noch viele andere Gründe verorten, aus denen einzelne Menschen verändernde Handlungsoptionen nicht wahrnehmen (können). Soziale Arbeit bietet oft „eine enorme Einsicht [...] in die vom gesellschaftlichen System erzeugten Verwerfungen" (Seithe 2010: 261). Aus diesem Einblick entspringt, wie bereits die Expertise ehrenamtlich Aktiver im Verein und deren Kritik an den vorherrschenden Strukturen zeigen, ein detailliertes Wissen um die Voraussetzungen und Folgen professionellen Handelns seitens der Unterstützer*innen. Dieses Wissen bildet die Grundlage dafür, menschenverachtende Missstände aus dem individuellen Bereich in die (träger*innen)politische Verantwortung zu bringen und dort „sehr, sehr, sehr viel [zu] nerven" (Interview, Z. 859). (Seithe 2010: 258) Eine Möglichkeit der Änderung der aktuellen grundlegenden Problematik der fehlenden Informationen durch erschwerten Zugang und Kommunikationsverweigerungen seitens der Gefängnisleitung, sieht auch der*die Interviewte nur durch den

> *„politischen Weg [...], dass sich tatsächlich jemand dieses genau anguckt, wie eigentlich dementsprechend dort die Zuführung zu unserm Verein erfolgt. Und dann auf Seiten des Ministeriums [Anm. d.V.: MKFFI NRW] oder des Landtages dort nochmal klare Grenzen gibt und nochmal klar gesagt wird: »so geht das und das geht nicht« gegenüber der Einrichtung." (Interview, Z. 227ff.)*

Resultierend gilt es für Politiker*innen, Organisationen und Weitere, diejenigen Akteur*innen zu etablieren und zu unterstützen, die widerständig und konfliktbereit sind und politische und rassismuskritische Ansätze verfolgen. Dies gilt sowohl für geförderte Stellen (Verfahrensberatung, Beschwerdemanagement, etc.) als auch für unabhängige Projekte (Verein, politische Gruppen, etc.). Hierbei wäre eine Zusammenarbeit der verschiedenen haupt- und ehrenamtlichen Unterstützer*innenstrukturen wünschenswert, die sich in ihren jeweiligen strukturellen Grenzen und Möglichkeiten ergänzen könnten. So können Strukturen geschaffen werden, die als Sprachrohr derjenigen dienen können, die in Abschiebehaft inhaftiert werden und somit im Sinne eines „Bohren[s] von ganz dicken Brettern" (Interview, Z. 278) ein Gegendiskurs zum hegemonialen rassistischen Diskurs fördern. Dabei sollten folgende Fragen kontinuierlich im Mittelpunkt stehen: Wie bin ich/sind wir in rassistische Verhältnisse verstrickt? Was sind die Wünsche und Ziele der Adressat*innen? Welche Handlungsspielräume bietet die mich/uns umgebende Struktur? Wie schränkt mich/uns die

---

Abschiebehaft, die zeigen, wie stark das Handeln in einer Position von den Haltungen derer abhängt, die die Position besetzen. Bsp.: die Anstaltsleitung, die zuvor auf „reden" gesetzt hat und heute eine strikte „law and order"-Politik durchsetzt (Interview, Z. 61 ff.) oder die Mitarbeiter*innen, die Gefangenen ab und zu eine Zigarette anbieten oder der Strom abstellen (Interview, Z. 663ff.).

Struktur ein? Was muss sich ändern, um meiner/unserer (sozialpädagogisch) professionellen Tätigkeit entsprechend arbeiten zu können? Wem diene/n wir/ich? Reproduziere/n ich/wir rassistische und/oder ausgrenzende Verhältnisse? Wie und wo muss/müssen ich/wir stören, um eine parteiische Soziale Arbeit gewährleisten zu können?

7. Reflexion und Ausblick

An dieser Stelle möchte ich meine Forschung kritisch würdigen, indem ich zum einen ihre method(olog)ischen und thematischen Grenzen beschreibe und zum anderen aufzeige, an welchen Stellen mit weiteren Reflexionen, anderen Perspektiven und sonstigen thematischen Fokussierungen angesetzt werden kann und sollte, um die Entrechtungen, die täglich in Abschiebehaft unter staatlicher Aufsicht durchgeführt werden, zu erkennen und zu delegitimieren.

Zunächst möchte ich weitere Überlegungen zur methodologischen Dimension meiner Arbeit darstellen. Aus den zu Beginn genannten Gründen habe ich mich entschieden, die Perspektive von Unterstützer*innen als Ausgangspunkt der Forschungsarbeit zu machen (siehe Kapitel 1). Was in Isolationshaft passiert und welche konkreten Grenzen den Zugang zu Unterstützer*innen beeinflussen, kann vor allem durch direkte und ungefilterte Aussagen und Deutungen der Betroffenen genauer bestimmt werden. Demnach wäre zusätzlich zur Perspektive der Unterstützer*innen der Blick auf das subjektive Erleben der Gefangenen von besonderer Relevanz. Hier sind Ansätze partizipativer Methodologie erwähnenswert. Partizipative Ansätze stellen die Einbindung der beforschten Subjekte in den Prozess der Wissensproduktion in den Vordergrund (dies schließt insbesondere die Möglichkeit auf verschiedenen Ebenen Entscheidungen zu treffen ein), sodass sie selbst zu forschenden Subjekten werden. (Bergold/Thomas 2012) Hinsichtlich dessen muss jedoch der Rahmen der Isolationshaft berücksichtigt werden, der eine partizipative Forschung weitgehend unmöglich macht. Selbst wenn Forscher*innen Zugang zu den inhaftierten Menschen bekämen (was sich aufgrund des eingeschränkten Besuchsrechts in Isolationshaft als sehr schwierig erweist), wäre selbst eine Co-Autor*innenschaft als noch sehr geringe Form der Partizipation bei denjenigen Gefangenen nicht möglich, denen auch Papier und Stift entzogen werden.

Durch den Fokus meiner Arbeit auf die strukturellen Rahmenbedingungen der Haft ist die Gefahr gegeben, dass nationalstaatliches Handeln als allmächtig, starr und unveränderlich gegenüber den in Abschiebehaft inhaftierten Menschen begriffen wird. Dies kann zur (Re-)Produktion rassistischer Deutungsmuster führen, die Menschen mit unsicherem Aufenthaltsstatus nicht selten als handlungsunfähige Objekte gegenüber einem allmächtigen Grenzsystem darstellen. Diesem "methodologischen Nationalismus" (Karakayali/Tsianos 2007: 8) setzt die Forschungsgruppe *Transit Migration* mit ihrem Konzept der *Autonomie der Migration* etwas entgegen. Statt migrantische Handlungen und Agenturen der Kontrolle als binäres Subjekt-Objekt-Verhältnis zu verstehen, rücken sie migrantische Widerstände innerhalb des „Grenzregimes" (ebd.: 13) in den Fokus und konzeptualisieren die Regularisierung[83] sozialer Verhältnisse als Resultat sozialer Auseinandersetzungen voller Paradoxien. Durch meine gesellschaftliche Position und die damit einhergehende Betrachtung der Unterstützungsarbeit von Gefangenen in Abschiebehaft habe ich zum Teil Aushandlungsprozesse innerhalb des Grenzregimes dargestellt, doch bleiben die Widerstände der Gefangenen in meiner Forschungsarbeit größtenteils unbeleuchtet.[84] So möchte ich hervorheben, dass es die Menschen sind, die sich faktisch über nationalstaatliche Grenzen hinweg bewegen, die tag täglich die nationalstaatliche Ordnung in Frage stellen und den Nationalstaat dazu zwingen, sein „Innen" und „Außen" immer wieder neu zu definieren. (Oulios 2015: 180 f.)

Meine gesamten methodologischen Überlegungen für die Konzeption und Reflexion der Forschung im Feld der Isolationshaft in Abschiebehaft geben bereits Aufschluss über den Status der Inhaftierten im Feld. Durch die restriktiven Bedingungen, die im Feld vorherrschen, wird Menschen ihre Autonomie genommen, sie werden daran gehindert, sich zu äußern und ihnen wird jeglicher Subjektstatus abgesprochen. Dies stellt die Wissenschaft vor (forschungs-)ethische Herausforderungen und erfordert eine reflexive Herangehensweise.

Aufgrund des geringen Umfangs vorhandener Literatur über den Gegenstand dieser Arbeit habe ich den Fokus darauf gelegt, den Gegenstand empirisch zu öffnen und ihn explorativ zu erforschen. Ich habe das Thema der Isolationshaft in Abschiebehaft in diesem Rahmen erstmalig wissenschaftlich thematisiert und durch die Verknüpfung mit einer rassismuskritischen Perspektive theoretische Anstöße zur Analyse des Gegenstandes gegeben. Es wäre interessant, die Daten noch detaillierter auf (Institutionellen) Rassismus hinzubefragen.

Ferner liefert meine explorative Forschung reichlich Potential für die inhaltliche Fokussierung einzelner Themen, zu denen ich hier einen Ausblick gebe.

83 Den Begriff der „Regularisierung" führen die Autor*innen auf die Regulationstheorie nach Lipietz 1985 und die Bourdieu-Schule nach Boltanski/Chiapello 2003 zurück (Lipietz 1985 und Boltanski/Chiapello 2003 zit. nach Karakayali/Tsianos 2007: 14).

84 Auf wenige Einblicke in widerständige Praktiken der Gefangenen durch meine ethnographische Forschung möchte ich hier hinweisen: Neben den genannten Widerstandspraktiken zur Vereitelung der Abschiebung im Flugzeug und das Verstopfen der Toilette im bgH sind mir folgende Widerstandspraktiken der Gefangenen im Bürener Abschiebegefängnis bekannt: Hungerstreiks (auf die die Gefängnisleitung mit Isolationshaft reagiert hat, um sie zu unterbinden) oder das Einarbeiten von Botschaften in die Produkte, die von den Gefangenen produziert und später in Geschäften verkauft wurden. (Feldnotizen) Einen Beitrag über Widerstände gegen Abschiebungen schreibt zudem Miltiadis Oulios in *Blackbox Abschiebung* (Oulios 2015: 312 – 356).

Wie bereits aufgezeigt, gibt es bislang nur in sehr geringem Umfang Forschung zu Abschiebehaft und vor allem zu Isolationshaft und Unterstützungsstrukturen in Abschiebehaft. Daher gibt es eine Bandbreite von Themenfeldern, die unerforscht sind und Potential für weitere Analysen beinhalten. Allein in meiner Arbeit wurden folgende Themen zur (empirischen) Exploration und weitergehenden Forschung aufgeworfen:

- Fragen zur Gesetzgebung und zum Gesetzgebungsverfahren auf Landes-, Bundes- und suprastaatlicher Ebene (hier wäre eine interdisziplinäre Forschung hilfreich, die bspw. juristische Hintergründe zum Verhältnis verschiedener Gesetze näher beleuchten kann);
- Fragen zur staatlichen Repression von widerständigen Gefangenen und Unterstützer*innen (z.B. Absetzung des Vereins aus dem Beirat, Anwendung von Isolationshaft bei Hungerstreikenden, etc.);
- Fragen zum Verhalten zivilgesellschaftlicher Akteur*innen zu Abschiebehaft und ihrem Agieren im politischen Machtgefüge im Feld der Abschiebehaft;
- Fragen zur Verstrickung zivilgesellschaftlicher Akteur*innen in rassistische Machtgefüge;
- Fragen zur fachlichen Qualität und Ausbildung sowie der Konzeptionierung der Unterstützungsarbeit von involvierten Ehrenamtlichen und Hauptamtlichen;
- Tiefergehende Analysen verschiedener Diskursstränge im Bereich der Abschiebehaft und ihre Verknüpfungen mit anderen Praktiken und Diskursen (Bsp.: Wodurch können Begründungen zur Beschneidung der Rechte von Gefangenen, die außerhalb der Handlungsfähigkeit der Inhaftierten zu verorten sind, dennoch den Gefangenen zur Last gelegt werden?).

Bei jeglichen weiteren Forschungsvorhaben ist eine methodologische Reflexion unabdingbar, die sich der Verstrickung in rassistische Machtstrukturen und damit einhergehender Widersprüche und Dilemmata bewusst ist. Durch die Reflexion der eigenen Position und das Einnehmen einer reifizierungssensiblen Forschungshaltung können forschungsethische Entscheidungen bewusster getroffen werden.

8. Fazit

„Die Würde des Menschen ist abschiebbar" – ein trauriges, doch zutreffendes Zitat von einem*einer Unterstützer*in der Gefangenen im nordrhein-westfälischen Abschiebegefängnis in Büren.

Dieser Arbeit liegt eine empirische, explorative Forschung im Bereich der Abschiebehaft zugrunde. Anhand eines zirkulären Vorgehens zwischen der Datenerhebung durch teilnehmende Beobachtung und ein Interview sowie der

Datenauswertung habe ich folgende Fragestellungen entwickelt: Welche strukturellen Bedingungen rahmen die Isolationshaft in Abschiebehaft in NRW und den Zugang der Gefangenen zu nicht-staatlicher Unterstützung? Wie gestalten sich in diesem Rahmen die Handlungsmöglichkeiten von Unterstützer*innen?

In der Bearbeitung der ersten Fragestellung konnte ich zahlreiche strukturelle Missstände des Abschiebehaftvollzugs im Abschiebegefängnis Büren herausstellen. Gesamtgesellschaftlich betrachtet, werden die generelle Praktik der Abschiebehaft in Deutschland und ihr Vollzug von historisch gewachsenen rassistischen Diskursen getragen, die Menschen zu „natio-ethno-territorial-kulturellen Anderen" machen und sie aufgrund dessen mit weniger Rechten als „den Eigenen" ausstatten. Im Falle der Abschiebehaft wendet der deutsche Staat das härteste Mittel an, das ihm als Eingriff in die Autonomie von Menschen zur Verfügung steht. Unschuldige Menschen werden allein aufgrund ihres zugeschriebenen Status als „Andere" ihrer Freiheit beraubt. Selbst innerhalb der Haft, in ihrem Vollzug, werden rechtsstaatliche Prinzipien und die von den Vereinten Nationen geforderten Mindeststandards für gefangene Menschen unterlaufen. Dies geschieht sogar, obwohl der EuGH entschieden hat, dass Abschiebegefangene gegenüber Strafgefangenen grundlegend bessergestellt werden müssen. Vor allem durch die Verschärfung des AHaftVollzG NRW, das den Vollzug des Bürener Abschiebegefängnisses regelt, hat die Landesregierung NRW die Macht der Einrichtungsleitung massiv ausgeweitet und zugleich die Rechte der Gefangenen massiv eingeschnitten. Darunter fällt unter Anderem, dass die Gefängnisleitung Isolationshaft in ihren verschiedenen Ausgestaltungen, darunter auch die Fesselung von Gefangenen, ohne richterliche Kontrolle anordnen kann und zugleich die gerichtliche Zuständigkeit für Beschwerden seitens der Gefangenen ungeregelt bleibt. Der Willkür im Umgang mit den isolierten Gefangenen durch Beschäftige ist so jede Tür geöffnet. Zusätzlich wird den isoliert inhaftierten Personen die Möglichkeit, zu ihren Rechten zu kommen, durch die Einschränkung des Zugangs zu nicht-staatlicher Unterstützung durch Unterstützer*innen erschwert oder gänzlich genommen. Zudem bestehen trotz enormen Bedarfes bisher keine bezahlten unabhängigen Stellen, die die Gefangenen unterstützen. Ein unabhängiger Verein, dessen aktiv Tätige ausschließlich ehrenamtlich arbeiten, stemmt unter prekären Bedingungen den Großteil der Unterstützungsarbeit. Er fordert daher die Einrichtung landesgeförderter Verfahrensberatungs- und Beschwerdemanagementstellen, die von unabhängigen Träger*innen besetzt werden, und deren Zugang zu allen Gefangenen sichergestellt werden soll, wodurch die ehrenamtliche Tätigkeit ergänzt würde. In diesem Rahmen habe ich die Frage nach den Handlungsmöglichkeiten von nicht-staatlichen Unterstützer*innen in der Arbeit mit isoliert Inhaftierten diskutiert. Die Qualität ihrer Arbeit bewegt sich in einem Spannungsfeld zwischen struktureller Rahmung der Arbeit und Adressat*innenorientierung, wobei beides – die institutionelle Struktur und die

Haltung der haupt- und ehrenamtlichen Unterstützer*innen – eine immense Rolle spielen. Gerade im Kontext einer geschlossenen Einrichtung und den gesetzlichen Unterfangen der Landesregierung, die die Rechte der Gefangenen auf Grundlage ausschließlicher Informationen von der Gefängnisleitung und ohne Einbezug von Inhaftierten und ihren Unterstützer*innen aushöhlt, muss sich eine Unterstützungsarbeit als politisch verstehen. Durch Lobby- und Öffentlichkeitsarbeit kann sie strukturelle Änderungen für die Adressat*innen erkämpfen und verliert nicht jeglichen Anspruch auf professionelles Handeln auf fachlicher und ethischer Grundlage. Um die rassistische Grundstruktur zu erkennen und nationalstaatlichen Ausgrenzungslogiken entgegenzutreten, muss der Arbeit der Unterstützer*innen eine rassismuskritische Haltung zugrunde liegen, die von allen Akteur*innen gefördert werden muss.

Durch meine explorative Forschung ergeben sich viele Möglichkeiten oder vielmehr Notwendigkeiten, den Gegenstand mit anderen thematischen Schwerpunktsetzungen und unter anderen method(olog)ischen Perspektiven zu betrachten. Die Praktik der Abschiebehaft besteht schon seit hundert Jahren und wird durch Nationalismus, Rassismus und Antisemitismus legitimiert. Gegenüber diesen gewaltvollen und entwürdigenden Praktiken gibt es, bis auf einige wenige bemerkenswerte Ausnahmen, „keinen Aufschrei in der Gesellschaft". Die aktuelle Bundesregierung baut diese Praktiken aktuell sogar aus (Stand 06/2019). Sowohl in Wissenschaft als auch in der Zivilgesellschaft ist Abschiebehaft ein Randthema. Um die rassistische Praktik zu entlarven und einen starken Gegendiskurs zu bilden, bedarf es einer vielseitigen wissenschaftlich und zivilgesellschaftlich politischen Kritik.

Abkürzungsverzeichnis

A

ABH	Ausländerbehörde
AG	Amtsgericht
AHaftVollzG NRW	Abschiebungshaftvollzugsgesetz NRW
AHE	Abschiebehafteinrichtung Darmstadt
APVO	Ausländerpolizeiverordnung
AsylG	Asylgesetz
AsylVfG	Asylverfahrensgesetz
AufenthG	Aufenthaltsgesetz
AuslG	Ausländergesetz

B

BAMF	Bundesamt für Migration und Flüchtlinge
BeschV	Beschäftigungsverordnung
bgH	besonders gesicherter Haftraum
BGH	Bundesgerichtshof
BMI	Bundesministerium des Innern, für Bau und Heimat
BpolG	Bundespolizeigesetz
BRD	Bundesrepublik Deutschland

C

CPT	Europäischer Ausschuss zur Verhütung von Folter und unmenschlicher und erniedrigender Behandlung und Strafe

D

DISS	Duisburger Institut für Sprach- und Sozialforschung
dpa	deutsche Presse Agentur
Dublin-III-Verordnung	Verordnung (EU) Nr. 604/2013 des Europäischen Parlaments und des Rates vom 26. Juni 2013 zur Festlegung der Kriterien und Verfahren zur Bestimmung des Mitgliedstaats, der für die Prüfung eines von einem Drittstaatsangehörigen oder Staatenlosen in einem Mitgliedstaat gestellten Antrags auf internationalen Schutz zuständig ist

E

ED-Behandlung	Erkennungsdienstliche Behandlung, Erfassung von personenbezogenen und biometrischen Daten einer Person durch die Polizei
EGMR	Europäischer Gerichtshof für Menschenrechte
EMRK	Europäische Menschenrechtskonvention

EU	Europäische Union
EuGH	Gerichtshof der Europäischen Union
EURODAC	European Dactyloscopy: Fingerabdruck-Identifizierungssystem der EU für den Abgleich der Fingerabdruckdaten aller Asylsuchenden sowie von bestimmten Drittstaatsangehörigen und Staatenlosen über 14 Jahre
EU-RüFüRL	Rückführungsrichtlinie der Europäischen Union
F	
FamFG	Gesetz über das Verfahren in Familiensachen und in den Angelegenheiten der freiwilligen Gerichtsbarkeit
G	
GFK	Genfer Flüchtlingskonvention
GG	Grundgesetz
H	
HfMiAB	Hilfe für Menschen in Abschiebehaft Büren e.V.
HstVollzG	Hessisches Strafvollzugsgesetz
I	
I1	1. Interviewpartner
J	
JVA	Justizvollzugsanstalt
JvollzGB III	Drittes Buch Justizvollzugsgesetzbuch - Strafvollzug
L	
LG	Landgericht
LIPortal	Länder-Informations-Portal
M	
MKFFI NRW	Ministerium für Kinder, Familie, Flüchtlinge und Integration des Landes NRW
N	
NGO	Non-Governmental Organisation
NRW	Nordrhein-Westfalen
O	
OLG	Oberlandesgericht
P	
PdV	Person des Vertrauens
PEP	Passersatzpapier
PSZ	Psychosoziales Zentrum für ausländische Flüchtlinge Düsseldorf
U	

UfA	Unterbringungsanstalt für Ausreisepflichtige: Abschiebegefängnis Büren
UN	United Nations (Vereinte Nationen)
V	
VaFG	Gesetz über den Vollzug ausländerrechtlicher Freiheitsentziehungsmaßnahmen
Z	
ZAB	Zentrale Ausländerbehörde
ZPO	Zivilprozessordnung

Verzeichnis der Gesetze, Verordnungen, Richtlinien, Urteile und sonstiger Standards

Bundesministerium des Innern, für Bau und Heimat (2019): Entwurf eines Zweiten Gesetzes zur besseren Durchsetzung der Ausreisepflicht (Geordnete-Rückkehr-Gesetz).
letzter Abruf: 07.06.2019
https://www.proasyl.de/wp-content/uploads/2019/02/GE-Zweites-Gesetz-zur-besseren-Durchsetzung-der-Ausreisepflicht.pdf

Bundesregierung (2017): Besprechung der Bundeskanzlerin mit den Regierungschefinnen und Regierungschefs der Länder am 09.02.2017.
https://www.bundesregierung.de/resource/blob/975232/394654/f55cc78e90ab64d6a89ec620b1f4f1a7/2017-02-09-abschlussdokument-treffen-bund-laender-data.pdf?download=1
letzter Abruf: 29.05.2019

Bundesverfassungsgericht (BverfG): Urteil des Zweiten Senats vom 24.07.2018, 2 BvR 309/15, Rn. 1-131.
http://www.bverfg.de/e/rs20180724_2bvr030915.html
letzter Abruf: 25.03.2019

Europäischer Gerichtshof für Menschenrechte (EGMR): 5. Kammer, Hellig v. Deutschland. Urteil vom 07.07.2011, EGMR Nr. 20999/05, HRR 2011 Nr. 971.
https://www.hrr-strafrecht.de/hrr/egmr/05/20999-05.pdf
letzter Abruf: 29.05.2019

Kommandantur der Landeshauptstadt München Abteilung IIIa Nr. 2921 (1919): Schreiben am 16. Juli 1919. An den Herrn Ministerpräsidenten Hoffmann, Bamberg, das bayer. Gruppenkommando Nr. 4, das Staatsministerium des Innern, das Staatsministerium der Justiz, das Staatsministerium für soz. Fürsorge, die Regierung von Oberbayern – Kammer des Innern – , die Polizeidirektion München. Betreff: Schutzhaft, Ausweisungen, gez. Seißer. BayHStA MA 99902.

Landesregierung Nordrhein-Westfalen (2018): Gesetzentwurf der Landesregierung. Gesetz zur Änderung des Abschiebungshaftvollzugsgesetzes Nordrhein-Westfalen vom 07.09.2018. Landtag Nordrhein-Westfalen, 17. Wahlperiode, Drucksache 17/3558.
https://www.landtag.nrw.de/portal/WWW dokumentenarchiv/Dokument/MMD17-3558.pdf
letzter Abruf: 05.06.2019

Landtag Nordrhein-Westfalen, Innenausschuss (2015): Ausschussprotokoll der 69. Sitzung (öffentlich) am 27.10.2015. Landtag NRW, 16. Wahlperiode, Ausschussprotokoll APr 16/1045.

Landtag Nordrhein-Westfalen (2018a): Übersicht zum Verlauf des

Abschiebungshaftvollzugsgesetzes NRW.
https://www.landtag.nrw.de/portal/WWW/Webmaster/GB_II/II.2/Suche/Landtagsdokumentation_ALWP/Suchergebnisse_Ladok.jsp?wp=17&view=berver&w=native%28%27%28+%28vtyp+%3D+%27%271%27%27%29+AND+%28reihnr+%3D+%27%270100%27%27%29+%29+AND+%28+%28nummer%2Cdokumentart%2Cdokumenttyp%2Csuchwort%2Cautor+phrase+like+%27%27abschiebungshaftvollzugsgesetz%27%27+AND+nummer%2Cdokumentart%2Cdokumenttyp%2Csuchwort%2Cautor+phrase+like+%27%27nrw%27%27%29+and+%28ev+%3D+%27%27g%27%27%29+%29+%27%29&order=&fm
letzter Abruf: 07.06.2019

Landtag Nordrhein-Westfalen, Integrationsausschuss (2018b): Ausschussprotokoll der 21. Sitzung (öffentlich) am 07.11.2018. Landtag NRW, 17. Wahlperiode, Ausschussprotokoll APr 17/424.

Landtag Nordrhein-Westfalen (2018c): 2. Lesung Plenarprotokoll 17/45 vom 12.12.2018.
https://www.landtag.nrw.de/portal/WWW/dokumentenarchiv/Dokument?Id=MMP17%2F45|112|118
letzter Abruf: 06.06.2019

Ministerium für Militärische Angelegenheiten und Ministerium des Innern (1919): Bekanntmachung über Aufenthalts- und Zuzugsbestimmungen. Nr. 65 651 R / 19. Bayerische Staatszeitung und Bayerischer Staatsanzeiger am 28.05.1919, Nr. 135, S. 1. Speyer PLB (107), Standort Z 191.

Vereinte Nationen, CAT (1984): Antifolterkonvention vom 10. Dez. 1984.
https://www.antifolterkonvention.de/uebereinkommen-gegen-folter-und-andere-grausame-unmenschliche-oder-erniedrigende-behandlung-oder-strafe-3149/
letzter Abruf: 29.05.2019

Vereinte Nationen, Generalversammlung (1990): Basic Principles for the Treatment of Prisoners. Am 14.12.1990, 70. Tagung, A/RES/45/111
https://www.un.org/documents/ga/res/45/a45r111.htm
letzter Abruf: 29.05.2019

Vereinte Nationen, Generalversammlung (2016): Mindestgrundsätze der Vereinten Nationen für die Behandlung der Gefangenen (Nelson-Mandela-Regeln). Am 14.12.2015, 68. Tagung, A/RES/70/175.
www.un.org/Depts/german/gv-70/band1/ar70175.pdf
letzter Abruf: 08.06.2019

Literaturverzeichnis

Aachener Friedenspreis (2006): Preisträger des Jahres 2006. Hilfe für Menschen in Abschiebehaft Büren e.V. (Deutschland).
https://www.aachener-friedenspreis.de/taxonomy_preistraeger/2006/
letzter Abruf: 31.05.2019

Abschiebehaftgruppe Leipzig (2001): Geschichte der Abschiebehaft.
https://web.archive.org/web/20030914124531/
http://www.fluechtlingsrat-lpz.org:80/ashg/text/d9.htm#f2
letzter Abruf: 20.09.2019

Abschiebehaftgruppe Leipzig (2000): Geschichte der Abschiebehaft.
https://web.archive.org/web/20040209142608/
http://www.fluechtlingsrat-lpz.org/ashg/text/d3.htm
letzter Abruf: 20.01.2020

AG Weimar/Berlin (2000). Der Tradition verpflichtet. Eine kurze Geschichte der Abschiebehaft. ZAG antirassistische Zeitschrift, (38), S. 17.
https://www.zag-berlin.de/antirassismus/archiv/38geschichte.html
letzter Abruf: 13.05.2019

Akli Haddadou, Mohand (2000): Le guide de la culture berbère. Paris

Amadeu-Antonio-Stiftung/Stern(2018/2020): Chronik flüchtlingsfeindlicher Vorfälle.
https://www.mut-gegen-rechte-gewalt.de/service/chronik-vorfaelle
letzter Abruf: 25.12.2018 und 20.01.2020

Amborn, Hermann (1993): Handlungsfähiger Diskurs: Reflexionen zur Aktionsethnologie. In Schmied-Kowarzik, Wolfdietrich/Stagi, Justin (1993): Grundfragen der Ethnologie. Beiträge zur gegenwärtigen Theorie-Diskussion. Berlin. S.129-150

Andrae, Agnes (2019): Abschiebegefängnisse in Deutschland. Eine Übersichtskarte. In Bayerischer Flüchtlingsrat (2019): Hinterland #41. 100 Jahre Abschiebehaft. München. S.22

Andrae, Agnes (2019): „Da stimmt was nicht". In Bayerischer Flüchtlingsrat (2019): Hinterland #41. 100 Jahre Abschiebehaft. München. S. 37-42

Anhorn, Roland (2008): Zur Einleitung: Warum sozialer Ausschluss für Theorie und Praxis Sozialer Arbeit zum Thema werden muss. In Anhorn, Roland/Bettinger, Frank/Stehr, Johannes (2008): Sozialer Ausschluss und Soziale Arbeit. Wiesbaden. S.13-48

Anhorn, Roland/Bettinger, Frank (2002): Kritische Kriminologie und Soziale Arbeit. Impulse für professionelles Selbstverständnis und kritisch-reflexive Handlungskompetenz. Weinheim

Anhorn, Roland/Bettinger, Frank/Stehr, Johannes (2008): Sozialer Ausschluss und Soziale Arbeit. Wiesbaden

Anhorn, Roland/Stehr, Johannes (2012): Grundmodelle von Gesellschaft und soziale Ausschließung: Zum Gegenstand einer kritischen Forschungsperspektive in der Sozialen Arbeit. In Schimpf, Elke/Stehr, Johannes (2012): Kritisches Forschen in der Sozialen Arbeit. Wiesbaden. S.57-76

Anti-Rassistische AG Uni Bielefeld/Müller, Raphael (2019): 100 Jahre Abschiebehaft – Geschichtliche Kontinuitäten. In Bayerischer Flüchtlingsrat (2019): Hinterland #41. 100 Jahre Abschiebehaft. München. S.14-15

Antirassistische Initiative e.V. (1993-2017): Jahresberichte.
https://www.ari-dok.org/dokumentation/
letzter Abruf: 07.06.2019

Antirassistisches Netzwerk Baden-Württemberg (2019): Petition an den Landtag von Baden-Württemberg. Vorfälle in der Abschiebehaft in Pforzheim.
https://www.aktionbleiberecht.de/blog/wp-content/uploads/2019/05/Petition-Pforzheim-22.05.2019-final-1.pdf
letzter Abruf: 28.05.2019

Bareis, Ellen/Cremer-Schäfer, Helga (2012): Empirische Alltagsforschung als Kritik. Grundlagen der Forschungsperspektive der „Wohlfahrtsproduktion von unten". In Graßhoff, Gunther (2012): Adressaten, Nutzer, Agency. Akteursbezogene Forschungsperspektiven in der Sozialen Arbeit. Wiesbaden. S.139-159

Bayerischer Flüchtlingsrat (2019): Hinterland #41. 100 Jahre Abschiebehaft. München

Bayerisches Staatsministerium des Inneren (2002): Konzept: Erste bayerische Ausreiseeinrichtung Fürth Hafenstrasse. In Res Publica (2004): Ausreisezentren. Der Reader. München. S.6-9

Becker, Howard S. (1981): Außenseiter. Zur Soziologie abweichenden Verhaltens. Frankfurt am Main

Bensedrine, Sihem/Mestiri, Omar (2005): Despoten vor Europas Haustür. Warum der Sicherheitswahn den Extremismus schürt. München

Bergold, Jarg/Thomas, Stefan (2012): Participatory Research Methods: A Methodological Approach in Motion. Forum Qualitative Sozialforschung. 13(1), Art. 30.
http://www.qualitative-research.net/index.php/fqs/article/view/1801/3334
letzter Abruf: 22.05.2019

Bezirksregierung Detmold (2018): Informationen über die Einrichtung.
https://www.bezreg-detmold.nrw.de/400_WirUeberUns/030_Die_Behoerde/040_Organisation/020_Abteilung_2/060_Dezernat_29/Ueber-die-Einrichtung/index.php
letzter Abruf: 12.12.2019

Bourdieu, Pierre et al. (1993/2005): Das Elend der Welt. Konstanz

Brähler, Elmar/Decker, Oliver/Kiess, Johannes (2014): Die „Mitte"-Studien der Universität Leipzig. Die stabilisierte Mitte. Rechtsextreme Einstellung in Deutschland 2014. Leipzig

Breidenstein, Georg/Hirschauer, Stefan/Kalthoff, Herbert/Nieswand, Boris (2013): Ethnografie. Die Praxis der Feldforschung. Konstanz

Bridges, Roy (2000): Imperialism, Decolonization and Africa. Cambridge

Brüggemann, Dirk-Ulrich (2018): Abschiebehaft. Trotz psychischer Krankheit durfte Georgier nicht ins Krankenhaus. Der 41-jährige Mann soll sich in Isolationshaft befunden haben. Neue Westfälische, 09.06.2018
https://www.nw.de/nachrichten/regionale_politik/22160359_Abschiebehaft-Trotz-psychischer-Krankheit-durfte-Georgier-nicht-ins-Krankenhaus.html
letzter Abruf: 02.04.2019

Bundesministerium des Innern (BMI) (2014): BGH-Entscheidung zur Abschiebehaft. Pressemitteilung, 25.07.2014.
https://www.bmi.bund.de/SharedDocs/pressemitteilungen/DE/2014/07/abschiebehaft.html
letzter Abruf: 20.01.2020

Buschschlüter, Nicholas (2018): So sieht das erste Abschiebegefängnis Hessens aus. Hessenschau, 27.04.18.
https://www.hessenschau.de/gesellschaft/so-sieht-das-ersteabschiebegefaengnis-hessens-aus,abschiebegefaengnis-106.html
letzter Abruf: 25.12.2018

Bürendemovorbereitungsgruppe (2000): Bürendemo 2000. Informationsmappe. Paderborn

Christie, Nils (1980): Grenzen des Leids. Bielefeld.

Christie, Nils (1980): Konflikte als Eigentum. In: Christie, Nils (1980): Grenzen des Leids. Bielefeld. S.125-145

Community for all (2020): Hessen: Transfrau mit Männern inhaftiert. Artikel von Pitt von Bebenburg in Frankfurter Rundschau, 17.03.2020
www.fr.de/rhein-main/hessen-transfrau-maennern-inhaftiert-13603355.amp.html
letzter Abruf: 24.03.21

Community for all (2019): Break the Isolation – Portraits aus dem Abschiebegefängnis. Ausstellungsbroschüre. Darmstadt
https://fluechtlingsrat-hessen.de/files/Dokumente%20hfr/Stellungnahmen%20und%20Positionspapiere/break-the-isolation_ausstellungsbrosch%C3%BCre.pdf
letzter Abruf: 20.01.2020

Community for all (2018): Misshandlungen, Fixierungen, Isolationshaft; Alltag im Darmstädter Abschiebegefängnis. 19.06.2018
http://commforall.blogsport.de/2018/06/19/misshandlungen-fixierungen-isolationshaft-alltag-im-darmstaedter-abschiebegefaengnis/
letzter Abruf: 25.12.2018

Cremer-Schäfer, Helga (2012): Kritische Institutionenforschung. Eine Forschungstradition, an der weiter gearbeitet werden kann? In: Schimpf, Elke/ Stehr, Johannes (2012): Kritisches Forschen in der Sozialen Arbeit. Wiesbaden

Cremer-Schäfer, Helga/Steinert, Heinz (1998): Straflust und Repression. Zur Kritik der populistischen Kriminologie. Münster

Decker, Oliver/Brähler, Elmar (2018): Flucht ins Autoritäre. Rechtsextreme Dynamiken in der Mitte der Gesellschaft. Die Leipziger Autoritarismus-Studie 2018. Gießen.

de Maizière, Thomas (2015): Rede des Bundesministers des Innern, Dr. Thomas de Maizière, zum Entwurf eines Gesetzes zur Neubestimmung des Bleiberechts und der Aufenthaltsbeendigung vor dem Deutschen Bundestag am 6. März 2015 in Berlin.
https://www.bundesregierung.de/breg-de/service/bulletin/rede-des-bundesministers-des-innern-dr-thomas-de-maizi%C3%A8re--784242
letzter Abruf: 20.01.2020

Deutscher Anwaltverein, Arbeitsgemeinschaft Migrationsrecht (2018): Abschiebungshaftanstalt Büren/NRW: Schwere Vorwürfe gegen die Leiterin. ANA-ZAR. Anwaltsnachrichten Ausländer- und Asylrecht, (1), S. 13
https://dav-migrationsrecht.de/files/page/0_99136700_1521997994s.pdf
letzter Abruf: 07.06.2019

Deutscher Anwaltverein (2017): Stellungnahme des Deutschen Anwaltvereins durch den Ausschuss Migrationsrecht zum Gesetzentwurf der Fraktion der CDU und Bündnis 90/DIE GRÜNEN für ein Gesetz über den Vollzug ausländerrechtlicher Freiheitsentziehungsmaßnahmen (VaFG) – Drucksache 19/5275 (Stand: 19.09.2017).
https://hessischer-landtag.de/sites/default/files/scald/files/INA-AV-19-58-T1.pdf
letzter Abruf: 25.12.2018

Deutsche Presse Agentur (dpa) (2015): Minister De Maizière will verstärkt Afghanen abschieben. WAZ, 28.10.2015
https://www.waz.de/politik/minister-de-maiziere-will-verstaerkt-afghanen-abschieben-id11226747.displayDropdownTop=none&displayDropdownBottom=block
letzter Abruf: 20.01.2020

Diehm, Isabell/Kuhn, Melanie/Machold, Claudia (2010): Die Schwierigkeit, ethnische Differenz durch Forschung nicht zu reifizieren – Ethnografie im Kindergarten. In Heinzel, Friederike/Panagiotopoulou, Argyro (2010): Qualitative Bildungsforschung im Elementar- und Primarbereich. Baltmannsweiler. S. 78- 92

Drummer, Niklas (2018): Eine Behörde arbeitet für die Statistik. Wirtschaftswoche, 04.02.2018
https://www.wiwo.de/politik/deutschland/bundesamt-fuer-migration-und-fluechtlinge-eine-behoerde-arbeitet-fuer-die-statistik/20921306.html
letzter Abruf: 25.12.2018

El-Tayeb, Fatima (1999): "Blood Is a Very Special Juice": Racialized Bodies and Citizenship in Twentieth-Century Germany. International Review of Social History, 1999 (44), S. 149–169

Europäisches Komitee zur Verhütung von Folter und unmenschlicher oder erniedrigender Behandlung oder Strafe (CPT) (2011): 21st General Report of the CPT.
https://rm.coe.int/1680696a88
letzter Abruf: 05.06.2019

Europäischer Ausschuss zur Verhütung von Folter und unmenschlicher oder erniedrigender Behandlung oder Strafe (CPT) (2019): Report to the German Government on the visit to Germany carried out by the European Committee for the Prevention of Torture and Inhuman or Degrading Treatment or Punishment (CPT) from 13 to 15 August 2018.
https://rm.coe.int/1680945a2d
letzter Abruf: 07.06.2019

Fahlbusch, Peter (2019): Abschiebehaft: „50 Prozent rechtswidrige Inhaftierungen". Interview mit Pitt von Bebenburg. Frankfurter Rundschau, 31.08.2019
https://www.fr.de/politik/abschiebehaft-prozent-rechtswidrige-inhaftierungen-12959921.amp.html
letzter Abruf: 20.01.2020

Fetscher, Iring (1976): Grundbegriffe des Marxismus. Eine lexikalische Einführung. Hamburg

Fish in Water Films (2018): Im Kreis. Video-Dokumentation über die Realität der afghanischen Abschiebungen in Deutschland.
https://vimeo.com/305167669
letzter Abruf: 25.12.2018

Flick, Uwe (1998): Qualitative Sozialforschung. Eine Einführung. Reinbeck

Duisburger Institut für Sprach- und Sozialforschung (1992): Schlag-Zeilen. Rostock: Rassismus in den Medien. Duisburg

Flüchtlingshilfe Lippe e.V. (2018): Pressemitteilung vom 30.01.2019. Flüchtlingshilfe Lippe verlässt ZUE Oerlinghausen.
https://flüchtlingshilfelippe.de/?p=3311
letzter Abruf: 11.04.2019

Flüchtlingshilfe Lippe e.V., o.A., (2019): Newsletter Mai 2019. Vollkommen unverhältnismäßig! "Rechtsfeindliche Gesinnung" vs. "Altruistisch, humanitärer Reflex". Bericht einer Prozessbeobachterin.
https://xn--flchtlingshilfelippe-qec.de/wp-content/uploads/2019/05/06.-Newsletter.pdf
letzter Abruf: 17.06.2019

Flüchtlingsrat Brandenburg, Flüchtlingsrat Schleswig-Holstein, Humanistische Union (2013): Haft ohne Straftat. Fakten und Argumente gegen Abschiebungshaft. Berlin.

Flüchtlingsrat NRW (2018): Stellungnahme: Referentenentwurf Gesetz zur Änderung des Abschiebungshaftvollzugsgesetzes Nordrhein-Westfalen. Stellungnahme 17/878.
https://www.landtag.nrw.de/portal/WWW/dokumentenarchiv/Dokument/MMST17-878.pdf
letzter Abruf: 05.06.2019

Foucault, Michel (2013): Überwachen und Strafen. Die Geburt des Gefängnisses. Frankfurt am Main

Fürstenau (2019): Gewaltspirale bei Abschiebungen dreht sich schneller.
https://www.dw.com/de/gewaltspirale-bei-abschiebungen-dreht-sich-schneller/a-49998654
letzter Abruf: 20.01.2020

Gleitze, Judith (2017): Geflüchtete in Italien – zwischen Hoffnungslosigkeit und Ausbeutung. Pro Asyl, 19.12.2017
https://www.proasyl.de/hintergrund/gefluechtete-in-italien-zwischen-hoffnungslosigkeit-und-ausbeutung/
letzter Abruf: 20.01.2020

Gockel, Frank (2012a): Morgengrauen im Gewahrsamsraum. hinterland magazin. Schwerpunkt: Abschiebung, (19), S. 54-56.
www.hinterland-magazin.de/wp-content/uploads/2016/12/hinterland-magazin-19-54-morgengrauen-im-gewahrsamsraum-pdf.pdf
letzter Abruf: 31.05.2019

Gockel, Frank (2012b): Was tun wenns brennt? DIY der Haftvermeidung. hinterland magazin. Schwerpunkt: Abschiebung, (19), S. 71-77.
www.hinterland-magazin.de/wp-content/uploads/2016/12/hinterland-magazin-19-71-diy-der-haftvermeidung-pdf.pdf
letzter Abruf: 31.05.2019

Gockel, Frank (1999): Mit dem Kugelschreiber, nicht mit dem Herzen. Dokumentation zu den offenen Briefen der Gefangeneninitiative gegen die Beschlußpraxis des Amtsgerichts und Landgerichts Paderborn. Paderborn

Goffman, Erving (1981): Asyle. Über die soziale Situation psychiatrischer Patienten und anderer Insassen. Frankfurt am Main

Graf, Laura (2016): Freiwillig im Ausnahmezustand. Die ambivalente Rolle ehrenamtlichen Engagements in der Transformation des Asylregimes. Widersprüche Zeitschrift, 36(3), S. 87 – 96.
https://www.widersprueche-zeitschrift.de/IMG/pdf/Leseprobe_Widerspr_141.pdf
letzter Abruf: 31.05.2019

Graßhoff, Gunther (2012): Adressaten, Nutzer, Agency. Akteursbezogene Forschungsperspektiven in der Sozialen Arbeit. Wiesbaden

Grönheim, Hannah (2018): Menschenrechte und soziale Gerechtigkeit als Leitmotive Sozialer Arbeit im Kontext rassistischer Asyldiskurse. In Rohloff, **Sigurður/Martinez Calero, Mercedes/Lange, Dirk (2018):** Soziale Arbeit und Politische Bildung in der Migrationsgesellschaft. Wiesbaden

Gruchmann, Lothar (1983): „Blutschutzgesetz" und Justiz. Zu Entstehung und Auswirkung des Nürnberger Gesetzes vom 15. September 1935. Vierteljahreshefte für Zeitgeschichte, 31(3), S. 418-442

Habermalz, Christian (2019): Koloniales Kulturerbe. Ruf nach Aufarbeitung. Deutschlandfunk 22.02.2019
https://www.deutschlandfunk.de/koloniales-kulturerbe-ruf-nach-aufarbeitung.691.de.html?dram:article_id=441793
letzter Abruf: 20.01.2020

Haufe, Stephan (2002): Forschung unter Bewachung. In: Projekttutorium Abschiebehaft (2002): „Sind Sie mit der Abschiebung einverstanden?" Beiträge zu einer Ethnologie der Abschiebehaft in Berlin. Berlin. S.73-88

Häusler, Alexander/Roeser, Rainer (2015): Die rechten ›Mut‹-Bürger. Entstehung, Entwicklung, Personal & Positionen der Alternative für Deutschland. Hamburg

Heid, Ludger (1995): Maloche – nicht Mildtätigkeit. Ostjüdischer Arbeiter in Deutschland 1914 – 1923. Hildesheim

Heinemann, Alisha/Mecheril, Paul (2016): Institutioneller Rassismus als Analyseperspektive. Zwei Argumente. In Heinrich-Böll-Stiftung in Zusammenarbeit mit Weiterdenken – Heinrich-Böll-Stiftung Sachsen (2016): Ideologien der Ungleichwertigkeit. Großbeeren. S. 45-55

Hemker, Fabian (2005): Das historische Kalenderblatt. Die „Nürnberger Rassegesetze" vom 15. September 1935. MenschenRechtsMagazin, 2005(1), S. 91-93
https://publishup.uni-potsdam.de/opus4-ubp/files/5388/heft1_2005_S91_93.pdf
letzter Abruf: 01.06.2019

Hemmerling, Ulrike/Holz, Steffi (2002): „Du bist schon verurteilt, bevor du zur Tür hereinkommst." Die Anhörungen vor dem Amtsgericht. In Projekttutorium Abschiebehaft (2002): „Sind Sie mit der Abschiebung einverstanden?" Beiträge zu einer Ethnologie der Abschiebehaft in Berlin. Berlin. S.58-71

Herbert, Ulrich (2001): Geschichte der Ausländerpolitik in Deutschland: Saisonarbeiter, Zwangsarbeiter, Gastarbeiter, Flüchtlinge. München

Hilfe für Menschen in Abschiebehaft Büren e.V. (2019): Abschiebehaft Büren: Beratungstätigkeit von Hilfsorganisationen massiv beeinträchtigt. Pressemitteilung, 28.01.2019

http://www.gegenabschiebehaft.de/hfmia/pressealias/pressemitteilungen/abschiebehaft-bueren-beratungstaetigkeit-von-hilfsorganisation-massiv-beeintraechtigt.html
letzter Abruf: 20.01.2020

Hilfe für Menschen in Abschiebehaft Büren e.V. (2018): Scharfe Kritik an Isolationshaft nach Suizid. Pressemitteilung, 08.06.2018
http://www.gegenabschiebehaft.de/hfmia/pressealias/pressemitteilungen/scharfe-kritik-an-isolationshaft-nach-suizid.html
letzter Abruf: 20.01.2020

Hilfe für Menschen in Abschiebehaft Büren e.V. (2018a): Informationen für Besuche von Abschiebehäftlingen.
http://www.gegenabschiebehaft.de/hfmia/abschiebehaft/infos-fuer-besucherinnen.html
letzter Abruf: 10.09.2019

Hilfe für Menschen in Abschiebehaft Büren e.V. (2018b): Pressemitteilung vom 15.02.2018. 60 Prozent zu Unrecht in Abschiebehaft.
http://www.gegenabschiebehaft.de/hfmia/pressealias/pressemitteilungen/60-prozent-zu-unrecht-in-abschiebehaft.html
letzter Abruf: 10.06.2019

Hilfe für Menschen in Abschiebehaft Büren e.V. (2018c): Pressemitteilung vom 06.06.2018. Nach Suizid in Abschiebehaft sind viele Fragen offen.
100-jahre-abschiebehaft.de/wp-content/uploads/2018/06/Nach-Suizid-in-Abschiebehaft-sind-viele-Fragen-offen-2.pdf
letzter Abruf: 02.04.2019

Hilfe für Menschen in Abschiebehaft Büren e.V. (2018d): Pressemitteilung vom 05.10.2018. Keine kostenlose Rechtsberatung.
http://www.gegenabschiebehaft.de/hfmia/pressealias/pressemitteilungen/keine-kostenlose-rechtsberatung-in-abschiebehaft.html
letzter Abruf: 10.06.2019

Hilfe für Menschen in Abschiebehaft Büren e.V. (2018e): Stellungnahme zur Anhörung. 7.11.18. Stellungnahme 17/901.
https://www.landtag.nrw.de/portal/WWW/dokumentenarchiv/Dokument/MMST17-901.pdf
letzter Abruf: 10.06.2019

Hobsbawm, Eric (2004): Europäische Revolutionen. 1789-1848. Köln

Initiative gegen Abschiebehaft (2014): Die Geschichte der Abschiebehaft in Deutschland.
http://www.initiative-gegen-abschiebehaft.de/geschichte-brd-ausfuehrlich.html
letzter Abruf: 25.12.2018

Initiative Hochschullehrender zu Sozialer Arbeit in Gemeinschaftsunterkünften (2016): Positionspapier: Soziale Arbeit mit Geflüchteten in

Gemeinschaftsunterkünften. Professionelle Standards und sozialpolitische Basis.
https://www.fluechtlingssozialarbeit.de/Positionspapier_Soziale_Arbeit_mit_Gefl%C3%Bcchteten.pdf
letzter Abruf: 31.05.2019

Jäger, Margarete/Jäger, Siegfried (2007): Deutungskämpfe: Theorie und Praxis Kritischer Diskursanalyse. Wiesbaden

Jäger, Margarete/Wamper, Regina (2017): Von der Willkommenskultur zur Notstandsstimmung. Der Fluchtdiskurs in deutschen Medien 2015 und 2016. Duisburg

Jesuiten Flüchtlingsdienst (2018): Stellungnahme zum Gesetzentwurf der Landesregierung: Gesetz zur Änderung des Abschiebungshaftvollzugsgesetzes Nordrhein-Westfalen (Drucksache 17/3558). Stellungnahme 17/877.
https://www.landtag.nrw.de/portal/WWW/dokumentenarchiv/Dokument/MMST17-877.pdf
letzter Abruf: 05.06.2019

Jugendclub Courage Köln e.V (1997): „...Ich möchte nicht mehr sitzen hier für Deutschland!“: Reader zur Ausstellung über Flüchtlinge und Abschiebehaft in Deutschland. Köln

Justizbeauftragter des Landes NRW (2019): Aufgaben. Wissenswertes über die Tätigkeitsfelder des Justizvollzugsbeauftragten.
http://www.justizvollzugsbeauftragter.nrw.de/aufgaben/index.php
letzter Abruf: 10.04.2019

Kafka, Franz (2012): Gesammelte Werke. Köln

Kafka, Franz (1925): Der Prozess. In: Kafka, Franz (2012): Gesammelte Werke. Köln. S.503-685

Kampagne 100 Jahre Abschiebehaft (2018): Haftanstalten. Liste der aktuellen und für die nahe Zukunft geplanten Abschiebeknäste.
http://100-jahre-abschiebehaft.de/de/haftanstalten
letzter Abruf: 12.12.2018
Kampagne 100 Jahre Abschiebehaft (2019): Blog.
http://100-jahre-abschiebehaft.de/de/startseite
letzter Abruf: 09.05.2019

Karakayali, Serhat/Tsianos, Vassilis (2007): Movements that matter. Eine Einleitung. In: TRANSIT MIGRATION (Hrsg.): Turbulente Ränder. Neue Perspektiven auf Migration an den Grenzen Europas. Bielefeld S. 7-22

Keßler, Stefan (2005): Die Rolle einer Person des Vertrauens bei der Abschiebunshaft. ASYLMAGAZIN, 2005(4), S. 10-11

Keßler, Stefan (2019): Muss Haft sein? hinterland magazin. Schwerpunkt: 100 Jahre Abschiebehaft, (41), S. 102-106.

www.hinterland-magazin.de/wp-content/uploads/2019/04/Hinterland-Magazin_41-102.pdf
letzter Abruf: 09.05.2019

Kirchheimer, Otto (1985): Politische Justiz. Verwendung juristischer Verfahrensmöglichkeiten zu politischen Zwecken. Frankfurt am Main

Kober, Ulrich (2017): Willkommenskultur im „Stresstest". Einstellungen in der Bevölkerung 2017 und Entwicklungen und Trends seit 2011/2012. Ergebnisse einer repräsentativen Bevölkerungsumfrage (Kantar Emnid). Gütersloh

Koenen, Gerd (2017): Die Farbe Rot. Ursprünge und Geschichte des Kommunismus. München

Korzilius, Heike/Rabbata, Samir (2004): Ärztliche Gutachten: Feigenblatt für die Abschiebung. Deutsches Ärzteblatt, 10.12.2004. S.3398-3404
https://www.aerzteblatt.de/archiv/44668/Aerztliche-Gutachten-Feigenblatt-fuer-die-Abschiebung
letzter Abruf: 20.01.2020

Kreiner, Paul (2019): Abschiebungen nach Afghanistan. Hartes Bayern, pragmatisches Bayern. Stuttgarter Zeitung, 06.12.2019.
https://www.stuttgarter-zeitung.de/inhalt.abschiebungen-nach-afghanistan-hartes-bayern-pragmatisches-bayern.d07c5a87-21bf-4d53-98a3-d225837ee150.html
letzter Abruf: 20.01.2020

Kretschmann, Andrea (2017): Soziale Tatsachen. Eine wissenssoziologische Perspektive auf den „Gefährder". Aus Politik und Zeitgeschichte, 67(32-33), S. 11-16

Küpper, Mechthild (2014): Deutschland muss Abschiebehaft reformieren. Frankfurter Allgemeine Zeitung, 17.07.2014
https://www.faz.net/aktuell/politik/inland/eugh-urteil-deutschland-muss-abschiebehaft-reformieren-13050569.html
letzter Abruf: 20.01.2020

Lazarević, Krsto (2019): Gewalt gegen Geflüchtete in Kroatien. »Musterschüler der EU«. Jungle World, 21.11.2019
https://www.jungle.world/artikel/2019/47/musterschueler-der-eu
letzter Abruf: 20.01.2020

Lindner, Theresa (2014): Beratung in Abschiebehaft im Spannungsfeld von repressiver Praxis und Flüchtlingsschutz.
https://www.socialnet.de/materialien/attach/254.pdf
letzter Abruf: 07.06.2019

LIPortal. Das Länder-Informations-Portal (2018): Marokko. Themenfeld: Wirtschaft und Entwicklung.
https://www.liportal.de/marokko/wirtschaft-entwicklung/
letzter Abruf: 25.12.2018

Loew, Peter Oliver (2014): Wir Unsichtbaren. Geschichte der Polen in Deutschland. München

Lörzer, Eva-Lena (2018): Haftstrafen für Schwarzfahren. Wer zu arm ist, kommt in den Knast. TAZ, 07.09.2018
https://taz.de/Haftstrafen-fuer-Schwarzfahren/!5529577/
letzter Abruf: 20.01.2020

Löschper, Gabriele (1999): Bausteine für eine psychologische Theorie richterlichen Urteilens. Baden-Baden

Machold, Claudia (2011): (Anti-)Rassismus kritisch (ge-)lesen. Verstrickung und Reproduktion als Herausforderung für die pädagogische Praxis. Eine diskurstheoretische Perspektive. In Scharathow, Wiebke/Leiprecht, Rudolf (2011): Rassismuskritik. Band 2: Rassismuskritische Bildungsarbeit. Schwalbach. S. 379-396

Mayntz, Gregor (2018): Das Dublin-Verfahren schafft einen Verschiebebahnhof. Lausitzer Rundschau, 13.06.2018
https://www.lr-online.de/nachrichten/politik/das-dublin-verfahren-schafft-einen-verschiebebahnhof_aid-23377183
letzter Abruf: 25.12.2018

Mecheril, Paul u.a. (2010): Migrationspädagogik. Weinheim/Basel

Mecheril, Paul (2010): Migrationspädagogik. Hinführung zu einer Perspektive. In: Mecheril, Paul u.a. (2010): Migrationspädagogik. Weinheim/Basel. S.7-22

Mecheril, Paul/Melter, Claus (2010): Gewöhnliche Unterscheidungen. Wege aus dem Rassismus. In Mecheril, Paul u.a. (2010): Migrationspädagogik. Weinheim/Basel. S. 150-178

MEW 4 (1977): Das Manifest der Kommunistischen Partei. Berlin

MEW 23 (1962): Das Kapital. Kritik der politischen Ökonomie. Erster Band. Berlin

Mezzadra, Sandro (2009): Bürger und Untertanen. Die postkoloniale Herausforderung der Migration in Europa. In Hess, Sabine/Binder, Jana/Moser, Johannes (2009): No Integration?! Kulturwissenschaftliche Beiträge zur Integrationsdebatte in Europa. Bielefeld. S. 207-224

Michel, Marc (2000): The Decolonization of French Africa and the United States and Great Britain, 1945-58. In Bridges, Roy (2000): Imperialism, Decolonization and Africa. Cambridge. S.150-180

Ministerium für Kinder, Familie, Flüchtlinge und Integration des Landes NRW (2018a): Schreiben an die Nationale Stelle zur Verhütung von Folter vom 28.09.2018 zum Besuchsbericht der Nationalen Stelle zur Verhütung von Folter.
https://www.nationalestelle.de/fileadmin/dateiablage/Dokumente/Berichte/Besuchsberichte/20180124_-_UfA_Bueren/20180928_Stellungnahme_WEB.pdf
letzter Abruf: 07.06.2019

Ministerium für Kinder, Familie, Flüchtlinge und Integration des Landes NRW (2018b): Pressemitteilung vom 10. Juli 2018: Landeskabinett verabschiedet Gesetzentwurf zur Reform der Abschiebungshaft.
https://www.land.nrw/de/pressemitteilung/landeskabinett-verabschiedet-gesetzentwurf-zur-reform-der-abschiebungshaft
letzter Abruf: 20.03.2019

Morgenrath, Birgit (2018): Insiderin über NRW-Flüchtlingszentrum: „Wie im Gefängnis". Taz, 07.05.2018
https://www.taz.de/!5503348/
letzter Abruf: 11.04.2019

Müller, Margret (1994): Abschiebehaft. Eine Dokumentation des Flüchtlingsrates NRW. Bochum

Muy, Sebastian (2017): Abschiebungen und Soziale Arbeit. hinterland magazin. Schwerpunkt: Stop deportation, (35), S. 56 – 62
www.hinterland-magazin.de/wp-content/uploads/2017/09/hinterland-magazin35-56-abschiebungen-und-soziale-arbeit.pdf
letzter Abruf: 31.05.2019

Nadai, Eva (2012): Von Fällen und Formularen: Ethnographie von Sozialarbeitspraxis im institutionellen Kontext. In: Schimpf, Elke/Stehr, Johannes (2012): Kritisches Forschen in der Sozialen Arbeit. Wiesbaden

Nationale Stelle zur Verhütung von Folter (2018): Besuchsbericht der Nationalen Stelle zur Verhütung von Folter zum Besuch vom 24./25.01.2018.
https://www.nationalestelle.de/fileadmin/dateiablage/Dokumente/Berichte/Besuchsberichte/20180124_-_UfA_Bueren/20180124_Besuchsbericht_UfA_Bueren_Web.pdf
letzter Abruf: 07.06.2019

Nationale Stelle zur Verhütung von Folter (2012): Jahresbericht 2012 der Bundesstelle und der Länderkommission.
https://www.nationale-stelle.de/fileadmin/dateiablage/Dokumente/Berichte/Jahresberichte/Jahresbericht2012.pdf
letzter Abruf: 07.06.2019

Natter, Katharina (2016): Mehr als nur Herkunftsländer. Migrationsmuster in Algerien, Marokko und Tunesien. Berlin

Nitschke, Sebastian (2019): „Normales Leben minus Freiheit". In: Bayerischer Flüchtlingsrat (2019): Hinterland #41. 100 Jahre Abschiebehaft. München. S.70-71

Oliver, John (2019): Prison Labor: Last Week Tonight with John Oliver (HBO). 04.08.2019
https://www.youtube.com/watch?v=AjqaNQ018zU
letzter Abruf: 20.01.2020

Oltmar, Jochen (2005): Migration und Politik in der Weimarer Republik. Göttingen

https://digi20.digitale-sammlungen.de/de/fs1/object/display/bsb00045815_00252.html
letzter Abruf: 01.06.2019

Osterkamp, Ute (1997): Institutioneller Rassismus. Problematik und Perspektiven. In Mecheril, Paul/Teo, Thomas (1998): Psychologie und Rassismus. Reinbeck. S. 95-110

Oulios, Miltiadis (2015): Blackbox Abschiebung. Geschichten und Bilder von Leuten, die gerne geblieben wären. Frankfurt am Main

Otto, Hans-Uwe/Schneider, Siegfried (1973): Gesellschaftliche Perspektiven der Sozialarbeit 1 und 2. Neuwied

Öztürkyılmaz, Muzzafer (2019): Strafe ohne Verbrechen. Ein Überblick zum Status quo der Abschiebungshaft. In: In Bayerischer Flüchtlingsrat (2019): Hinterland #41. 100 Jahre Abschiebehaft. München. S. 21-26

Pelzer, Marei/Sextro, Uli (2013): Schutzlos hinter Gittern. Abschiebungshaft in Deutschland.
https://www.proasyl.de/wp-content/uploads/2014/07/Abschiebungshaft_Bericht_Juli_2013_Webversion.pdf
letzter Abruf: 08.06.2019

Peters, Helge (2012): Potenziale und Perspektiven der Etikettierungstheorie. In: Schimpf, Elke/Stehr, Johannes (2012): Kritisches Forschen in der Sozialen Arbeit. Wiesbaden

Pieper, Tobias (2008): Das Lager als Struktur bundesdeutscher Flüchtlingspolitik. Eine empirische Untersuchung zur politischen Funktion des bürokratischen Umgangs mit MigrantInnen in Gemein-schaftsunterkünften und Ausreiseeinrichtungen in Berlin, Brandenburg und Bramsche/Niedersachsen. Berlin

Polizeipräsidium Südhessen (2018): Stellungnahme zu Vorwürfen in der Abschiebungshafteinrichtung. 19.06.2018.
https://www.presseportal.de/blaulicht/pm/4969/3975301
letzter Abruf: 25.12.2018

Pro Asyl (2016): Stellungnahme. Zum Entwurf eines Gesetzes zur Bestimmung von Algerien, Marokko und Tunesien als sichere Herkunftsstaaten. Frankfurt am Main

PRO Asyl (2016a): Was im Asylverfahren passiert – und was dabei alles falsch läuft.
https://www.proasyl.de/hintergrund/was-im-asylverfahren-passiert-und-was-dabei-alles-falsch-laeuft/
letzter Abruf: 08.06.2019

Projekttutorium Abschiebehaft (2002): „Sind Sie mit der Abschiebung einverstan-den?" Beiträge zu einer Ethnologie der Abschiebehaft in Berlin. Berlin

Psychosoziales Zentrum (PSZ) für ausländische Flüchtlinge (1995): Endstation Sedansberg. Berichte zur Abschiebehaft. Düsseldorf

Quast, Alina (2018): Grüne lehnen Einstufung von Maghreb-Staaten als sichere Länder ab. Die Welt, 08.11.2018
https://www.welt.de/politik/deutschland/article183500718/Bei-Bundesrats-Abstimmung-Gruene-lehnen-Einstufung-von-Maghreb-Staaten-als-sichere-Laenderab.html
letzter Abruf: 20.01.2020

Rabe, Benjamin (2019): Ein Jubiläum der Schande. Die Abschiebehaft wird hundert Jahre alt.
http://www.grundrechtekomitee.de/print/975
letzter Abruf: 14.05.2019

Res Publica (2004): Ausreisezentren. Der Reader. München

Rusche, Georg/Kirchheimer, Otto (1974): Sozialstruktur und Strafvollzug. Frankfurt am Main

Ryssel, Regina (2014/2016): Innerdiskursive Kontroversen: der Diskurs über die Aufnahme von Flüchtlingen zwischen Bürgerkrieg und Grundgesetzänderung - eine linguistische Diskursgeschichte.
https://publications.rwth-aachen.de/record/657643/files/657643.pdf
letzter Abruf: 02.06.2019

Sack, Fritz (1973): Abweichendes Verhalten aus soziologischer Sicht – Folgen für die Sozialarbeit. In Otto, Hans-Uwe/Schneider, Siegfried (1973): Gesellschaftliche Perspektiven der Sozialarbeit 1 und 2. Neuwied

Sack, Fritz (2002): Einführende Anmerkungen zur Kritischen Kriminologie. In Anhorn, Roland/Bettinger, Frank (2002): Kritische Kriminologie und Soziale Arbeit. Impulse für professionelles Selbstverständnis und kritisch-reflexive Handlungskompetenz. Weinheim

Sack, Michael (2011): Das Elend der Abschiebehaft. München

Schaaf, Stefan (2017): Marokko: Wut auf den König. In Weltspiegel, 18.09.2017
https://www.youtube.com/watch?v=4oikXIuW-d8
letzter Abruf: 25.12.2018

Scherr, Albert/Scherschel, Karin (2016): Soziale Arbeit mit Flüchtlingen im Spannungsfeld von Nationalstaatlichkeit und Universalismus. Menschenrechte – ein selbstevidenter normativer Bezugsrahmen der Sozialen Arbeit? Widersprüche, (141), S. 121-129

Schimpf, Elke/Stehr, Johannes (2012): Kritisches Forschen in der Sozialen Arbeit. Wiesbaden

Schimpf, Elke/Stehr, Johannes (2012): Forschung und ihre Verstrickungen und Positionierungen in Konfliktfeldern der Sozialen Arbeit. In Schimpf, Elke/Stehr, Johannes (2012): Kritisches Forschen in der Sozialen Arbeit. Wiesbaden. S.107-134

Schmid, Bernhard (2005): Algerien. Frontstaat im globalen Krieg? Neoliberalismus, soziale Bewegungen und islamistische Ideologie in einem nordafrikanischen Land. Münster

Schmid, Bernhard (2011): Frankreich in Afrika. Eine (Neo)koloniale Macht

in der Europäischen Union zu Anfang des 21.Jahrhundert. Münster
Schmied-Kowarzik, Wolfdietrich/Stagi, Justin (1993): Grundfragen der Ethnologie. Beiträge zur gegenwärtigen Theorie-Diskussion. Berlin
Schulte-Bunert, Kai/Weinreich, Gerd (2016): Kommentar des FamFG. Mit FamGKG. Köln
Schultheis, Franz/Gemperle, Michael/Vogel, Berthold (2010): Ein halbes Leben. Biographische Zeugnisse aus einer Arbeitswelt im Umbruch. Konstanz
Schultheis, Franz/Schulz, Kristina (2005): Zur Einführung – ein Gespräch. In Schultheis, Franz/Schulz, Kristina (2005): Gesellschaft mit begrenzter Haftung. Zumutungen und Leiden im deutschen Alltag. Konstanz. S. 9-20
Schütze, Fritz (1983): Biographieforschung und narratives Interview. In Neue Praxis, 13 (3) 1983. Lahnstein. S.283-293
Schwarz, Tobias (2002): „Ich dachte immer, Gefängnis wäre ein Ort für andere". In Projekttutorium Abschiebehaft (2002): „Sind Sie mit der Abschiebung einverstanden?" Beiträge zu einer Ethnologie der Abschiebehaft in Berlin. Berlin. S.12-19
Seithe, Mechthild (2010): Schwarzbuch Soziale Arbeit. Wiesbaden
Selders, Beate (2013): Haft ohne Straftat – eine Einführung. In Flüchtlingsrat Brandenburg, Flüchtlingsrat Schleswig-Holstein, Humanistische Union (2013): Haft ohne Straftat. Fakten und Argumente gegen Abschiebungshaft. Berlin. S.15-28
Shalev, Sharon (2015): Solitary Confinement: The View from Europe. Canandian Journal of Human Rights, 4(1), S. 143-165
Smaus, Gerlinda (1998): Das Strafrecht und die gesellschaftliche Differenzierung. Baden-Baden
Smith, Dorothy E. (2005): Institutional Ethnography. A Sociology for People. Oxford
Stahlmann, Friederike (2017): Überleben in Afghanistan? Zur humanitären Lage von Rückkehrenden und ihren Chancen auf familiäre Unterstützung. Asylmagazin 3/2017. S.73-89
Steinhilper, Elias (2016): Ausnahme als Regel. Asyl zwischen menschenrechtlicher Ambition und realpolitischer Praxis. In Widersprüche 141, September 2016. Münster. S.13-26
Täubig, Vicky (2009): Totale Institution Asyl. Empirische Befunde zu alltäglichen Lebensführungen in der organisierten Desintegration. Weinheim und München
Thielen, Marc (2009): Freies Erzählen im totalen Raum? - Machtprozeduren des Asylverfahrens in ihrer Bedeutung für biografische Interviews mit Flüchtlingen. In FQS. Forum: Qualitative Sozialforschung. Volume 10, No.1, Art.39
Tißberger, Martina (2016): „Ain't I a Woman?" Diversity an der Intersektion von Gender und Rassismus. soziales_kapital. wissenschaftliches journal österreichischer fachhochschul-studiengänge soziale arbeit, (15), S. 102-113

www.soziales-kapital.at/index.php/sozialeskapital/article/viewFile/433/759.pdf
letzter Abruf: 07.06.2019

Vereinte Nationen, Sonderberichterstatter über Folter (2008): Zwischenbericht des UN-Sonderberichterstatters über Folter vom 28. Juli 2008. A/63/175.
https://undocs.org/A/63/175
letzter Abruf: 29.05.2019

Vereinte Nationen, Sonderberichterstatter über Folter (2011): Interim report of the Special Rapporteur of the Human Rights Council on torture and other cruel, inhuman or degrading treatment or punishment. Am 5. Aug. 2011, A /66/268.
https://daccess-ods.un.org/TMP/5683763.02719116.html
letzter Abruf: 08.06.2019

Voogt, Gerhard (2019): Joachim Stamp in der Kritik. Hat Gefängnis-Arzt in Abschiebehaft mit Drogen gedealt? Kölner Stadtanzeiger, 06.02.2019
https://www.ksta.de/panorama/joachim-stamp-in-der-kritik-hat-gefaengnis-arzt-in-abschiebehaft-mit-drogen-gedealt--31999550
letzter Abruf: 12.03.2019

Wacquant, Loïc (2013): Bestrafen der Armen. Zur neoliberalen Regierung der sozialen Unsicherheit. Opladen

Walter, Dirk (1999): Antisemitische Kriminalität und Gewalt. Bonn

Weiß, Anja (1999): Identitätspolitik ohne „passende" Identität? Zum Paradox eines weißen deutschen Antirassismus. Psychologie und Gesellschaftskritik, 23(3), 28-45

Weiß, Anja (2011): Antirassismus als Vermeidung offener Rassimen? In Scha**rathow, W. & Leiprecht, R. (2011):** Rassismuskritik. Band 2: Rassismuskritische Bildungsarbeit. Schwalbach. S. 397-409

Wendel, Kay (2014): Unterbringung von Flüchtlingen in Deutschland. Regelungen und Praxis der Bundesländer im Vergleich. Frankfurt am Main

Wippermann, Wolfgang (2019): 1920: Wie gehabt. In Bayerischer Flüchtlingsrat (2019): Hinterland #41. 100 Jahre Abschiebehaft. München. S.18-20

Wippermann, Wolfgang (1999): Konzentrationslager. Berlin

Die Autor*innen

Frank Gockel ist seit 1995 Mitglied im Verein Hilfe für Menschen in Abschiebehaft Büren e.V. Er hat unter anderem die Flüchtlingshilfe Lippe e.V. in Detmold und den AK Asyl e.V. in Bielefeld mitgegründet. Ein Schwerpunkt seiner Arbeit liegt in der Begleitung der Gerichtsverfahren bei Abschiebehäftlingen, an die er sich als Person des Vertrauens beteiligen lässt. Außerdem hält er regelmäßig Vorträge und Seminare zum Thema Abschiebehaft.

Lina Droste ist seit 2018 aktiv im Verein Hilfe für Menschen in Abschiebehaft Büren e.V. und im Bündnis gegen Abschiebehaft. Sie hat Sozialwissenschaften/Psychologie (BA) und Erziehungswissenschaften (MA) an der Universität Bielefeld studiert. Ihr Text ist im Rahmen ihrer Masterarbeit entstanden. Die zu Grunde liegende Feldforschung wurde von August bis Dezember 2018 durchgeführt.

Oumar Mamabarkindo ist in Guinea in Hore Dhepol aufgewachsen. 2016 ist er nach Deutschland gekommen und hat hier einen Schulabschluss gemacht. Seit er in Deutschland lebt, ist er auf viele verschiedene Schwierigkeiten gestoßen. Er hat jedoch nie aufgegeben und immer weiter für ein gutes Leben gekämpft. Oumar Mamabarkindo hat am eigenen Leib erfahren, was Abschiebehaft bedeutet und möchte, dass das niemand anderes erfahren muss. Mit seinem Bericht will er dazu beitragen, dass Abschiebehaft abgeschafft wird und Menschen stattdessen mit Respekt behandelt werden.

Sebastian Nitschke engagierte sich von 2017 bis 2020 bei „Community for all – Solidarische Gemeinschaft statt Abschiebegefängnisse“ in Darmstadt. Er hat Soziale Arbeit in Münster (BA) und Darmstadt (MA) studiert. Seine Texte sind im Rahmen dieses politischen Engagements und zunächst als Arbeiten für das Studium entstanden.

Die Illustratorin

Paulina Stulin hat in Darmstadt und Krakau Kommunikationsdesign (Dipl.) studiert. Aus ihrer Hand stammen sowohl die Zeichnung für das Titelcover, als auch Portraitzeichnungen von Inhaftierten aus dem Abschiebegefängnis Darmstadt-Eberstadt, die zuvor in der Ausstellung „Break the Isolation – Portraits aus dem Abschiebegefängnis“ gezeigt wurden.

Broschur | 124 Seiten | ISBN 978-3-96042-105-4 | 16 €

Nicht erst seit den rassistischen Anschlägen und Attentaten von Kassel, Halle und Hanau fordern betroffene Communities, migrantische (Selbst-)Organisationen, linke Initiativen und professionelle Opferberatungsstellen eine breite Solidarität mit den Angegriffenen. In dem Sammelband **„Unentbehrlich - Solidarität mit Betroffenen rechter, rassistischer und antisemitischer Gewalt“** kommen jene Menschen zu Wort, die schon lange an der Seite der Betroffenen stehen, die beraten, unterstützen, intervenieren und gemeinsam kämpfen.